유엔캄보디아특별재판부 연구

캄보디아의 전환기 정의와 한반도 통일

유엔캄보디아 특별재판부 연구

Extraordinary Chambers in the Courts of Cambodia

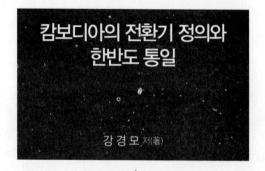

캄보디아의 전환기 정의와
한반도 통일

강 경 모 저(著)

TJM 전환기정의연구원

인본주의의 두 얼굴

도태우[1]

"오늘의 사회는 부패했고 어떤 희생을 치르더라도 제거해야 할 개인숭배가 지배하고 있다. 우리는 평화로 돌아온 이래 병든 사회에 살고 있는 것이다. 농장의 모든 용감하고 정직한 아이들은 사회를 공산주의자의 사회주의로 이끌기 위해 혁명당에 참여해야 한다. 노동계급과 대중이 치르는 대가로 부유함을 누리고 있는 자본주의자들은 그들의 욕망을 충족시키고 호화로움을 얻기 위해 엄청난 방법을 사용하기를 주저하지 않는다. 대중은 그들로 인하여 피흘리며 고통을 겪고 있다. 혁명의 목표는 자본주의자와 봉건주의자들로부터 인민을 해방시키는 것이다. 이를 위해 힘에 의지하는 것이 필요하다."

– 크메르 루즈 팸플릿에서 발췌(p. 19)

---

1 변호사. 문학동네 신인공모를 통해 등단한 소설가이기도 하며 소설집 [디오니소스의 죽음]을 낸 바 있다.

인본주의Humanism는 인간을 귀하고 소중한 존재라고 보는 데서 출발한다. 인간은 인간이라는 이유만으로 예외 없이 존중되어야 한다. 그러나 오만한 인본주의는 여기 머물지 않고, 인간은 위대하며, 아름답고, 스스로 역사의 주인이 될 수 있다고 가르친다. 인간이 얼마나 비굴할 수 있고, 인간이 얼마나 추악할 수 있으며, 인간이 얼마나 현실적인 제약 속에 사는 존재인지 그 실상을 보는 눈을 마비시킨다. 오만한 인본주의는 결국 존재 그 자체로 존중되어야 할 인간에 예외를 설정하기 시작하며, 예외가 도입되는 순간 그 예외의 범위는 한량없이 자의적으로 증폭된다. 오만한 인본주의는 겸손한 인본주의와 달리, '인간의 존엄'이 여러 제약과 역사적 맥락 속에 구현되는 것임을 거부하고, 자생적 제도와 질서 일체를 평등과 혁명의 이름으로 무시하며 파괴한다. 결국 오만한 인본주의는 원래의 출발점과 정 반대편에 서 있는 자신을 발견하게 된다. 인간은 더 이상 귀하고 소중한 존재로 대우받지 못한다. 크메르 루즈의 예는 오만한 인본주의의 끝이 어디인가를 인간이 감당하기 어려울 정도로 증거한 사건이었다.

8개 방침 실행과 자생적 질서의 해체

1975년 프놈펜을 점령한 직후 폴 포트는 8개 항목의 방침을 정하고 이를 실행에 옮긴다. 이 8가지의 방침은 1) 모든 도시지역의 소개evacuation, 2) 시장의 폐쇄, 3) 화폐의 폐지, 4) 종교활동의 금지, 5) 론 놀 정부 지도부의 처형, 6) 협동조합의 설치 및 공동식사, 7) 모든 베트남인들의 추방, 8) 베트남 국경으로 군대를 배치하는 것이었다. 폴 포트와 크메르 루즈는 근본적으로 자본주의와 전통적 사회질서를 해체하고 공산주의에 입각한 농업유토피아를 건설하려 했다. 이를 위해 도시를 말살하고, 시장을 폐쇄하며, 화폐를 폐지하고, 인민복 한 벌, 숟가락 한 개, 밥그릇 하나 외의 사유재산을 인정하지 않았다. 나아가 사회의 가장 기본적인 단위인 가족제도를 해체하고 집단생활 단위인 협동조합을 조직하여 이를 기반으로 노동과 일상생활을 영위하도록 하였고 각 협동조합은 가능한 범위 내에서 자급자족하도록 하였다. 협동조합은 크메르 루즈가 가족을 대체하여 창설한 가장 기초적인 사회단위이자 최하위 행정단위였다. 모든 일상생활과 생산활동이 협동조합을 단위로 이루어졌으며 사생활이나 개인적 시공간은 인정되지 않았다.

모든 동산動産이 공유재산이 되었다. 식사는 모든 주민들이 모인 공동식당에서 함께 먹어야 했고, 일과 이외의 여가생활 역시 단체로 이루어졌으며 일상생활의 세세한 부분까지 단체로 이루어졌다. 가족구성원들은 흩어지고 남녀가 분리되어 각각의 노동조에 속해 생활하였다. 결혼의 상대자는 당사자가 선택하는 것이 아니라 앙카angkar: 조직상부가 정해준 파트너와 하도록 강제되었고, 결혼의 당사자들은 자신이 누구와 결혼하게 될지 알 수 없었으며, 심지어 이전에 한 번도 본 적이 없는 사람과 결혼하도록 강제되기도 했다. 경우에 따라 여성들은 전투에서 부상을 당한 크메르 루즈의 상이군인과 결혼하도록 정해졌는데, 이를 거부한 경우 투옥되어 혹독한 고문을 당하기도 했으며, 매우 고된 노동에 시달리기도 했다. 결혼 이후에도 부부는 함께 살 수 없었고, 대략 열흘에 한번 정도 집에서 만날 수 있었다.

크메르 루즈의 간부들은 아이들을 정보원으로 활용하여 그들의 부모를 감찰하도록 했으며, 그 결과 그들의 부모가 앙카에 대한 불만을 가지고 있음이 확인되면 아이들로 하여금 그들의 부모를 죽이도록 하기까지 했다.

내부의 적과 외부의 적, 그리고 킬링 필드

평범한 캄보디아인도 매우 사소한 이유로 혁명의 배신자로 몰려 투옥되거나 처형되기도 했다. 예를 들어, 협동조합 내에서 책임자에게 보고하지 않고 집을 방문하거나, 주방기구를 망가뜨리거나, 음식을 훔치는 행위, 앙카에 대한 비판적 의견을 말하는 행위, 장신구를 착용하는 행위, 작업시간에 지각하는 것, 생활환경에 대한 불평, 성행위, 종교적 감정의 표현 등의 행위를 한 경우 내부의 적으로 규정되었다. 또한 친구나 친지의 죽음에 슬퍼하는 것마저 허락되지 않았다. 경우에 따라서는, 가족 중 한 사람이 잘못이나 실수를 한 경우 그 가족 전체가 처형되기도 하였다.

외부의 적은 캄보디아와 우호관계에 있던 중국을 제외한 국가들, 예를 들어, 미국 등 자유진영의 국가들과 구소련, 베트남, 태국이 해당되었다. 많은 캄보디아인들이 이러한 외부의 적에 동조한다는 이유로 처형되거나 고문을 당했는데, 대부분의 경우 CIA나 KGB의 첩자로 몰려 고문당하거나 처형당했다. 특히 영어 등 외국어를 구사하는 사람들은 외국과 결탁하여 크메르 루즈 정권을 위험에 빠뜨리고, 캄보디아의 독립과 자주성을 훼손하는 집단으로 인식되어 처형당하거나, 구금, 고문을 당하였다. 이러한 외부의 적과 결탁되었다는 구실은 실제로 지방조직에서 그들이 우호적으로 생각하지 않는 사람들을 처형하는 명분으로 사용되기도 하였다.

크메르 루즈가 집권하던 기간 동안 약 50만 명이 혁명의 적, 혹은 국가의 적이라는 죄목으로 처형당했다. 내부의 적으로 판단된 경우 대부분 즉결처형 되지만 즉결처형을 피한 경우 일단 체포된다. 그러나 체포는 공개적으로 실행되지 않고 은밀하게 이루어지는데, 피해자는 앙카에 의해 추가교육을 받아야 한다는 명목으로 몇 달 동안 조사시설에 구금되었다. 그리고 실제로 피해자가 잘못을 저질렀는지에 대한 조사나 질문 없이 킬링필드로 보내져 처형되었다.

킬링필드로 보내진 피해자들은 파헤쳐진 구덩이의 끝자락에 무릎을 꿇린 상태에서 총살되거나 삽이나 곡괭이 등으로 뒷머리를 가격당하거나 비닐봉지 등으로 질식되어 살해되었다. 이런 방식으로 살해당한 피해자들은 거대한 무덤에 100여구 정도씩 매장되었다. 일부 지역에서는 위와 같은 방식으로 살해당한 뒤 우물에 던져지기도 하였다. 현재까지 밝혀진 집단 처형지는 캄보디아 전역에 388곳이 넘고 이들 처형지에는 1만 9천개가 넘는 집단매장지가 확인되고 있다고 한다.

보안사무소 S-21

크메르 루즈는 캄보디아 전역에 걸쳐 약 200여 개의 강제수용시설을 설치하였는데 이 시설들은 정상적인 국가에서처럼 단순히 형을 집행하는 것이 아니라 강제구금, 조사, 처형의 목적으로 운영되었다. 크메르 루즈는 이를 교도소나 감옥이라는 단어를 사용하지 않고 '보안사무소' 혹은 '보안센터'라고 불렀다. 강제수용소는 크메르 루즈에 의해 획정된 행정구역과 단위에 따라 크게 다섯 단위로 나누어졌다. 가장 낮은 단위의 강제수용소에는 론 놀 정부에서 복무하던 군인이나 하급공무원 등이 수용되었고, 단순 절도범이나 앙카에 반대하는 발언을 한 사람들이 주로 구금되었다. 중간 정도 단위의 강제수용소에는 크메르 루즈의 군인이었던 자들, 혹은 그들의 가족들이 구금되었으며, 가장 높은 단위의 강제수용소에는 크메르 루즈의 지도부나 혁명의 적으로 분류된 사람들이 구금되었다. 이 가장 높은 단위의 강제수용소는 S-21로 불렸으며, 프놈펜 인근에 설치되었다. 약 1만 4천 명이 이곳으로 끌려와 살해당했다. 생존한 사람은 단 12명에 불과했다.

S-21은 크메르 루즈가 정권을 장악하기 이전에 고등학교로 사용되던 시설로서 가로 600미터, 세로 400미터의 부지에 총 5개의 건물로 구성되어 있었으며, 건물들은 E자 형태로 배치되었다. 크메르 루즈에 의해 운영된 S-21은 재판은 물론 어떠한 적법절차도 거치지 않고 피해자를 구금하였고, 내부에서 고문을 통한 조사를 진행하였으며, 결국 피해자들을 매우 잔인한 방법으로 살해하였다.

S-21에 수감되어 살해당한 자들 중에는 이곳에서 근무하던 크메르 루즈 구성원도 있었다. 이들은 게을러 근무에 태만했다거나, 장비를 파손시켰다거나, 피구금자를 조사하면서 고문하던 중 허가를 받지 않은 상태에서 죄수를 죽게 했다는 등의 이유로 졸지에 자신들이 관리하던 강제수용소의 죄수로 전락하였다. 이들 역시 다른 피구금자들과 마찬가지로 고문당하고 살해당하는 운명을 맞이하였다.

S-21로 끌려온 피해자들은 모두 그들에게 적용된 혐의에 대한 조사를 받았는데, 이 과정에서 피해자들은 자백을 강요당했다. 또한 조사과정에서 매우 잔인한 고문이 자행되었는데, 몽둥이 등으로 구타를 가하거나 철사로 만든 채찍으로 채찍질을 하기도 하였고, 바늘로 찌르는 고문과 전기고문도 자

행되었다. 또한 담뱃불로 신체를 지지거나, 배설물을 강제로 먹이기도 하였으며, 팔이나 다리를 묶어 하루 종일 매달아 놓기도 하였다. 이외에도 상처에 알코올을 부으며 손톱을 뽑거나 물고문을 가하기도 하였다. 여성에게는 강제로 옷을 벗기거나 유방을 잘라내기도 하는 등의 고문이나 강간이 자행되었다. 자백된 내용들은 대부분 고문으로 인한 거짓 자백이었다. 이렇게 자백한 피해자들은 곧 처형되는 운명을 맞이했는데, 위에서 묘사한 것처럼 구덩이 앞에서 총살당하거나 머리를 가격당하여 살해당하였다. S-21이 설치된 직후 1년 동안 피해자들의 시신은 수용소 근처에 대규모로 매장되었는데, 더 이상 시체를 매장할 장소를 찾을 수 없게 되자 프놈펜에서 약 13km 떨어진 장소에서 피해자들을 처형하고 집단으로 매장하였다.

크메르 루즈의 등장 배경과 20년 내전의 끝

1970년 친미 성향의 론 놀 총리가 일으킨 쿠테타로 인하여 시하누크 정권이 붕괴된 이후 캄보디아 영토 내에서 북베트남의 보급선을 끊기 위한 미국의 공습은 더욱 강화되었다. 내전과 공습으로 약 300만 명의 난민이 발생하였고, 농지를 잃은 75만 명 이상의 농민들이 프놈펜으로 몰려들어 프놈펜의 혼란은 극에 달하였다.

크메르 루즈가 캄보디아를 장악하기 전, 론 놀 정부군과의 내전을 통해 이미 많은 캄보디아인들이 희생되었다. 기록에 따라서는 1970년부터 75년 사이에 60만에서 110만 명에 이르는 인명 피해가 발생한 것으로 보고되고 있다.

1975년부터 4년 간에 걸친 크메르 루즈의 킬링 필드 시기는 1979년 베트남군에 의한 프놈펜 함락으로 강제 종결되었다. 이후 폴 포트와 크메르 루즈는 태국 접경 밀림 지대로 근거지를 옮겨, 친베트남 정부군과 20년 가까운 내전을 지속하게 된다. 1996년에 이르러서야 캄보디아 정부에 항복하는 조건으로 크메르 루즈 지도급 중 하나인 이엥 사리가 사면되었고, 마침내 1998년 크메르 루즈와의 내전은 종료되었다. 하지만, 크메르 루즈가 자행한 심각한 인권유린 범죄에 대하여 그 진상을 명확히 규명하지 않은 상태에서 사면을 단행하여 그 책임소재가 불분명한 상태로 남게 되었다.

단적인 예로 크메르 루즈 집권시 외무부장관이던 이엥 사리는 당시 외국에 주재하던 대사관 직원 등 캄보디아 외교관들과 그 가족들, 그리고 해외에 체류하던 유학생 등 지식인들까지 캄보디아로 들어오도록 유인한 뒤 귀국 즉시 이들을 처형하였는데, 공식적으로 자신의 잘못을 인정한 바 없는 상태로 사망하고 말았다.

결국 2006년 유엔캄보디아특별재판부ECCC가 설치되기까지 약 30여 년 간 크메르 루즈에 대한 법적 단죄는 이루어지지 않았다. 국제사회는 오랜 기간 소련식 공산주의를 추구하던 베트남의 세력확장을 견제하기 위해 크메르 루즈 정권을 승인하였던 것이다.

전환기 정의와 상향식 유형

전환기 정의transitional justice란 "체계적이며 거대한 규모의 인권유린에 대한 접근방법으로서 인권유린의 피해자들에게 배상을 제공하고 인권유린의 원인이 되어온 정치체제, 분쟁, 혹은 그 밖의 다른 원인을 변화시킬 수 있는 기회를 만들거나 그러한 기회를 강화할 수 있는 체계"라고 말해진다. 또한 이러한 문제를 해결하기 위해 사법적 정의, 피해자에 대한 배상, 진실규명을 포함하여 정부조직 개혁, 박물관 등 추모시설 건립, 피해자의 정신적 트라우마에 대한 치유, 가해자와 피해자 간 화해 등과 같은 다양한 전환기 정의적 조치들이 총체적으로 진행되어야 하는 것으로 이해되고 있다.

전환기 정의에서, 처벌적 기능에 초점을 맞춘 사법적 청산 유형을 하향식 top down으로 분류하며, 상향식bottom up 유형은 사건이 발생한 지역의 특성과 요구 등에 부합할 수 있도록, 사법절차에 있어 일부분이라도 지역 참여를 포함하는 개념이다. 상향식 유형의 사법절차에서는 재판소의 설치단계부터 재판절차의 참여에 이르기까지 재판의 모든 단계에서 피해자를 포함한 대중의 참여와 소통이 요구되며, "피해자 참가제도"와 "배심제도"는 상향식 사법운용에 있어 핵심적 수단이라 할 수 있을 것이다.

재판절차의 경우 '가장 책임 있는 고위지도자들'에 편중된 절차는 그 사회 기층의 생생한 요구와 멀리 있게 되기 쉽다고 본다. 크메르 루즈가 자행한 여러 중대한 인권범죄에도 불구하고 대부분의 가해자들은 오랜 기간 동안 처벌받지 않고 자신들이 살던 지역에서 정착해 살고 있었다. 지금 자신의 옆집에 살고 있는 이웃이 과거 자신을 고문하거나 죽이려 했고, 자신의 가족이나 친구들을 강제로 떼어놓기도 했으며, 죽이고 고문하거나 감시했던 사람인 것이다. 하급실행자이기 때문에 무작정 덮어버리자는 것은 옳은 태도가되지 못할 것이다. 처벌이 능사이기 때문이 아니라, 심문절차를 통해 기록화와 집단성찰, 공적판단의 과정이 최소한이라도 진행될 수 있기 때문이며, 이 과정을 통해 사회적 치유와 화해의 기초가 놓일 수 있다고 보기 때문이다.

유엔캄보디아특별재판부(ECCC)의 활동

2003년 5월 13일 인적 · 제도적으로 유엔과 캄보디아 양측이 모두 관여된 혼합형 재판소인 유엔캄보디아특별재판부ECCC의 설치에 관한 최종합의안이 유엔총회에서 채택되었다. 그러나, 크메르 루즈의 실질적 최고지도자였던 폴 포트는 1998년 4월 이미 사망한 후였다.

2016년 현재 S-21 강제수용소 소장이던 두치는 35년형을 선고받고 복역 중이며, 부총리겸 외무장관이던 이엥 사리는 재판 중 사망했다. 그의 처로 사회부장관이던 이엥 티릿 역시 치매로 석방된 이후 자유롭게 살다가 2015년 8월 사망했다. 국회의장이며 공산당 부비서겸 보안책임자였던 누온 체아(1926년생, 90세)와 국가원수였던 키우 삼판(1931년생, 85세)은 2014년 종신형을 선고받았지만, 아직도 자신들의 잘못을 인정하지 않고, 상소심 진행 중이다.

이외에 5명에 대한 추가 수사가 별도로 개시되었으나, 캄보디아측의 비협조로 그 진행이 거듭 난항을 겪고 있다.

그러나, 이 재판 과정을 통해 방대한 기록이 축적되었으며, 총 211,543명이 재판을 방청하거나 견학투어에 참가했다. "Train the Trainers" 프로그램을 통해서는 각 지역 혹은 마을의 영향력 있는 인사들을 모집하여 그들에게 크메르 루즈와 인권범죄, ECCC에서 진행하는 절차에 대한 내용을 교육하여 그들이 각자의 마을, 지역으로 돌아가 ECCC에 의한 크메르 루즈의 처벌에 대한 내용을 널리 알리는 과정도 진행 중이다.

북한의 경우

북한은 오만한 인본주의의 극치가 '유일사상 10대 원칙'을 통해 인위적인 신정체제神政體制에 도달한 인류사의 거울상이다. 오직 '신성한 거짓말'로만 연명 가능한 뒤집어진 플라톤의 공화국. 오만한 인본주의가 초래한 대홍수적 참사를 직시할 때 '전환기적 정의'의 기초는, 겸손한 인본주의에의 천착일 수밖에 없다고 본다. 기억하는 것조차 고통스러운 참사의 현장에서 울려나온 살아있는 목소리를 듣고 이를 편찬하는 일은 그 겸손의 언저리에 놓인 지혜로운 출발일 것으로 믿는다. 전환기정의연구원과 저자의 선구적인 노고에 온 마음 깊은 곳으로부터 뜨거운 박수를 보낸다. "덕은 외롭지 않다. 반드시 그 이웃을 찾을 것이다(德不孤 必有隣)!"

:: 저자 서문

이 책은 캄보디아에서 진행중인 전환기 정의Transitional Justice의 이행과정을 통해 통일 이후 북한에서 전환기 정의를 실현할 수 있는 방안을 모색하는 하나의 시도이다. 지난 2014년 두 달 동안 캄보디아에서 머물며 그곳 학생들에게 영어를 가르치는 봉사활동의 기회가 있었다. 이 때 학생들과 함께 교류하며 말로만 들었던 크메르 루즈가 그 땅에 남긴 큰 상흔을 간접적으로나마 느낄 수 있었다.

역사의 시계를 거꾸로 돌려 캄보디아를 거대한 집단 농장으로 만들고 과거 캄보디아의 번영을 재현하려 했던 크메르 루즈는 통치 기간 동안 거의 모든 지식인을 살해하여 지식의 전달이 단절되었고, 사실상 한 세대가 거의 절멸하여 오늘날 캄보디아 인구의 80%가 30세 이하이고, 42%는 15세 이하이다. 특히 지식전달의 단절은 현재 캄보디아가 성장함에 있어서 직접적인 악영향을 끼치고 있다. 또한 크메르 루즈에 의해 이루어진 강제 결혼의 당사자, 고문 피해자, 강제실종자 및 그 가족들 등 수 많은 캄보디아인들이 크메르 루즈가 공식적으로 사라진 오늘까지 당시의 상처를 간직한 채 살아가고 있다. 크메르 루즈가 수 많은 사람들을 살해하던 동굴이나 집단매장지가 현재 관광지로 남아 캄보디아의 관광 수익원으로 기여하고 있는 것에 대한 대가 치고는 너무나 큰 상처이다.

이러한 크메르 루즈의 잔인한 인권유린 행위는 당시에 존재하던 국제법과 캄보디아의 법률을 위반한 것이었다. 2006년 출범한 캄보디아 특별재판부Extraordinary Chambers in the Court of Cambodia는 구유고슬라비아 국제형사재판소ICTY와 같은 임시재판소이지만 캄보디아 정부와 유엔이 공동으로 운영하는 혼합형 재판소라는 점에서 차이가 있다. ECCC는 엄밀하게 본다면 캄보디아 법원의 일부로 설립되었지만 유엔이 재판절차와 운영을 지원하고 있다는 측면에서 본다면 국제재판소로서의 성격이 강하다. ECCC는 크메르 루즈가 집권하던 기간 동안 캄보디아에서 자행된 수 많은 인권범죄행위들에 대하여 책임을 가지고 있는 크메르 루즈의 고위 지도자들을 그 처벌대상으로 삼고 있다. ECCC의 운영과정에서 캄보디아와 유엔은 수 많은 갈등을 겪고 있으며, 크메르 루즈에 대한 처벌에 대하여 캄보디아 내부에서도 다양한 의견이 존재하는 것이 현실이다. 크메르 루즈라는 과거체제가 남긴 인권범죄의 책임자를 처벌하고 피해자들에게 적절한 배상을 하는 과정에서 캄보디아가 겪고 있는 어려움과 갈등은 앞으로 통일이 된 후 우리 역시 겪어야 할 과정이다.

그런 의미에서 2014년 2월 발표된 유엔북한인권조사위원회COI의 조사보고서는 중요한 의미를 가진다. 이 보고서는 북한인권문제에 관하여 전환기 정의를 언급하고 있다. 또한 인도에 반하는 죄 등 인권범죄에 대한 책임을 가지고 있는 최고책임자를 국제형사재판소 혹은 임시국제재판소에 회부하여 처벌할 것을 촉구하고 있다. 전환기 정의란 전체주의와 같은 독재체제에서 민주적 체제로 전환된 이후 이전 국가체제의 유지를 목적으로 행해진 모든 형태의 공식적 혹은 비공식적 행위들에 대하여 가해자 처벌, 피해자에 대한 배상, 진상규명, 정부기관개혁 등의 조치를 통해 민주주의를 더욱 강화하고 사회적 통합을 이루는 과정을 포괄적으로 의미한다. 김영삼 정부에서 이루어진 '역사 바로 세우기 재판', 김대중, 노무현 정부에서 이루어진 각종 과거사 정리 및 진상규명 작업 등이 좁은 의미에서의 전환기 정의 조치에 해당한다.

유엔북한인권보고서는 북한에서 자행되는 수 많은 인권유린행위들이 북한체제를 유지하기 위한 목적으로 이루어지고 있으며, 따라서 북한체제는 인권침해와 본질적으로 불가분의 관계를 가지고 있다는 점을 보여준다. 이에 따라 보고서가 권고한 인권범죄에 대한 책임자를 처벌하라는 권고에 있어서 그 대상이 현재 북한의 최고지도자인 김정은을 의미하는 것임은 의문의 여지가 없다. 결론적으로, 북한인권조사위원회는 현재 북한인권문제의 근본적인 해결책은 현재의 북한체제의 변화 즉, 북한정권의 교체에 있음을 밝히고 있는 것이다. 여기서 북한체제의 근본적 변화는 우리에게 있어서 통일을 의미한다.

통일은 대한민국이 반드시 달성해야 할 헌법적 의무이다. 또한 인류사적으로 나치에 의한 유대인 학살을 능가하는 수준의 대량학살이 자행되고 있는 북한땅에 자유와 인권이 보장되는 체제를 세워 북한주민들이 자유롭게 생각하고 행동하며 인간다운 삶을 살 수 있도록 하는 것은 인도주의적 의무이기도 할 것이다. 어찌 보면 통일은 광복 이후 처음으로 한반도 전체에 자유와 민주주의를 실현한다는 점에서 진정한 의미의 광복이라고 할 수 있을 것이다. 몇 년 전 통일대박론 등 통일이 가져다 줄 혜택에 많은 관심이 모아진 바 있다. 하지만 우리가 통일을 통해 경제적, 정치적 혜택을 취하기 위해서 지불해야 할 대가가 있다. 경제적 투자는 물론 북한체제가 저지른 인권유린의 청산이 반드시 이루어져야 한다. 이 과정에서 우리는 우리가 몰랐던 혹은 우리의 정치적, 경제적 이익을 위해 외면하려고 했던 진실을 마주해야 할지 모른다. 하지만 그러한 진실을 마주하고 제대로 청산할 때 비로소 진정한 전환기 정의를 이루어 통일된 대한민국에 자유와 민주주의를 확고히 할 수 있을 것이다.

본서를 통해 캄보디아에서 진행되고 있는 전환기 정의적 조치들의 사례, 특히 국내에서는 비교적 생소한 혼합형 재판소인 ECCC를 소개하여 통일과정에서 어떻게 전환기 정의를 구현할 수 있을지를 검토하였다. 특히 유엔 북한인권보고서를 비롯하여 각계에서 주장하고 있는 국제형사재판소로의 회부보다는 통일 이후 한국정부와 유엔이 공동으로 ECCC와 같은 혼합형 재판소를 설치하여 북한인권범죄의 책임자들을 처벌하는 방안에 대하여 긍정적으로 검토하였다. 통일 이후 완전한 전환기 정의를 이루어 사회의 통합과 발전을 이루는데 있어서 김정은을 비롯한 인권범죄 책임자들을 처벌하는 것은 가장 핵심적인 부분이지만 그것이 전부는 아니다. 전환기 정의 조치들은 가해자에 대한 법적 처벌 뿐 아니라 피해자들에 대한 적절한 보상과 추념, 그리고 법적 처벌과는 별개의 진상규명과 북한의 각 기관들과 그 구성원들에 대한 민주적 개혁 혹은 폐쇄조치가 뒤따라야 한다. 특히 이 모든 과정에서 김정은과 북한당국의 수뇌부에 대한 조사가 필수적이고, 피해자인 북한주민들의 참여를 적극적으로 유도해야 할 필요성이 크다. 이러한 관점에서 볼 때 김정은 등에 대한 처벌에만 집중하여 범죄가해자들을 ICC에 세우는 것은 통일 이후 전환기 정의를 이루는데 적합한 방법은 아닌 듯 하다. 특별히 ECCC와 같은 혼합형 재판소의 모델은 북한인권범죄의 가해자들을 처벌하는 과정에서 한국정부와 피해자들이 당사자로서 참여할 수 있으면서 동시에 다른 전환기 정의 조치들과 보완적 기능을 할 수 있는 좋은 모델로 보인다.

아직까지 실무적으로나 학문적으로 저자의 경험과 공부가 일천하기 때문에 혹시라도 설익은 생각을 내놓는 것은 아닌지 하는 걱정도 있다. 아무쪼록 통일 이후에 우리가 어떻게 북한체제를 청산할 수 있을지에 대한 여러 생각들 중 하나로 이해해주시고 앞으로 이루어질 북한인권범죄의 청산과정에서 참고해 주시길 바라는 마음이다.

본서를 쓰는 과정에서 많은 분들의 도움을 받았다. 저자로 하여금 이 책을 쓸 수 있는 기회를 주시고 출판까지 할 수 있도록 해주신 전환기정의연구원 김미영 원장님께 감사 드린다. 김미영 원장님께는 예정보다 원고의 완성이 늦어 죄송한 마음이 크다. 또한 바쁜 가운데서도 원고의 교정과 검토를 위해 수고해 주신 한동대 국제법률대학원 선배이신 정소영 미국변호사와 조약문 번역에 도움을 준 김호종 미국변호사에게 감사의 인사를 전한다. 북한관련 내용에 관해 여러 의견과 많은 자료를 제공해 주며 많은 도움을 준 동생 강영은에게도 감사의 말을 전하고 싶다. 또한 저자에게 항상 격려와 응원을 해주는 동기 김정우와 김은주, 이용지 미국변호사에게 고마운 마음을 전한다. 아울러 저자에게 가르침을 주신 한동대 국제법률대학원의 백은석 교수님과 이희언 교수님, David Mundy 교수님, Edward Purnell 교수님을 비롯한 많은 교수님들께도 감사의 인사를 전한다. 무엇보다 지금까지 기도와 격려로 저자와 함께 해주신 부모님께 진심으로 감사의 마음을 전한다. 하나님의 섭리 아래서 캄보디아땅을 밟게 되었고 이 책이 나올 수 있었기에 하나님께 감사와 영광을 올린다.

2016년 8월 15일

강 경 모

제1장

캄보디아 기본정보 및
캄보디아 사례연구의 의의

캄보디아 기본 정보

캄보디아는 동남아시아의 인도차이나 반도 동남부 지역에 위치한 국가로서 정식 국가명칭은 캄보디아 왕국Kingdom of Cambodia이다. 수도는 프놈펜이며, 면적은 한반도의 약 80%, 대한민국의 약 1.8배 정도의 규모이고, 베트남, 태국, 라오스와 국경을 맞대고 있다.[1] 인구는 2015년 7월 기준 약 1570만이며, 0세에서 24세까지의 인구가 전체의 약 52%에 이르고[2] 1인당 GDP는 3500불이다.[3] 1953년 프랑스로부터 독립한 이후 혼란한 정치상황 속에서 공화정체제와 왕정체제가 반복되었고, 현재 헌법상 입헌군주제를 채택하여 의원내각제로 정부가 운영된다. 현재 노로돔 시하모니 국왕이 재위 중이고 훈 센 총리가 1985년부터 현재까지 내각을 이끌고 있다. 사법제도는 대법원, 고등법원, 지방법원으로 구성된 3심제를 기본으로 하고 있으며, 1989년 이전의 법률은 거의 사문화되었으나 1989년부터 1993년의 기간 중 유엔캄보디아임시행정기구United Nations Transitional Authority in Cambodia(이하 'UNTAC')에 의해 프랑스 법률을 모델로 제정된 법률은 대부분 유효하게 적용되고 있다.[4] 그러나 사법부의 독립성은 매우 취약한 실정이다. 문화적으로는 불교(소승불교)를 국교로 채택하고 있으며, 역사적으로 인도 · 힌두문화의 영향을 많이 받았다.

---

1 http://khm.mofa.go.kr/korean/as/khm/policy/overview/index.jsp (2016년 6월 10일 방문)
2 https://www.cia.gov/library/publications/resources/the-world-factbook/geos/cb.html (2016년 6월 10일 방문)
3 Ibid.
4 http://khm.mofa.go.kr/korean/as/khm/policy/overview/index.jsp (2016년 6월 10일 방문)

킬링필드로 알려진 크메르 루즈에 의한 집단학살로 인하여 약 170만 명[5]이 학살당하였으며, 이러한 지식인 계층에 대한 집단학살은 거의 한 세대에 걸친 지적 단절상태를 야기하였다. 이 때문에 현재 캄보디아의 평균적 교육수준은 매우 낮은 상태이다.[6] 또한 크메르 루즈는 공산주의 이념에 기

캄보디아 지도   (출처: CIA World Factbook)

초하여 캄보디아를 농업유토피아로 만들려는 계획하에 모든 현대적 경제활동과 학교교육을 폐지하여 현재까지 캄보디아의 경제는 매우 낙후된 상태에 머물고 있다.

한반도 상황과의 유사성

전환기 정의적 관점에서 캄보디아는 아시아권에서 유일하게 국제법적 차원에서 과거 정권에 의해 자행된 대량학살[7] 등 대하여 그 책임자들에 대한 사

---

5   기록에 따라서는 220만 명이 학살된 것으로 보는 견해도 있다.

6   수도 프놈펜의 경우를 제외하면 지방에 위치한 대학교의 경우 현지 대학생들이 배우는 교과과정은 한국의 고등학교 수준에 해당하는 것으로 보인다.

7   여기서의 '대량학살'은 일반적 의미에서 다수의 인명을 살상한다는 의미로 사용한 것이다. 법률적 의미에서 '대량학살' 혹은 '집단학살'을 지칭할 경우 '집단살해죄의 예방과 처벌에 관한 협약'에서 사용된 영문표현인

법적 단죄를 진행중인 국가이다. 특히 크메르 루즈에 의한 집단적 인권범죄는 지배세력이 국가적 목표달성을 위하여 사회공학적 정책실행과정에서 자국민과 일부 인접국 국민을 대상으로 대규모로 자행되었다는 점, 사후 단죄가 진행되는 현시점에 캄보디아 국내적으로 여전히 가해세력과 관련된 인물들[8]이 정치권력을 행사하고 있음으로 인하여 사법적 단죄의 과정이 국내정치적 영향에서 자유롭지 못한 점, 가해자인 크메르 루즈가 오랜 시간 동안 유엔은 물론 미국 등 다수의 서방국가들에 의해 국가승인을 받은 점, 유엔을 비롯한 국제사회가 적극적으로 사법적 단죄에 개입한 점, 그리고 잦은 외부 침략과 피식민지배 경험으로 인하여 대외적 자주성에 민감한 국민정서 등의 역사적, 정치적 특징을 가지고 있다.

이러한 특징들은 현재 북한정권에 의해 한반도에서 벌어지고 있는 대규모 인권유린과 일정 부분 유사성을 가지고 있다. 즉, 현재 북한정권에 의해 자행되는 인권유린은 북한정권에 의해 조직적이며 대규모로 진행되고 있다는 점이 다수의 탈북자들의 증언과 유엔북한인권보고서를 통해 확인되고 있으며, 이러한 인권유린을 자행하고 있는 북한 정권은 중국, 러시아 등 다수의 국가들로부터 국가승인을 받았고, 유엔 회원국 지위를 유지하고 있다. 또한 북한인권문제에 있어서 다수의 국가들이 북한인권법을 제정하였고, 유엔은 북한정권에 의해 자행되는 인권유린을 공식적으로 조사한 북한인권보고서를 채택하였으며 최근 서울에 북한인권현장사무소를 설치하는 등 국제사회

'제노사이드'를 사용할 것이다.

8 훈 센 총리를 비롯한 현정부의 구성원 다수가 과거 크메르 루즈의 관료와 군지휘관으로 복무하였다. 이들은 크메르 루즈에 의해 숙청 대상으로 몰리자 베트남으로 망명하였고, 1979년 1월 베트남이 수도 프놈펜을 점령하면서 다시 캄보디아로 돌아와 친베트남 성향의 정부를 수립하였다. 이후 이들은 현재까지 캄보디아 정부의 장관 등 고위직에 지내고 있다.

가 북한인권문제에 적극적으로 나서고 있는 상황이다. 뿐만 아니라 북한인권문제의 당사국인 한국에서는 북한문제가 좌우 진영간 치열한 정쟁[9]의 대상이 되고 있다. 특히 진보진영에서는 심지어 북한인권문제에 대한 적극적 개입이 오히려 북한인권개선에 도움이 되지 않는다고 주장하는 실정이다.[10] 이러한 국내정치적 상황으로 인하여 한국정부는 북한인권문제에 대하여 적극적인 역할을 못하는 형편이다. 이러한 상황을 고려한다면 향후 북한정권에 의한 인권유린에 대한 사법적 처벌에 대하여 좌우진영간 정치적 논란이 불거질 가능성은 매우 높다. 이는 북한인권문제에 대한 사법적 처벌과정이 한국정치상황에 따른 영향으로부터 자유롭지 않을 수도 있음을 암시하는 것이기도 하다.

이와 같은 캄보디아와 한반도 상황과의 유사성을 고려한다면 현재 유엔과 캄보디아 정부간 합의에 의해 캄보디아에 설치된 캄보디아 특별재판부 Extraordinary Chambers in the Courts of Cambodia(이하 'ECCC')의 사례는 향후 북한인권문제에 대한 사법적 해결의 좋은 모델이 될 수 있을 것이다.

---

9 헌법재판소의 통합진보당 해산결정은 한국사회 내에 단순히 북한에 대한 인식의 차이를 넘어서 친북 혹은 종북적 성향의 세력이 존재한다는 점을 공식적으로 확인해 주는 계기가 되었다.
10 실제로 참여정부 시기 정부는 유엔에서 상정된 북한인권결의안에 대하여 2003년에는 표결불참, 2004년과 2005년에는 기권하였다.

제2장
캄보디아 역사

인도차이나 문명의 중심, 크메르 제국의 전성기

현재의 캄보디아는 세계사적 비극을 겪은 킬링필드라는 오명을 가지고 저개발상태의 빈국으로 남아있지만, 한 때 인도차이나 반도에서 가장 강력한 국가였던 시기도 있었다. 캄보디아 역사상 최고의 전성기는 9세기부터 15세기까지 존속했던 앙코르 왕국 시대이다.[11] 이 시기 캄보디아는 서쪽으로는 태국 동부지역과 안다만 해로부터 동쪽으로는 베트남 남서부 지역과 남중국해에 이르는 지역에 광대한 영토를 지배하고 있었다. 세계 7대 불가사의 중 하나로 알려진 앙코르 와트는 앙코르 왕국의 건축물이다. 앙코르 왕국의 번영은 수준 높은 관개시설과 메콩델타 지역으로 이어지는 운하에 기반한 것이었다.[12] 전성기 당시 앙코르 왕국의 수도였던 앙코르의 (현재의 시엠립 인근) 인구는 한때 150만에 이르렀다. 이 당시 캄보디아의 왕은 인도와 힌두문화의 영향을 받아 신격화된 존재로 인식되었다. 앙코르 와트 역시 초기에는 힌두교 사원이면서 동시에 신격화된 왕을 숭배하기 위한 종교건축물이었고 이후 불교사원으로 그 성격이 바뀌었다. 이러한 크메르 민족의 전성기는 캄보디아인들에게 자급자족, 명성, 자주의 시대로 인식되었고, 이후 크메르 루즈에게 있어서 외세의 침략으로 인해 낙후되고 정치적으로 위축된 캄보디아가 회복해야 할 모델로 인식되었다.

---

11 Isabelle Chan, *Rethinking Transitional Justice: Cambodia, Genocide, and a Victim-Centered Model*, Macalester College (2006). Honors Projects. Paper 3. p.37

12 Ibid.

외세의 침략과 식민지화

크메르 제국의 세력은 15세기경부터 내부의 왕족간 권력투쟁으로 인하여 점차 몰락하기 시작하였다. 권력투쟁 과정에서 왕족들은 자신의 정적을 제거하기 위하여 베트남이나 태국의 군사적 도움을 요청하였고, 태국과 베트남은 이 과정에서 그들에게 도움을 요청한 캄보디아 왕족으로부터 일부 캄보디아 영토에 대한 지배권을 확보하였다. 뿐만 아니라 이후에는 수시로 캄보디아를 공격하여 캄보디아 영토를 병합하기도 하였다.[13] 이러한 과정 끝에 1863년 프랑스의 식민지로 전락하기 직전 캄보디아는 베트남과 태국의 공동보호 아래 있었다. 이러한 정치적 상황 아래서 노로돔 왕은 프랑스의 설득에 따라 캄보디아의 영토를 보전하기 위하여 프랑스의 보호령이 되는 내용의 조약에 서명함으로써 캄보디아는 프랑스의 식민지로 전락하였다.[14] 다만 프랑스는 노로돔 왕에게 캄보디아 영토를 계속 통치할 수 있도록 하였고 프랑스는 캄보디아의 대외정책에 대한 통제권을 행사하였다. 이러한 식민지화는 노로돔 왕의 의도와는 달리 베트남과 태국의 오랜 침략으로 인하여 망가진 캄보디아인들의 자부심에 오히려 더 큰 상처를 입히는 결과를 가져왔다.

당초 프랑스가 캄보디아를 지배하려던 목적은 캄보디아 자체가 아니라, 캄보디아를 또 다른 프랑스의 식민지인 베트남과 태국 사이의 완충지대로 삼으려는 것이었다.[15] 또한 메콩강을 통해 중국으로 진출하기 위한 교두보

---

13 Ibid. p. 38
14 Ibid. p. 39
15 Ibid.

를 마련하는 것 역시 캄보디아 식민지화의 목적이었다.[16] 그러나 캄보디아를 통해 중국으로 진출하려는 프랑스의 의도는 성공을 거두지 못하였고, 대신 1883년경부터 프랑스는 캄보디아를 프랑스 본토와 베트남 식민지배의 경제적 기반으로 삼으려 하였다.[17] 이를 위해 프랑스는 노로돔 왕이 행사하던 캄보디아 내부의 통치권을 직접 행사하기 시작하였다.[18] 즉, 캄보디아 내의 행정조직과 재무, 법률조직, 상거래와 관련된 업무를 직접 통제하였고, 이를 통해 캄보디아 내에서 생산되는 아편과 주류에 세금과 관세를 징수하였다. 이에 대한 반발로 캄보디아인들은 반란을 일으키기도 하였지만 실패하였다. 프랑스는 인도차이나 반도를 지배하면서 캄보디아와 베트남에 대하여 상반된 인식을 가지고 있었는데, 캄보디아인들은 게으르고 단순하며 한때는 위대했지만 지금은 문명을 상실한 야만인 정도로 생각한 반면, 베트남인들에 대해서는 미래의 생산적 인종으로 생각하였다.[19] 이러한 인식 때문인지 캄보디아는 프랑스와 프랑스의 지배를 받는 베트남의 경제적 기반이었지만 그에 따른 경제적 대가를 얻지 못했다. 또한 식민지배기간 중 프랑스는 캄보디아인을 위한 교육에 투자하지 않았으며, 1954년 캄보디아가 독립하기까지 144명의 캄보디아인들만이 프랑스대입자격시험에 응시했을 뿐이었다.[20] 결국 캄보디아는 식민지 시기를 통하여 정치적, 경제적 측면에서 발전의 기회를 가지지 못하였다.

---

16 Ibid.

17 Ibid. p. 40

18 1883년 캄보디아는 라오스, 베트남과 함께 프랑스령 인도차이나의 일부에 편입되었다.

19 Isabelle Chan, p. 40.

20 Ben Kiernan, *Coming to Terms with the Past: Cambodia.* Today's history, (September 2004). p. 16

프랑스의 캄보디아 통치는 캄보디아 역사의 오점임에 분명하지만 역설적으로 캄보디아의 민족적 자부심이 고양되고 독립의 원동력이 되었다. 즉, 프랑스의 지배기간 중 프랑스 학자들은 캄보디아의 역사와 문화유산에 대한 연구를 진행하였고, 그 연구결과는 이전까지는 잘 알려지지 않았던 크메르 제국의 전성기 역사의 복원을 가능케 하였다. 이러한 캄보디아 역사의 재발견은 캄보디아 민족운동의 강한 근거가 되면서 독립의 원동력이 되었다.[21] 캄보디아 독립운동에 참가했던 인물들은 대부분 공산주의자들로서 이들 대부분은 파리에서 교육을 받았다. 이들은 폴 포트, 이엥 사리, 키우 삼판 등 훗날 크메르 루즈의 주요 지도부를 구성하는 인물들이었다. 이들은 주로 또 다른 프랑스의 식민지인 베트남의 공산주의자들과 함께 프랑스에 대항하여 독립투쟁에 참가했다. 이들 공산주의자 이외에도 노로돔 시하누크 국왕[22] 역시 제2차 세계대전 이후 프랑스로부터 독립하기 위한 노력을 기울였다. 시하누크 국왕은 2차 대전의 와중에 프랑스의 세력이 약화된 틈을 타 1945년 프랑스로부터 독립을 선언하였으나, 종전 후 프랑스가 인도차이나 반도에 재진출하면서 캄보디아는 다시 프랑스의 통제하에 들어갔다. 그러나 결국 1953년 11월 9일 캄보디아는 프랑스로부터 독립하였다.

---

21 Elizabeth Becker, *When the War Was Over: the Voices of Cambodia's Revolution and its People*. New York: Simon and Schuster, (1986). p.53 (Isabelle Chan, *Rethinking transitional Justice: Cambodia, Genocide, and a Victim-Centered Model* (2006). *Honors Projects*. Paper 3. p.40에서 재인용)

22 1941년 프랑스 정부의 승인을 통해 캄보디아의 국왕이 되었다.

독립과 캄보디아 왕국의 수립(1953~1970년)

프랑스로부터 독립한 이후 노로돔 시하누크는 신생독립국 캄보디아의 국왕
이 되었다. 그러나 1955년 시하누크는 자신의 아버지인 노로돔 수라마리트
에게 왕위를 넘기고 상쿰Sangkum이라는 이름의 정당을 창당하여 현실정치에
참가하였다. 시하누크는 궁극적으로 캄보디아를 현대화시키고 국제적으로
중립을 지키며 캄보디아의 독립을 지키기 위하여 자신이 캄보디아의 절대
적 지도자가 되어야 한다고 생각하였다. 이를 위해 시하누크는 자신을 캄보
디아 독립의 아버지로 칭했고, 소작농들을 포함한 일반 대중의 폭넓은 지지
를 받았다. 시하누크는 우익과 중도층의 군소 정당을 자신의 정당인 상쿰당
으로 흡수시켰고, 그에게 반대하는 공산주의 반군을 군사적으로 진압하였으
며, 선거운동기간 중에는 좌파정당의 지도자를 구금하기도 하였다. 이외에
도 다른 폭력적 방법과 선동을 통해 시하누크의 상쿰당은 1955년의 최초의
총선거에서 압도적 승리를 거두었다.[23]

특히 시하누크는 공산주의자들을 강력히 배척했는데 이는 공산주의자들
이 베트남 공산주의자들과 유착되어 향후 베트남이 캄보디아로 확장할 수
있는 기반이 되는 것을 방지하기 위한 것이었다. 이로 인하여 시골지역 공산
당조직의 핵심 간부급 인사들의 대부분이 전향하거나, 베트남으로 탈출했으
며, 일부 인사들은 살해당하기도 하였다. 결과적으로 이러한 공산주의자들
에 대한 탄압은 캄보디아 공산주의 집단 내에서 군사적 역량이 중요하게 인
식되는 계기가 되었고, 프랑스에서 교육받은 반베트남 성향의 인사들이 약

---

23 Isabelle Chan, pp. 42-43.

진하는 결과를 야기하였다. 이러한 상황 아래서 폴 포트를 위시한 크메르 루즈의 구성원들이 공산당 내에서 세력을 확장하게 되었다.[24]

이와 같은 시하누크의 강압적 통치에도 불구하고 1955년부터 1960년대 초반까지 시하누크의 권력은 견고하였고, 캄보디아는 사회적으로 안정된 듯 보였다. 시하누크는 정치적으로 시골의 소작농 계층으로부터 절대적인 지지를 받았으며, 외교적으로 중립노선을 취하면서 국제적으로 캄보디아의 독립성을 지키려 하였다. 또한 경제적으로 농업 생산물을 수출하고 대외원조를 받으면서 사회기간시설 확충에 힘을 쏟았다. 그러나 이러한 시하누크의 노력에도 불구하고 캄보디아는 부정부패가 사회전반에 심각하게 퍼져있는 상황이었다. 부패문제는 사회적 불만을 야기할 정도로 상당히 심각하여 시하누크의 견고한 지지가 흔들릴 정도에 이르렀다. 결국, 1963년부터 부정부패문제의 해결을 요구하는 시위가 발생했고, 이러한 시위는 이후 시하누크에 대한 반대시위로 변모하였다.[25] 그러나 시하누크는 원인이 된 부패문제에 집중하기 보다는 시위를 공산주의자들이 주도한 반정부시위로 인식하여 시위를 강력히 진압하고 공산주의자들을 대대적으로 체포하기 시작하였다. 이로 인하여 폴 포트와 이엥 사리를 비롯한 크메르 루즈는 정글지역으로 들어가 시하누크에 대하여 저항하였다. 결과적으로 캄보디아의 부패문제는 해결되지 않았고, 사회적 혼란은 더욱 심화되었으며, 이는 크메르 루즈가 강력한 세력으로 성장할 수 있는 바탕이 되었다.

---

24 Ibid. pp. 43-44.
25 Ibid. p. 45.

부정부패와 정치적 불안정으로 인하여 사회혼란이 심화되는 상황 속에서 시하누크의 통제력은 지속적으로 약화되었다. 그리고 베트남 전쟁은 캄보디아의 불안정한 사회적, 정치적 상황을 더욱 어렵게 만들었다. 독립 직후부터 시하누크는 정치적으로 중립을 선언하여 정치적, 외교적, 군사적으로 캄보디아를 안정시키려 하였다. 그러나 베트남 전쟁의 와중에 북베트남 군대는 캄보디아 북부지역을 통해 보급선을 연결하였고, 캄보디아 국경을 넘어 우회하여 남베트남의 사이공을 공격하려 하였다. 정치적 중립선언에도 불구하고 시하누크는 이를 적극적으로 막지 않고 묵인하였다. 미국은 1969년부터 이러한 북베트남군을 막기 위하여 캄보디아 국경을 넘어 북베트남군을 폭격하였는데, 시하누크는 명시적으로 캄보디아 영토 내에서의 미군의 폭격을 승인하지 않았기 때문에 미국을 강력히 규탄하였다. 그러나 일부 연구자들에 따르면 시하누크는 미군의 폭격을 묵인하였다.[26] 미군의 폭격으로 인하여 시하누크의 주요 지지층인 소작농들이 다수 희생되었다. 또한 이러한 폭격은 캄보디아의 정치, 사회, 경제의 전 분야에 걸쳐 더욱 큰 혼란을 야기하였으며, 정글에서 투쟁중인 크메르 루즈는 부패한 시하누크 정권에 대항하여 투쟁해야 하는 강력한 명분을 확보하게 되었다. 실제로 미군의 폭격에 분노한 많은 캄보디아인들이 시하누크 정권에 대항하여 정글에서 게릴라전을 수행하는 크메르 루즈에 가담하였다.

---

26 Alex Bates, *Transitinal Justice in Cambodia: Analytical Report*, ATLAS Project and British Institute of International and Comparative Law, (October 2010), p. 9.

크메르 공화국의 수립(1970~1975년)

이러한 어수선한 사회적 상황 아래서 1970년 시하누크 정권의 총리인 론 놀 Lon Nol은 쿠데타를 일으켜 정권을 장악하였고, 시하누크는 중국으로 망명하였다.[27] 쿠데타로 정권을 잡은 론 놀은 기본적으로 친미적 성향을 가진 자로서 그가 집권한 후 캄보디아 북부지역에서 북베트남군에 대한 미군의 폭격은 더욱 강화되었다. 미국은 캄보디아에 대하여 대규모 경제지원을 제공했으나, 캄보디아가 가지고 있던 부패문제와 정치적, 사회적 혼란은 해결되지 않고 오히려 더욱 심화되었다. 더욱이 실각한 시하누크는 론 놀에 대항하기 위하여 그 때까지 정글에서 그에 대항해 투쟁하던 크메르 루즈를 지지하였고, 시하누크의 크메르 루즈에 대한 지지선언은 그를 지지하던 수많은 농민들을 크메르 루즈로 이끄는 결과를 낳았다. 그리고 론 놀 정권과의 치열한 내전 끝에 크메르 루즈는 1975년 프놈펜을 점령하였고 론 놀 정권은 붕괴되었다.

크메르 루즈의 집권(민주 캄푸치아)과 베트남과의 분쟁(1975~1979년)

프놈펜을 점령함으로써 캄보디아를 장악한 크메르 루즈 정권은 마오이즘 Maoism과 레닌주의를 기조로 캄보디아를 농업 유토피아로 만들고, 과거 앙코르 왕국의 전성기를 되찾겠다는 목표를 가지고 있었다. 그러나 이들은 통치 과정에서 지식인, 자본가, 교사, 외국과 접촉한 자, 심지어 외국인과 접촉할

27　중국 베이징에서 망명생활을 하던 시하누크는 저우언라이가 사망한 후 북한으로 망명지를 옮겼다.

가능성이 있는 자, 승려 등 종교인, 학생, 외국인 등 다수의 인명을 학살했다. 이 기간 중 희생된 사람들의 숫자는 아직까지도 확실히 밝혀지지 않았으나, 기록에 따라 170만에서 220만에 이르는 인명이 희생된 것으로 보고 있다. 이는 당시 캄보디아 인구 800만 명의 약 25%가 희생된 것이다.[28]

크메르 루즈와 베트남의 공산정권은 공산주의 이념을 따른다는 공통점 외에도 프랑스 식민지 시절부터 프랑스에 대항해 함께 싸운 경험을 가지고 있으며 베트남전쟁 기간에는 각각 미국과 친미정권인 론 놀 정부에 대항해 싸운 경험을 가지고 있었다. 이러한 동질성에도 불구하고 크메르 루즈가 캄보디아에서 정권을 잡은 이후 캄보디아와 베트남 사이에는 정치적, 군사적 긴장이 발생하였다. 즉, 캄보디아가 전통적으로 베트남에 대하여 가지고 있는 민족적 적대감정이 다시 발생한 것이다. 내부적으로 크메르 루즈는 베트남이 인도차이나 반도에서 그 영향력을 확대해 나갈 가능성을 우려했고, 반대로 베트남은 인도차이나 반도에서 공산주의 세력의 맹주로서 그 영향력을 키워 궁극적으로 캄보디아와 라오스를 지배하려 하였다. 이에 따라 크메르 루즈는 집권 직후 캄보디아 영토 내에서 주둔하고 있던 베트남군을 몰아내기 시작하였고 심지어 캄보디아의 영유권을 주장하며 베트남 영토를 공격하기도 하였다. 뿐만 아니라 베트남에 대한 우호적인 시각을 가진 크메르 루즈의 구성원들은 숙청되기도 하였다. 이러한 상황의 연장선상에서 다수의 베트남인들이 크메르 루즈 집권 기간 중 희생되었다. 이는 베트남과 캄보디아가 적대관계로 전환되는 계기를 만들었으며, 캄보디아와 베트남은 1976년부터 1977년에 걸쳐 무력분쟁 상태에 있었다. 그리고 1978년 말부터 무력

---

28 크메르 루즈 정권의 집권기간(1975~1979년)에 관한 자세한 내용은 다음 장에서 후술한다.

분쟁은 전면전으로 확대되었고 1979년 1월 7일 베트남군이 프놈펜을 점령함으로써 크메르 루즈 정권은 붕괴되었다. 프놈펜을 점령당한 후 폴 포트와 크메르 루즈 세력은 태국국경지대의 정글로 들어가 이후 약 20년간 프놈펜의 친베트남 정부에 대항하여 게릴라전을 전개하면서 캄보디아는 내전상태로 접어들었다.

크메르 루즈의 붕괴와 친베트남 정부수립: 캄푸치아 인민공화국(1979~1991년)

베트남군의 프놈펜 점령으로 폴 포트의 크메르 루즈 정권이 붕괴된 이후 캄보디아에는 헹 삼린Heng Samrin, 훈 센Hun Sen, 체아 심Chea Sim을 중심으로 하는 친베트남 정권이 수립되었다. 이들은 크메르 루즈 집권기에 크메르 루즈의 구성원이었으나, 친베트남 성향으로 인하여 숙청대상에 오르자 1977년과 1978년 사이에 베트남으로 망명하였다.

친베트남 정권은 크메르 루즈에 의해 자행된 인권유린을 처벌하기 위한 인민혁명재판소People's Revolutionary Tribunal를 설치하고, 폴 포트와 이엥 사리에 대한 5일 간의 궐석재판을 진행하였다. 재판결과 폴 포트와 이엥 사리에게 대량학살 행위에 대하여 유죄가 인정되어 사형이 선고되었다. 그러나 이 재판은 기본적으로 궐석재판이라는 한계를 지니고 있었고, 사전에 정해진 각본에 의해 진행된 보여주기식 재판이었다. 이러한 사정 때문에 인민혁명재판소의 재판결과는 크메르 루즈에 대한 법적 처벌로 인정되지 않고 있다. 결국 유엔과 캄보디아 정부간 협정에 의해 2006년 ECCC가 설치되기 전까지 약

30년 동안 크메르 루즈에 의한 대량학살에 대한 법적 조치는 전무하였다.

국내적으로 이 당시 캄보디아는 심각한 혼란 속에 있었다. 20만의 베트남군은 1979년 친베트남정권이 세워진 이후에도 계속 주둔했고 이들에 대한 캄보디아인들의 감정은 매우 복잡했다. 정치적 라이벌인 베트남에 의해 지배당하는 상황은 달갑지 않았지만 대신 크메르 루즈의 공포정치는 사라졌기 때문이다. 크메르 루즈는 태국 국경지역을 점령하고 프놈펜 정부군과 내전을 지속하고 있었다. 사회적으로 캄보디아의 부패는 개선되지 않았고, 크메르 루즈의 집단학살로 인해 거의 모든 지식인과 공무원이 사라진 상태였기 때문에 행정적 공백도 심각했다. 특히 많은 캄보디아인들은 내전 이후 크메르 루즈가 다시 집권하는 것을 매우 두려워하였다.

유의해야 할 점은 당시 국제사회는 베트남에 의해 세워진 캄푸치아 인민공화국을 정식으로 승인하지 않았다는 점이다. 당시의 국제정치상황 속에서 정글로 쫓겨난 크메르 루즈 세력은 계속해서 캄보디아의 합법정부 지위를 유지하고 있었다. 직전까지 베트남과 전쟁을 치렀던 미국과 당시 베트남과 전쟁 중이던 중국은 베트남의 캄보디아 침공이 국제법 위반임을 주장하며 베트남을 비난했고, 친베트남 성향의 캄푸치아 인민공화국을 정식으로 승인하지 않고, 크메르 루즈 세력을 캄보디아의 합법적인 정부로 인정하고 있었다. 뿐만 아니라, 유엔 역시 크메르 루즈 세력을 캄보디아의 합법정부로 계속 승인하여 1992년까지 크메르 루즈는 유엔에서 합법적으로 캄보디아를 대표하고 있었다. 당시에 이미 크메르 루즈 정권에 의한 심각한 인권유린이 국제사회에 어느 정도 알려져 있던 상황이었음에도 불구하고 국제사회는 정글에서 친베트남 정부군과 내전 중이던 크메르 루즈 집단을 캄보디아의 합법적인 정부로 승인하고 있었던 것이다.

이 시기 캄보디아에는 크게 네개의 정파가 존재하고 있었는데, 프놈펜의 훈 센이 이끄는 친베트남 정부, 태국 국경지대를 장악하고 있던 크메르 루즈, 시하누크 전 국왕의 아들 리나리드가 이끄는 푸친펙FUNCINPEC, 그리고 손 산Son Sann이 이끄는 크메르 민족해방전선이 그것이다. 비록 베트남의 침공으로 세력이 위축되기는 했지만 크메르 루즈는 여전히 강력한 세력을 유지하고 있었고, 약 35만의 군대를 보유하고 태국국경지대를 거점으로 프놈펜 정부군, 베트남군과 전투를 계속하고 있었다. 게다가 시하누크 역시 캄보디아의 독립을 우선시 하면서 프놈펜의 친베트남정부 보다는 크메르 루즈를 지지하고 있었다. 이러한 정치지형 속에서 크메르 루즈, 시하누크파, 손 산의 크메르 민족해방전선은 1982년 프놈펜 정부에 대항하여 민주 캄푸치아 연합정부를 구성하였고, 유엔 역시 공식적으로 이를 캄보디아의 합법정부로 승인하였다. 이 정부는 사실상 크메르 루즈에 의해 주도되는 것이었기 때문에 결국 캄보디아는 크메르 루즈와 친베트남 프놈펜 정부로 양분된 것으로 볼 수 있다. 이러한 상황 속에서 크메르 루즈 세력과 정부군 사이의 내전은 지속되었다. 국제정치적으로 이 내전은 크메르 루즈를 지지하던 미국 등 서방세계와 중국, 그리고 프놈펜 정부를 지지하던 베트남과 구소련의 대리전의 성격을 띠고 있기도 하였다.[29]

---

29 Clark D. Neher, *Southeast Asia in the New International Era*. Boulder: Westview Press. Chapter 11 Cambodia (2002), pp. 235-267 참조.

평화체제의 수립과 크메르 루즈의 몰락

1989년 캄보디아에 주둔하던 베트남군이 철수하면서 당시 프놈펜 정부의 수상이었던 훈 센은 국가의 지도이념이었던 공산주의를 포기하고 국가명칭을 캄보디아국State of Cambodia으로 변경하였다. 유엔을 중심으로 한 국제사회는 캄보디아 내전의 평화적 해결을 위한 대화에 나서고, 1991년 파리평화회담에서 프놈펜 정부와 크메르 루즈, 푸친펙, 크메르 민족해방전선의 네 정파는 내전을 종식시키고 유엔 감독하에 평화체제를 수립하는 것을 골자로 한 파리평화협정을 체결하였다. 이에 따르면 크메르 루즈는 새롭게 수립될 캄보디아 정부에 참여할 권리를 가지고 있었다. 캄보디아의 네 정파는 최고국가평의회Supreme National Council: SNC를 구성하고 유엔이 설치한 UNTAC의 감독하에 1993년 총선거를 거쳐 신정부를 구성하도록 예정되어 있었다. UNTAC은 선거 감독 이외에도 각 정치세력을 무장해제하고 내전 중 발생한 난민에 대한 재정착을 수행하도록 되어 있었다.

그러나 크메르 루즈는 UNTAC체제가 친베트남 성향의 프놈펜 정부에 유리하도록 구성되어 있다는 구실로 UNTAC 감독하에 치러지는 선거를 거부하고 무장활동을 재개하였다. 역사학자인 데이비드 챈들러David Chandler에 따르면 크메르 루즈는 그들이 무장투쟁과 대량학살을 통해 사회적 혼란을 야기하면 반베트남 정서에 기인한 폭력운동이 시작되고 캄보디아 유권자들의 대규모 투표 불참으로 이어질 것으로 판단했다.[30] 그러나 이러한 크메르 루즈

---

30 David Chandler, *Brother Number One: a Political Biography of Pol Pot*. Boulder: Westview Press, (1999). p.173 (Isabelle Chan, *Rethinking transitional Justice: Cambodia, Genocide, and a Victim-Centered Model* (2006). *Honors Projects*. Paper 3. p. 57에서 재인용)

의 시도는 실패했다. 즉, 크메르 루즈의 예상과 달리 캄보디아인들 사이에서 대규모의 투표거부는 일어나지 않았고, 선거는 정상적으로 진행되었다. 투표결과 친베트남 성향의 훈 센이 이끄는 캄보디아 인민당이 38.2%의 득표율로 51석을, 시하누크의 아들 리나리드가 이끄는 푼친펙이 45%의 득표율로 57석을 차지하였고, 여타의 군소정당들이 나머지 의석을 확보하였다.[31] 이에 따라 캄보디아 인민당과 푼친펙의 연립정부가 수립되어 훈 센과 리나리드가 공동수상에 오르고, 중국에서 망명중이던 시하누크가 귀국하여 국왕의 자리에 오름으로써 캄보디아는 오랜 내전 끝에 정상화의 길로 들어섰다. 이에 따라 훈 센과 리나리드가 이끄는 프놈펜 정부가 국제사회로부터 합법적인 캄보디아 정부로 승인 받고, 크메르 루즈는 합법적인 캄보디아 정부로서의 대표성을 상실하였다.

연립정부 구성 이후 캄보디아 정부는 크메르 루즈를 불법단체로 규정하고 대대적인 소탕에 나섰다. 이 무렵부터 크메르 루즈에 대한 국제사회의 시각도 변하기 시작하였다. 냉전의 종식과 함께 캄보디아와 크메르 루즈를 둘러싼 국제정치적 질서가 변한 것이다. 크메르 루즈는 더 이상 유엔과 국제사회에서 캄보디아를 대표하지도 못했고, 중국과 미국 등으로부터 경제적, 정치적 지원도 받지 못하였다. 특히 미국은 1994년 크메르 루즈 지도부에 대한 사법적 처벌을 위한 법률Cambodian Genocide Act을 통과시켰다. 크메르 루즈는 프놈펜 정부에 대항하여 게릴라전을 지속하였지만 그 세력은 점차 약화되어 갔다. 1996년에는 이엥 사리가 정부의 사면조치를 받은 이후 투항하였고, 1998년 지도자인 폴 포트가 사망하면서 지도부의 일원인 키우 삼판Khieu

31 캄보디아 개황, (외교부, 2014년 11월), p.33.

Samphan과 누온 체아Nuon Chea가 프놈펜 정부에 투항하여 크메르 루즈는 공식적으로 소멸하였다. 또한 1999년에는 타 목Ta Mok과 두치Duch가 정부군에 체포되었다.

훈 센과 리나리드에 의해 연립정부로 운영되던 캄보디아 정부는 1997년 훈 센이 쿠데타를 일으켜 리나리드를 축출하면서 훈 센이 단독으로 수상을 맡게 되었다. 그러나 이후 1998년에 치뤄진 총선거에서 훈 센이 이끄는 캄보디아 인민당에 이어 리나리드의 푸친펙이 제2당이 되면서 훈 센이 수상에 취임하고 리나리드는 국회의장직을 맡았다. 2015년 현재 노로돔 시하누크의 아들인 노로돔 시하모니가 국왕이며, 2013년 총선에서 캄보디아 인민당이 다수당이 되면서 훈 센이 임기 5년의 총리직에 재임 중이다. 훈 센은 1985년 친베트남 성향의 캄푸치아 인민공화국에서 총리직에 오른 이후 지금까지 캄보디아의 총리직에 재임해 오고 있다.

제3장

크메르 루즈
(Khmer Rouge)

I. 크메르 루즈의 성립

반제국주의 운동과 베트남의 영향

캄보디아의 초창기 공산주의자들은 연합자유전선United Issarak Front[32]을 중심으로 활동하였다. 이들은 주로 소작농 출신과 프랑스에서 유학한 민족주의 성향의 학생들로 구성되어 있었는데, 폴 포트, 이엥 사리, 키우 삼판, 손 센Son Sen 역시 그 구성원이었다. 연합자유전선은 베트남을 중심으로 한 반제국주의 운동, 특히 프랑스에 대한 독립운동을 전개하였다. 프랑스는 베트남, 캄보디아, 라오스를 프랑스령 인도차이나 연맹Union Indochinoise으로 구성하여 식민통치를 하고 있었기 때문에 베트남과 캄보디아의 공산주의자들은 1940년대부터 프랑스라는 공동의 적[33]에 대항하여 각각 캄보디아와 베트남의 독립을 위해 공동으로 무장투쟁을 전개하였다. 그러나 인도차이나 반도에서의 대프랑스 무장활동은 주로 베트남을 중심으로 이루어졌다. 이것이 1946년에 발발한 1차 인도차이나 전쟁으로 이 전쟁은 주로 베트남의 호치민이 이끄는 민족주의 공산주의자들이 중심이 되어 프랑스의[34] 지배에 대항한 전쟁이었다. 또한 공산당 운영에 있어서도 이 시기 베트남이 중심이 되어 설립한 인도차이나 공산당Indochinese Communist Party이 중심이 되었고, 캄보디아의 연합자유전선

---

32 Issarak은 캄보디아어로 자유 혹은 독립을 의미한다.

33 2차 세계대전 중 프랑스가 독일에 항복 한 후 일본군이 프랑스의 식민지였던 인도차이나 반도를 점령하였다. 이 기간 중에는 일본군을 상대로 한 무장투쟁을 전개하였다.

34 이 전쟁은 1954년 종결되는데, 제네바 협정을 통해 북위 17도선을 기준으로 북쪽 지역에는 호치민을 대통령으로 하는 베트남 민주공화국이, 남쪽 지역에는 바오 다이를 국가주석으로 하는 베트남공화국이 수립되었다.

의 많은 이들도 여기에 참여하였다. 이러한 배경으로 캄보디아 연합자유전선 지도부의 대부분이 베트남어를 구사하고 베트남과 함께 프랑스에 대항하여 싸운 경험을 가지고 있었다. 캄보디아 국내적으로는 1차 인도차이나 전쟁 중 베트남의 지원으로 크메르 인민혁명당Khmer People's Revolutionary Party이 창당되었고, 캄보디아 연합자유전선의 지도부 역시 여기에 참여하였으며, 폴 포트와 이엥 사리, 누온 체아 등도 여기에 합류하였다.

크메르 루즈의 성립

전술한 바와 같이 1953년 프랑스로부터 독립한 이후 캄보디아는 1955년 총선거를 치르는데, 여기서 크메르 인민혁명당은 불과 3%의 득표율을 기록했다.[35] 총선거가 끝난 이후 시하누크는 본격적으로 공산당에 대한 압박을 시작한다. 시하누크는 확고한 권력기반을 유지하기 위해 공산당 조직에 대한 대대적인 박해를 가하는데, 이는 단지 권력기반을 유지하기 위한 것뿐만 아니라, 공산당을 통해 베트남의 영향력이 캄보디아로 확대되는 것을 우려했기 때문이기도 하였다. 즉, 인도차이나 반도에서의 공산당 활동이 베트남을 중심으로 이루어지고 있었던 상황에서 크메르 인민혁명당은 베트남에 의해 만들어진 조직이었기 때문에 그 구성원들 역시 베트남에 우호적인 인물들이었다. 시하누크 정부의 박해로 인하여 다수의 크메르 인민혁명당 구성원들이 체포되거나 투항하였고, 일부는 베트남으로 도피하기도 하였다. 결국 폴

---

35 Khamboly Dy, *A History of Democratic Kampuchea*(1975-1979), The Documentation Center of Cambodia, (2007), p. 8.

포트와 누온 체아 등이 당의 명맥을 유지하면서 당명을 캄푸치아 노동자당 The Worker's Party of Kampuchea으로 바꿨다. 그리고 1963년 폴 포트. 이엥 사리, 누온 체아 등 후에 크메르 루즈의 지도부를 구성하는 인물들이 캄푸치아 노동자당의 지도부를 구성하면서 캄보디아의 공산당 활동에서 지도적 위치를 차지하게 되었다. 시하누크의 공산당 탄압이 오히려 폴 포트를 비롯한 크메르 루즈의 지도부가 될 이들을 당의 지도적 위치로 올려주는 환경을 마련해 준 것이다.

1963년 부정부패와 사회적 혼란 속에서 대규모 학생시위가 잇따르자 시하누크는 캄보디아 노동자당을 시위주도세력으로 보고 폴 포트와 이엥 사리 등 지도부를 수배하였다. 이 때문에 폴 포트 등은 정글지역으로 도주하여 시하누크 정권에 대한 투쟁을 계속하였다. 이후 폴 포트는 베트남에 피신처를 마련하였고 중국과 북한도 방문하였는데, 베트남 공산당이 캄보디아를 부차적 존재로 보는 것에 매우 분노하였다.[36] 이는 캄보디아인들이 가지고 있는 민족적 자존심과 베트남부터 침략당한 역사적 배경 등과 함께 크메르 루즈가 베트남과 대립하게 된 이유 중 하나였을 것이다. 1966년 캄보디아로 돌아온 폴 포트는 당명을 캄푸치아 공산당The Communist Party of Kampuchea으로 바꿈으로써 비로소 크메르 루즈가 탄생하게 된다. 사실 '크메르 루즈'라는 명칭은 폴 포트나 누온 체아 등 공산당 구성원들이 부른 것이 아니라, 시하누크가 이전부터 캄보디아 공산당을 부르던 말로써 캄보디아인이라는 뜻의 '크메르'와 붉은색의 뜻을 가진 프랑스어인 '루즈'를 합쳐서 부른 것이다. 폴 포트가 당의 명칭을 바꾼 것은 캄보디아 내 공산당 활동에 있어서 베트남과의 관계

36 Ibid. p. 9.

를 멀리하고 대신 중국과의 관계를 더욱 가깝게 하기 위한 것이었다.[37]

크메르 루즈의 집권

한편 1960년대 후반 사회적 혼란과 부패에 더하여 인접국인 베트남에서 진행 중이던 전쟁(베트남 전쟁)에 캄보디아 역시 휘말리게 되면서 시하누크의 권력기반은 급격히 약화되기 시작한다. 앞서 언급한 바와 같이 시하누크의 기본적인 외교정책은 중립이었다. 그러나 북베트남은 캄보디아 국경을 넘어 보급선을 구축하고 있었고 (일명 '호치민 루트'), 캄보디아 국경을 우회하여 남베트남을 공격하려 하였다. 이에 따라 미국은 캄보디아의 공식적인 동의나 승인을 받지 않은 상태에서 1969년경부터 캄보디아 국경 내의 북베트남 군대에 대한 대대적인 공습을 실시하였다. 이러한 미국의 공습은 베트남 국경지대에 거주하는 수 많은 농민들의 희생을 불러왔고, 시하누크에 대한 지지는 급격히 떨어졌다. 동시에 크메르 루즈는 미국의 공습을 명분으로 시하누크 정권에 대한 강력한 투쟁을 지속하면서 내전이 심화되었다.

1970년 친미성향의 론 놀 총리가 일으킨 쿠데타로 인하여 시하누크 정권이 붕괴된 이후 캄보디아 영토 내에서 미국의 공습은 더욱 강화되었고, 내전과 공습으로 약 300만의 난민이 발생하여[38], 농지를 잃은 75만 명 이

---

37 Ibid.
38 김재명, 「세계의 갈등지도[9] 캄보디아」, (신동아, 2003. 9. 1), pp. 534-549 참조.
　　http://shindonga.donga.com/docs/magazine/shin/2003/08/22/200308220500004/200308220
　　500004_8.html [2015년 7월 20일 방문]

상의 농민들이 프놈펜으로 몰려들어[39] 프놈펜의 혼란은 극에 달하였다. 론 놀 정부가 수립된 이후 미국은 1971년부터 캄보디아에 약 1억8천만 달러에 달하는 대규모의 경제적 지원을 제공했지만 캄보디아의 뿌리 깊은 부패는 이러한 경제지원의 효과를 반감시켰다.[40] 뿐만 아니라 론 놀에 의해 실각하여 중국으로 망명한 시하누크는 그가 탄압하던 크메르 루즈를 지지하였다. 미국의 공습 역시 수많은 캄보디아인들을 크메르 루즈의 지지자로 만들었고, 그 중 다수는 실제로 크메르 루즈 반군에 합류하기도 했는데, 크메르 루즈는 북베트남으로부터 군사훈련과 전술적 도움을 받았다. 이에 따라 1970년 3천명 수준이던 크메르 루즈의 군사력은 1973년 4만 명 수준으로 증가하였다. 이러한 이유로 크메르 루즈는 내전에서 론 놀의 정부군을 크게 압도하여 1973년 초반까지 크메르 루즈는 이미 캄보디아 영토의 85%을 장악하였다. 다만 미국의 공습이 론 놀 정부군의 패배를 지연시키고 있을 뿐이었다.[41]

결국 시하누크와 론 놀 정권의 부패, 그리고 크메르 루즈와 정부군 사이의 내전으로 인한 사회적 혼란은 론 놀 정권에 대한 민심의 이반을 야기하였고, 여기에 시하누크의 크메르 루즈 지지와 미국의 캄보디아 공습은 수많은 캄보디아인들을 크메르 루즈의 지지자로 만들었다. 그리고 베트남의 군사적 지원 아래 크메르 루즈는 결국 1975년 4월 17일 프놈펜을 점령함으로써 캄보디아를 장악하게 되었다. 그러나 크메르 루즈가 캄보디아를 장악하기 이

---

39 Evan Gottesman, *Cambodia: After Khmer Rouge*. New Haven: Yale University Press (2003) pp.23-24 (Isabelle Chan, *Rethinking transitional Justice: Cambodia, Genocide, and a Victim-Centered Model* (2006). *Honors Projects*. Paper 3. p. 48에서 재인용)

40 Ibid.

41 Khamboly, pp. 11-12.

전 론 놀 정부군과의 내전을 통해 이미 많은 캄보디아인들이 희생되었다. 기록에 따라서는 1970년부터 75년 사이에 60만에서 110만 명에 이르는 인명 피해가 발생한 것으로 보고되고 있다.[42]

Ⅱ. 크메르 루즈의 통치

크메르 루즈의 통치 개요

1975년 캄보디아의 정권을 장악한 크메르 루즈 세력은 국호를 민주 캄푸치아Democratic Kampuchea로 바꾸고 캄보디아를 통치하기 시작했다. 앞서 언급한 바와 같이 크메르 루즈의 지도부는 폴 포트, 이엥 사리, 누온 체아 등 식민지 시절 프랑스에서 공부하며 공산주의 이념을 받아들인 이들을 중심으로 구성되어 있었다. 이들은 마르크스주의와 레닌주의의 사상적 기초 위에 자립, 독립, 인종적 동질성 등의 개념을 더하여 캄보디아를 통치하였는데,[43] 이들은 특히 마오주의Maoism[44]에 기울어져 있었다. 크메르 루즈는 당시 캄보디아의 상황을 자본주의자와 자본가들이 농민들을 중심으로 한 노동계급을 착취하면서 부를 영위하고 있는 것으로 인식하였다. 따라서 혁명의 목표는

---

42 김재명(신동아, 2003년 9월 1일) pp. 534-549 참조.
43 Isabelle Chan, p. 49.
44 서구에서 발달한 막스−레닌주의를 중국의 마오쩌둥이 산업화가 이행되지 않은 중국의 현실에 맞게 수정한 공산주의 이념을 의미한다. 이에 따르면 공산주의 혁명을 주도하는 계층은 농민이다.

이들 자본가들의 착취로부터 노동자들을 해방시키는 것이었으며 이를 위해 위력의 행사가 불가피하다고 보았다. 아래의 내용은 크메르 루즈의 생각을 잘 보여 준다.

> *"오늘의 사회는 부패했고 어떤 희생을 치르더라도 제거해야 할 개인 숭배가 지배하고 있다. 우리는 평화로 돌아온 이래 병든 사회에 살고 있는 것이다. 농장의 모든 용감하고 정직한 아이들은 사회를 공산주의자의 사회주의로 이끌기 위해 혁명당에 참여해야 한다. 노동계급과 대중이 치르는 대가로 부유함을 누리고 있는 자본주의자들은 그들의 욕망을 충족시키고 호화로움을 얻기 위해 엄청난 방법을 사용하기를 주저하지 않는다. 대중은 그들로 인하여 피흘리며 고통을 겪고 있다. 혁명의 목표는 자본주의자와 봉건주의자들로부터 인민을 해방시키는 것이다. 이를 위해 힘에 의지하는 것이 필요하다."*
>
> *– 크메르 루즈 팸플릿에서 발췌[45]*

이러한 인식 아래서 크메르 루즈는 역사의 시계를 0년으로 되돌려 캄보디아를 새롭게 만들려고 하였으며, 서구세계가 수세기에 걸쳐 이룩한 경제적 성장을 매우 단기간에 성취하려 하였다.[46] 궁극적으로 크메르 루즈는 캄보디아를 공산주의적 농업 유토피아로 만들어 과거 앙코르 왕국의 전성기를 재현하고자 했다. 이를 위해 그들은 매우 폭력적인 방법으로 기존의 질서와 전통, 문화를 파괴하였다. 즉, 프놈펜을 비롯한 모든 도시는 소개되었고, 모든

---

45 Ben Kiernan, *How Pol Pot Came to Power*, New York: Verso Books (1985), pp. 231-232 (Isabelle Chan, p. 34에서 재인용)

46 Elizabeth Becker, p.197 (Isabelle Chan, p. 48에서 재인용)

도시 거주민들은 강제로 농촌지역으로 이주되어 집단농장에서 강제노동에 동원되었다. 또한 일상생활은 크메르 루즈가 창설한 협동조합cooperative[47]을 단위로 이루어 졌으며, 가족단위는 해체되었다. 집단농장에서의 노동은 하루 중 장시간 계속되었고, 식사는 공동식당에 모여서 먹어야 했으며, 저녁시간에는 정치교육과 자아비판, 타인에 대한 비판이 진행되었다. 이외에도 일상생활의 세세한 부분까지 감독되었고 개인의 사생활은 인정되지 않았다. 학교와 화폐제도는 폐지되었고, 모든 종교활동도 금지되었다. 심지어 결혼마저 크메르 루즈에 의해 지정된 사람과 하도록 강제되었고 가족제도가 폐지되었기 때문에 아이들은 부모와 분리되어 양육되었다.[48] 그러나 이러한 크메르 루즈의 통치는 그들이 목표했던 캄보디아의 번영과 전성기를 가져오지 못했다. 오히려 캄보디아는 그들로 인하여 인류 역사상 유례가 없는 대량학살과 지적 단절상태를 만들어 오늘날 그들의 조국 캄보디아는 최빈국의 상태를 면치 못하고 있다.

크메르 루즈는 자본가, 지식인, 종교인, 의사, 약사, 변호사, 교수 등 각 분야의 전문가들, 전정권(론 놀 정부)의 관료들, 외국어 구사자 등 외국인과 접촉할 수 있는 자들, 인종적 소수자 집단 등을 내부의 적 혹은 혁명의 적으로 규정하여 처형 대상으로 삼았다. 이 과정에서 심지어 평범한 농민이 안경을 쓰고 있었다는 이유로 대학교육을 받은 자로 몰려 살해당하기도 하였다. 또한 국제대회에 참가했던 약 2000명의 운동선수들이 처형되었다.[49] 1975년

---

47 협동조합은 크메르 루즈가 창설한 가족을 대체하는 가장 기초적인 사회단위이자 최하위 행정단위였다. 모든 일상생활과 생산활동이 협동조합을 단위로 이루어졌으며 개인의 사생활이나 개인적 공간과 시간은 인정되지 않았다.

48 Evan Gottesman, p. 27 (Isabelle Chan, p. 52에서 재인용)

49 주간캄푸치아. http://ecambodia.co.kr/news/view.html?section=photo&no=1469&catego

당시 전체 730만에서 790여만 명의 인구 중 크메르 루즈가 집권하던 약 3년 8개월의 기간 동안 대략 160만에서 190만 명이 죽은 것으로 추정하고 있으나,[50] 적게는 100만에서 많게는 200만이 넘는 인원이 죽은 것으로 보기도 한다. 죽은 이들의 대부분은 굶주림과 질병, 크메르 루즈의 정책에 따른 살해 혹은 의도적 박해의 결과로 죽음에 이르렀다. 이중 약 40만 명은 고문과 숙청으로 살해되었으며, 캄보디아에 체류하던 베트남인들의 경우 거의 100%, 중국계 캄보디아인들은 전체의 50%, 태국과 라오스인들의 36%, 참 Cham족(무슬림)의 36%가 처형당하였다. 또한 당시 1만여 명에 달하던 기독교인들의 90%가 처형당하였다.[51] 크메르 루즈가 몰락 한 후 살아남은 지식인들은 43명의 의사, 7명의 변호사, 1만 8천명의 교사와 1만 550명의 학생들에 불과했다.[52]

크메르 루즈의 통치조직과 지도부

1975년부터 1979년까지 캄보디아는 크메르 루즈에 의해 통치되었고, 그들이 캄보디아에 미친 영향은 오늘날까지 캄보디아에 남아있지만 정작 크메르 루즈의 지도부에 관해서는 많이 알려져 있지 않다. 물론, 크메르 루즈는 캄

ry=125 (2015년 7월 22일 방문)

50   Ben Kiernan, *The Demography of Genocide in Southeast Asia*, Critical Asian Studies, Vol. 35, No.4 (2003), pp.585-597 (Kirsten Ainley, *Transitional Justice in Cambodia: The Coincidence of Power and Principle*, Transitional Justice in the Asia-Pacific, Cambridge University Press, (2014) p. 2에서 재인용)

51   주간캄푸치아.

52   Kirsten Ainley, *Transitional Justice in Cambodia: The Coincidence of Power and Principle*, Transitional Justice in the Asia-Pacific, Cambridge University Press, (2014) p.2.

푸치아 공산당 조직을 가지고 있었고, 집권 이후에는 캄보디아 정부의 주요 직위를 장악했다. 그러나 캄보디아 대중에 대한 통제는 앙카angkar라는 조직의 명의로 이루어졌고, 캄푸치아 공산당과 그 주요 지도부는 국정운영의 전면에 드러나지 않았다. 앙카는 캄보디아어로 '상부조직' 혹은 '조직'을 의미한다.

캄푸치아 공산당은 폴 포트가 최고위직인 비서Secretary, 누온 체아가 부비서 deputy secretary를 맡았고, 이엥 사리, 손 센, 타 목, 키우 삼판 등이 그 아래에 있었다. 민주 캄푸치아 정부 역시 이들에 의해 구성되었는데, 집권 초기 노로돔 시하누크가 국가원수 자리에 있었지만 얼마 지나지 않아 왕궁에 연금되었고, 키우 삼판이 대통령에 오르고 폴 포트는 총리, 누온 체아는 국회의장, 이엥 사리는 부총리 겸 외무장관, 손 센은 부총리 겸 국방부 장관을 지냈다.

1. 폴 포트

폴 포트의 본명은 살로트 사르Saloth Sar이며 부농의 아들로 태어났다. 초등학교에 입학하기 전에는 불교사원에서 지내기도 했다. 초등학교부터 고등학교까지의 교육은 프랑스계 학교에서 수학했고, 장학생으로 선발되어 1948년부터 1952년까지 프랑스에서 유학생활을 했다. 이 시기 유고슬라비아의 티토에 매료되어 공산주의자가 되어 공산주의 활동에 참가하였다. 캄보디아로 귀국한 후에는 사립학교에서 지리와 역사를 가르치는 교사로 근무하면서 공산주의 활동을 병행하였다. 이후 크메르 인민혁명당에 참가하였고, 시하누크의 탄압으로 주요 지도부가 흩어진 이후 캄푸치아 노동자당으로 당명을 바꾸고 캄보디아 공산당에서 지도적 위치에 올라섰다. 폴 포트는 캄푸치아

폴 포트와 그의 딸과 조카딸들 (Documentation Center of Cambodia Archives)

공산당의 최고지도자였고, 캄보디아 정부에서 총리직을 수행하는 등 크메르
루즈의 실질적 최고 지도자로서 캄보디아를 이끌었다. 베트남군에 의해 프
놈펜이 함락된 후 태국 국경 인근의 정글로 들어가 프놈펜 정부에 대항하여
내전을 이끌었고, 1998년 4월 사망함으로써 그에 대한 법적 단죄는 실현되
지 못했다.

2. 누온 체아

누온 체아는 태국 방콕에서 고등학교와 대학교육을 받았고, 대학에서의 전
공은 법학이었다. 그는 태국에서 공산당에 입당했다. 캄보디아로 귀국한 이
후 베트남에 의해 조직된 인도차이나 공산당에서 활동했고, 베트남 하노이
에서 훈련을 받은 후 다시 캄보디아로 돌아와 폴 포트와 함께 캄푸치아 노동

1심 재판의 판결선고를 기다리는 누온 체아 (ECCC 사진자료)

자당에서 활동하였다. 크메르 루즈 집권기에는 국회의장과 캄푸치아 공산당의 부비서의 직책을 맡았다. 특히 그는 보안과 관련된 업무를 전담했고, 크메르 루즈 내부에서 결정된 여러 잔혹한 정책을 집행하는 역할을 담당하였다. 베트남군에 의해 정권을 잃은 후 태국국경에서 내전에 참여하였으나, 폴 포트가 사망하자 키우 삼판과 함께 정부군에 투항하였다. ECCC가 설치된 이후 재판을 받았으며, 지난 2014년 종신형을 선고 받았지만 상소하여 현재 상소심이 진행 중이다.

3. 키우 삼판

키우 삼판은 폴 포트와 마찬가지로 장학금을 받고 프랑스에서 유학생활을 하면서 공산주의자가 되었다. 프랑스에서 경제학을 공부한 그는 귀국한 이

변호인의 1심 최후진술을 듣고 있는 키우 삼판 (ECCC 사진자료, Mark Peters 촬영)

후 시하누크에 의해 상무부 장관에 발탁되기도 했다. 그러나 시하누크에 의해 공산당의 세력이 급격히 약화되고, 그 자신이 공산주의자라는 이유로 신변의 위협을 당하자 1967년 정글로 피신하여 크메르 루즈와 함께 프놈펜 정부에 대항한 무장투쟁에 참여 하였다. 크메르 루즈의 집권기에는 시하누크 국왕이 연금된 후 국가원수직에 올랐다. 크메르 루즈 정권이 붕괴된 이후 폴 포트 등과 함께 정글에서 무장투쟁을 지속하였으나, 폴 포트가 사망한 이후 누온 체아와 함께 정부군에 투항했으며, ECCC에서 기소되어 1심에서 종신형을 선고받았으나, 상소하여 현재 상소심이 진행 중이다.

4. 이엥 사리

이엥 사리는 1950년 장학생으로 선발되어 프랑스에서 유학생활을 하던 중

1심 재판 첫째 날 법정에 출석한 이엥 사리 (ECCC 사진자료, Mark Peters 촬영)

프랑스 공산당에 입당하였다. 1957년 귀국 후에는 캄푸치아 인민혁명당에 참가하였고, 시하누크에 의한 공산당 탄압을 피해 정글로 들어가 무장투쟁을 하였다. 크메르 루즈 집권기간 동안 부총리 겸 외무장관직을 수행했다. 크메르 루즈 정권이 붕괴된 이후 그 역시 폴 포트 등과 함께 정글로 들어가 정부군에 대항하여 무장투쟁에 참가하였으나, 1996년 크메르 루즈 병력의 약 60%를 이끌고 정부군에 투항했고, 훈 센 총리는 이엥 사리를 사면하였다. 그러나 ECCC가 설치된 이후 그 역시 재판을 받았으나, 재판 도중 사망하여 그에 대한 사법적 단죄는 불가능해졌다.

 이엥 사리의 아내인 이엥 티릿 역시 크메르 루즈 주요 지도부의 일원으로서 집권기 사회부 장관직에 있었다. 그녀 역시 ECCC에 의해 기소되어 재판을 받았지만 재판 도중 치매로 인하여 재판을 받을 수 없다는 판결을 받아가석방되었다. 2015년 8월 사망하여 그녀에 대한 처벌 역시 불가능해졌다. 이들의 아들은 현재 캄보디아 파일린주[53]의 부지사이다.

5. 두치

상소심에서의 두치 (ECCC 사진자료, Nhet Sok Heng 촬영)

1945년생인 두치Duch는 크메르 루즈 핵심 지도부의 구성원은 아니었지만 핵심 지도부의 일원이었던 손 센의 직속으로 '투올 슬렝' 혹은 'S-21'로 불리는 강제수용소의 소장직을 수행했다. 크메르 루즈 집권 기간 동안 약 1만4천여 명이 이곳에 수용된 후 각종 조사를 받고 고문 등으로 죽었으며 단 12명만

---

53   파일린 지역은 캄보디아와 태국의 국경지대이다. 이 지역은 1979년 정권이 붕괴된 이후 크메르 루즈가 프놈펜 정부군과 대항해 무장투쟁을 하던 근거지이다. 때문에 아직까지 크메르 루즈에 대하여 비교적 우호적인 인식이 강한 지역이다.

이 이곳에서 생존했다. 두치의 본명은 카잉 구엑 에아브Kaing Guek Eav이다. 그는 고등학교 재학시절 전국 수학대회에서 2등을 할 정도로 우수한 학생이었고, 고향에서 수학교사로 일하기도 했다. 1970년 크메르 루즈에 합류하였고, 베트남군이 프놈펜을 점령한 이후인 1980년 프놈펜 정부에 투항하였다. 그는 1999년 체포된 이후 줄곧 구금상태에 있었고, 2005년 비로소 ECCC에 의해 인도에 반하는 죄 등의 혐의로 기소되었다. 그리고 2010년 1심에서 35년형을 선고 받았으나 공동검사와 두치, 양측이 모두 상소하였고, 2012년 상소심 재판부는 두치에게 종신형을 선고하였다.

도시 소개(疏開, evacuation)

1975년 프놈펜을 점령한 직후 폴 포트는 8개 항목의 방침을 정하고 이를 실행에 옮긴다. 이 8가지의 방침은 1) 모든 도시지역의 소개, 2) 시장의 폐쇄, 3) 화폐의 폐지, 4) 종교활동의 금지, 5) 론 놀 정부 지도부의 처형, 6) 협동조합의 설치 및 공동식사, 7) 모든 베트남인들의 추방, 8) 베트남 국경으로 군대를 배치하는 것이다. 자본주의와 봉건제적 질서를 해체하고 농업 유토피아 건설을 목표로 삼은 크메르 루즈에게 있어서 도시는 자본주의에 의해 오염된 곳이었고, 농민만이 혁명에 적합한 순수성을 가진 집단이었다. 이러한 관점에서 프놈펜을 비롯한 도시지역을 비우는 것은 크메르 루즈의 목표를 구현함에 있어서 집권 초기에 실행해야 할 가장 중요한 방침이었다. 즉, 도시를 소개하고 도시민들을 농촌지역으로 이동시켜 집단화시킬 수 있었으며 동시에 농업 등 강제노동에 동원할 수 있는 노동력을 확보할 수 있었다. 뿐만 아니라 이를 통해 대중에 대한 통제를 강화할 수 있었다. 이외에도 도시민을 소개시키는 과정에서 크메르 루즈가 적으로 분류한 집단 즉, 론 놀 정권의 관료, 지식인 등을 효과적으로 처형할 수 있었다.

이러한 생각을 바탕으로 크메르 루즈는 1975년 4월 17일 프놈펜을 점령한 직후부터 도시지역을 소개하기 시작하였다. 이들은 도심에 진입한 직후 허공에 총을 쏘아 대고, 시민들에게 총을 겨누며 도시 밖으로 나갈 것을 명령했다.[54] 크메르 루즈는 미군의 공습에 대비한다는 명분을 내걸기도 했고[55], 식량을 도시지역으로 공급할 수 있는 시설과 교통수단의 부족을 이유로 내세우기도 하였다. 폴 포트는 1977년 중국을 방문하면서 도시소개는 외국의 스파이 조직을 분쇄하기 위한 것이었다고 언급하기도 했다.[56] 도시 소개에는 예외가 없었으나, 크메르 루즈의 지도부와 군인, 공장에서 일을 할 수 있는 사람들은 프놈펜에 남아있었다. 그러나 그 외에 노약자와 임산부를 비롯해 절대다수의 도시민들은 도시지역을 무조건 떠나야 했고, 병원에 입원해 있던 환자들과 걸을 수 없는 중환자들마저 아무런 조력도 받지 못한 채 도시를 떠나야 했다. 심지어 수술을 하던 의사가 수술중인 환자를 남겨둔 채 병원에서 쫓겨나고 환자는 방치된 체 죽게 된 경우도 있었다.[57] 이동을 하던 중에도 크메르 루즈 병사들에게 항의하는 사람들은 혁명의 적으로 몰려 즉결처형을 당했다. 이동하는 과정도 매우 열악했는데, 사람들은 이동 중 식량, 물, 의약품을 제공받지 못했고 무더운 날씨 아래 무방비 상태로 방치된 체 무조건 걸어야 했다.

---

54 Case 002/01 1심 판결(*Prosecutor v. Nuon Chea and Khieu Samphan*), 002/19-09-2007/ECCC/TC, para. 472.

55 Case 002/01, para. 468-469.

56 Khamboly, p. 16.

57 Case 002/01, para. 476-479.

이러한 상황 속에서 수많은 사람들이 이동하는 도중 죽음에 이르렀다.

4개년 계획(1977~1980년)

근본적으로 자본주의와 전통적 사회질서를 해체하고 공산주의에 입각한 농업유토피아를 건설하는 것이 목표였던 크메르 루즈는 도시를 소개한 후 1976년 본격적으로 농업생산량 증대를 위한 계획을 수립하였다. 크메르 루즈는 1977년부터 1980년까지 4년에 걸쳐서 쌀을 비롯하여 각종 농작물의 생산량을 획기적으로 증가시켜 캄보디아를 현대적 농업국가로 만들어 경제적으로 자립할 수 있도록 하는 것을 목표로 하였다. 예를 들어, 크메르 루즈는 캄보디아 전국에 걸쳐 헥타르당 평균 3톤의 쌀 생산을 목표로 설정했고[58], 캄보디아 서북지역에서 14만 헥타르의 토지를 개간하여 4년간 전체 쌀 수출의 60%를 충당한다는 계획을 세웠다.[59] 그러나 이러한 계획은 당시 캄보디아의 경제사정에 비추어 실현 불가능한 것이었다. 즉, 크메르 루즈가 정권을 잡기 이전까지 캄보디아에서는 그와 같은 대규모의 쌀을 생산한 전례가 없었고, 오랜 내전과 베트남전 당시 미군의 폭격으로 인하여 경작 가능한 농지가 충분하지 않았으며, 농업생산기술과 장비가 부족했다. 농업에 익숙한 노동력 역시 부족했으며, 숙련되지 못한 인력조차 열악한 생활환경과 과도한 노동으로 인하여 제대로 일을 할 수 없는 수준의 영양상태를 지니고 있었다.

---

58 Khamboly. p. 26.
59 Isabelle Chan, p. 52.

결과적으로 현실과 동떨어진 크메르 루즈 정권의 농업생산 계획은 실패하였고 이 때문에 캄보디아는 고질적인 식량난을 계속적으로 겪을 수밖에 없었다. 이는 결국 노동에 투입되는 인력에 대하여 제대로 식량공급을 하지 못하는 상황을 낳았고, 이는 다시 노동력의 상실로 이어지는 악순환을 야기하였다. 그러나 크메르 루즈는 그나마 생산된 식량 조차 노동에 동원되는 사람들에게 공급하기 보다는 군용으로 사용하였고, 농업장비와 무기를 구입하거나 외화를 획득하는데 충당하였다.[60]

사유재산제의 폐지 및 협동조합의 설립과 강제노동

크메르 루즈는 마르크스주의와 레닌주의를 기본이념으로 삼아 국가를 운영하는 만큼 사유재산은 인정될 여지가 없었다. 또한 사회의 가장 기본적인 단위인 전통적인 가족제도를 해체하고 집단생활단위인 협동조합cooperative을 조직하여 이를 기반으로 노동과 일상생활을 영위하도록 하였고 각 협동조합은 가능한 범위 내에서 자급자족하도록 하였다. 협동조합은 크메르 루즈가 캄보디아인들을 통제하는 가장 기본적인 단위였다. 이 협동조합은 수 백명 혹은 한 마을 전체를 단위로 구성되는 낮은 단계의 협동조합과 1000여 가구 혹은 하나의 하부 행정단위sub-district 전체로 구성되는 높은 단계의 협동조합으로 구분된다.[61] 당시 캄보디아 전역에 이러한 협동조합이 설치되었다. 모든 주민들은 협동조합에 소속되어 일상생활을 영위했는데, 특히 이전까지

---

60   Khamboly, p. 27.
61   Khamboly, p. 29.

각 가정 혹은 개인이 소유하던 모든 사유재산은 몰수되어 협동조합의 재산이 되어 공유되었다. 심지어 사소한 부엌가구부터 농기구까지 모든 동산動産이 공유재산이 되었다. 식사는 모든 주민들이 모인 공동식당에서 함께 먹어야 했고, 일과 이외의 여가생활 역시 단체로 이루어졌으며 일상생활의 세세한 부분까지 단체로 이루어졌다. 가족단위가 해체되었기 때문에 가족구성원들은 흩어지고 남녀가 분리되어 각각의 노동조에 속해 생활하였다. 협동조합에서 단체생활을 하면서 각 주민들은 서로가 서로를 감시하도록 되어 내부의 적을 색출하기도 하였다.

협동조합이 전통적인 가족단위를 해체하면서 결혼제도에도 변화가 생겼다. 크메르 루즈는 결혼에 있어서도 개인의 선택권을 박탈하였다. 결혼의 상대자는 당사자가 선택하는 것이 아니라 앙카angkar가 정해준 파트너와 하도록 강제되었고, 결혼의 당사자들은 자신이 누구와 결혼하게 될지 알 수 없으며, 심지어 이전에 한번도 본 적이 없는 사람과 결혼하도록 강제되기도 하였다. 경우에 따라 여성들은 전투에서 부상을 당한 크메르 루즈의 상이군인과 결혼하도록 정해졌는데, 이를 거부한 경우 투옥되어 혹독한 고문을 당하기도 했으며, 매우 고된 노동에 시달리기도 했다. 결혼 예식은 단체로 진행되었는데, 한번에 적게는 3쌍에서 10쌍이 단체로 결혼식을 거행하기도 하고 많게는 30에서 50쌍이 한꺼번에 결혼하기도 하였다. 물론 이 과정에서 전통적인 가족들의 참석은 금지되었고, 전통의상이나 의식은 엄격히 금지되었다. 결혼 이후에도 부부는 함께 살 수 없었고, 대략 열흘에 한번 정도 집에서 만날 수 있었다. 크메르 루즈에게 있어서 결혼은 가정을 이루기 위함이 아니라 노동력을 재생산해내는 도구에 불과했고, 단체결혼식 역시 전통적인 결

혼예식이 농업생산에 도움이 되지 않는다는 이유로 행해지는 것이었다.[62]

단체결혼식 장면 (Documentation Center of Cambodia Archives)

전통적인 가족질서가 해체된 상태에서 아이들 역시 부모와 분리되어 양육되었다. 크메르 루즈의 집권으로 인하여 캄보디아가 겪고 있는 후유증 중의 하나가 지적知的 단절인데, 이는 교사 등 교육받은 지식인이 한꺼번에 처형당하고 모든 학교가 폐쇄된 데 따른 것이다. 아이들은 학교에서 지식을 전수받는 것이 아니라 나무 아래 혹은 인민회관 등에 모여서 간단히 읽고 쓰는 방법을 배우고 크메르 루즈에 의한 정치적 이념이 세뇌되었다. 그리고 아이들 역시 크메르 루즈의 병사로 징집되거나 강제노동에 동원되었다. 심지어 크메르 루즈의 간부들은 아이들을 정보원으로 활용하여 그들의 부모를 감시하도록 했으며, 그 결과 그들의 부모가 앙카에 대한 불만을 가지고 있음이

---

62   Ibid. pp. 32-35 참조.

확인되면 아이들로 하여금 그들의 부모를 죽이도록 하기까지 하였다.[63]

협동조합의 가장 큰 목적은 강제노동이었다. 크메르 루즈 체제 하에서 남녀노소 가릴 것 없이 모든 사람들이 강제노동에 동원되었다. 대부분의 주민들은 농업, 관계시설 공사, 벌목 등에 동원되었다. 이러한 강제노동은 매우 고되었는데, 적절한 휴식 없이 하루 12시간 이상 노동에 동원되었고, 휴일도 없었다. 또한 만성적인 식량난과 열악한 생활환경은 강제노동의 과정에서 많은 사람들을 기아로 죽게 만들었다. 작업과정에서 중대한 실수를 저지르거나 지시사항에 문제제기를 할 경우 곧바로 혁명의 적으로 규정되어 처형되었다.[64]

쌀 수확에 관해 배우는 어린이들 (Documentation Center of Cambodia Archives)

63　Ibid. pp. 35-37.
64　Ibid. pp. 37-38.

크메르 루즈 고위관료의 자녀들이 교육받는 모습 (Documentation Center of Cambodia Archives)

Ⅲ. 대량학살 및 비인도적 행위들

출신성분의 구분

크메르 루즈는 혁명을 통해 캄보디아를 자본주의와 봉건제, 그리고 부정부패에서 해방시키고 공산주의에 입각한 농업공동체(유토피아)를 만들려 하였다. 크메르 루즈는 순수하고 가난한 농민들이야 말로 캄보디아에서의 혁명을 이루는데 가장 적합한 계급이라고 생각했다. 이러한 전제하에 크메르 루즈는 모든 사람들은 두 개의 신분으로 구별했는데, 하나는 '기본인민'base people이고 다른 하나는 '신인민'new people 혹은 '4월 17일 인민'[65]이었다. '기본인민'은 주로 농민들과 노동자들로 구성되었는데 특히 가난한 소작농들이 이에 해당했다. 이들은 크메르 루즈가 추구하는 혁명의 중추로 여겨졌다. 이들에게는 투표권과 피선거권 등 완전한 정치적 권리를 가졌고, 협동조합의 대표가 될 수 있는 자격이 있었다. 그러나 크메르 루즈 체제 하에서의 선거는 오늘날 일반적으로 인정되는 "국제기준에 부합하는 선거가 아니었고, 피선된 국회의원이 누구인지 역시 공개되지 않았다."[66] '신인민'에는 자본가와 지식인 등이 해당되었는데, 거의 대부분은 크메르 루즈에 의해 도시에서 쫓겨난 사람들이었다. 크메르 루즈는 이들을 혁명의 적으로 보고, 박해의 대상으로 삼았다. 중요한 점은 크메르 루즈 체제하에서 '기본인민'과 '신인민'을 가릴 것 없이 식량난으로 인한 기아와 혹독한 노동, 열악하고 위생적이지 못한 환경 속에서 모든 캄보디아인들이 혹독한 시간을 보냈다는 점이다.

내부의 적(앙카의 적)과 외부의 적

1. 내부의 적

크메르 루즈는 집권기간 동안 지속적으로 내부의 적을 색출하기 위한 활동을 전개하였다. 내부의 적으로 분류된 사람들은 크메르 루즈의 지속적 감시 대상이었으며, 혹독한 강제노동에 종사해야 했고, 지위에 따라 즉결처형의

---

65 크메르 루즈가 론 놀 정부를 몰아내고 프놈펜을 점령한 날을 의미한다.

66 Khamboly, p. 30.

대상이 되기도 하였다. 기본적으로 '신인민'에 해당하는 사람들은 모두 내부의 적이었으며, 인종적으로 순수한 캄보디아인이 아닌 사람들도 내부의 적이었다. 정치적으로 크메르 루즈에 반대하는 사람이나 집단은 당연히 내부의 적이었고, 기독교인 등 종교인들 역시 마찬가지였다. 크메르 루즈에 속했던 구성원들 역시 반역행위를 한 경우 내부의 적이 되었는데, 심지어 강제노동이나 일상적인 근무 중 사소한 실수를 한 경우에도 배신자로 몰려 내부의 적이 되기도 하였다. 크메르 루즈는 내부의 적으로 인한 위협을 제거하기 위해 내부의 적으로 분류된 자들을 처형, 고문, 구금하기도 했지만 아무런 이유도 없이 내부의 적으로 몰려 처형당하거나, 고문당하는 사람도 많았다. 특히, 농업생산량이 목표치에 이르지 못하면서 식량난이 심화되고 경제사정이 좋아지지 않자 크메르 루즈는 내부의 적이 정권을 약화시키고 있다는 피해망상에 사로잡혀 내부적 숙청에 더욱 집중하게 되었다.[67]

론 놀 정부의 공무원의 경우 집권 초기부터 내부의 적으로 분류되어 고위관료로부터 하급병사에 이르기 까지 어떠한 방식으로든 론 놀 정부에 참여한 사람들은 재판절차 없이 즉결처형 되었다.[68] 또한 크메르 루즈는 지식인 등 교육받은 사람들을 잠재적인 내부의 적이며 부정부패의 주범으로 몰아처형했으며, 외국어를 구사할 수 있는 인물들과 외국인과 접촉한 적이 있는 사람들 역시 처형대상으로 삼았다. 이외에도 문자를 읽을 수 있는 사람, 심지어 안경을 착용한 사람(농민인 경우에도)들까지 교육받은 사람으로 몰려 처형되었다. 론 놀 정권과 관련되어 처형대상이었던 사람들 중 수 천명은 크메

67   Isabelle Chan, p. 52.
68   Khamboly, p. 42.

르 루즈가 붕괴되기까지 그들의 신분을 숨기는데 성공하여 목숨을 건질 수 있었다.[69] 이와 유사하게 지식인, 교사, 기술자, 외국어 구사자 등도 글자를 읽지 못하는 척을 하고 지식이나 전문분야의 기술을 드러내지 않는 등의 방법으로 처형을 피하기도 하였다.[70] 크메르 루즈의 처형대상은 단순히 집권 당시에 캄보디아에 머물던 론 놀 정권의 관료들이나 지식인들에 국한되지 않았다. 크메르 루즈 정권에서 외무장관직을 수행하던 이엥 사리는 당시 외국에 주재하던 대사관 직원 등 캄보디아 외교관들과 그 가족들, 그리고 해외에 체류하던 유학생 등 지식인들까지 캄보디아로 들어오도록 유인한 뒤 귀국 즉시 이들을 처형하였다.[71]

참Cham족 무슬림 역시 내부의 적으로 규정되었다. 크메르 루즈 체제 하에서 종교는 기본적으로 금지되었기 때문에 어떠한 형태로든 이슬람 율법에 따른 생활이나 종교행위는 할 수 없었고, 이슬람에서 금지하는 돼지고기를 강제로 먹어야 했다. 대부분의 이슬람 성직자들과 크메르 루즈의 방침에 항의하는 무슬림들은 처형되었다. 또한 평범한 참족 무슬림들 역시 다른 캄보디아인들과 마찬가지로 강제노동과 식량부족으로 인하여 죽음에 이르렀다. 크메르 루즈는 또한 베트남인들과 중국계 캄보디아인들 역시 내부의 적으로 규정하였는데, 베트남인들의 경우 정권을 장악한 직후 베트남으로 추방되었다. 캄보디아인들과 결혼한 베트남인들의 경우 초기에는 추방되지 않았지만 결국 처형되는 운명을 맞았다. 중국계 캄보디아인들은 대부분이 기업을 운

---

69 Ibid. p. 42.

70 Ibid. p. 44.

71 오마이뉴스, http://www.ohmynews.com/NWS_Web/View/at_pg.aspx?CNTN_CD=A0001844092 (2015년 7월 25일 방문).

영하거나 상업에 종사하였고 도시지역에 거주하였다. 그러나 다른 소수민족들과는 달리 크메르 루즈는 중국계 캄보디아인들을 별도로 추방하거나 처형 대상에 포함시키지는 않았다.[72] 하지만 이들은 인종적으로 순수한 캄보디아인들이 아니고 공산주의에 반하는 자본가 계층이었기 때문에 '신인민'에 속하여 크메르 루즈 집권 초기 농촌지역으로 강제로 옮겨져 강제노동에 동원되었다.

앞서 언급한 바와 같이 크메르 루즈에 소속된 사람들 역시 내부의 적으로 분류되는 위험에서 자유롭지 못했다. 많은 수의 크메르 루즈 군인들이 베트남과의 전쟁 중 간첩혐의로 처형되었다. 또한 박해나 처형 받을 이유가 없는 평범한 캄보디아인도 매우 사소한 이유로 혁명의 배신자로 몰려 투옥되거나 처형되기도 했다. 예를 들어, 협동조합 내에서 책임자에게 보고하지 않고 집을 방문하거나, 주방기구를 망가뜨리거나, 음식을 훔치는 행위, 앙카에 대한 비판적 의견을 말하는 행위, 장신구를 착용하는 행위, 작업시간에 지각하는 것, 생활환경에 대한 불평, 성행위, 종교적 감정의 표현 등의 행위를 한 경우 내부의 적으로 규정되었다. 또한 친구나 친지의 죽음에 슬퍼하는 것마저 허락되지 않았다. 강제노동을 할 수 없을 정도로 약해진 사람은 꾀병을 부린다거나 게으르다는 이유로 내부의 적으로 낙인 찍혀 실종[73]되는 경우도 발생했다.[74] 경우에 따라서는, 가족 중 한 사람이 잘못이나 실수를 한 경우 그 가족 전체가 처형되기도 하였다.

---

72 크메르 루즈가 중국과 정치적으로 우호적 관계에 있었기 때문일 것이다. 크메르 루즈는 중국의 마오쩌둥의 사상을 추종하여 농민을 중심으로 한 공산주의 혁명을 추구하였기 때문에 중국과 긴밀한 관계를 맺었다.

73 실종된 경우 사실상 크메르 루즈에 의해 처형당한 것으로 보는 것이 합리적일 것이다.

74 Khamboly, p. 45.

2. 외부의 적

외부의 적은 캄보디아와 우호관계에 있던 중국을 제외한 국가들, 예를 들어, 미국 등 자유진영의 국가들과 구소련, 베트남, 태국이 해당되었다.[75] 많은 캄보디아인들이 이러한 외부의 적에 동조한다는 이유로 처형되거나 고문을 당했는데, 대부분의 경우 CIA나 KGB의 첩자로 몰려 고문당하거나 처형당했다. 특히 영어 등 외국어를 구사하는 사람들은 외국과 결탁하여 크메르 루즈 정권을 위험에 빠뜨리고, 캄보디아의 독립과 자주성을 훼손하는 집단으로 인식되어 처형당하거나, 구금, 고문을 당하였다. 이러한 외부의 적과 결탁되었다는 구실은 실제로 지방조직에서 그들이 우호적으로 생각하지 않는 사람들을 처형하는 명분으로 사용되기도 하였다.[76]

처형, 고문, 체포, 강제구금 등 비인도적 행위들

크메르 루즈가 집권하던 기간 동안 약 50만 명이 혁명의 적 혹은 국가의 적이라는 죄목으로 처형당했다.[77] 내부의 적으로 판단된 경우 대부분 즉결처형되지만 즉결처형을 피한 경우 일단 체포된다. 그러나 체포는 공개적으로 실행되지 않고 은밀하게 이루어지는데, 피해자는 앙카에 의해 추가교육을 받아야 한다는 명목으로 앙카의 관리에 의해 몇 달 동안 조사시설에 구금되었다. 그리고 실제로 피해자가 잘못을 저질렀는지에 대한 조사나 질문 없이 킬

---

75 Ibid.

76 Ibid.

77 Ibid. p. 46.

링필드로 보내져 처형되었다.[78]

킬링필드로 보내진 피해자들은 파헤쳐진 구덩이의 끝자락에 무릎을 꿇린 상태에서 총살되거나 삽이나 곡괭이 등으로 뒷머리를 가격당하거나 비닐봉지 등으로 질식되어 살해되었다. 이런 방식으로 살해당한 피해자들은 거대한 무덤에 100여 구 정도씩 매장되었다. 일부 지역에서는 위와 같은 방식으로 살해당한 뒤 우물에 던져지기도 하였다.[79] Documentation Center for Cambodia_DC-Cam에 따르면 현재까지 확인된 집단 처형지는 캄보디아 전역에 388곳이 넘고 이들 처형지에는 1만 9천 개가 넘는 집단매장지가 확인되고 있다.[80]

사소한 잘못으로 각 지역단위의 구금시설[81]에 투옥된 사람들의 경우 고문을 당하지는 않았지만 영양부족과 질병, 거칠고 가혹한 환경으로 인하여 죽음에 이르는 경우가 많았다. 하지만 중앙단위의 강제수용소(예를 들어 S-21)에 투옥된 사람들의 경우 거의 대부분이 매우 혹독한 고문을 받았다.

78 Ibid. p. 45.
79 Ibid. p. 47.
80 Ibid. p. 4.
81 크메르 루즈의 구금시설, 교도소에 관한 내용은 후술한다.

Ⅳ. S-21 강제수용소(투올 슬렝)

크메르 루즈의 강제수용소(구금시설)

크메르 루즈는 캄보디아 전국에 걸쳐 약 200여 개의 강제수용소시설을 설치하였는데 이 시설들은 정상적인 국가에서처럼 단순히 형을 집행하는 것이 아니라 강제구금, 조사, 처형의 목적으로 운영되었다.[82] 크메르 루즈는 이를 교도소나 감옥이라는 단어를 사용하지 않고 '보안사무소' 혹은 '보안센터'라고 불렀다.[83] 강제수용소는 크메르 루즈에 의해 획정된 행정구역과 단위에 따라 크게 다섯 단위로 나누어졌다. 가장 낮은 단위의 강제수용소에는 론 놀 정부에서 복무하던 군인이나 하급공무원 등이 수용되었고, 단순 절도범이나 앙카에 반대하는 발언을 한 사람들이 주로 구금되었다. 중간 정도 단위의 강제수용소에는 크메르 루즈의 군인이었던 자들, 혹은 그들의 가족들이 구금되었으며, 가장 높은 단위의 강제수용소에는 크메르 루즈의 지도부나 혁명의 적으로 분류된 사람들이 구금되었다. 이 가장 높은 단위의 강제수용소는 S-21로 불렸으며 프놈펜 인근에 설치되었다.

특히 S-21은 다른 강제수용소와는 달리 비밀시설로서 강제구금과 조사,

---

82 Khamboly, p. 41.

83 본서에서는 '보안센터'나 '보안사무소' 대신 강제수용소라는 단어를 사용하겠다. 교도소라는 시설은 정상적인 국가에서 재판과 같은 적법절차를 거쳐 인신구속의 형을 집행하는 기관임에 반하여 크메르 루즈에 의해 운영된 S-21은 재판은 물론 어떠한 적법절차도 거치지 않고 피해자들을 구금하였고, 내부에서 고문을 통한 조사를 진행하였으며, 결국 피해자들을 매우 잔인한 방법으로 살해하였다. 따라서 S-21은 '교도소'라기 보다는 전체주의 국가에서 운영하던 강제수용소에 더 가깝다.

S-21의 전경 (Documentation Center of Cambodia Archives)

처형 뿐 아니라 한 집단을 전체적으로 절멸extermination시키기 위한 시설로 사용되었다. 이 시설에서 고문은 일상적인 것이었으며 약 1만 4천명이 이곳으로 끌려와 살해당했다. 크메르 루즈가 붕괴된 이후 이곳에서 생존한 사람은 단 12명에 불과했는데, 이들이 생존할 수 있었던 이유는 이들이 시계를 수리할 수 있다거나 화가로써 그림을 그릴 수 있다는 이유로 처형을 피할 수 있었기 때문이었다.

S-21의 시설과 규모

S-21은 크메르 루즈가 정권을 장악하기 이전에 고등학교로 사용되던 시설로서 가로 600미터, 세로 400미터의 부지에[84] 총 5개의 건물로 구성되어 있었으며, 건물들은 E자 형태로 배치되었다.[85] S-21은 파형철판과 전기가 흐르는 철조망으로 둘러싸여 있었다. 1층의 교실로 쓰이던 공간은 가로 0.8미터, 세로 2미터의 독방들로 구성되어 있었고, 2층의 교실은 가로 8미터, 세로 6미터의 공간으로 구분되어 다인용 감방으로 사용되었다. 3층에 설치된 감방은 2층의 다인용 감방보다 큰 규모로 설치되었으며 한방에 4~50명까지 수용가능한 규모였다.[86] S-21의 생존자 중 한 사람인 완 낫은 3층의 감방에서 한때 65명까지 수용된 경우도 있었다고 증언하였다.[87]

충분히 예상할 수 있는 사실이지만 S-21의 구금환경은 매우 열악했다. 수용소의 관리들은 피구금자들이 도착하면 우선 이들의 사진을 찍고 신상과 체포이유 등을 기록한 후 속옷까지 모두 벗긴 후 소지품을 압수하였다. 그리고 피구금자들은 감방으로 옮겨졌는데, 방에서 벽이나 바닥에 연결된 쇠사슬을 발에 차고 있어야 했다. 바닥은 아무것도 깔려있지 않은 콘크리트 바닥이었고, 담요와 같은 침구류도 지급되지 않았다. 시설내의 위생상태 역시 매우 불결하여 피구금자들은 백선이나 발진과 같은 피부병에 시달렸지만, 전문적인 의료인에게 치료받을 수도 없었다. 식사 등 영양공급 역시 부실했는

---

84 Khamboly, pp. 48-49.
85 티에리 크루벨리에, 전혜영 역, 『자백의 대가』, (글항아리, 2012), p. 63.
86 Khamboly, p. 49.
87 티에리 크루벨리에, p: 63.

데, 아침과 저녁에 귀리로 만든 식사가 제공되었을 뿐이었다. 이 때문에 피구금자들은 주변의 도마뱀이나 곤충, 벌레 등을 먹으며 연명했지만 이마저도 경비원에게 발각될 경우 심한 구타를 당했다.

S-21의 구금대상

S-21에 구금되었던 이들은 대부분 혁명의 적으로 몰리거나, 폴 포트에 의해 숙청당한 크메르 루즈 간부 등이다. 이 시설에는 약 400여 명의 외국인들도 구금되었던 것으로 알려져 있는데, 대부분은 베트남인들이었다. 또한 적어도 78명의 외국인이 이곳에 있었는데, 아랍인 1명, 인도인 5명, 태국인 29명, 자바인 1명, 라오스인 1명, 미국인과 프랑스인 각 3명, 호주인 2명, 영국인과 뉴질랜드인 각 1명이었고, 그 외의 외국인의 신원은 확인되지 않았다.[88]

앞에서 언급한 바와 같이, 크메르 루즈는 노동이나 작업 중 사소한 실수조차 용납하지 않고 그것을 혁명에 대한 적대행위로 간주하였다. 이는 크메르 루즈에 소속된 자들도 마찬가지였는데, S-21에 수감되어 살해당한 자들 중에는 이곳에서 근무하던 크메르 루즈 구성원도 있었다. 이들은 게을러 근무에 태만했다거나, 장비를 파손시켰다거나, 피구금자를 조사하면서 고문하던 중 허가를 받지 않은 상태에서 죄수를 죽게 했다는 이유로 졸지에 자신들이 관리하던 강제수용소의 죄수로 전락하였다. 이들 역시 다른 피구금자들과 마찬가지로 고문당하고 살해당하는 운명을 맞이하였다.

---

88 Ibid. p. 195.

고문과 처형

S-21로 끌려온 피해자들은 모두 그들에게 적용된 혐의에 대한 조사를 받았는데, 이 과정에서 피해자들은 자백을 강요당했다. 또한 조사과정에서 매우 잔인한 고문이 자행되었는데, 몽둥이 등으로 구타를 가하거나 철사로 만든 채찍으로 채찍질을 하기도 하였고, 바늘로 찌르는 고문과 전기고문도 자행되었다. 또한 담뱃불로 신체를 지지거나, 배설물을 강제로 먹이기도 하였으며, 팔이나 다리를 묶어 하루 종일 매달아 놓기도 하였다. 이외에도 상처에 알코올을 부으며 손톱을 뽑거나 물고문을 가하기도 하였다.[89] 여성에게는 강제로 옷을 벗기거나 유방을 잘라내기도 하는 등의 고문이나 강간이 자행되었다.[90] 이러한 고문에 의해 자백된 내용들은 대부분 고문으로 인한 거짓 자백이었다.

이렇게 자백한 피해자들은 처형되는 운명을 맞이했는데, 위에서 묘사한 것처럼 구덩이 앞에서 총살당하거나 머리를 가격당하여 살해당하였다. S-21이 설치된 직후 1년 동안 피해자들의 시신은 수용소 근처에 대규모로 매장되었는데, 더 이상 시체를 매장할 장소를 찾을 수 없게 되자 프놈펜에서 약 13km 떨어진 장소에서 피해자들을 처형하고 집단으로 매장하였다.

---

89 Khamboly, p. 52.

90 실제로 두치에 대한 재판에서 강간행위에 관하여 기소된 내용은 인도에 반하는 범죄 중 1회의 강간만이 인정되었다.

12살 어린이가 목격한 내용을 묘사하여 그린 크메르 루즈의 살해장면 (Documentation Center of Cambodia Archives)

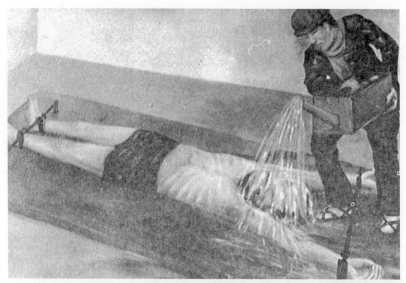

S-21에서의 고문을 묘사한 그림 (Documentation Center of Cambodia Archives)

충에크 킬링필드 추모시설 내부의 집단매장지 (필자 촬영)

크메르 루즈 몰락 이후 발굴된 집단매장지 (Documentation Center of Cambodia Archives)

충에크 킬링필드 추모위령탑 (필자 촬영)

충에크 위령탑 내부에 전시된 피해자들의 유골 (필자 촬영)

제4장

유엔캄보디아
특별재판부(ECCC)의 설치

Ⅰ. 불처벌 상태(impunity)

30여 년의 불처벌 상태

1979년 1월 7일 베트남에 의해 크메르 루즈 정권이 붕괴된 이후 1998년 크메르 루즈의 최고 지도자인 폴 포트가 사망하고 1999년 프놈펜 정부군에 최후까지 저항하던 타 목Ta Mok이 생포됨으로써 크메르 루즈는 무장집단으로서의 능력을 상실하였다.[91] 그러나 그들이 자행한 심각한 인권유린에도 불구하고 크메르 루즈 지도부와 그 하부 구성원들에 대한 법적 처벌이 이루어지지 않은 상태가 30여 년 동안 지속되었다. 다시 말해, 1979년 1월 크메르 루즈가 붕괴 된 이후 2006년 ECCC가 설치되기까지 약 30여 년간 크메르 루즈에 대한 법적 단죄는 이루어지지 않은 것이다.[92] 심지어 폴 포트는 최후까지 크메르 루즈의 지도자로서의 지위를 유지하던 중 사망했고, 이엥 사리는 ECCC가 설치되기 이전 훈 센 정권에 의해 사면되었다.[93]

---

91 크메르 루즈와의 내전은 완전히 종식되었지만 훈 센총리를 비롯하여 크메르 루즈에 속했던 인사들이 여전히 캄보디아 정계에서 활동 중이고, 크메르 루즈가 마지막까지 저항하던 본거지였던 태국 국경지역의 주민들은 여전히 크메르 루즈에 대하여 우호적인 태도를 취하고 있다. 따라서 현재 크메르 루즈는 완전히 붕괴되었지만 정치적으로 크메르 루즈는 여전히 그 명맥을 유지하고 있다고 보아야 할 것이다.

92 전술한 대로, 베트남 괴뢰정부에 의해 이루어진 크메르 루즈 지도부에 대한 재판은 국제적으로 그 효력이 인정되지 않고 있다.

93 훈 센 정부의 사면조치에도 불구하고 이엥 사리는 ECCC에서 재판을 받던 도중 2013년 사망하여 그에 대한 법적 처벌은 불가능해졌다.

1. 국제정치적 배경

이러한 크메르 루즈에 대한 장기간의 불처벌 상태가 지속된 원인은 크게 두 가지로 나누어 볼 수 있다. 하나는 캄보디아와 크메르 루즈를 둘러싼 국제 정치적 역학관계에 따른 것이다. 크메르 루즈가 캄보디아에서 정권을 장악 하던 1975년부터 크메르 루즈에 대한 법적 단죄의 공감대가 형성되기 시작 한 시기인 1990년대 초반까지는 냉전질서가 국제사회를 지배하던 시기였 다. 크메르 루즈가 미국에 우호적이던 론 놀 정권을 붕괴시키고 캄보디아를 장악했음에도 불구하고 미국을 비롯한 서방국가들과 동남아국가연합ASEAN 은 소련식 공산주의를 추구하던 베트남의 세력확장을 견제하기 위해 크메르 루즈 정권을 승인하였다. 한편, 공산진영의 맹주인 구소련과 중국은 국경분 쟁과 공산주의 노선에 대한 이견으로 대립관계에 있었고, 베트남은 중국과 의 국경분쟁 끝에 전쟁까지 치렀다. 이런 상황에서 중국식 마오주의를 추구 하던 크메르 루즈와 구소련식 공산주의를 추종하던 베트남은 정치적으로 대 립하고 있었다. 이러한 배경으로 인해 중국은 베트남이라는 공통의 적과 맞 서는 크메르 루즈를 적극적으로 지원하였다. 뿐만 아니라, 크메르 루즈는 유 엔에서 캄보디아의 합법적인 정부로 인정받아 베트남에 의해 정권을 잃은 1979년 이후에도 유엔에서 합법적으로 캄보디아를 대표하였다. 결론적으로 국제사회는 냉전질서와 정치적 이해관계로 인해 크메르 루즈가 자행한 잔혹 한 인권유린에 침묵하였던 것이다.

2. 캄보디아 내부의 원인

크메르 루즈에 대한 처벌이 지연된 다른 원인은 캄보디아 내부의 문제들이었다. 우선, 캄보디아가 가진 법률 전문가가 부족했다. 크메르 루즈의 집권 기간 중 생존한 법률가는 단 7명으로 법률가 집단은 사실상 사라졌고, 2007년 현재 캄보디아의 법률관련 인력은 142명의 판사, 72명의 검사, 601명의 법원공무원에 불과하다.[94] 크메르 루즈에 가담했던 간부급 인원만 수 천명에 이르는 상황에서 이 정도의 인력으로는 전 인구의 약 1/4이 학살된 대규모 인권유린에 대한 법적 처벌절차를 진행하는 것이 사실상 불가능했다.

캄보디아의 종교적 배경 역시 크메르 루즈에 대한 처벌을 어렵게 하는 원인이 되었다. 캄보디아는 문화적, 종교적으로 소승불교의 뿌리가 매우 깊다. 이러한 소승불교의 관념과 윤회관 속에서 캄보디아인들은 그들이 겪은 상황을 있는 그대로 받아들이거나 체념하려는 성향이 강하고 현세에서의 행위에 대한 처벌이나 응보는 다음 생에서 이루어진다고 본다.

크메르 루즈에 대한 법적 단죄를 어렵게 만드는 또 다른 요인은 캄보디아의 정치상황이었다. 크메르 루즈는 1979년 정권을 상실한 이후에도 1998년 폴 포트가 사망하기까지 캄보디아 북서부의 태국 국경지대에서 상당한 세력을 가지고 프놈펜 정부에 대항하여 내전을 치렀다. 이 때문에 캄보디아 정부는 그 처벌 의지와는 별개로 1999년 크메르 루즈와의 내전이 완전히 종식되기 전까지 현실적으로 법적 처벌을 실행에 옮길 수 있는 상황이 아니었다. 뿐 만 아니라 1991년 파리평화협정 이후 수립된 캄보디아 정부에 훈 센 총리를 비롯해 상당수의 크메르 루즈 출신인사들이 참여했기 때문에 캄보디아 정부는 크메르 루즈에 대한 처벌에 적극적으로 나서지 않았다. 대신 캄보디

---

94   Alex Bates, p.18.

아 정부는 크메르 루즈에 대한 법적 처벌보다는 화해와 사회적 통합을 강조했고, 실제로 이엥 사리에 대하여 사면을 단행하기도 하였다.

크메르 루즈 처벌에 대한 공감대의 형성

법적 단죄를 지연시킨 위의 국제적, 국내적 원인들이 해소됨에 따라 크메르 루즈에 대한 법적 처벌의 가능성이 서서히 나타나기 시작했다. 1991년 설치된 UNTAC 감독하에서 치러진 1993년 총선거의 결과에 따라 구성된 연립정부가 유엔을 비롯한 국제사회로부터 캄보디아의 합법정부로 승인된 이후 캄보디아 정부는 1994년 7월 크메르 루즈를 불법단체로 규정하는 법률을 제정하여 크메르 루즈 처벌에 대한 캄보디아 국내법적 근거를 마련하였다.[95] 또한 1995년 프놈펜에서 개최된 제노사이드 처벌에 관한 국제회의에서 훈 센 총리는 크메르 루즈 지도부에 대한 처벌을 공언하였다. 국제적으로는 1994년 미국의회가 캄보디아 제노사이드 처벌법The Cambodia Genocide Justice Act을 통과시킴으로써 미국정부가 크메르 루즈 지도부를 처벌하기 위한 각종 조치를 취할 수 있는 법적 근거가 탄생하였다. 이 법률을 통해 조성된 80만 달러의 기금을 바탕으로 예일대학교 산하에 캄보디아 제노사이드 프로그램Cambodia Genocide Program, CGP이 창설되어 크메르 루즈에 의한 대량학살과 인권유린에 대한 증거자료가 수집되고 관련자들에 대한 인터뷰가 진행되었다. 이후 캄보디아에 캄보디아 기록센터Documentation Center of Cambodia, DC-Cam가 설립되어

---

95 실제로 훈 센 총리는 이 법을 통해 크메르 루즈에 대한 처벌을 의도하기 보다는 크메르 루즈 세력을 완전히 해체시켜 캄보디아의 정치적 안정을 확보하려는 목적을 가지고 있었다.

현재까지 크메르 루즈 처벌을 위한 자료수집과 재판절차 모니터링 등의 활동을 진행 중이다.[96] 이 캄보디아 제노사이드 프로그램을 통해 10만 개 이상의 문서가 발굴되었는데, 여기에는 S-21 강제수용소에서 자행된 인권유린 행위에 대한 각종 증언들과 크메르 루즈 내부의 회의자료, 보고서, 고위층의 메모 등이 포함되어 있다. 이외에도 다양한 기관과 컨설턴트 등 전문가들이 위 기금의 지원을 받아 관련연구와 조사활동을 수행하고 있다.

II. 유엔-캄보디아 간 협상

캄보디아의 지원요청

역사적으로 그 유례를 찾기 어려운 대량학살에 대하여 크메르 루즈의 법적 책임을 물어야 한다는 국제적 공감대 속에서 훈 센 총리는 크메르 루즈를 완전히 소멸시켜 내부의 정치적 안정을 확고히 하려는 의도를 가지고 1997년 6월 21일 코피 아난 당시 유엔 사무총장에게 서한을 보내 크메르 루즈 지도부를 처벌하기 위한 국제적 지원을 요청하였다. 그리고 1997년 12월 유엔총회는 사무총장에게 크메르 루즈 처벌을 위한 재판소 설치에 필요한 연구, 조사를 수행할 위원회의 설치를 요구하는 결의안을 채택하였고, 유엔 사무총

96　DC-Cam은 크메르 루즈에 대한 가장 방대한 자료를 보유하고 있는 조직으로써, 크메르 루즈에 대한 각종 조사활동과 연구를 계속 진행 중이며, ECCC가 설치된 이후부터 ECCC 재판에 대한 모니터링도 진행하고 있다. www.dccam.org

장은 3명의 전문가로 구성된 전문가 그룹을 캄보디아로 파견하여 현지조사에 착수하였다. 유엔 전문가 그룹은 1998년 7월부터 다음해 2월까지 크메르 루즈가 자행한 범죄행위의 증거자료와 법적 성격, 기소가능성 등에 대한 종합적인 조사를 진행하였고, 가해자에 대한 공정한 법적 단죄를 위한 재판소의 유형에 대한 연구를 진행하였다.

이러한 조사를 토대로 전문가 그룹은 1999년 2월 최종 보고서[97]를 발표하였다. 이 보고서는 "크메르 루즈 가해자에 대한 법적 처벌은 캄보디아 국민들에 대한 도덕적 의무일 뿐만 아니라 깊은 도덕적 사회적 차원의 중요성을 가지는 것"[98]임을 밝히고 있다.[99] 또한 보고서는 다섯 가지 유형의 재판소 형태를 검토하였는데, 1) 순수한 캄보디아 법정, 2) 유엔이 운영하는 법정, 3) 유엔과 캄보디아간 양자협정을 통해 유엔의 행정지원을 받는 캄보디아 법원, 4) 다자조약을 통해 창설되는 국제법정, 5) 캄보디아가 아닌 제3국의 법정이 그것이다.[100] 보고서는 결론적으로 캄보디아가 가진 법률 전문가의 자원과 기타 법률 인프라의 부족, 사회적 부패, 낮은 수준의 사법부 독립의 문제를 지적하면서 크메르 루즈를 처벌하기 위하여 설치될 재판소는 구유고슬라비아 국제형사재판소ICTY나 르완다 국제형사재판소ICTR와 같은 형태의 완전한 국제재판소이어야 함을 강조하고 있다.[101] 또한 이러한 재판소는 캄보디아가

---

97 Report of the Group of Experts for Cambodia established pursuant to General Assembly resolution 52/135.

98 "Bringing these men to justice is a matter not only of moral obligation but of profound political and social importance to the Cambodian people"

99 Report of the Group of Experts, para. 2.

100 Ibid. para. 122-197.

101 Ibid. para. 219.

아닌 아시아 태평양 지역의 국가에 설치되어야 한다고 권고하였다.[102] 보고서는 제노사이드, 인도에 반하는 죄, 전쟁범죄, 강제노동, 고문, 그리고 국제적으로 보호되는 사람들에 대한 범죄를 근거로 크메르 루즈 지도부를 기소할 수 있는 충분한 증거가 있음을 밝히고 있다.[103] 그러나 1975년 4월 17일부터 1979년 1월 7일까지 "캄보디아에서 발생한 학대행위에 대한 책임 있는 고위지도자를 포함하여 가장 심각한 인권유린에 대하여 가장 책임 있는 자들과 심각한 잔혹행위들에 직접적으로 관련된 하급 지위의 자들"[104]로 그 인적 관할과 시적 관할을 한정할 것을 제안하였다. 이외에도 보고서는 피해자 보상을 위한 기금의 조성과 재판진행과정의 방송 등을 통한 공개, 재판절차를 대체하지 않는 형태의 진실위원회를 설치할 것도 권고하였다.[105]

재판소 형태에 대한 양측의 이견

이 최종 보고서는 1999년 3월 유엔 안보리와 총회에 보고되었는데, 캄보디아 정부는 이 최종 보고서의 권고내용을 거부하였다. 이 보고서가 유엔 사무총장을 거쳐 안보리와 총회에 보고되기 직전, 태국 국경지대에서 마지막까지 저항하던 크메르 루즈의 지도자 타 목이 캄보디아군에 체포되면서 크메

---

102 Ibid.

103 Ibid. para. 58.

104 "any tribunal focus upon those persons most responsible for the most serious violations of human rights [in Cambodia]...including senior leaders with responsibility over the abuses as well as those at lower levels who are directly implicated in the most serious atrocities" Ibid. para. 110.

105 Ibid. para. 219.

르 루즈가 완전히 해체되자 훈 센 총리는 크메르 루즈에 대한 법적 처벌보다 캄보디아의 주권, 사회적 통합과 정치적 안정을 우선적으로 고려하여 법적 처벌에 소극적인 입장으로 돌아섰던 것이다.[106]

유엔 법률국은 전문가 그룹의 권고안을 캄보디아 정부가 받아들이지 않자 새로운 국제재판소의 모델로서 혼합형 재판소를 제안하였다. 즉, 캄보디아 법률에 따라 크메르 루즈에 대한 재판을 담당할 법원을 설치하고, 법원의 운영과 재판은 다수의 외국 법률가들과 외국출신 직원들이 맡는 것이다.[107] 반면 캄보디아 정부는 완전한 형태의 국제재판소가 아닌 캄보디아 국내법원의 활용을 제안했다. 즉 외국 법률가들의 지원을 받아 기존 캄보디아 법원에서 재판을 진행하는 형태를 골자로 하는 안을 내놓았는데, 이에 따르면 크메르 루즈에 대한 1심 재판은 캄보디아 지방법원municipal court에서 진행하며, 선고된 판결에 대하여 캄보디아 법원 내에서 2번에 걸쳐 불복할 수 있도록 하였다.[108] 또한 재판부의 인적 구성은 모든 심급에서 캄보디아 판사들이 다수를 차지하도록 하였고 그 외의 캄보디아 측 법률관련 직원과 외국인 법률 관련직원의 임명권 역시 캄보디아의 최고사법위원회Supreme Council of the Magistracy에서 갖도록 하였다.[109] 캄보디아의 안은 크메르 루즈에 대한 처벌을 용이하게 하도록 집단살해죄의 예방과 처벌에 관한 협약(이하 '제노사이드 협약')상의 정의를 정치

---

106 전문가 그룹은 1999년 2월 18일 코피 아난 사무총장에게 최종보고서를 제출하였고, 3월 6일 타 목이 캄보디아 군에 체포되었다. 3월 12일 캄보디아 정부는 공식적으로 유엔 전문가 그룹의 보고서 권고안을 거부하였다. 그리고 3월 15일 코피 아난 사무총장은 최종보고서를 안보리와 총회에 제출하였다.

107 Craig Etcheson, A *"Fair and Public Trial": A Political History of the Extraordinary Chambers*, Open Society Justice Initiatives (Spring 2006), *An extraordinary experiment in Transitional Justice*, p. 9.

108 Ibid.

109 Ibid.

적, 경제적 집단에 대한 범죄까지 확장시켰고, 그 소급적용도 가능하도록 하고 있다.[110] 그러나 유엔은 단순히 몇 명의 외국인 법조인을 캄보디아 재판소에서의 재판에 관여하는 수준으로는 재판의 국제적 기준의 충족을 보장할 수 없었고, 또한 제노사이드 협약상의 협소한 문구로 인하여 가해자들을 단죄하지 못하는 경우에도 해당 행위를 인도에 반하는 죄를 적용하여 충분히 유죄로 판단할 수 있음을 들어 캄보디아 정부의 안에 반대했다.[111] 대신 유엔은 새로운 제안을 내놓았는데, 재판소를 캄보디아가 아닌 제3국에 설치하고 다수의 인력을 유엔사무총장이 임명하는 외국인으로 구성하며, 사실심인 1심을 거친 후 상소심에서 최종적인 결론을 내고, 관할은 캄보디아 내에서 발생한 인도에 반하는 죄Crimes against Humanity로 한정 짓는 것이다.[112] 하지만 캄보디아 정부는 이 역시 거부하고 기존의 캄보디아 법원을 통해서 크메르 루즈를 처벌하고 유엔은 단순히 필요한 인력만 지원해 줄 것을 주장하였다.

　1999년 9월 훈 센 총리와 코피 아난 유엔 사무총장의 회담에서, 훈 센 총리는 제노사이드 협약에 따라 캄보디아 영토 내에서 발생한 사안에 대하여 캄보디아 정부가 해당 범죄에 대하여 재판을 할 우선적 의무를 가지고 있음을 주장했다. 또한, 훈 센 총리는 크메르 루즈가 집권하던 기간과 베트남군에 쫓겨 태국 국경지대에서 내전을 치르던 기간에도 유엔이 크메르 루즈를 캄보디아 정부로 인정하여 크메르 루즈에 의한 인권유린을 방조했음을 내세우며 캄보

110　Ibid.

111　Ibid.

112　Scott Luftglass, *Crossroads in Cambodia: The United Nation's Responsibility to withdraw involvement from the Establishment of a Cambodian Tribunal to Prosecute the Khmer Rouge*, Virginia Law Review Vol.90 (May 2004), p. 910.

디아가 주도하는 재판을 주장했다.[113] 더욱이 크메르 루즈의 핵심 지도부의 일원으로서 처벌 대상인 이엥 사리는 소수의 외국 법률가들과 협력 하면서 캄보디아의 사법주권을 지키는 방안임을 주장하며 훈 센 정부의 입장을 지지하는 성명을 발표하였다.[114] 이러한 재판소의 형태에 대한 캄보디아 정부의 주장과 군사적 능력을 상실했음에도 불구하고 여전히 강한 크메르 루즈 세력의 영향력은 크메르 루즈를 단죄하고자 하는 캄보디아 정부의 진정성과 능력에 강한 의문을 불러일으켰다. 뿐만 아니라, 캄보디아 국내법원의 형태로는 캄보디아 정부의 정치적 영향력으로부터 사법절차가 독립적일 수 없다는 전문가 그룹의 보고서의 내용을 실질적으로 확인시켜주었다.

미국의 중재와 새로운 제안

1999년 9월 이후 유엔과 캄보디아 간의 이견이 좁혀지지 않는 상황에서 미국이 중재에 나섰다. 1999년 12월 캄보디아 정부는 미국의 도움을 받아 유엔이 제안했던 내용을 대폭 수용한 새로운 제안을 내놓았다. 이에 따르면 새롭게 설치될 법원은 기존 캄보디아 법원과는 별개의 조직으로 창설되고 1심과 상소심 재판부로 구성된다.[115] 재판부는 다수의 캄보디아 판사와 소수의 외국판사로 구성되는데, 1심은 3명의 캄보디아 판사와 2명의 외국판사의 비율로, 상소심은 4명의 캄보디아 판사와 3명의 외국판사로 구성된다.[116] 중

---

113 Craig Etcheson, p. 10.
114 Ibid. pp. 10-11.
115 Ibid. p. 11.
116 Scott Lufglass, p. 912.

요한 것은 의사결정 방법인데, 각 재판부는 '압도적 다수결'supermajority을 통해 의사결정을 내리도록 하였다.[117] 즉, 각 재판부는 의사결정을 내림에 있어서 최소한 한 명의 외국 판사가 동의해야 최종적 결정을 내릴 수 있도록 하였다. 또한 이 제안은 검찰기능을 수사판사investigating magistrate와 검사prosecutor로 분리하였고, 수사판사와 검사 역시 캄보디아 측과 유엔 측이 공동으로 구성하도록 하였다.[118] 이외에도 기소대상 범죄에서 기존 캄보디아 측 제안에서 확장되었던 제노사이드의 정의를 제노사이드 협약상의 정의로 한정하고, 소급적용도 제외하였다. 또한 기존에는 없었던 피고인에 대한 적법절차상의 보호 규정을 추가하였다.[119]

유엔은 이러한 캄보디아 정부의 제안에 긍정적인 반응을 나타냈다. 다만 캄보디아의 정치적 영향력으로부터 재판부의 독립성을 확보하고 여타의 국제기준을 충족시키기 위한 수단을 포함하려 하였다. 특히 유엔은 재판부의 독립뿐만 아니라 기소권의 독립 역시 확보하려 하였다. 즉, 훈 센 총리가 특정 인사에 대하여 기소에 반대하는 정치적 의견을 피력하거나 기소인원에 대한 사전적 선언을 하는 등의 행동을 할 때마다 기소권의 독립 역시 중요한 쟁점으로 부각되었다. 실제로 훈 센 총리는 이엥 사리에 대한 기소를 반대한다는 의견을 공개적으로 여러 차례에 걸쳐 밝혔다. 이에 따라 유엔은 유엔 측 공동검사가 피의자를 기소함에 있어 캄보디아 측 공동검사와의 합의가 요구되지 않도록 하여 캄보디아 정부의 정치적 영향력으로부터 기소권의 독립을 보장하고

---

117 Craig Etcheson, p. 11.
118 Ibid.
119 Ibid.

자 하였다.[120] 즉, 유엔 측 공동검사는 특정 피의자를 기소함에 있어서 캄보디아 측 공동검사의 동의가 불필요하도록 할 것을 요구한 것이다. 그러나 캄보디아 정부는 이러한 유엔의 의견을 거부하였다. 이는 캄보디아 측 공동검사가 기소에 동의하지 않을 경우 기소가 불가능하게 만들려는 것이었다. 기소권 독립이 새로운 쟁점으로 떠오르면서 양측간의 협상은 다시 교착상태에 빠졌다.

유엔과 캄보디아 정부간 협상의 교착상태는 존 케리[121] 당시 미국 상원의원의 중재로 해결되었다. 케리 상원의원의 중재안에 따르면, 유엔과 캄보디아 측 공동수사판사나 공동검사 사이에서 특정 인물에 대하여 수사나 기소를 할지 여부에 대한 의견이 일치하지 않는 경우 이러한 의사결정을 담당할 특별 재판부를 구성하도록 하였다. 이 특별재판부는 3명의 캄보디아 판사와 2명의 유엔 측 판사로 구성되어 압도적 다수결supermajority 원칙에 따라 결정을 내린다. 따라서 4명의 판사가 반대하지 않는 한 수사나 기소는 진행할 수 있게 되었다.[122]

캄보디아 의회의 ECCC관련 입법(2001년 특별재판부 설치법)

양측의 협상이 진행되던 중 유엔은 2000년 7월말까지 합의된 내용[123]을 양

---

120 Ibid. p. 12.

121 훈 센 총리와 오랜 기간 동안 개인적인 친분을 가지고 있었고, 캄보디아 문제에 깊은 관심을 가지고 있었다. 2016년 6월 현재 미국 국무장관으로 재임 중이다.

122 Craig Etcheson, p. 12.

123 재판소의 시적 관할(1975년 4월 17일부터 1979년 1월 6일까지 발생한 사건)과 잠재적 기소대상(크메르 루즈의 고위지도자와 인권범죄에 대하여 책임 있는 자), 인사, 심급, 사면관련 사항.

해각서Memorandum of Understanding의 형태로 남기려고 하였다. 그러나 캄보디아 정부는 합의된 내용이 자국 의회에서 통과되기 전까지 공식적인 합의문 등을 만들 수 없다고 주장하였다. 국제적 관례상 양측 정부의 합의가 먼저 이루어진 다음 해당국 정부의 승인이나 비준을 받는 것이 일반적이지만 캄보디아 정부는 자국 의회에서 먼저 법안이 통과되어야 함을 주장했던 것이다. 이 때문에 유엔은 2000년 가을 유엔총회 이전까지 캄보디아 의회에서 관련 법률을 통과시킬 것을 요구했다.[124] 결과적으로 캄보디아 정부는 유엔이 요구한 시한까지 크메르 루즈 재판을 위한 재판부의 설립을 위한 법안을 통과시키지 못했다. 그러나 문제는 다른데 있었다. 캄보디아 의회는 2001년 8월까지 노로돔 시하누크 국왕의 서명까지 받아 재판소 설립을 위한 입법을 마무리지었으나, 통과된 법률(2001년 특별재판부 설치법)의 내용은 그 때까지 캄보디아 정부가 유엔과 합의한 내용과는 많은 부분이 달랐다.

당초 합의한 내용에 따르면, 유엔 측 판사, 검사, 수사판사 등의 임명과 교체 권한은 유엔이 가지고 있었지만, 의회에서 통과된 법률에는 이러한 내용 자체가 빠졌다.[125] 또한 캄보디아 정부는 ECCC에서 재판 받는 피고인에 대하여 캄보디아 국왕에게 사면을 요청하지 않고 피고인에 대한 이전의 사면 조치는 ECCC의 기소와 재판에 영향을 미치지 않는 것으로 합의되었다.[126] 그러나 캄보디아 의회를 통과한 법률은 이러한 내용을 포함하고 있지 않았다.[127] ECCC가 수사와 기소, 재판 등 각종 절차에 적용할 법률에 관하여 양

---

124 Craig Etcheson, p. 13.

125 Ibid. p. 15.

126 훈 센 총리는 1996년 이엥 사리가 프놈펜 정부에 항복 한 후 그를 사면하였다.

127 Craig Etcheson, p. 15.

측은 캄보디아 형사절차법을 적용하기로 합의하였고 필요한 경우 국제법상의 절차규정을 참고하여 규정을 개정할 수 있는 것으로 합의했다. 하지만 의회를 통과한 법률은 기존 절차법상 공백이 있는 경우에 국제법상의 절차규정을 참고할 수 있는 것으로 규정하였다.[128] 다시 말해 캄보디아 절차법에 공백이 있어야 국제법 규정을 참고할 수 있고, 캄보디아법에 규정이 존재하는 한 국제법을 적용할 여지가 없어진 것이다. 이것은 캄보디아 절차법상의 규정이 국제적 기준이 부합하지 않는 경우에도 국제기준에 부합하는 절차규정이 아닌 캄보디아 법이 적용되는 결과를 야기한다. 이외에도 캄보디아 의회는 피고인의 변호인 선택권을 법률에 포함하지 않았다. 또한 의회 입법내용에는 제노사이드 협약의 내용을 적용함에 있어서 그 소급적용을 가능하도록 하는 규정도 포함되어 있었고, 재판소의 구조는 양측이 합의한 2심이 아닌 3심제로 규정되어 있었다.[129] 양측이 합의한 내용이 달라진 것 이외에도 캄보디아 정부는 캄보디아 의회에서 입법과정이 진행되는 중 유엔 측에 입법진행상황에 대한 정보를 제공하지 않았고, 입법이 완료된 법률의 번역본을 제때에 제공하지 않아 유엔 측을 혼란스럽게 만들기도 하였다.

이러한 ECCC에 관한 캄보디아 의회의 입법내용은 유엔과 국제사회로 하여금 캄보디아 정부가 국제기준에 부합하는 재판을 할 의지가 있는지 여부를 의심하게 만들었으며, 국제적 기준에 맞는 재판부 운영에 대한 많은 우려를 야기하였다. 또한 캄보디아 정부와의 협상에 있어서 캄보디아 정부에 대한 신뢰가 실추되었다. 이로 인하여 2002년 2월 8일 유엔은 재판부의 독립

---

128 Ibid.
129 Scott Lufglass, pp. 912-913.

성, 중립성, 객관성에 대한 우려를 들어 ECCC설치를 위한 캄보디아 정부와의 협상을 중단하였다.

협상의 재개

유엔의 협상중단 선언에 대하여 캄보디아와 미국, 프랑스, 일본 등 국제사회는 많은 우려를 표했고, 유엔에 대하여 협상 재개를 촉구했다. 반면 엠네스티 인터내셔널과 Human Rights Watch 등 국제인권단체들과 캄보디아의 인권단체들은 국제기준에 부합하는 법적 절차를 강조하며 유엔의 협상중단을 유엔의 인권기준을 지킨 조치로 평가했다.[130] 그러나 오래지 않아 크메르 루즈 가해자들의 사망이 잇따르자 당사자들의 사망으로 인하여 법적 단죄가 불가능해 지는 것에 대한 우려가 나타나기 시작했다. 미국, 일본, 프랑스, 호주 등은 막후에서 유엔으로 하여금 협상에 나서도록 압력을 행사하였다. 이에 코피 아난 유엔 사무총장은 유엔 안보나 총회로부터 협상에 관한 명확한 위임을 받는다면 협상에 나서겠다고 밝혔다.[131] 그리고 2002년 12월 유엔총회는 유엔과 캄보디아 정부간의 협상재개를 촉구하는 결의안[132]을 통과시켰다. 이 결의안은 유엔에 대한 세 가지의 권고사항을 포함하고 있는데, 특별재판부가 캄보디아 특별재판부 설치법Law on the Establishment of the Extraordinary Chambers in the Courts of Cambodia과 동일한 사물관할subject matter jurisdiction과

---

130 Craig Etcheson, pp. 16-17.

131 Ibid. pp. 17-18.

132 United Nations, General Assembly, Khmer Rouge Trials, A/RES/57/228, December 18, 2002.

크메르 루즈 지도부에 대한 인적 관할personal jurisdiction을 가질 것을 권고했다. 또한, 이러한 관할권의 행사는 시민적 정치적 권리에 관한 국제규약 제14조와 15조에 규정된 국제기준, 공정성, 적법절차에 부합하게 이루어져야 한다. 결의안은 또한 재판과 기소의 독립성과 공정성이 보장되어야 함을 권고하였다.[133]

이러한 유엔총회 결의에 따라 2003년 1월 6일 유엔은 캄보디아와의 협상을 재개하였다. 1월 13일까지 진행된 1차 협상에서 유엔은 캄보디아의 2001년 특별재판부 설치법을 폐지할 것을 요구했으나, 캄보디아 정부가 이를 거부하면서 협상이 위기를 맞았다. 1차 협상이 끝난 후 미국, 일본, 프랑스, 인도, 필리핀, 호주의 외교관들은 코피 아난 사무총장과 만난 자리에서 유엔이 전향적인 자세로 협상에 임할 것을 요구했다. 이들은 또한 캄보디아가 통과시킨 특별재판부 설치법이 유엔과 캄보디아 간 협정의 기초가 되어야 함을 강조했다. 2003년 3월 13일부터 17일까지 진행된 2차 협상에서 유엔과 캄보디아 정부는 최종적으로 캄보디아 법원 내의 특별재판부Extraordinary Chambers in the Courts of Cambodia, ECCC 설치와 관련한 각종 내용에 합의하였다. 2003년 5월 2일 유엔과 캄보디아의 최종합의안은 유엔총회 제3위원회에서 통과되었고, 5월 13일 최종적으로 유엔총회에서 채택되었다.[134] 캄보디아 정부는 2004년 10월 최종합의안에 부합하도록 기존의 2001년 특별재판부 설치법을 개정하였다.

---

133 Scott Luftglass, pp. 914-915.

134 United Nations, General Assembly, General Assembly approves Draft Agreement between UN, Cambodia on Khmer Rouge Trials, GA/10135, May 13, 2003.

유엔과 캄보디아 정부 간 주요 합의 내용[135]

크메르 루즈의 처벌을 위해 설치될 ECCC의 소재지는 캄보디아의 수도인 프놈펜으로 정해졌다. 또한 ECCC는 캄보디아 법원의 일부로서 캄보디아 법률에 따라 창설되는 특별재판부의 형태를 가지며, 1심(사실심) 재판부와 최종심인 상소심 재판부로 구성되었다. 1심 재판부는 총 5명의 재판관으로 구성되는데 3명의 캄보디아 재판관과 2명의 외국인 재판관으로 구성되도록 하였다. 또한 상소심 재판부는 4명의 캄보디아 재판관과 3명의 외국인 재판관으로 구성된다. 각 재판부는 압도적 다수결의 원칙에 따라 결론을 내리도록 하여 최소 1명의 외국인 재판관의 동의가 있어야 최종적인 판결이 내릴 수 있다. 따라서 캄보디아 정부에 의한 정치적 개입을 막을 수 있는 최소한의 안전장치를 마련하였다.

ECCC는 수사와 기소를 수사판사investigating judge가 담당하도록 하였는데, 수사판사 역시 캄보디아 수사판사와 외국인 수사판사가 각 1명이 임명되어 공동으로 수사와 기소를 진행하도록 하였다. 기소 이후 재판은 검사가 담당하도록 되어 있는데, 검사 역시 캄보디아 검사와 외국인 검사가 각 1명씩 임명되어 공동으로 재판을 맡도록 하였다. 수사판사와 검사의 경우 캄보디아와 유엔에서 각각 1명을 임명하기 때문에 재판부와 같이 압도적 다수결의 원칙을 채택할 수 없다. 이 경우 수사와 기소를 함에 있어서 캄보디아인과 외국인 공동수사판사(혹은 공동검사) 간에 의견의 불일치가 있는 경우 전심재판부Pre-Trial Chamber에서 결정을 내리도록 하였다. 전심재판부는 5명의 재판관

---

135 ECCC의 운영과 구성 등에 관한 자세한 내용은 다음 장에서 후술한다.

으로 구성되는데 캄보디아에서 3명, 유엔 측에서 2명을 임명하도록 하였으며, 전심재판부의 결정 역시 압도적 다수결의 원칙에 따라 최종 결정을 내림에 있어서 최소 1명의 외국인 재판관의 동의가 필요하다. 다만 압도적 다수의 정족수에 미달한 경우 해당 수사나 기소는 진행하도록 하였다. 이들 재판관, 공동수사판사, 공동검사에 대한 임명권은 모두 캄보디아 최고사법위원회Supreme Council of Magistracy에서 가지는데, 외국인 판사와 수사판사, 검사는 유엔이 지명한 후보자 중에서 캄보디아 측이 임명하도록 되어있다.

ECCC의 처벌대상이 되는 범죄는 캄보디아 형법과 국제법상의 범죄로 구분되어 있다. 즉, 크메르 루즈가 집권하던 당시의 캄보디아 형법상의 범죄 중 살인, 고문, 종교적 박해와 국제법상의 범죄 중 제노사이드 협약상의 범죄(집단살해), 인도에 반하는 죄 등이 처벌대상이다. 시적 관할은 1975년 4월 17일부터 1979년 1월 6일까지로, 이 기간 중 크메르 루즈에 의해 캄보디아에서 발생한 행위에 한정되어 위의 범죄 행위 중 시적 관할기간 동안 발생한 사건만이 처벌대상에 해당한다.

또한 캄보디아 정부는 크메르 루즈 가해자들에 대한 사면권을 행사하지 않기로 합의하였으며, 이전에 사면 받은 이엥 사리의 경우, ECCC가 해당 사면이 ECCC의 기소권을 제한하는지 여부를 판단할 수 있는 권한을 가지게 되었다. ECCC는 이엥 사리에 대한 캄보디아 정부의 사면을 인정하지 않고 그를 기소하였다.

제5장

ECCC의 특징

I. 혼합형 재판소(hybrid tribunal)

이원화된 설치 근거

유엔과 캄보디아 정부와의 합의를 통해 설립된 ECCC는 근본적으로 캄보디아 법 체계 내에서 운영되는 캄보디아 법원의 일부이다. 즉, 그 영문 명칭인 'Extraordinary Chambers in the Courts of Cambodia'를 통해 알 수 있듯이 캄보디아 법원의 일부로서 설치된 특별법정Extraordinary Chamber인 것이다. 다만 그 운영에 있어서 유엔이 캄보디아 정부를 지원하는 형태를 취하고 있으며, 실질적으로는 유엔과 캄보디아 정부가 공동으로 운영하고 있는 것으로 볼 수 있다. 따라서 ECCC 설립의 법적 근거 역시 유엔과 캄보디아 정부가 각각 이원적으로 가지고 있다.

우선, 유엔은 2003년 3월 17일 '민주 캄푸치아 기간 중 발생한 캄보디아 법률상 범죄의 기소에 관한 유엔과 캄보디아 정부간 협정'[136, 137](이하 '협정')에 따라 ECCC에 대한 인적, 재정적 지원과 운영에 관한 근거를 가지고 있다. 특히 협정은 캄보디아 특별재판부 설치법(민주 캄푸치아 기간 중 발생한 범죄의 기소를 위한 캄보디아 법원 특별재판부 설치법)을 승인하여 캄보디아 법률에 따라 설치된 캄보디아 법원인 특별재판부를 통해 협정내용이 이행되도록

---

136 The Agreement between the United Nations and the Royal Cambodian Government Concerning the Prosecution under Cambodian Law of Crimes Committed During the Period of Democratic Kampuchea.

137 2003년 5월 13일 유엔총회에서 채택된 협정문은 6월 6일 양측이 협정의 효력 발생을 위한 법적 조치가 완료되었음을 통보함으로써 발효되었다.

하였다.[138]

　캄보디아 정부는 협정과는 별개로 자국 법원 내에 크메르 루즈에 대한 수사와 재판을 수행할 특별법정의 설치를 위한 법률로서 '민주 캄푸치아 기간 중 발생한 범죄의 기소를 위한 캄보디아 법원 특별재판부 설치법'[139](이하 'ECCC법')을 제정하였다. 이 법률은 캄보디아 법원 내에 특별재판부의 설치와 그 운영에 관한 내용을 담고 있는데, 캄보디아 법률에 따라 비준된 협정을 캄보디아 법률로서 적용하도록 하였다.[140]

　위의 협정과 ECCC법은 관할, 처벌대상범죄, 상소심 재판부, 1심 재판부, 전심재판부, 공동검사, 공동수사판사 등의 구성과 운영 및 각종 행정지원과 관련된 규정을 동일하게 담고 있다.

재판부의 구성 및 압도적 다수결의 원칙

ECCC의 가장 특징적인 부분은 혼합형 재판소라는 점이다. 그러나 ECCC가 유일한 혼합형 재판소는 아니다. ECCC 이외에도 동티모르, 코소보, 시에라리온에도 ECCC와 유사한 형태의 혼합형 국제재판소가 설치되어 운영된 바 있다. 그러나 이들 재판소는 재판부의 구성에 있어서 자국출신 재판관이 소

---

138 협정 제2조.

139 Law on the Establishment of Extraordinary Chambers in the Courts of Cambodia for the Prosecution of Crimes committed during the period of Democratic Kampuchea.

140 ECCC법 제47조 bis.

수이고 국제재판관이 다수를 점하는 형태였다. 반면, ECCC는 다수의 캄보디아 측 재판관과 소수의 국제재판관으로 구성되어 있다. 이러한 차이는 동티모르, 코소보, 시에라리온 정부의 경우 재판소 설치 당시 유엔과 서방세계 등 국제사회에 대한 의존도가 높았던 반면, 캄보디아 정부는 상대적으로 대외적 의존도가 낮았던 데서 기인한다.[141]

1. 재판부의 구성

ECCC의 재판부는 1심 재판부Trial Chamber와 상소심 재판부Supreme Court Chamber의 2심으로 구성되어 있으며, 상소심 재판부는 최종심으로서 사실심과 법률심의 기능을 겸한다.[142] 전심재판부Pre-Trial Chamber는 캄보디아 수사판사와 국제수사판사 혹은 캄보디아 공동검사와 국제공동검사 사이에 수사, 기소, 재판절차 등에 관한 의견불일치가 있는 경우 이에 대한 최종적 판단을 내리는 권한을 가진다. 이러한 전심재판부의 운영과 업무관할에 관한 규정은 ECCC 내부규칙[143]Internal Rule(이하 '규칙')에 규정되어 있다.

1심 재판부와 상소심 재판부, 그리고 전심재판부의 재판관을 포함한 모든 재판관들은 캄보디아 최고사법위원회Supreme Council of the Magistracy에서 임명된다. 다만, 국제재판관들의 경우 유엔 사무총장이 지명하는 후보자 중에서 최

---

141 John D. Cioraciari, *Transitional Justice in Cambodia's Internationalized Court*, JPRI Working Paper No. 117, Japan Policy Research Institute, (2010년 9월) p. 3.

142 협정 제3조 2항 b, ECCC법 제36조, 규칙 제104조 1항.

143 본서에서는 2015년 1월 16일 개정되어 2016년 현재 적용중인 Revision 9을 기준으로 작성되었다.

고사법위원회에서 임명하도록 하고 있다.[144] 또한 재판관의 자격요건은 각국 사법부judicial offices에 임명될 자격을 가진 자 혹은 현재 법관으로 재직중인 자로서[145] 형법, 국제인도법과 국제인권법을 포함한 국제법에 관한 경험을 가진 자를 임명하도록 하였다.[146] 또한 재판관들은 직무수행과정에서 정부를 비롯한 다른 외부기관의 지침을 구하거나 받아서는 안 된다고 규정하여 재판관의 독립성을 명문으로 규정하였다.[147]

1심 재판부는 3명의 캄보디아 재판관들과 2명의 국제재판관들로 구성되며 캄보디아 재판관 중 1인이 재판장을 맡는다.[148] 여기에 더하여 최고사법위원회는 1인의 캄보디아 재판관과 유엔 사무총장이 지명한 후보 중 1명을 예비재판관으로 임명하여 캄보디아 재판관 혹은 국제재판관이 직무를 수행 하지 못하게 된 경우 그를 정식 재판관으로 임명하도록 하고 있다.[149] 예비재판관은 재판부의 구성원에 포함되지는 않지만 언제든 직무를 수행할 수 있도록 해당 재판부의 모든 재판절차에 배석하여 재판의 진행상황을 파악하도록 되어있다.[150] 상소심 재판부는 ECCC의 최종심으로서 캄보디아 측에서 4명, 유엔에서 지명한 3명의 국제재판관으로 구성되며 재판장은 캄보디아 측 재판관이 맡는다.[151] 또한 캄보디아와 유엔 측에서 각각 1명씩의 예비재판관을

---

144 협정 제3조 1항, ECCC법 제11조.
145 협정 제3조 3항, ECCC법 제10조.
146 협정 제3조 4항, ECCC법 제10조.
147 협정 제3조 3항, ECCC법 제10조.
148 협정 제3조 2항 a, ECCC법 제9조.
149 협정 제3조 6항, ECCC법 제11조.
150 협정 제3조 8항, ECCC법 제11조.
151 협정 제3조 2항 b, ECCC법 제9조.

지명하며 1심 재판부의 경우와 마찬가지로 예비재판관들은 상소심 재판부의 모든 재판에 배석한다.[152] 전심재판부는 1심 재판부와 동일하게 3명의 캄보디아 재판관(1명은 재판장)과 2명의 국제재판관으로 구성되며 재판관의 자격 요건은 1심과 상소심 재판부와 동일하다.[153]

2. 압도적 다수결의 원칙

ECCC의 모든 재판부에서 내리는 판결과 결정은 압도적 다수결의 원칙에 의해 결정된다. 그러나 우선적으로 각 재판부는 판결이나 결정을 내림에 있어서 만장일치에 이르기 위한 노력을 기울여야 한다.[154] 재판관 전원의 의견이 동일한 결론에 이르지 못한 경우 압도적 다수결의 원칙에 따라 판결이나 결정을 내리게 되는데 1심 재판부와 전심재판부의 경우 5명의 재판관 중 최소 4명의 재판관이, 상소심 재판부는 7명의 재판관 중 5명의 재판관의 동의가 있어야 재판부의 판결이나 결정이 내려진다.[155] 만장일치로 결론에 이르지 못한 경우 각 재판부는 판결문 혹은 결정문을 통해 다수의견과 소수의견을 기재해야 한다.[156] 유무죄에 관한 판단에 있어서 유죄판결을 내리기 위해서는 압도적 다수결에 의해야 한다. 그러나 유죄판단이 압도적 다수결의 지지를 얻지 못한 경우 피고인에게는 무죄판결이 내려진다.[157]

---

152 협정 제3조 6항, 8항, ECCC법 제11조.
153 협정 제7조 2항, ECCC법 제20조.
154 협정 제4조 1항, ECCC법 제14조 1항.
155 협정 제4조 1항 a, b, 제7조 4항, ECCC법 제14조 1항 a, b, ECCC법 제20조.
156 협정 제4조 2항, ECCC법 제 14조 2항, 규칙 제71조 4항 d), 규칙 제72조 4항 d).
157 규칙 제98조 4항.

이원화된 행정조직

혼합형 조직으로 운영되는 ECCC는 재판부 이외에도 행정조직office of administration(이하 '행정실') 역시 혼합형으로 운영되고 있다. 즉, 재판관, 공동수사판사, 공동검사 이외에도 행정실 역시 캄보디아인과 외국인 직원으로 구성되어 있다. 그러나 재판관의 임명과 다른 점은 행정실의 경우 캄보디아 정부가 행정실의 외국인 직원의 인사에 대한 권한을 가지고 있지 않다는 점이다. 행정실장director of the office of administration은 캄보디아 정부에서 임명하는 캄보디아인으로 보임하고 부실장deputy director은 외국인으로 임명하는데 부실장은 유엔 사무총장이 임명하도록 되어 있다.158 또한 캄보디아인 행정실장은 ECCC의 캄보디아 측 인사에 대한 권한만 가지고 있으며 외국인 인사의 경우 부실장의 권한에 속한다.

예산업무 역시 캄보디아와 유엔이 분리하여 관장하고 있다. 그러나 예산담당부서는 캄보디아 측과 유엔 측의 책임자가 수평적 지위를 가지고 있으며, 이들은 각각 캄보디아 정부와 유엔에서 지원되는 예산과 재정업무를 담당하고 있다. 이외에도 행정실 산하에 법정관리부Court Management Section, 일반지원General Service, 정보통신기술Information and Communication Technology, 대외업무부Public Affairs Section, 보안안전Security and Safety 부서가 설치되어 있다. 보안안전 부서의 경우 캄보디아와 유엔 측이 분리되어 업무를 수행하고 있으며 양측 책임자 역시 병렬적 지위를 가지고 있다. 캄보디아 측은 ECCC직원 보호, 높은 수준의 신변위협의 가능성이 있는 캄보디아 직원에 대한 보호, 응급의료지원, 폭

---

158 협정 제8조 2항, 3항, ECCC법 제31조.

발물 처리, 경찰지원 등의 업무를 담당하고 있다. 유엔 측에서는 내부안전과 보안업무, 보안안전 관련 점검과 평가, 높은 수준의 신변위협의 가능성이 있는 외국인 직원에 대한 신변보호를 담당하고 있다. 이외에 법정관리부는 재판진행에 대한 행정적 지원을 담당하고 있으며 캄보디아와 유엔 측 직원이 통합되어 근무하는 형태로 운영되며 책임자는 캄보디아 측이 맡고 있다. 일반지원, 정보통신기술, 대외업무부서 역시 유엔과 캄보디아 측의 업무를 구분할 필요가 없기 때문에 양측 직원이 통합되어 근무하고 있다.

II. 수사 및 기소

개요

ECCC의 가장 큰 특징 중 하나는 수사판사investigating judge제도이다. ECCC는 캄보디아 절차법을 따르고 있는데[159], 이에 따라 ECCC의 수사와 재판절차는 캄보디아 형사소송절차를 준용하고 있고 규칙 역시 캄보디아 형사소송법에 기초하고 있다. 캄보디아 형사소송법 제127조는 수사를 수사판사의 권한으로 규정하고 있기 때문에 ECCC는 수사판사가 수사investigation를 담당하고 수사판사의 기소결정indictment에 따라 검사가 재판을 담당하는 구조를 가지게 되었다. 이는 형사절차에 있어서 프랑스 등 대륙법계 국가에서 취하는 직권

---

159 협정 제12조 1항, ECCC법 제20조, 23조, 33조.

주의inquisitorial system의 특징이 반영된 것이다. 직권주의란 형사절차상 법원이 실체적 진실을 발견하는 과정에서 주요한 역할을 담당하는 것을 요지로 하는 법적 체계로서 주로 대륙법 체계의 국가에서 이러한 직권주의에 따른 형사절차를 규정하고 있다. 즉, 수사를 실체적 진실을 발견하기 위한 과정으로 보아 당사자가 아닌 법관(수사판사)이 수사를 진행하여 범죄혐의에 대한 유죄를 뒷받침하는 증거와 무죄를 뒷받침 하는 증거를 모두 수집, 조사하는 것이다. 반대로 당사자주의adversarial system는 주로 영미법계에서 채택된 제도로서 법원은 중립적 위치에 서고 사건당사자들이 주도적으로 실체적 진실의 발견에 참여하는 것이 핵심이다.[160]

공동수사판사, 공동검사의 임명과 구성

혼합형 재판소로서의 특징은 수사판사와 검사의 임명에도 그대로 적용된다. 수사판사와 검사의 임명은 재판관의 임명과 마찬가지로 캄보디아 측과 유엔 측에서 각 1명씩 임명하여 2명의 공동수사판사co-investigating judge가 수사와 기소를 담당하고 2명의 공동검사co-prosecutor가 입건과 재판수행을 담당한다.[161]

---

160 직권주의에 따르면 형사소송에서 법원의 역할이 매우 강조되는데 법원이 직권으로 사건과 관련된 모든 정보에 대하여 증거조사를 통해 사건의 실체 즉, 피고인이 실제로 범죄혐의에 대하여 유죄인지 여부를 판단하게 된다. 반면, 당사자주의에서 법원은 양 당사자들 사이에서 중립적인 역할이 강조되고 형사재판은 입증과 관련하여 양 당사자들의 공격과 방어의 성격으로 진행된다. 법원은 양 당사자들의 유무죄의 주장에 대하여 그 입증여부에 대한 판단만을 할 뿐이다. 그러나 대륙법계 국가나 영미법계 국가 모두 각국의 형사절차에서 순수한 직권주의나 당사자주의적 성격을 가지고 있지는 않다. 오늘날의 형사소송절차는 대부분 직권주의와 당사자주의가 융합된 형태로 발전하고 있다. 우리나라의 경우 독일로부터 근대법 체계를 계수하여 대륙법적 체계를 가지고 있으므로 직권주의적 형사소송절차 위에 미국의 영향을 받아 당사자주의적 요소를 가미한 형태를 취하고 있다.

161 협정 제5조 1항, 제6조 1항, ECCC법 제16조, 제23조.

또한 캄보디아와 유엔 양측의 공동수사판사와 공동검사는 동일한 지위를 가지고 있다.[162] 임명권은 캄보디아 최고사법위원회가 갖는데 유엔 측 수사판사와 검사는 재판관의 인선과 동일하게 유엔 사무총장이 제시하는 후보자들 중에서 공동수사판사와 공동검사가 각 1명씩 임명되고 남은 후보자들을 각 1명씩 예비공동수사판사와 예비공동검사로 임명하여 공동수사판사와 공동검사의 부재에 대비하도록 하였다.[163] 공동수사판사는 수사와 관련된 직무를 수행함에 있어서 캄보디아 정부로부터 필요한 지원을 받을 수 있고[164], 필요에 따라 공동수사판사실의 캄보디아인과 외국인 직원의 지원을 받을 수 있다.[165] 공동검사의 경우 캄보디아 측 검사와 외국인 검사는 각각 필요에 따라 1명 이상의 부검사deputy prosecutor를 둘 수 있다. 외국인 부검사는 유엔 사무총장이 지명한 후보자들 중 유엔 측 공동검사가 임명한다.[166]

의사결정 메커니즘과 전심재판부의 결정

수사와 기소여부에 관한 의사결정을 내림에 있어서 캄보디아 측과 유엔 측의 공동수사판사는 공통의 결론에 이르기 위한 협력을 해야 하고[167], 이는 공동검사가 입건 혹은 다른 중요한 절차상의 결론을 내림에 있어서도 동일하

---

162 ECCC법 제21조, 제27조.
163 협정 제5조 5항, 제6조 5항, ECCC법 제18조, 제26조.
164 ECCC법 제23조.
165 ECCC법 제28조.
166 협정 제6조 8항, ECCC법 제22조.
167 협정 제5조 4항.

다.[168] 그러나 공동수사판사 혹은 공동검사 사이에 의견의 불일치가 발생한 경우 캄보디아와 유엔 양측 혹은 어느 한 측이 전심재판부에 결정을 요청하지 않는 이상 해당 수사나 입건은 그대로 진행된다.[169] 전심재판부가 공동수사판사 혹은 공동검사로부터 수사 혹은 입건에 관한 의견의 불일치에 대한 판단을 요청 받은 경우 위에서 언급한 대로 압도적 다수결의 원칙에 따라 5명의 재판관 중 최소 4명의 재판관의 다수의견에 의해 결론이 내려진다. 만약 전심재판부가 쟁점 사안에 관하여 압도적 다수결의 결론에 이르지 못한 경우 해당 입건이나 수사는 진행된다.[170] 이러한 전심재판부의 결정은 최종적인 것으로서 공동수사판사와 공동검사는 불복할 수 없다.[171] 결론적으로 수사나 기소 혹은 입건에 있어서 캄보디아와 유엔 양측의 공동수사판사 혹은 공동검사 간 합의가 반드시 요구되는 것은 아니며, 어느 일방의 판단에 따른 수사와 기소가 가능하다. 이는 수사와 기소에 대하여 캄보디아 측 수사판사나 검사를 통한 캄보디아 정부의 개입을 방지하기 위한 장치이다.

캄보디아와 유엔 측 공동수사판사와 공동검사간 의견 불일치에 대한 판단 이외에도 전심재판부는 수사와 재판절차상에서 발생하는 다양한 사안에 대하여 최종결론을 내릴 수 있다. 공동검사는 공동수사판사의 모든 수사상 명령order에 대하여 전심재판부에 항고[172]할 수 있다. 또한 피의자 혹은 피고인은 ECCC관할의 확인, 수사요청의 거부, 압수물의 변상요구 거부, 전문가 보

---

168 협정 제6조 4항.
169 협정 제5조 4항, 제6조 4항, ECCC법 제20조, 제23조.
170 협정 제7조 4항, ECCC법 제20조, 제23조.
171 Ibid.
172 항고란 결정이나 명령에 대한 불복을 의미하기 때문에 ECCC 절차상 공동수사판사의 수사상 결정이나 명령에 대한 공동검사, 피해자 등에 의한 불복은 '항고'로 쓴다.

고서 요청의 거부, 추가적인 전문가 조사의 거부, 구금 혹은 보석 등에 관한 공동수사판사의 명령이나 결정에 대하여 전심재판부에 항고할 수 있다.[173] 민간당사자civil party(피해자로서 재판에 참가하는 자) 역시 공동수사판사의 수사 상 명령에 대하여 전심재판부에 항고할 수 있는데, 항고사유로는 수사요청에 대한 거부, 민간당사자 인정거부, 압수물에 대한 보상 거부, 전문가 보고서 승인거부, 추가적 전문가 조사 거부, 보호조치와 관련된 명령, 수사범위 축소명령 등이 있다.[174]

공동검사에 의한 입건

공동수사판사와 공동검사의 수사와 기소, 재판에 관한 내용과 절차는 규칙에 규정되어 있다. 앞서 언급한 바와 같이 ECCC의 가장 큰 특징은 공동수사판사가 수사권과 기소여부의 결정권한을 가지고 있다는 점이다. 그러나 ECCC의 관할권 행사는 공동수사판사의 임의적인 사법적 수사judicial investigation로 개시되는 것이 아니라 고소·고발 혹은 공동검사의 직권을 통해 사건이 입건prosecution됨으로 시작되며 공동검사만이 사건을 입건할 수 있는 권한을 보유하고 있다.[175] 사건에 대한 고소·고발을 할 수 있는 자에는 제한이 없으며, 기관, 단체, ECCC의 관할에 해당하는 범죄사실을 목격한 자 혹은 그 피해자, 범죄사실에 대한 내용을 알고 있는 자는 누구든 공동검사에게 서면으

---

173 규칙 제74조 3항.
174 규칙 제74조 4항.
175 규칙 제49조 1항.

로 고소·고발장을 제출할 수 있다.[176] 그러나 그러한 고소·고발에 대하여 공동검사는 입건여부를 결정할 수 있는 재량권을 가지고 있다.

예비조사(preliminary investigation)

공동검사는 예비조사preliminary investigation를 통해 ECCC관할에 해당하는 범죄가 실제로 자행되었는지 여부, 피의자와 잠재적 증인 등이 있는지 여부를 판단하게 된다.[177] 이러한 기초조사는 공동검사의 요청에 따라 사법경찰관이나 ECCC 수사관에 의해 진행된다.

사법경찰관과 수사관은 공동검사의 승인과 부동산의 점유자 혹은 소유자의 허락을 받아 사건과 관련된 증거자료 등을 수집할 수 있다.[178] 부동산 점유자 혹은 소유자가 부재중이거나 수색을 거부하는 경우 공동검사는 전심재판장에게 수색승인을 요청할 수 있으며, 결정이유가 적시된 전심재판장의 결정문은 사건파일에 첨부되어야 한다. 예외적으로 긴급한 상황 혹은 서면으로 승인이 불가능한 경우 구두승인이 가능하며 48시간 이내에 서면승인이 있어야 한다.[179] 사법경찰관 혹은 수사관은 공동검사의 요청에 따라 수사상 관련정보를 제공할 수 있는 자를 소환하여 인터뷰할 수 있다.[180] 뿐만 아니라

---

176 규칙 제49조 2항.
177 규칙 제50조 1항.
178 규칙 제50조 2항.
179 규칙 제50조 3항.
180 규칙 제50조 4항.

공동검사는 사법경찰관에게 조사상 필요에 따라 범죄혐의가 있는 자를 구금하도록 명령할 수 있으며[181] 이러한 명령은 서면으로 이루어 져야 한다.[182] 이러한 구금은 체포시점으로부터 48시간을 넘을 수 없고, 필요에 따라 서면을 통해 추가로 24시간까지 연장이 가능하다.[183] 피의자에게는 변호인의 조력을 받을 권리가 보장되며 피의자가 자신의 변호인을 선임할 수 없는 경우 ECCC의 피고인 지원부Defence Support Section에서 변호인을 지원한다.[184]

공동검사는 ECCC관할 범죄가 발생했다고 믿을 만한 이유가 있다고 판단되는 경우, 최초보고서introductory submissions를 작성하여 다른 증거자료와 함께 공동수사판사에게 송부해야 한다. 최초보고서에는 사실관계 요지, 범죄혐의, 해당 법률과 형벌, 수사대상 피의자의 이름, 공동검사 2명의 서명이 포함되어야 한다.[185] 이러한 최초보고서는 공개되어서는 안되며, 필요한 경우에 한하여 공동검사는 피해자와 피의자의 권리를 고려하여 객관적인 사실관계의 요지를 공개할 수 있다.[186]

공동수사판사의 수사

사법적 수사는 공동수사판사가 공동검사로부터 최초보고서를 송부 받음으

---

181 규칙 제41조 1항.
182 규칙 제51조 2항.
183 규칙 제51조 3항.
184 규칙 제51조 5항.
185 규칙 제53조 1항, 2항.
186 규칙 제54조.

로써 개시된다. 사법적 수사는 강제적인 것compulsory으로서 공동수사판사는 수사개시여부를 결정할 재량이 없다.[187] 수사는 당사자들의 권리와 이해관계를 보호하기 위해 비공개로 진행되며, 공동수사판사를 포함하여 수사관계자들은 수사상 비밀유지의무가 있다.[188] 공동수사판사의 수사범위는 최초보고서 혹은 보충보고서supplementary submission에 적시된 사실관계에 한정된다.[189] 수사과정에서 최초보고서에 적시되지 않은 새로운 범죄혐의를 인지한 경우 공동수사판사는 이를 공동검사에게 통보해야 하며 공동수사판사는 공동검사로부터 이에 대한 보충보고서를 송부 받지 못한 경우 최초보고서에 적시되지 않은 혐의내용에 대하여 수사를 진행 할 수 없다. 다만 공동수사판사가 인지한 혐의내용이 최초보고서 상의 수사대상 사건과 정황상 관련된 경우에는 공동검사에 대한 통보 없이 수사를 진행 할 수 있다.[190] 기소대상자의 경우 공동수사판사는 최초보고서 상에 이름이 적시된 모든 용의자를 기소할 수 있으며, 명확하고 일관된 증거를 통해 최초보고서 혹은 보충보고서에 기재된 범죄사실에 대한 형사책임이 있는 자라면 보고서상에 이름이 적시되지 않은 자 역시 기소가 가능하다. 다만 보고서상에 이름이 기재되지 않은 자를 기소하기에 앞서 공동수사판사는 공동검사의 의견을 구해야 한다.[191]

공동수사판사는 수사행위로서 용의자 혹은 피의자, 피해자, 증인을 조사할 수 있으며, 증거물의 압수, 전문가 의견 청취, 현장조사 등을 할 수 있

---

187 규칙 제55조.
188 규칙 제56조.
189 규칙 제55조 2항.
190 규칙 제55조 3항.
191 규칙 제55조 4항.

다.[192] 또한 증인에 대한 적절한 보호조치를 취할 수 있고[193], 유엔이나 다른 국가들 혹은 정부간기구나 비정부기구에 대하여 지원이나 정보의 제공을 요청할 수 있다.[194] 이외에도 공동수사판사는 수사상 필요한 경우 소환장, 체포영장, 구금명령을 발부할 수 있다.[195] 공동수사판사는 또한 조사의뢰서rogatory letters을 발부하여 사법경찰관이나 ECCC수사관에게 수사상 필요한 조치를 취하도록 할 수 있다.[196] 그러나 사법경찰관만이 강제적 조치를 취할 수 있는 권한을 가지고 있다.[197] 신문조사의뢰서에는 취해질 수사행위의 성격, 수사행위와 수사대상 범죄와의 직접적 관련성, 수사행위의 시간적 제한이 명시되어야 한다.[198]

수사는 공동수사판사의 고유한 영역이지만 공동검사, 피의자, 민간당사자가 공동수사판사에게 수사상 필요하다고 판단되는 조치나 명령order을 내려줄 것을 요청할 수 있다.[199] 예비조사 때와 동일하게 피의자 신문interview은 피의자가 권리를 포기하지 않는 한 변호인 입회 하에 이루어져야 한다.[200] 또한 공동검사는 피의자 신문에 배석할 수 있으며, 공동수사판사에게 공동검사의 질의사항을 신문하도록 요청할 수 있다.[201] 원칙적으로 다른 당사자들은 피

---

192 규칙 제55조 5항 a].
193 규칙 제55조 5항 b].
194 규칙 제55조 5항 c].
195 규칙 제55조 5항 d].
196 규칙 제55조 9항.
197 규칙 제62조 1항.
198 규칙 제62조 2항.
199 규칙 제55조 10항.
200 규칙 제58조 2항.
201 규칙 제58조 4항.

의자 신문에 배석할 수 없지만 공동수사판사가 대질$_{confrontation}$을 결정한 경우에는 다른 재판당사자 혹은 증인이 피의자와 대질할 수 있다.[202] 대질신문 시공동검사와 다른 재판당사자 측 변호사는 공동수사판사의 승인 하에 피의자에게 질문을 할 수 있다. 피의자 역시 공동수사판사를 통해 증인에 대하여 피의자의 질문사항을 신문할 수 있으며, 현장방문, 증거자료의 수집 등을 요청할 수 있다.[203] 이러한 공동수사판사에 대한 요청은 서면으로 이루어져야한다.[204] 공동수사판사는 변호사의 입회 아래 민간당사자를 조사할 수 있으며 민간당사자는 변호사의 조력을 받을 권리를 포기할 수 있다.[205] 피고인 신문과 마찬가지로 대질신문의 경우를 제외하고, 공동수사판사가 민간당사자를 조사할 때 다른 재판당사자나 증인은 배석할 수 없다.[206] 대질신문 시 공동검사 혹은 다른 재판당사자는 공동수사판사의 승인 아래 민간당사자에 대하여 질문을 할 수 있다.[207] 또한 민간당사자 역시 공동수사판사에 대하여 증인신문, 현장방문, 전문가 조사 등을 요청할 수 있다.[208]

압수수색 및 임시구금

공동수사판사는 수사상 필요에 따라 특정 장소에 대한 압수 · 수색을 할 수

---

202 Ibid.
203 규칙 제58조 6항.
204 Ibid.
205 규칙 제59조 2항.
206 규칙 제59조 3항.
207 규칙 제59조 4항.
208 규칙 제59조 5항.

있다. 압수·수색은 해당 수색장소 점유자의 입회 하에 진행되어야 하며, 점유자가 없을 경우 공동수사판사 혹은 공동수사판사의 위임을 받은 자가 선임한 2명의 증인의 입회 하에 진행되어야 한다. 2명의 증인으로 선임될 수 있는 자에는 제한이 없지만 경찰관은 제외된다.[209]

공동수사판사는 심리adversarial hearing를 통해 공동검사, 피의자 및 변호인의 의견을 청취 후 피의자에 대한 임시구금provisional detention명령을 내릴 수 있다.[210] 그러나 공동수사판사의 임시구금명령은 규칙에 규정된 아래의 임시구금의 사유를 모두 충족한 경우에 한하여 내려진다. [211]

a) 피의자가 최초보고서 혹은 보충보고서 상의 범죄를 저질렀다고 믿을 만한 충분한 이유가 있는 경우, 그리고
b) 공동수사판사는 아래의 목적을 달성함에 있어 필요한 조치로써 임시구금을 고려할 수 있다.
  ⅰ) 피의자가 증인 혹은 피해자에 대하여 압력을 가하는 것을 예방하거나 ECCC의 관할에 해당하는 범죄의 피의자와 공범 사이의 결탁을 방지
  ⅱ) 증거의 보존 혹은 증거의 멸실 방지
  ⅲ) 재판 기간 동안 피의자의 신병확보
  ⅳ) 피의자의 신변안전 확보, 혹은
  ⅴ) 공공질서의 유지

---

209 규칙 제61조 1항.
210 규칙 제63조 1항 a).
211 규칙 제63조 3항 a), b).

공동수사판사는 제노사이드, 전쟁범죄, 인도에 반하는 죄를 저지른 혐의를 받는 피의자에게 1년을 초과하지 않는 기간의 임시구금명령을 내릴 수 있으며, 1년간 연장할 수 있다. 또한 ECCC의 관할에 해당하는 다른 범죄를 저지른 혐의로 수사받는 피의자의 경우 6개월을 넘지 않는 기간 동안 임시구금을 명령 할 수 있고, 추가로 6개월간 구금기간이 연장될 수 있다.[212] 피의자는 공동수사판사의 임시구금명령에 대하여 전심재판부에 항고할 수 있다.[213]

수사결과의 통지

수사가 완료된 경우 공동수사판사는 수사가 종료되었음을 피의자와 그 변호인을 포함한 모든 재판 당사자들에게 통보해야 하며, 수사종료결정은 공개되어야 한다. 또한 재판의 당사자들은 15일 이내에 공동수사판사에게 추가적인 수사를 요청할 수 있고,[214] 15일이 경과하면 추가수사요청을 포기한 것으로 본다. 공동수사판사는 추가수사요청을 거부할 경우 그 거부사유를 적시하여 거부명령order을 내려야 한다.[215] 모든 재판당사자들은 공동수사판사의 추가수사 거부 명령에 대하여 30일 이내에 전심재판부에 항고할 수 있다.[216] 위의 30일의 기간이 경과하거나 30일이 경과하기 까지 항고를 하지 않은 경우, 혹은 전심재판부의 심리가 진행된 경우, 공동수사판사는 사건기

---

212 규칙 제63조 6항 a), b).
213 규칙 제63조 4항.
214 규칙 제66조 1항.
215 규칙 제66조 2항.
216 규칙 제66조 3항.

록을 공동검사에게 송부해야 한다.[217] 공동수사판사로부터 사건기록을 송부받은 공동검사는 기록검토 후 수사가 결론에 이르렀다는 판단을 한 경우 그 이유를 적시한 최종보고서final submission를 사건기록과 함께 공동수사판사에게 송부하여야 한다. 또한 공동검사는 공동수사판사에 대하여 피의자에 대한 기소 혹은 불기소dismiss the case를 요청할 수 있다.[218]

수사종결명령(closing order)

사법적 수사는 공동수사판사의 수사종결명령closing order을 통해 공식적으로 종료된다. 수사종결명령을 통해 공동수사판사는 피의자를 기소할지indictment 혹은 불기소할지dismiss the case를 결정하며[219] 공동수사판사는 수사종결명령서에 그 결정의 이유를 함께 적시해야 한다.[220] 공동수사판사는 또한 특정 사건 혹은 특정 피의자에 한정하여 선택적으로 기소를 하고 그 이외의 사건이나 피의자에 대하여는 불기소 결정을 내릴 수 있다.[221]

공동수사판사가 피의자에 대한 불기소명령을 내릴 경우 다음의 요건을 충족 시켜야 한다.[222]

---

217 규칙 제66조 4항.
218 규칙 제66조 5항.
219 규칙 제67조 1항.
220 규칙 제67조 4항.
221 Ibid.
222 규칙 제67조 3항 a), b), c).

a) 해당 행위가 ECCC의 관할에 해당하는 범죄를 구성하지 않음,

b) 해당 행위의 가해자가 특정되지 않음, 혹은

c) 피의자에 대한 충분한 증거가 없음

공동수사판사의 수사종결명령이 발부된 직후 공동검사, 피고인, 민간당사자들은 즉시 수사종결명령을 통보 받고 그 명령사본을 전달받아야 한다. 공동검사, 피고인, 민간당사자들은 공동수사판사의 수사종결명령에 대하여 전심재판부에 항고할 수 있다.[223]

Ⅲ. 재판

개요

ECCC의 수사판사제도를 설명하며 언급한 바와 같이 ECCC의 절차는 기본적으로 프랑스식 대륙법 체계에서 취하는 직권주의의 특징을 반영하고 있다. 이러한 특성에 따라 기소된 사건에 관하여 공동수사판사는 각종 증거자료가 포함된 사건기록을 1심 재판부에 넘기고, 1심 재판부는 이 사건기록을 바탕으로 재판을 주도한다. 즉, 재판절차에서 영미법의 당사자주의적 절차와는 달리 재판부가 비교적 적극적으로 재판에 개입하는 것이다. 그러나 다

---

223 규칙 제67조 5항.

른 한편으로 규칙 제21조 1항 a)는 ECCC의 절차는 공정하고 대립적adversarial 이어야 하고 당사자의 권리에 균형이 갖추어져야 한다고 규정하여 당사자주의적 절차를 규정하고 있기도 하다.

모든 재판절차는 기본적으로 공개되는 것이 원칙이다.[224] 특히 ECCC에서의 공개재판은 단순히 대중에게 재판방청을 허용하는 것에 그치는 것이 아니라 공개방송으로도 이루어진다.[225] 다만 예외적으로 공개재판을 함에 있어서 공공질서 혹은 안전상의 우려가 있는 경우 비공개로 진행할 수 있다.[226]

재판준비

공식적인 재판절차가 시작되기에 앞서 공동검사는 기소결정이 내려진 후 15일 이내에 법정에 출석하여 증언할 증인과 전문가들의 목록을 재판부에 제출해야 한다.[227] 이 때 공동검사가 제출한 증인과 전문가 목록에 포함되지 않은 증인에 대하여 피고인 혹은 민간당사자 그룹은 재판부에 추가적인 증인목록을 제출할 수 있다.[228]

재판부는 각 증인이 진술할 내용과 관련된 사실관계, 기소사실의 요점, 예

---

224 ECCC법 제34조, 규칙 제79조 6항 a).
225 규칙 제79조 6항 a).
226 규칙 제79조 6항 b).
227 규칙 제80조 1항.
228 규칙 제80조 2항.

상진술시간, 증거물의 기록, 관련 법적 쟁점 등에 관한 내용을 추가로 요구할 수 있다.[229]

최초변론(initial hearing)

공식적인 재판절차는 재판장의 최초변론 개정 선언으로 개시된다. 최초변론에서는 본격적인 심리에 앞서 증인을 확정하고, 민간당사자의 배상청구사항을 확인한다. 또한 재판의 절차적 쟁점들을 정리하게 된다.

증인과 관련하여 재판부는 제출된 증인과 전문가 목록에 대한 검토를 하고, 신청된 증인이나 전문가의 진술이 사법행정상 적절하지 않을 경우 해당 증인에 대한 출석요청은 기각되어야 한다.[230] 1심 재판부는 대표공동변호사(민간당사자의 소송대리인)를 통해 민간당사자가 최종적 배상청구를 통해 구하고자 하는 집단적이고 도덕적 배상에 대한 구체적인 내용의 초안[231]을 확정하여 제출할 것을 요구할 수 있다.[232] 재판부는 또한 최초변론에서 규칙 제89조에서 규정하는 선결적 항변preliminary objections 사항에 대한 검토를 해야 한다. 선결적 항변사항으로는 재판부의 관할, 기소가 종료되어야 하는 쟁점, 기소가 이루어진 이후 발생한 절차적 무효사항이 있다.[233] 이러한 선결적 항

---

229 규칙 제80조 3항.

230 규칙 제80조 *bis*. 2항.

231 "initial specification of the substance of the awards they intend to seek within the final claim for collective and moral reparation".

232 규칙 제80조 *bis*. 4항.

233 규칙 제89조.

변사항은 수사종결명령이 최종적으로 확정된 이후 30일 이내에 제기되어야 하며 그 이후에는 위의 사항을 근거로 선결적 항변을 제기 할 수 없다.[234]

변론(substantive hearing)

최초변론 이후 본안에 관한 재판은 재판장의 본안심리 개시선언으로 시작된다. 심리가 개시된 후 기록관은 재판장의 지시에 따라 피고인에게 적용된 혐의를 낭독해야 하며, 재판장은 기소장의 사실관계분석내용을 낭독할 것을 명령할 수 있다.[235]

공동검사는 기소된 혐의에 대한 모두진술을 할 수 있고, 피고인(혹은 변호인)은 이에 대하여 반대주장을 할 수 있다. 공동검사(혹은 피고인의 반대주장)의 모두진술 이후 본격적으로 피고인에 대한 신문이 개시된다.[236] 피고인 신문시 재판장은 피고인에게 규칙 제21조 1항 d)에서 규정된 무죄추정의 원칙, 변호인의 조력을 받을 권리, 묵비권의 권리를 고지해야 한다.[237] 중요한 점은 피고인 신문에 있어서 재판관은 피고인의 유죄 혹은 무죄를 입증할 수 있는 모든 관련 질문을 해야할 의무가 있다는 점이다.[238] 또한 공동검사, 피

---

234 두치 사건(Case 001)에서 상소심재판부는 1심 재판의 최후변론에서 제기한 선결적 항변(관할에 관한 항변)에 대하여 그 항변이 위법하지 않다고 판단하였다. 아래 제8장 두치 사건의 상소심 판결, Ⅲ. 인적 관할관련 쟁점 참조.
235 규칙 제89조 *bis*. 1항.
236 규칙 제89조 *bis*. 2항.
237 규칙 제90조 1항.
238 Ibid.

고인과 그의 변호인, 민간당사자와 그 소송대리인은 피고인을 신문할 수 있는 권리를 갖지만 피고인에 대한 모든 질문은 재판부의 승인 아래 이루어져야 한다.[239] 뿐만 아니라 공동검사와 변호인 및 소송대리인에 의한 질문이 아닌 경우 모든 피고인 신문은 재판부를 통해 이루어 진다. 이러한 피고인 신문에 대한 재판부의 통제는 ECCC의 재판절차가 가지는 직권주의적 성격에 따른 것이다.

변론절차상 재판부는 피고인에 대한 신문 이외에도 민간당사자와 전문가 등 다른 증인에 대한 신문을 해야 한다.[240] 피고인 신문에서와 마찬가지로 공동검사, 민간당사자와 변호인 등은 증인에 대한 신문을 할 때 재판부의 승인 아래 질문을 해야 한다.[241] 또한 재판부, 공동검사, 변호인과 소송대리인에 의한 질문을 제외한 모든 질문은 재판장을 통해 이루어진다.[242] 증인이나 다른 재판당사자에 대한 신문 중 공동검사, 피고인, 민간당사자 측은 재판의 쟁점과 무관한 질문에 대하여 이의를 제기할 수 있다.[243]

모든 증인과 증거에 대한 조사가 마무리 된 이후 재판장은 민간당사자 대표공동변호사, 공동검사, 피고인의 변호인, 피고인의 순서로 최후진술을 하도록 해야 한다.[244] 피고인과 변호인의 최후진술이 있은 후 공동검사와 대표

---

239 규칙 제90조 2항.
240 규칙 제91조 1항.
241 규칙 제91조 2항.
242 Ibid.
243 규칙 제91조 3항.
244 규칙 제94조 1항.

공동변호사는 이에 대한 반박진술을 할 수 있다.[245]

증거법칙

1. 증거의 채택

원칙적으로 다른 규정이 없는 한 모든 증거는 증거능력admissible을 가진다.[246] 즉, 모든 증거가 법정에서 증거로 사용될 수 있다. 또한 재판부의 판단은 공동검사, 피고인 측 그리고 민간당사자가 제출하여 채택되거나 재판부가 자체적으로 채택하여 '법정에 제출된 증거'evidence that has been put before the Chamber로써 사건기록에 포함된 증거만을 바탕으로 이루어져야 한다.[247] 또한 사건기록에 포함된 증거자료는 그 내용이 법정에서 요약, 낭독, 혹은 적절한 방법으로 식별될 경우에 '법정에 제출된 증거'로 인정받을 수 있다.[248] 재판 중 재판부는 직권 혹은 당사자의 신청에 의해 실체적 진실을 확인하는데 필요한 증인을 소환하거나 새로운 증거를 채택할 수 있다.[249] 다만 이 경우 증거를 신청하는 당사자는 해당 증거나 증언이 재판개시 전에 확보할 수 없었음을 밝혀야 한다.[250] 재판당사자가 제출하려는 증거가 사건과 무관하거나 이미 제출된 증거와 중복되는 경우, 적절한 시간 안에 확보될 수 없는 경우, 입증하려

---

245 규칙 제94조 2항.
246 규칙 제87조 1항.
247 규칙 제87조 2항, 3항.
248 규칙 제87조 3항.
249 규칙 제87조 4항.
250 규칙 제87조 4항.

는 사실관계를 해당 증거로 입증하는 것이 적절하지 않은 경우, 법적으로 금지된 증거인 경우, 절차지연을 의도한 증거제출이거나 증거가 사소한 경우, 재판부는 증거신청을 거절할 수 있다.[251]

2. 입증책임과 입증의 정도

유죄입증 책임은 공동검사에게 있다.[252] 공동검사는 '합리적 의심을 넘어서는 정도'beyond reasonable doubt[253]로 기소된 범죄혐의에 대하여 피고인이 유죄임을 입증해야 한다.[254] 이러한 입증의 정도는 영미법의 증거법칙에 따른 것인데 전반적인 ECCC의 절차가 프랑스법의 영향을 받아 대륙법적 측면을 상당부분 반영하고 있음을 감안하면 이례적이라 할 수 있다.

문제가 되는 부분은 입증의 정도를 규정한 규칙 제87조 1항의 프랑스어 버전은 피고인이 유죄로 인정되기 위해서는 재판부가 '내심의 확신'intime conviction에 이르는 정도로 피고인의 유죄를 입증해야 한다고 규정하고 있다는 점이다. 즉, 프랑스어 버전의 규칙상 유죄입증의 정도인 '내심의 확신'intime conviction은 영어와 캄보디아어 버전상에서 규정된 '합리적 의심을 넘는 정도'beyond reasonable doubt와는 개념적으로 다르다. '내심의 확신'은 프랑스 형사소송법상 유죄인정의 기준이다. 프랑스 형사소송법 427조 1항은 "범죄사실은

---

251 규칙 제87조 3항.
252 규칙 제87조 1항.
253 합리적 의심을 넘는 정도의 증명의 의미와 관련하여 자세한 내용은 조현욱, 「형사재판에 있어서 합리적 의심의 판단기준에 관한 연구 – 특히 대법원판결을 중심으로」, 「건국대학교 법학연구」 제16집 제1호 (2013년 3월) pp. 293-294 참조.
254 규칙 제87조 1항

모든 증거방법으로 증명할 수 있으며, 판사는 자유심증에 따라 재판한다."라고 규정하고 있는데, 이는 판사가 모든 증거를 바탕으로 자신의 경험칙과 논리적 추론을 통해 피고인이 유죄라는 내심의 확신을 가질 때 피고인의 유죄가 인정된다는 의미이다.[255] 반면 '합리적 의심을 넘는 정도의 증명'이란 이성적인 사람reasonable person이 주저 없이 근거로 삼아 판단할 수 있는 정도의 확실한 증명을 의미한다. 다시 말해, 막연한 추측을 넘어 어느 정도의 합리적 수준의 의심을 의미하지만 피고인이 유죄가 아닐 가능성을 모두 배제하는 정도까지 의미하지는 않는다. 따라서 피고인이 유죄라는 합리적 수준의 의심에 이르는 정도일 경우라 할지라도 피고인에 대하여 유죄가 아니라는 판단not guilty을 내릴 수 있다.

이러한 유죄인정 기준의 차이에 대하여 1심 재판부는 Case 001(이하 '두치 사건')[256]의 판결문에서 모든 상황에서 충분한 양의 증거를 평가하는 '보편적 접근'방법common approach을 채택한다고 밝혔다. 이에 따르면 합리적인 증거평가를 통해 유죄여부에 관한 모든 의심은 피고인에게 유리하게 해석해야 한다.[257]

3. 다툼이 없는 사실관계

규칙 제87조 6항은 기소장에 기재된 주장사실에 관하여 공동검사와 피고인이 다투지 않기로 합의한 경우 재판부는 해당 사실관계가 증명된 것으로 간

---

255 조현욱, pp. 296-297.
256 Case 001, 1심 판결, *Co-Prosecutors v. Kaing Guek Eav* 'Duch', 001/18-07-2007/ECCC/TC
257 Case 001, 1심 판결, para. 45.

주할 수 있다고 규정하고 있다. 이는 영미법에서 검사와 피고인간에 이루어지는 유죄협상plea bargaining과 유사한 제도인 듯 보인다. 하지만 영미법적 절차규정을 상당부분 반영하고 있는 구유고슬라비아 국제형사재판소ICTY[258]나 르완다 국제형사재판소ICTR[259]와는 달리 위 ECCC 규칙은 피고인의 유죄인정을 매개로 한 공동검사와 피고인 사이의 합의과정에 관한 별도의 규정을 두고 있지 않고 있다. 또한 ICTY와 ICTR에서는 피고인의 유죄인정에 대하여 사실의 근거가 인정되는 경우 해당 사실관계와 관련된 혐의에 대하여 별도의 심리 없이 형을 선고하는 반면 ECCC의 경우 이러한 절차가 규정되어 있지 않다. 이러한 차이점을 고려해 본다면 위 규칙 제87조 6항은 일반적으로 이해되는 유죄인정협상제도를 규정한 것은 아니다.

위에서 언급한 바와 같이 재판부는 공동검사와 피고인이 다투지 않기로 합의한 사실관계에 대하여 그것을 근거로 바로 선고를 내릴 수 있는 절차를 가지고 있지 않기 때문에 재판부는 증명된 것으로 간주되는 해당 사실관계에 대하여 구속되지 않고 합의된 사실에 대하여 자유롭게 그 증명력을 평가할 수 있다.[260] 이에 따라 해당 사실관계에 대한 공동검사의 입증책임은 경감되지 않는다.[261] 다시 말해, 공동검사와 피고인이 다투지 않기로 합의한 사실

---

258 ICTY Rules of Procedure and Evidence Rule 62 bis. Guilty Plea, *62 ter*. Plea Agreement Procedure.

259 ICTR Rules of Procedure and Evidence Rule 62. Initial Appearance of Accused and Plea, *62 bis*. Plea Agreement Procedure.

260 Lise Reuss Muff, *The Investigating Judges within the ECCC (Benefitial or a bureaucratic burden?)*, Documentation Center of Cambodia (2012), p. 21.
http://www.d.dccam.org/Abouts/Intern/The_Investigating_Judges_within_the_ECCC_Beneficial_or_a_Bureaucratic_Burden--Lise_Muff.pdf

261 Ibid.

관계에 대하여도 규칙 제87조 3항에 따라 법정에서 해당 사실관계를 증명하기 위한 절차를 밟아야 하는 것이다.[262]

1심 재판부에 의한 추가조사

재판 중 추가적인 수사가 필요하다고 판단되는 경우 1심 재판부는 언제든 추가적인 수사를 명령할 수 있다.[263] 1심 재판부가 추가수사를 명령하는 경우 수사를 진행할 재판관을 지명해야 하며[264], 해당 재판관은 수사를 수행함에 있어서 공동수사판사로서의 지위를 가진다.[265]

Ⅳ. 관할(jurisdiction)

국제법상의 범죄

협정 제9조는 ECCC의 사물관할에 속하는 범죄를 규정하고 있다. 이에 따르면 1948년 체결된 제노사이드 협약에서 정의된 제노사이드(집단살해) 범죄,

---

262 Case 001, 1심 판결, para. 48.
263 규칙 제93조 1항.
264 Ibid.
265 규칙 제93조 2항.

1998년 체결된 국제형사재판소 설립을 위한 로마규정에서 정의된 인도에 반하는 죄_{Crimes against Humanity}, 1949년 제네바 협약의 중대한 위반_{Grave breaches of the 1949 Geneva Conventions}, ECCC법 제2장_{Chapter 2}에서 정의된 다른 범죄 등이 ECCC의 관할에 해당하는 범죄들이다. ECCC법 제2장에서 정의된 다른 범죄들이란 '무력충돌 시 문화재 보호를 위한 1954년 헤이그 협약'[266]을 위반한 무력충돌 기간 중 문화재의 파괴행위[267], '외교관계에 관한 1961년 비엔나 협약'[268]을 위반한 국제적으로 보호받는 인사들에 대한 범죄[269]를 의미한다.

1. 제노사이드

ECCC법 제4조는 ECCC의 관할에 해당하는 제노사이드에 대하여 제노사이드 협약 제2조 상의 규정을 거의 동일하게 담고 있다. 이에 따르면 "제노사이드 행위는 국적, 민족, 인종, 혹은 종교적 집단의 전체 혹은 일부를 파괴하려는 의도를 가지고 실행되는 일체의 행위"로서 다음과 같은 행위가 해당한다.

- 집단구성원의 살해,
- 집단구성원에게 가하는 심각한 신체적, 정신적 위해,
- 전체 혹은 일부의 물리적 파괴를 목적으로 계산된 생활조건을 집단에게

---

266 The 1954 Hague Convention for Protection of Cultural Property in the Event of Armed Conflict.
267 ECCC법 제7조.
268 The Vienna Convention of 1961 on Diplomatic Relations.
269 ECCC법 제8조.

의도적으로 부과,

- 집단 내에서 출산을 억제하기 위한 조치의 부과,
- 한 집단의 아동들에 대한 타 집단으로의 강제이주"[270]

또한 제노사이드 행위의 미수attempts to commit acts of genocide, 음모conspiracy to commit acts of genocide, 참가participation in acts of genocide 역시 처벌대상에 포함된다. 아울러 ECCC법은 제노사이드 행위에 대하여 공소시효가 없음을 규정하고 있다.

2. 인도에 반하는 죄(crimes against humanity)

ECCC법 제5조는 ECCC의 관할 범죄 중 인도에 반하는 죄를 규정하고 있다. 앞서 협정 제9조가1998년 체결된 국제형사재판소 설립을 위한 로마규정에서 정의된 인도에 반하는 죄가 ECCC의 관할범죄임을 규정하고 있고, ECCC법 제5조는 위 로마규정상의 인도에 반하는 죄에 관한 규정을 내용상 동일하게 담고 있다. 또한 ECCC법 제5조는 제노사이드와 마찬가지로 인도에 반하는 죄에 대한 공소시효는 없는 것으로 규정하고 있다. ECCC법 제5조는 "인도에 반하는 죄란 국적, 정치적, 민족적, 인종적, 혹은 종교적 이유로 어떤 민간인에 대하여 직접적으로 행해진 광범위한 혹은 체계적인 공격의 일부로 실행된 어떤 행위로서 다음의 행위를 포함한다고 규정하고 있다.

- 살인
- 절멸

---

270 ECCC법 제4조.

- 노예화
- 추방
- 강제구금
- 고문
- 강간
- 정치적, 인종적, 혹은 종교적 이유에 따른 박해
- 다른 비인도적 행위들"[271]

3. 1948년 제네바 협약의 중대한 위반행위

ECCC법 제6조는 협정 제9조와 같이 1949년 제네바 협약의 중대한 위반행위의 실행 혹은 지시를 ECCC의 관할범죄로 규정하고 있다. 여기서 제네바협약은 1949년 8월 12일 체결된 4개의 협약 즉, 제네바 제1협약(육전에서의 군 부상자 및 병자의 상태개선에 관한 제네바협약), 제네바 제2협약(해상에서의 군 부상자, 병자 및 조난자의 상태개선에 관한 제네바 협약), 제네바 제3협약(포로의 대우에 관한 협약), 그리고 제네바 제4협약(전시 민간인 보호에 관한 협약)을 의미한다. 따라서 협정 제6조에서 규정하는 제네바 협약들의 중대한 위반이란 제네바 협약에서 보호되는 인물들과 재산에 대한 행위들로서 위 제네바 협약에서 보호 대상으로 삼는 육전에서의 군 부상자, 환자, 해상에서의 군 부상자, 환자, 조난자, 포로, 전시 민간인들에 대한 협약상 중대한 위반행위를 가리킨다. 특히 '중대한 위반'이란 제1협약 제50조[272], 제2협약 제51조

---

271 ECCC법 제5조.

272 "중대한 위반행위란 본 협약이 보호하는 사람 또는 재산에 대하여 행하여지는 다음의 행위를 의미한다. 고의적인 살인, 신체 또는 건강을 고의로 크게 해치거나 고통을 주는 고문이나 대우(생물학적 실험을 포함) 또

273, 제3협약 제130조²⁷⁴, 제4협약 제147조²⁷⁵에서 규정된 '중대한 위반행위'의 내용을 의미한다. 이에 따라 협정 제6조는 중대한 위반행위를 아래와 같이 열거하고 있는데, 열거된 내용들은 제네바 협약상 '중대한 위반행위'의 내용과 거의 유사하다.

- 고의적 살인
- 고문 혹은 비인도적 처우
- 신체 혹은 건강상 심각한 고통이나 부상의 의도적 야기
- 군사적 필요에 따른 것이 아닌, 불법적이고 무분별하게 실행된 재산에 대한 심각한 손상이나 파괴
- 전쟁포로 혹은 민간인에 대한 적 군대에 복무 강요
- 전쟁포로 혹은 민간인에 대한 공정한 정식 재판을 받을 권리의 의도적 박탈
- 민간인에 대한 불법적 추방, 이송, 혹은 불법적 감금
- 민간인에 대한 인질행위

는 군사상의 필요로서 정당화되지 아니하며 불법적이고 고의적인 재산의 광범위한 파괴 또는 몰수".

273 제1협약 제50조와 동일.

274 "중대한 위반행위란 본 협약이 보호하는 사람 또는 재산에 대하여 행하여지는 다음의 행위를 의미한다. 고의적인 살인, 신체 또는 건강을 크게 해치거나 고통을 주는 고문이나 비인도적 대우(생물학적 실험을 포함) 또는 적국의 군대에 복무하도록 포로를 강요하는 것 또는 본 협약에 정하는 공정한 정식 재판을 받을 권리를 박탈하는 것".

275 "중대한 위반행위란 본 협약이 보호하는 사람 또는 재산에 대하여 행하여지는 다음의 행위를 의미한다. 고의적인 살인, 신체 또는 건강을 크게 해치거나 고통을 주는 고문이나 비인도적 대우(생물학적 실험을 포함), 피보호자를 불법으로 추방 이송 또는 구금하는 것, 피보호자를 적국의 군대에 복무하도록 강요하는 것, 본 협약에 규정된 공정한 정규재판을 받을 권리를 박탈하는 것, 인질로 잡는 것 또는 군사상의 필요에 따라 정당화되지 아니하는 불법 및 자의적인 재산의 광범위한 파괴 또는 징발".

캄보디아 형법상의 범죄

ECCC의 관할범죄는 국제법에 근거한 범죄행위 뿐 만 아니라 캄보디아 형법에 따른 행위까지 포함한다. 협정 제9조는 캄보디아 형법상의 범죄행위를 직접적으로 ECCC의 관할 범죄로 규정하고 있지 않지만 ECCC법 제2장에서 정의된 그러한 다른 범죄들such other crimes을 ECCC의 관할로 포함하고 있다. ECCC법 제3조는 ECCC가 1956년 캄보디아 형법1956 Penal Code에서 규정한 아래의 범죄행위를 ECCC의 관할범죄로 규정하고 있다.

- 살인
- 고문
- 종교적 박해

이러한 캄보디아 형법상의 범죄행위와 관련하여 공소시효는 30년 연장된다. 또한 위 범죄행위에 대한 처벌은 캄보디아 헌법 제32조에 따라 최대 종신형life imprisonment으로 한정된다.

시간적 관할(temporal jurisdiction)

협정 제1조는 본 협정의 목표를 규정하고 있는데, 이에 따르면 ECCC는 1975년 4월 17일부터 1979년 1월 6일의 기간 중 발생한 캄보디아 형법, 국제인도법, 국제관습법, 그리고 캄보디아가 승인한 국제협약의 심각한 위반과 범죄행위의 가장 책임있는 자들과 민주 캄푸치아의 고위 지도자들을 재판 할 수 있다. ECCC법 제1조 역시 동일한 내용을 규정하고 있다. 또한 ECCC법에 따르면 ECCC의 관할범죄 규정들은 모두 1975년 4월 17일부터 1979년 1월 6일 사이에 발생한 관할범죄행위를 그 처벌대상으로 삼고 있다. 즉, 처벌 대상은 오직 크메르 루즈의 집권기간 중 발생한 사건으로 한정된 것이다.

결과적으로 크메르 루즈에 의해 자행된 제노사이드, 인도에 반하는 죄, 캄보디아 형법상 처벌 대상이 되는 범죄행위라 할지라도 1975년 4월 17일 이전 혹은 1979년 1월 6일 이후에 발생한 사건은 ECCC에 의한 법적 처벌의 대상에 해당하지 않는다.

인적 관할(personal jurisdiction)

협정 제1조와 ECCC법 제1조는 "민주 캄푸치아의 고위지도자들과 캄보디아 형법, 국제인도법, 국제관습법, 캄보디아 정부가 승인한 국제협약의 심각한 위반과 범죄들에 대하여 가장 책임 있는 자들을 재판하는 것"[276]을 ECCC의 목적으로 규정하고 있다. 다시 말해, 민주 캄푸치아의 지도자들과 캄보디아 형법과 각종 국제법상의 범죄행위 즉, 크메르 루즈에 의한 제노사이드 및 기타 잔혹행위에 대하여 가장 책임 있는 자들이 ECCC의 처벌대상인 것이다. 이와 관련하여 상소심 재판부는 두치 사건의 판결문을 통하여 민주 캄푸치

---

276 "in (to) bringing to trial senior leaders of Democratic Kampuchea and those who were most responsible for the crimes and serious violations of Cambodian penal law, international humanitarian law and custom, and international conventions recognized by Cambodia,".

아의 고위지도자들과 협정과 ECCC법 상의 각종 범죄들에 대하여 가장 책임 있는 자들의 용어적 범위에 대한 해석을 내놓았다.[277] 이에 따르면 ECCC의 처벌 대상은 범죄행위에 대하여 '가장 책임 있는 크메르 루즈의 고위지도자들'과 '가장 책임 있는 크메르 루즈의 비고위지도자들'로 구분된다.[278]

V. 적용법률

캄보디아 절차법

ECCC는 근본적으로 캄보디아 법률에 의거하여 캄보디아 사법부 내에 설치된 특별재판부이기 때문에 재판절차에 있어서 캄보디아 법률을 따른다.[279] ECCC법 제33조는 재판절차에 적용되는 절차법에 관한 내용을 규정하고 있는데, 재판은 '현재 실효적으로 적용되는 절차'[280]에 따라 진행됨을 규정하고 있다. 여기서 '현재 실효적으로 적용되는 절차'란 현행 캄보디아 절차법 즉, 2007년 제정된 캄보디아 형사소송법을 의미한다.

---

277 자세한 내용은 아래 제8장 Case 001의 상소심 판결 요지, Ⅲ. 인적 관할관련 쟁점 참조.
278 Case 001, 상소심 판결(*Co-Prosecutors v. Kaing Guek Eav* 'Duch'), 001/18-07-2007-ECCC/SC, para. 57.
279 협정 제12조.
280 'Existing procedures in force'.

캄보디아 정부는 해당 절차규정에 따라 피고인의 법정출석을 보장해야 하며, 체포와 구금 기타 사법경찰관의 ECCC에 대한 지원 역시 동 절차규정에 따른다.[281]

동법 제33조와 협정 제12조는 또한 해당 절차법의 적용 및 실행은 '시민적 정치적 권리에 관한 국제규약[282]제14조, 15조에 규정된 바에 따라 사법절차의 공정성과 피의자의 권리보호, 적법절차가 보장되는 국제적 기준에 부합해야 함을 명시하여 피의자의 권리보호와 피해자, 증인의 보호를 보장하고 있다. 동 규약 제14조는 특히 공개재판, 피고인에 대한 무죄추정의 원칙을 규정하고 있다. 또한 피고인의 권리로서 혐의사실, 적용법률을 통고 받을 권리, 변호인의 조력을 받을 권리, 신속한 재판을 받을 권리, 반대신문권의 보장, 자신에게 불리한 진술이나 유죄의 자백을 강요 받지 않을 권리와 유죄판결에 대하여 상급법원에서 재심을 받을 수 있는 권리를 보장하고 있다. 이외에도 언어적 문제와 관련하여 통역 받을 수 있는 권리가 보장된다. 동 규약 제15조는 형사재판에서 피고인은 행위 시 법률로 규정된 범죄에 대하여 처벌을 받아야 함 등을 규정하고 있다.

국제법

협정 제12조와 ECCC법 제33조는 캄보디아 절차법의 적용이 어려운 경우

---

281 ECCC법 제33조.
282 1956 International Covenant on Civil and Political Rights.

를 상정하여 국제적 단위에서 성립된 절차규정을 참고한 지침guidance을 적용할 수 있도록 하였다. 즉, 기존에 적용되는 캄보디아 절차규정이 특정한 문제에 관하여 규정하지 않는 경우, 캄보디아 절차규정의 해석이나 적용에 있어서 불명확한 부분이 있는 경우, 혹은 캄보디아 절차규정이 국제기준에 부합하는지 여부에 대하여 의문이 있는 경우 국제적 단위에서 성립한 절차적 지침에서 판단의 기준을 구할 수 있다.[283]

ECCC의 설립을 위한 유엔과 캄보디아 정부의 법적 절차가 마무리되던 시점인 2004년까지 캄보디아는 체계적인 형사소송 절차의 규범을 가지고 있지 못했다. 이 시기까지 캄보디아의 형사소송과 관련된 절차는 UNTAC이 1992년 제정한 법률과 캄보디아 정부가 1993년 제정한 형사소송법이 혼재되어 있었고, 이 때문에 규범의 명확성이 매우 떨어졌다. 이러한 배경으로 위의 협정과 ECCC법에서 나열된 캄보디아의 절차규정을 적용하기 어려운 경우를 상정하여 국제적 단위에서 확립된 절차적 지침의 적용이 규정되었다.[284] 그러나, 2007년 체계적이고 포괄적인 내용을 담고 있는 형사소송법이 제정된 이후에도 그 적용사례와 판례가 부족하여 여전히 ECCC 재판부는 국제적 절차규정을 폭넓게 참고하고 있다.[285]

---

283 "guidance may also be sought in procedural rules established at the international level." 협정 제12조 1항, ECCC법 33조.

284 Robert Petit and Anees Ahemd, *A Review of the Jurisprudence of the Khmer Rouge Tribunal*, Northwestern University Journal of International Human Rights (Spring 2010), p. 168.

285 Alex Bates, p.30.

ECCC 내부규칙(internal rule)[286]

ECCC는 전체회의를 통해 2007년 6월 12일 규칙Internal Rule(내부규칙)을 제정하였다. 이 규칙은 ECCC에서의 절차 진행에 적용되는 캄보디아 절차규정을 ECCC의 규칙으로 통합하고, 현행(2007년 당시) 캄보디아 절차법에서 규정되지 않는 사항 혹은 캄보디아 절차법의 해석이나 적용상 불명확한 사항, 국제기준에 부합하는지 여부가 의심스러운 사항에 대하여, 해당 규정을 추가하기 위해 제정되었다.[287] 캄보디아 형사소송법 적용의 어려움과 캄보디아 정부가 중심이 된 혼합형 재판소라는 ECCC의 독특한 특성으로 인해 ECCC에서는 법률적으로 상당히 많은 절차적 쟁점이 발생한다. 이에 따라 절차적 쟁점을 해결하면서 규칙이 자주 개정되었는데, 2015년 현재까지 9회에 걸친 개정이 있었다.

규칙과 캄보디아 형사소송법과의 관계에 관하여 전심재판부는 규칙의 위헌성과 캄보디아 형사소송법의 우위 주장을 각하dismiss하였다. 전심재판부에 따르면 캄보디아 형사소송법은 규칙이 규정하지 않는 절차적 사항에 한하여 적용된다고 판시하였다.[288] 1심 재판부 역시 전심재판부와 마찬가지로 캄보디아 형사소송법에 대한 규칙의 우위를 확인하였다.[289]

---

286 전술에서 '규칙'으로 기술하였다.

287 규칙 전문.

288 Case 002, 전심재판부 결정, 002/19-09-2007-ECCC/OCIJ (D55/I/8), Decision on Nuon Chea's appeal against order refusing request for annulment, para. 15.

289 Case 002, 1심 재판부 결정, 002/19-09-2007/ECCC/TC (E51/14) Decision on Nuon Chea's Preliminary Objection Alleging the Unconstitutional Character of the ECCC Internal Rules, para. 7.

VI. 피해자 참가

개요

피해자 참가제도란 범죄 피해자가 당사자 자격으로 형사재판에 참가하는 것으로써 ECCC의 가장 특징적인 부분 중 하나이다. 전술한 바와 같이 프랑스 식민지배의 영향으로 캄보디아의 법체계는 프랑스와 상당한 유사성을 가지고 있다. 피해자 참가제도 역시 프랑스 형사소송법에서 유래한 것으로서, 프랑스 형사소송법 제1조 ②는 일정한 법적 요건이 충족되는 경우 범죄피해자가 공소를 제기할 수 있음을 규정하고 있고, 제2조 ①은 "중죄, 경죄 또는 위경죄[290]로 발생한 손해배상을 위한 사소私訴는 범죄로 직접 손해를 입은 자가 제기할 수 있다."[291]고 규정하여 범죄 피해자가 형사소송절차에 당사자로 참가할 수 있도록 하고 있다. 캄보디아 형사소송법 제2조는 형사소송절차를 형사공판criminal action과 사소civil action[292]로 구분하였고, 범죄 피해자가 그 피해의 보상을 받도록 하는 것이 사소의 목적임을 밝히고 있으며, 제13조는 피해자가 사소를 제기할 수 있는 요건을 규정하고 있다.

협정과 ECCC법은 피해자 참가제도를 명시적으로 규정하고 있지 않다. 다

---

290 프랑스 형법은 범죄를 그 중한 정도에 따라 중죄, 경죄, 위경죄로 구분한다. 위경죄는 그 중함이 가장 낮은 범죄로서 경범죄로 이해할 수 있다.

291 김희균, 『프랑스 형사소송법』, (법무부, 2011).

292 이는 민사법정에서 진행되는 민사소송이 아니라 가해자인 피고인에 대한 형사공판 내에서 피해자가 피고인에 대하여 소를 제기하여 피고인으로부터 범죄로 인한 손해배상을 받기 위한 소송이다. 따라서 피해자는 당사자의 자격으로 형사재판에 참가한다.

만 ECCC의 절차는 캄보디아 형사소송법을 적용한다는 규정[293]에 따라 캄보디아 형사소송법의 적용을 통해 피해자 참가제도를 적용하게 되었다. 이에 따라 ECCC는 규칙을 통해 피해자 참가제도를 실행할 수 있는 구체적 규정을 마련했는데, 제12조는 피해자 참가를 위한 기관Organization of Victims Participation, 제12조 *bis*는 피해자 지원부Victims Support Section, 제12조 *ter*은 민간당사자 대표공동변호사Civil Party Lead Co-Lawyers에 관한 내용을 규정하고 있다. 또한 제23조는 민간당사자로서 피해자 참가의 일반원칙General Principles of Victims Participation as Civil Parties을 규정하고 있고, 제23조 *bis*는 민간당사자 지위의 신청과 인정 Application and admission of Civil Parties, 제23조 *ter*은 민간당사자의 소송대리Representation of Civil Parties, 제23조 *quarter*는 피해자 조직Victims Associations, 제23조 *quinquies* 는 민간당사자 청구Civil Party Claim, 제59조는 수사절차상 피해자 신문Interview of a Civil Party, 제74조 4항은 공동수사판사의 결정에 대하여 민간당사자가 전심재판부에 항고할 수 있는 사유Grounds for Pre-Trial Appeals를 규정하고 있다. 제100조는 민간당사자의 청구에 대한 판결Judgment on the Civil Party Claims에 관한 내용을, 그리고 제113조는 민간당사자에 대한 손해배상Enforcement of Sentences and Civil Reparation 에 관한 내용을 규정하고 있다.

피해자 참가의 의의

대량학살과 같은 대규모 인권유린의 가해자들에 대한 법적 처벌을 주요한 목적으로 설치된 국제재판소들은 그 본질상 형사재판절차에 가장 큰 초점을

---

293 협정 제12조 1항, ECCC법 제13조.

맞추고 있다. 전환기 정의transitional justice적 관점에서 이러한 처벌적 기능에 초점을 맞춘 사법적 청산의 유형을 하향식top down 유형으로 분류하며, 상향식bottom up 유형의 사법적 청산은 사건이 발생한 지역의 특성과 요구 등에 부합할 수 있도록 사법절차에 있어서 일부분이라도 지역참여를 포함하는 개념이다.[294] 즉, 이러한 상향식 유형의 사법적 절차에서는 재판소의 설치단계부터 재판절차의 참여에 이르기까지 재판소의 모든 단계에서 피해자를 포함한 대중의 참여와 소통이 요구되며,[295] 피해자 참가제도는 상향식 사법적 청산에 있어서 핵심적 수단이라 할 수 있다.

피해자 참가제도가 가지는 장점은 우선, 피해자들이 직접적으로 형사소송 절차에 참가함으로써 피해자 개개인의 치유와 사회복귀에 도움을 준다는 점이다.[296] 다시 말해, 피해자들의 권익을 지켜주는 정부기관의 존재,[297] 권한의 부여, 억압적 상황이 종료되었음[298]을 느낄 수 있는 기재가 피해자들에게 제공됨으로써 피해자들이 심리적으로 안정되고 사회적 복귀가 촉진된다는 것

---

294 Discussion of distant and embedded justice in Gready, P. (2005) 'Reconceputualising Transitional Justice: Embeded and Distant Justice', *Conflict, Security and Development*, 5: 1, pp. 2-21. (Philippa M. McMahon, *Managing Civil Party and Public Expectations in the Extraordinary Chambers in the Courts of Cambodia*, Oxford Transitional Justice Research Working Papers Series (July 2011), p. 2에서 재인용).

295 Philippa M. McMahon, p. 2.

296 Susana SaCouto and Katherine Cleary, *Victims' Participation in the Investigations of the International Criminal Court*, Transnational Law & Contemporary Problems, Vol. 17 (2008), p. 77 (Harry Hobbs, *Victim Participation in International Criminal Proceedings: Problems and Potential Solutions in Implementing an Effective and Vital Component of Justice*, Texas International Law Journal, Vol. 49 (Spring 2014) p. 10.에서 재인용).

297 Hanna Bertelman, *International Standards and National Ownership? Judicial Independence in Hybrid Courts: The Extraordinary Chambers in the Courts of Cambodia*, Nordic Journal of International Law, Vol 79 (2010) p. 341, 336 (Harry Hobbs, p.10에서 재인용).

298 SaCouto and Cleary, p. 312 (Harry Hobbs, p. 10에서 재인용).

이다. 또한 사법절차상 피해자의 참여가 보장되어 피해자가 겪은 고통이 충분히 인식된 경우 형사절차에 대한 피해자의 만족도가 높다는 연구결과도 있다.[299] 또한 피해자의 적극적 형사소송절차 참가는 범죄혐의사실에 대한 실체적 진실의 발견에 도움을 줄 수 있다.[300] 이외에도 피해자 참가제도는 피해자가 형사소송절차에서 독자적인 역할을 수행하면서 수사를 포함한 형사소송절차에 대한 이해도를 높일 수 있는 수단이 되며, 동시에 재판결과에 대한 보다 정확한 이해를 할 수 있도록 돕는다.[301] 즉, 피해자가 수사와 재판절차를 통해 독자적 역할을 수행하는 과정에서 재판결과에 대한 비현실적 기대를 하지 않도록 하여 재판결과에 충분히 수긍할 수 있도록 하는 것이다.

ECCC의 피해자참가 제도

규칙 제23조는 피해자가 민간당사자로서 ECCC 절차에 참가하는 것과 관련한 일반적인 원칙들을 규정하고 있다. 규칙 제23조 1항은 ECCC의 민간당사자Civil Party 소송의 목적을 'a) 기소의 지원을 통해 ECCC 관할 범죄에 대한 책임이 있는 자들에 대한 형사소송에 참가하고, b) 집단적이고 윤리적 배상을 구하는 것'으로 규정하고 있다.[302]

---

299 Jonathan Doak, *Victims' Rights in Criminal Trials: prospects for Participation*, Journal of Law and Society, Vol. 32 (2005) pp. 303-306 (Harry Hobbs, p. 10에서 재인용)

300 Ibid. p 312. (Harry Hobbs, p. 10에서 재인용).

301 Harry Hobbs, p. 10.

302 "a) Participate in criminal proceedings against those responsible for crimes within the jurisdiction of the ECCC by supporting the prosecution; and b) Seek collective and moral reparations, as provided in Rule 23 *quinquies*.".

1. 민간당사자의 지위

형사소송절차에 피해자가 당사자로서 참여함에 있어서 가장 쟁점이 되는 부분은 피해자가 당사자로서 형사소송에 참여함으로 인하여 공정한 재판을 받을 피고인의 권리를 침해하는지 여부이다. 기본적으로 형사재판은 검사의 공격(기소)에 대한 피고인의 방어로 구성되지만, 피해자가 민간당사자로서 재판절차에 참가함으로써 피고인은 검사 이외에도 민간당사자에 대한 방어를 해야 하는 부담을 가지게 되는 것이다. 실제로 이 부분에 대하여 두치 사건에서 피고인 측 변호인을 맡은 프랑수아 루Francois Roux는 민간당사자가 제2의 검사가 되어서는 안 된다는 취지의 이의를 제기하였고, 1심 재판부가 민간당사자의 역할에 관한 규정을 엄격히 해석해야 한다고 주장하였다.[303] 1심 재판부는 피고인은 검사만을 상대할 권리가 있으며 민간당사자의 역할이 추가적 검사로 변해서는 안 된다고 결정했다.[304]

또한 1심 재판부는 동 결정문을 통해 공동검사는 피고인의 유죄를 입증하는 역할을 맡고 있고 민간당사자는 피고인에 대한 배상청구권을 확보하기 위하여 피고인의 유죄를 입증해야 할 이해관계를 가지고 있기 때문에 피고인은 유죄입증을 위한 공동검사의 기소를 지원할 권리를 가진다고 판단하였

---

303 Transcript(Public), Duch, 22 June 2009, p. 92 (Karim A.A. Khan & Daniella Dudy, *The Right of the Civil Parties to participate v. the right of the Accused to a fair and expeditious trial: challenges at the ECCC?*, Oxford Transitional Justice Research Working Paper Series, (June 2010) p. 1에서 재인용).

304 Case 001, 1심 재판부 결정, 001/18-07-2007/ECCC/TC (E72/3), Decision on Civil Party Co-Lawyers' Joint Response for a Ruling on the Standing of Civil Party Lawyers to Make Submissions on Sentencing and Directions Concerning the Questioning of the Accused, Experts and Witnesses Testifying on Character, para. 26.

다.[305] 이에 더하여, 1심 재판부는 공동검사가 피고인에 대하여 적절한 형량을 구형할 책임을 가지고 있고[306], 민간당사자는 피고인으로부터 배상을 받을 책임을 가지고 있다고 언급하였다.[307] 결론적으로 공동검사는 배상에 관하여 아무런 역할이나 책임을 가지고 있지 않고, 반대로 민간당사자는 형량의 결정에 관한 책임이나 역할을 가지고 있지 않음을 확인하였다.[308]

2. 민간당사자의 자격

(1) 자격요건

규칙 제23조 *bis* 1항에 따르면 민간당사자의 자격요건으로서 민간당사자자격 신청인은 명확히 식별되어야 하고, 피의자에게 적용되는 범죄혐의 중 최소 하나의 범죄로 인한 직접적 결과로써 피해자가 집단적이고 도덕적인 배상을 받을 수 있는 근거가 되는 신체적, 물질적, 심리적 피해를 실질적으로 입었음을 보여주어야 한다.[309] 신청인은 신청서를 통해 피해자로서의 자격을 보여주는 사항들, 범죄혐의에 대한 증거자료, 피해사실에 대한 증거자료를 제공해야 한다.[310] 이러한 민간당사자자격 신청인의 피해사실 주장에 대하여 공동수사판사가 그것이 사실일 개연성이 높다고 인정하여야 민간당사자의

---

305 Ibid. para. 41.

306 "The co-prosecutors' responsibility is to ensure an appropriate sentence"

307 Case 001, 1심 재판부 결정(E72/3). para. 42.

308 Ibid.

309 "the Civil Party applicant shall: a) be clearly identified; and b) demonstrate as a direct consequence of at least one of the crimes alleged against the Charged Person, that he or she has in fact suffered physical, material or psychological injury upon which a claim of collective and moral reparation might be based.".

310 규칙 제23조 *bis*. 4항.

자격이 인정된다.[311]

민간당사자의 자격을 얻을 수 있는 자는 기본적으로 ECCC 관할범죄의 피해자이어야 한다. 규칙 용어 해설glossary은 피해자를 'ECCC 관할에 속하는 어떠한 범죄가 완료된 결과로 인한 피해를 입은 자연인 혹은 법적 실체'[312]로 정의하고 있고, 규칙 제23조 *bis*. b)는 민간당사자자격 신청인에게 범죄혐의의 직접결과로 인한 피해를 보여줄 것을 요구하고 있다. 상소심 재판부는 두치 사건의 상소심 판결문에서 직접피해자란 기소된 범죄로 인하여 권리를 침해 당하거나 위험에 처했던 사람을 가리킨다고 적시하였다.[313] 직접피해자가 민간당사자자격을 가지고 있음에는 의문의 여지가 없다.

간접피해자의 경우 규칙상 명시적 규정은 없다. 간접피해자란 직접피해자에 대한 범죄의 직접적인 결과로 인한 피해를 당한 자를 의미한다.[314] 대표적인 간접피해자는 가족구성원이다. 실제로 두치 사건에서 직접피해자의 가족구성원이 간접피해자로서 민간당사자가 될 수 있는지 여부가 쟁점이 되었다. 상소심 재판부는 규칙 제23조 *bis*. b)의 '직접결과'라는 단어가 민간당사자의 자격을 가진 피해자의 범위에서 간접피해자를 제외하는 근거가 되지 않는다고 판단하였고 간접피해자에 해당하는 가족의 범위 역시 제한을 두지 않았다.[315] 다만 직접피해자의 직계가족이 아닌 가족구성원이 간접피해자로

---

311 규칙 제23조 *bis*. 1항.

312 "A natural person or legal entity that has suffered harm as a result of the commission of any crime within the jurisdiction of the ECCC".

313 Case 001, 상소심 판결, para. 416.

314 Ibid. para. 418.

315 Ibid.

인정받기 위해서는 직접피해자와의 특별한 관계나 의존관계에 있었다는 점이 입증되어야 한다.[316] 이러한 관계가 입증되는 경우 간접피해자의 가족의 범위에는 직계가족은 물론 사실혼 배우자, 먼 친척, 친구, 입양가족, 상속인 등도 포함될 수 있다.[317] 즉, 이러한 관계에 있는 사람들은 직접피해자와의 관계와 본인(간접피해자)에 대한 직접적인 피해사실이 인정되는 경우 간접피해자로 인정되어 민간당사자가 될 자격을 가진다. 그러나 직접피해자의 직계가족이라 할지라도 범죄로 인한 피해를 입지 않았다면 간접피해자로 인정되지 않는다.[318]

민간당사자의 자격조건으로서 국적의 제한은 없다. 규칙 제23조 2항은 현재의 거주지 혹은 국적에 관계없이 민간당사자는 사소civil action를 제기할 권리를 가지고 있음을 규정하고 있다. 즉, 크메르 루즈가 집권하던 기간 중 크메르 루즈에 의해 피해를 입은 캄보디아인이 이후 외국으로 이주하여 외국 국적을 취득하여 법적으로 외국인이 되거나, 캄보디아 국적을 가지고 있으면서 외국 영주권을 가지고 외국에서 거주하는 경우 민간당사자로서 사소를 제기할 수 있다. 또한 1978년 말부터 캄보디아와의 전쟁 중 크메르 루즈에 의해 피해를 입은 베트남인들과 기타 외국인들 역시 그 피해를 입증할 수 있는 경우 민간당사자가 될 자격을 가지고 있다.

---

316 Ibid. para. 449.

317 Ibid. para. 418.

318 Ibid.

(2) 민간당사자 자격의 신청

피해자는 공동수사판사가 그 수사결과를 당사자들에게 고지[319]한 후 15일 이내에 서면으로 민간당사자자격 신청서를 제출해야 한다.[320] 공동수사판사는 민간당사자자격 신청을 받은 후 이를 공동검사와 피의자 측에 고지하여야 한다.[321] 공동수사판사는 민간당사자자격 신청인의 주장사실이 사실일 개연성이 높은 경우 그 민간당사자자격을 인정해야 하지만, 그렇지 않은 경우 수사종결명령closing Order이 발부되는 날까지 그 자격인정을 거부할 수 있다.[322] 민간당사자자격 신청인은 공동수사검사의 거부결정에 대하여 신속절차expedited appeal를 통해 전심재판부에 항고할 수 있으나, 전심재판부의 결정이 나오기 전이라도 본 절차는 계속 진행된다.[323] 그러나 전심재판부가 최종결정을 내리기 전까지 민간당사자자격 신청인은 민간당사자로서의 지위를 가지며 그에 따른 권한을 행사할 수 있다.[324]

3. 민간당사자의 권한

공동수사판사 혹은 전심재판부의 결정으로 민간당사자의 지위를 인정받은 경우 민간당사자는 수사단계부터 재판절차에 이르기까지 당사자로서 포괄적인 권한을 가지게 된다. 수사단계에서 민간당사자는 개별적으로 절차에 참가하며 변호사를 선임할지 여부는 당사자의 재량이나, 공동수사판사가 수

---

319 규칙 제66조 1항.
320 규칙 제23조 *bis*. 2항.
321 Ibid.
322 Ibid.
323 Ibid.
324 Ibid.

사종결명령을 발부하여 수사가 공식적으로 종결된 이후부터는 각 민간당사자들이 하나의 집단으로 병합되어 재판에 참가하게 되며 민간당사자 집단은 민간당사자 대표공동변호사Civil Party Lead Co-lawyer(이하 '대표공동변호사')를 선임하여 대표공동변호사를 통해 재판절차에 참가한다.[325]

(1) 수사단계

수사단계에서 민간당사자(소송대리인)는 기본적으로 사건기록을 검토하고 기록물을 복사할 수 있는 권한을 갖는다.[326] 또한 공동수사판사 혹은 재판부의 모든 명령은 민간당사자나 그 소송대리인에게 송달되어야 한다.[327] 민간당사자는 공동수사판사에 대하여 민간당사자 자신에 대한 심문interview을 요청할 수 있으며, 증인에 대한 질문, 현장방문, 다른 증거의 수집을 요청할 수 있다.[328] 뿐만 아니라, 수사중인 사건에 대하여 민간당사자는 공동수사판사에게 수사상 필요하다고 판단되는 명령이나 수사조치를 취해줄 것을 요청할 수 있다.[329] 공동수사판사가 민간당사자의 심문, 현장방문, 증거수집 및 수사에 관한 요청을 거부한 경우 민간당사자는 이에 대하여 전심재판부에 항고할 수 있다.[330] 공동수사판사가 민간당사자를 심문할 경우 민간당사자가 그 권리를 포기하지 않는 한 반드시 민간당사자의 소송대리인이 입회한 가운데 심문이 이루어져야 한다.[331]

---

325 규칙 제23조 3항, 23조 *bis*. 3항.
326 규칙 제55조 6항.
327 규칙 제46조 1항.
328 규칙 제59조 5항.
329 규칙 제55조 10항.
330 규칙 제55조 10항, 제59조 5항.
331 규칙 제59조 2항.

전심재판부는 규칙상 명문의 규정이 없음에도 불구하고 민간당사자가 피의자의 임시구금기간 연장에 대한 전심재판부의 항고심리에 참가하는 것이 규칙 제23조 1항의 취지에 부합한다고 결정하였고, 그러한 민간당사자의 심리 참가가 피의자의 공정한 재판을 받을 권리에 반하지 않는다고 보았다.[332] 다시 말해, 규칙에서 명시적으로 규정하고 있지 않지만 민간당사자는 수사과정에서 피의자의 임시구금기간 연장에 대한 전심재판부의 심리에 참가할 수 있다는 것이다.

⑵ 재판준비 단계

재판준비단계에서 공동검사가 제출한 증인목록에 본인이 희망하는 증인이 포함되지 않은 경우 민간당사자는 해당 증인을 포함한 추가목록을 재판부 기록관에게 제출해야 한다.[333] 또한 민간당사자는 재판부의 명령에 따라 증인이 진술할 사실관계의 요지, 증인의 진술과 관련된 기소내용, 혐의, 예상 진술시간 등과 재판에서 제기할 법적 쟁점 등을 기재한 문서를 제출해야 한다.[334]

⑶ 재판단계

민간당사자는 당사자의 일원으로서 재판단계에서 폭넓은 권한을 행사할 수 있다. 가장 중요한 권한은 민간당사자의 소송대리인(대표공동변호사)이 단일한 민간당사자 집단을 대리하여 집합적이고 윤리적 손해배상을 청구할

---

332 Case 002, 전심재판부 결정, 002/19-09-2007-ECCC/OCIJ (C11/53), Decision on Civil Party Participation in Provisional Detention Appeal, para. 36.
333 규칙 제80조 2항.
334 규칙 제80조 3항.

수 있는 점이다.[335] 민간당사자는 선결적 항변preliminary objection[336]을 행사할 수 있으며, 피고인 측의 선결적 항변에 대하여 답변할 수 있는 권한이 부여된다.[337] 민간당사자는 또한 재판 중 특정인을 증인으로 소환하거나 진술을 들을 것을 재판부에 요청할 수 있고 사실을 확인할 수 있는 새로운 증거를 채택할 것을 재판부에 요청할 수 있다.[338] 민간당사자는 공동검사와 마찬가지로 법정에서 재판장의 승인을 받아 피고인에 대한 신문을 할 수 있다.[339] 그러나 민간당사자의 소송대리인(대표공동변호사)이 신문하는 경우를 제외하고 모든 질문은 재판장을 통해 이루어진다.[340] 최후진술이 있기 전까지 민간당사자는 재판과 관련하여 재판부에 서면을 제출할 수 있으며,[341] 심리가 마무리된 이후 대표공동변호사는 민간당사자를 대신하여 최후진술과 반박진술rebuttal statement을 할 수 있다.[342] 민간당사자는 1심 재판부의 판결에 대하여 상소할 수 있다. 다만 민간당사자의 상소는 공동검사가 상소하는 경우에만 한정되며, 공동검사가 상소하여 민간당사자가 상소할 수 있는 경우에도 그 상소의 범위는 손해배상에 대한 판단에 한정되고 형량에 대한 상소는 불가능

---

335 규칙 제23조 3항.

336 규칙 89조는 재판부의 관할, 기소의 종료가 요구되는 쟁점, 기소 이후의 절차적 하자로 인한 무효 사유 등에 대하여 선결적 항변을 할 수 있음을 규정하고 있다. 기술적으로 모든 피고인은 물론 민간당사자 역시 이러한 선결적 항변권을 행사할 수 있으나, 피고인이 기소된 상태에서 민간당사자가 기소된 사건에 대하여 재판부의 관할권을 부인하거나 기소의 종료를 요구하는 선결적 항변을 해야 할 이유는 없다는 점에서 이는 피고인에게 주어진 권한으로 볼 수 있다. 두치 사건(Case 001)에서 실제로 피고인 측은 1심 재판에서 피고인에 대한 ECCC의 관할권을 부인하는 취지의 선결적 항변권을 행사하였다. 그러나 1심 재판부는 피고인 측의 선결적 항변을 기각하였다.

337 규칙 제89조.

338 규칙 제87조 4항.

339 규칙 제90조 2항.

340 Ibid.

341 규칙 제92조.

342 규칙 제94조.

하다.[343]

4. 소송대리

(1) 개요

민간당사자에 대한 소송대리는 크게 수사단계와 재판단계로 구분된다. 전술한 바와 같이 공동검사가 피의자를 기소하기 전, 수사단계에서 변호사를 선임할지 여부는 개별 민간당사자의 재량사항이며, 각 민간당사자가 개별적으로 수사절차에 참여하게 된다. 그러나 공동수사판사가 수사종결명령을 발부하는 순간부터 개별 민간당사자들은 각각의 변호사civil party lawyer(민간당사자 변호사)를 선임해야 한다.[344] 또한 각 민간당사자들은 집합적으로 하나의 단위로 절차에 참가하게 되며 동시에 대표공동변호사가 민간당사자 집단의 변론 참여를 대리한다.

(2) 절차별 소송대리인의 선임

수사단계에서 변호사의 선임은 각 민간당사자의 재량이다. 민간당사자가 수사단계에서부터 변호사를 선임할 경우 수사단계에서 민간당사자의 절차참여는 해당 변호사를 통하여 이루어진다.[345] 원칙적으로 수사단계에서 민간당사자는 개별적으로 절차에 참가하지만 필요에 따라 이해관계를 공유하는 민간당사자들이 집단적으로 절차에 참가할 수 있다. 이 경우 피해자 지원부Victims

---

343 규칙 제105조 1항.
344 규칙 제23조 *ter*. 1항.
345 규칙 제23조 *ter*. 2항.

Support Party에서 제공한 명단에서 공동변호사common lawyer를 선임할 수 있다.[346]

재판절차에서 민간당사자들은 집합적으로 재판절차에 참가하여 하나의 당사자로 간주되며 대표공동변호사가 민간당사자 집단의 소송대리인으로써 재판에 참여하여 민간당사자들의 집단적 이해관계를 대리하며[347] 변론에 관한 전체적이며 궁극적인 책임을 가진다.[348] 대표공동변호사가 다수의 민간당사자들을 집단적으로 대리하도록 한 것은 대규모 인권유린의 특성상 다수의 민간당사자가 참가하게 되고 이들이 각각 개별적으로 소송대리인을 선임하여 재판에 참여할 경우 한 사람의 피고인에게 다수의 소송대리인이 중복되는 질문을 하는 등의 문제가 발생하여 재판진행이 과도하게 지연될 우려가 있고, 공정한 재판을 받을 피고인 권리가 침해되는 결과를 초래할 가능성을 방지하기 위함이다.[349] 대표공동변호사가 재판에서 민간당사자들을 집단적으로 대리하지만 개별 민간당사자들의 이해관계와 의사를 충분히 반영할 수 있도록 대표공동변호사는 각 민간당사자 변호사의 의견을 구해야 하며 각 민간당사자들이 일치된 의견을 도출할 수 있도록 노력해야 할 의무가 있다.[350]

---

346 규칙 제23조 *ter*. 3항.

347 규칙 제12조 *ter*. 5항 a.

348 규칙 제12조 *ter*. 5항 b.

349 Alain Werner & Daniella Rudy, *Civil Party Representation at the ECCC: Sounding the Retreat in International Criminal Court?*, Northwestern Journal of International Human Rights, Vol. 8 (2010) p. 304, 308-309 (Harry Hobbs, p. 27에서 재인용).

350 규칙 제12조 *ter*. 3항.

(3) 대표공동변호사의 선임

혼합형 재판소라는 ECCC의 가장 대표적인 특징은 대표공동변호사의 구성에도 동일하게 적용된다. 재판부, 공동수사판사, 공동검사와 마찬가지로 민간당사자의 소송대리인 역시 캄보디아 변호사와 외국인 변호사가 공동으로 맡는 것이다.[351] 캄보디아인과 외국인으로 구성된 대표공동변호사들은 모든 소송대리행위를 합동으로 처리해야 하지만 개별적으로 부여된 권한의 행사의 경우는 예외이다.[352]

대표공동변호사는 피해자 지원부에서 작성하는 변호사 명단에 등재된 변호사들 중 ECCC가 선임한다.[353][354] 캄보디아 변호사가 피해자 지원부의 변호사 명단에 등재되기 위해서는 다음의 요건을 충족해야 한다.[355]

- 변호사협회Bar Association of the Kingdom of Cambodia, BACK의 회원자격을 보유한 자
- 국내외적 수준에서 형법과 형사소송법에 관한 능력을 갖춘 자

외국인 변호사에게 요구되는 자격요건은 다음과 같다.[356]

- 유엔회원국의 공인된 변호사단체에서 현재 유효한 자격을 갖춘 자
- 법학학위 소지자 혹은 이와 동등한 자격을 갖추거나 전문적 자격요건을

---

351 규칙 제12조 *ter*. 4항.
352 Ibid.
353 Ibid.
354 민간당사자 변호사(Civil Party Lawyer)는 민간당사자가 직접 선임한다.
355 규칙 제12조 *bis*. 2항 c).
356 Ibid. d).

갖춘 자

- 캄보디아어, 프랑스어 혹은 영어의 유창한 구사자
- 국내외적 수준에서 형법과 형사소송법에 관한 능력을 갖춘 자
- 변호사, 판사, 검사 혹은 이외의 다른 직위로 형사법 절차에서 관련 경력을 가진 자

외국인 변호사의 경우 피해자 지원부의 명단에 등재되고 캄보디아 변호사 협회에 등록[357]되면 ECCC 절차에 있어서 캄보디아 변호사와 동일한 권한과 특권을 향유하게 된다.[358] 그러나 외국인 변호사가 가지는 권한과 특권은 ECCC에 한정되며 ECCC 이외의 다른 활동에는 제한이 따른다.[359]

5. 손해배상의 청구

손해배상은 피해자 참가에 있어서 중요한 의미를 가진다. 제노사이드 등 대규모 인권범죄에 대한 배상의 결정과 그 집행이 개별국가의 사법부 차원에서 이루어지도록 할 경우 실질적인 배상이 이루어지지 않을 가능성이 높기 때문에 피해자 참가의 의미가 퇴색될 가능성이 높다. 이에 따라 ECCC는 재판소 체제 내에서 피해자들에 대한 배상이 이루어지는 체계를 확립하여 피해자 참가제도의 실효성을 확보하고자 하였다. 즉, 손해배상은 민간당사자가 사소civil action를 제기하는 가장 핵심적인 이유이며, 민간당사자가 재판에서 제2의 검사가 아닌 피해자로서 절차에 참가하는 목적이다.

---

357 규칙 제12조 *bis*. 1항 c).
358 규칙 제22조 2항 a).
359 규칙 제22조 1항 d).

앞서 언급한 바와 같이 민간당사자는 개별적으로 재판에 참가하는 것이 아니라 모든 민간당사자들이 단일하게 집단화되어 하나의 당사자로서 참가하며, 이에 따라 대표공동변호사는 민간당사자들의 이해를 대변하여 집단적이고 윤리적인 배상을 청구한다.[360] 이러한 배상청구는 재판에 참가하는 민간당사자에 대한 개별적 배상청구가 아닌 대표공동변호사가 대리하는 하나의 집단을 단위로 한 단일청구이다.

집단적이고 윤리적 배상이란 피고인이 유죄판결을 받은 범죄의 결과로 민간당사자들이 입은 손해의 인정(시인)과 그러한 손해를 주장한 민간당사자에 대하여 혜택을 제공하는 것을 의미한다.[361] 다만 민간당사자는 그 손해배상의 명목으로 금전적 형태의 배상을 받을 수 없다.[362] 두치 사건에서 상소심 재판부는 윤리적 배상에 대하여 물질적이 아닌 도덕적 손해에 대한 복구를 의미한다고 해석했다.[363] 또한 집단적 배상이란 개별적 배상을 배제하고 최대한 많은 피해자들에게 혜택을 줄 수 있는 조치를 의미하는 것으로 보았다.[364] 여기서 유의할 부분은 민간당사자들은 피고인이 유죄판결을 받은 범죄의 결과로 인한 손해에 대하여 배상을 받는다는 점이다. 다시 말해 피고인의 범죄혐의에 대한 유죄판결이 전제가 되어야 손해배상이 가능하다는 것이다. 따라서 재판부는 동일사건 재판에서 형사소송의 판결과 민간당사자의 사소에 대한 판결(손해배상판결)이 모순되게 할 수 없다.[365] 피고인의 범죄

---

360 규칙 제23조 3항.
361 규칙 제23조 *quinquies.* 1항.
362 Ibid.
363 Case 001, 상소심 판결, para. 658.
364 Ibid. para. 659.
365 규칙 제100조.

혐의에 대하여 유죄판결이 나올 경우 재판부는 필연적으로 해당 범죄사실과 결부된 민간당사자의 손해배상 청구에 대한 인용 판결을 내려야 한다.

민간당사자는 단일한 배상청구를 통해 요구하는 배상의 내용을 적시하고, 민간당사자가 입은 손해, 그리고 가능한 경우 민간당사자 중 어떤 집단의 당사자들이 그러한 손해를 입었는지를 특정해야 하며, 마지막으로 각각의 손해배상 요구에 대한 배상의 형식을 적시해야 한다.[366]

재판부는 손해배상 판결을 내리면서 민간당사자에게 어떤 형태의 배상을 할 지를 결정할 재량을 가지고 있다. 재판부는 손해배상에 소요되는 비용을 피고인에게 부담시키거나, 혹은 청구된 손해배상을 실행할 수 있는 구체적인 프로젝트의 실행을 결정할 수 있다.[367] 손해배상을 충족할 수 있는 프로젝트의 실행을 결정한 경우, 구체적인 실행에 소요되는 비용은 외부기금을 통해 확보되어야 한다. 손해배상에 소요되는 비용을 피고인에게 부담시키거나 손해배상을 실행할 프로젝트의 소요비용을 외부기금에서 충당하도록 할지를 택일하도록 한 것은 대부분의 피고인들이 경제적 무능력으로 인하여 손해배상에 금전적 기여를 할 수 없기 때문이다. 재판부가 판결로써 피고인들에게 손해배상에 소요되는 비용이나 손해배상과 관련된 프로젝트에 소요되는 비용을 부담하도록 하더라도 피고인들이 이에 대한 비용부담을 할 수 없다면 해당 판결이 실효성을 잃게 된다. 따라서 이러한 상황을 방지하기 위하여 재판부가 손해배상에 소요되는 비용을 피고인에게 부담시킬지 혹은 손해

---

366 규칙 제23조 *quinquies*. 2항.
367 규칙 제23조 *quinquies*. 3항.

배상 프로젝트에 소요되는 비용을 외부기금으로 충당할지 여부를 결정할 수 있는 재량권을 가지는 것이다.[368]

아웃리치(outreach) 프로그램

아웃리치 프로그램은 피해자 참가제도의 일부는 아니다. 그러나 크메르 루즈의 인권범죄는 사실상 캄보디아 사회 전체를 대상으로 했기 때문에 크메르 루즈 정권의 책임자들을 처벌하는 과정과 대규모 인권유린의 진상을 캄보디아의 대중에게 알리는 아웃리치 프로그램은 피해자들이 당사자로서 절차에 참가하는 피해자 참가제도와 일맥상통한다고 할 것이다. 즉, 민간당사자 제도가 비교적 소수의 민간당사자들을 대상으로 한'미시적'micro 차원의 피해자 참가제도라면 아웃리치 프로그램은 사회전체를 대상으로 한'거시적'macro 차원의 제도라고 할 수 있다.[369]

ECCC 조직 내에서 아웃리치 프로그램을 담당하는 부서는 대외업무부 Public Affairs Section과 피해자 지원부Victim Support Section이다. 다만 피해자 지원부는 민간당사자에 대한 지원에 집중하고 있기 때문에 대외업무부가 아웃리치 프로그램의 주무부서라고 할 수 있다. 그러나 대외업무부의 업무는 아웃리치 프로그램에 국한 된 것은 아니고, 외부 단체NGO와의 협력, 공보업무, 재판진

---

368 Harry Hobbs, pp. 31-32.

369 John D. Ciorciari and Anne Heindel, *Experiments in International Criminal Justice: Lessons from the Khmer Rouge Tribunal*, Michigan Journal of International Law, Vol. 35 (Winter 2014), pp. 420-421.

행의 비디오와 음성기록의 공개 등의 업무도 포함하고 있다. 따라서 아웃리치 프로그램 역시 공보업무와 대외협력의 일환으로 진행되는 측면이 있다.

아웃리치 프로그램은 ECCC의 직원들이 말 그대로 외부로 나아가 ECCC에서 진행하는 절차에 대한 내용을 알리는 방식과 일반인들을 ECCC로 초청하여 재판방청, 내부견학 및 ECCC에 대한 소개를 하는 방식으로 나누어 진다. ECCC는 'Study Tour'라는 방문프로그램을 운영하고 있는데 하루 단위로 운영되며 일주일에 2회 정도 진행된다. 또한 이를 통해 하루 약 300명에서 450명이 방문한다. ECCC는 이를 위해 버스 등의 교통편을 무료로 제공하고 ECCC 법정견학, 투올 슬랭 제노사이드 박물관 방문과 ECCC 직원들이 방문자들의 질문에 답하는 내용으로 구성된다. ECCC에서 공식적으로 밝힌 'Study Tour'의 목적은 "캄보디아인들의 ECCC절차에 대한 이해를 높이고 ECCC에서 진행되는 절차에 대한 대중적 관심을 증진시키기 위한 것"[370]이다. 두치 사건의 재판이 진행될 당시 2009년부터 2011년까지 총 111,543명이 아웃리치 프로그램을 통해 ECCC를 방문하여 재판을 방청하거나 견학투어에 참가했다.[371] 또한 Case 002가 진행되던 2011년 11월부터 2013년 7월까지 약 100,000명이 재판을 방청하였다.[372] 아웃리치 프로그램은 반대로 ECCC 측이 외부로 나아가 ECCC에 대한 정보를 알리는 방식으로 진행되기도 한다. ECCC 외부에서 이루어지는 아웃리치 프로그램은 한 마을 단위로 진행되는데, 일반적으로 ECCC에서 진행된 재판과정을 기록한 영상물

---

370 Press release, *32,633 Persons visited ECCC in 2010*, http://www.eccc.gov.kh/sites/default/files/media/ECCC_30_Dec_2010(Eng).pdf.

371 Ibid. p. 422.

372 Ibid.

의 상영과 ECCC에 대한 전반적인 소개 및 질문과 답변으로 구성된다.

ECCC 자체에서 진행되는 아웃리치 프로그램 이외에도 외부의 NGO에서도 유사한 프로그램을 진행하고 있다. 특히 ECCC와 관련하여 NGO에서 진행하는 프로그램 중 인상적인 것은 'Train the Trainers' 프로그램이다. 이 프로그램은 NGO가 각 지역 혹은 마을의 영향력 있는 인사들을 모집하여 그들에게 크메르 루즈와 인권범죄, ECCC에서 진행하는 절차에 대한 내용을 교육하여 그들이 각자의 마을, 지역으로 돌아가 ECCC에 의한 크메르 루즈의 처벌에 대한 내용을 널리 알리는 것이다.

2013년 3월 Study Tour를 통해 ECCC를 방문한 300여 명의 학생들 (ECCC 사진자료, Nhet Sok Heng 촬영)

2012년 8월 Case 002의 재판 시작에 앞서 방문객들에 대한 사건 설명 (ECCC 사진자료, Ou Banung 촬영)

2011년 10월 대외업무부의 지역 고등학교 방문 (ECCC 사진자료)

2012년 2월 지역 마을에서 두치의 재판 중 사과발언을 상영 (ECCC 사진자료)

제6장

ECCC의 문제점

I. 캄보디아 정부의 개입

예견된 개입

ECCC가 설치되고 실제 운영되는 과정에서 가장 문제가 되는 부분은 캄보디아 정부가 수사와 재판에 개입함으로 인하여 ECCC의 독립성이 보장되지 않는다는 점이다. '제4장 ECCC의 설치'에서 언급한 바와 같이 유엔은 오랜 내전과 크메르 루즈에 의하여 다수의 법조인력이 학살당하여 현재의 캄보디아 법조인력의 수준이 매우 낮다는 점과 사법부의 독립이 제대로 보장되지 못하여 캄보디아 측 인력이 수사와 재판을 진행하는 과정에서 캄보디아 정부의 정치적 영향력으로부터 자유로울 수 없다는 점을 인식하고 있었다.[373] 실제로 캄보디아는 사회적으로 법치rule of law에 대한 명확한 인식이 부족하고, 삼권분립의 개념이 명확히 정립되지 않아 사법부가 수직적 정치구조의 일부를 이루고 있어 법관의 인사가 행정부의 재량에 의해 이루어지고 있는 것이 현실이다.[374] 이러한 이유로 유엔은 당초 캄보디아가 아닌 아시아 지역의 제3국에 완전한 형태의 재판소를 설치하려 했고 외국인 인력을 다수로 하는 인적 구성을 주장하였다.

캄보디아 정부의 태도 역시 캄보디아 정부가 재판소의 수사와 재판 절차에 개입할 것이라는 예상을 가능하게 하였다. 즉, 캄보디아 정부는 유엔과의

---

373 Report of the Group of Experts, para. 133.
374 OSJI Report, *Political Interference at the Extraordinary Chambers in the Courts of Cambodia*, Open Society Justice Initiative (July 2010), p. 5.

협상과정에서 지속적으로 캄보디아 정부의 주권을 강하게 강조하였고, 크메르 루즈에 대한 처벌이 캄보디아의 정치적 안정을 저해할 수 있음을 우려하였다. 뿐만 아니라 캄보디아의 실권자인 훈 센 총리를 비롯하여 정부 주요 인사들 중 일부가 크메르 루즈에 가담한 전력이 있기 때문에 정치적으로 캄보디아 정부는 크메르 루즈에 대한 처벌에 소극적일 수 밖에 없는 입장이고, 실제로 훈 센 총리는 이엥 사리에 대한 사면을 단행하여 크메르 루즈에 대한 처벌에 소극적인 입장을 보여주었다.[375]

캄보디아 정부에 의한 정치적 개입이 우려되는 상황에서도 유엔은 국제사회의 압력으로 인하여 캄보디아 정부에 상당한 양보를 하였다. 즉, 캄보디아 사법부 내의 별도의 재판부Extraordinary Chamber로 설치되어 캄보디아 국내법정의 형태를 띄고 다수의 캄보디아 법조인력이 주류를 이루도록 하는 안이 관철됨으로써 ECCC는 캄보디아 정부의 정치적 영향력으로부터 자유로울 수 없는 구조적 한계를 지니게 되었다.

캄보디아 정부의 개입 사례

1. Case 002에서의 개입

국제공동수사판사인 마르셀 르몽드Marcel Lemonde는 Case 002[376]의 수사를 진

---

375 훈 센 총리가 1996년 이엥 사리를 사면한 것은 크메르 루즈 내에서 상당한 세력을 가진 이엥 사리를 사면하여 크메르 루즈와의 내전을 조기에 종식시키려는 의도에 따른 것이었다.

376 Case 002의 피고인은 원래 키우 삼판, 누온 체아, 이엥 사리, 이엥 티릿이었다. 그러나 2013년 이엥 사리

행하면서 증인조사를 위해 6명의 캄보디아 정부 고위공무원에 대하여 단독으로 소환장을 발부하였다. 규칙 제60조 3항에 따르면 공동수사판사에 의해 증인으로 소환된 경우 출석의무가 있으며 이에 불응할 경우 사법경찰에 의해 강제구인이 가능하다. 그러나 소환통보를 받은 6명은 이에 응하지 않았다. 이에 대하여 캄보디아 정부 관계자는 자발적으로 소환에 응하지 않는 경우 소환통보를 받은 자들이 강제로 출석하여 증언하는데 반대하는 입장을 표명했으며, 더 나아가 "만약 재판소의 외국인 관리들이 만족하지 못할 경우 옷을 챙겨 집으로 돌아가도 좋다."라고 언급하기까지 했다.[377] 이러한 캄보디아 정부의 행위는 캄보디아 정부가 ECCC의 지원요청에 지체 없이 응해야 하는 의무를 위반한 것이었다.[378]

이와 관련하여 전심재판부의 국제재판관들은 소환통보를 받은 6명의 불출석과 관련하여 캄보디아 정부 관계자들이 공동수사판사의 수사를 방해했다고 볼 수 있는 합리적인 근거를 찾을 수 있다고 밝혔다.[379] 그러나 이러한 전심재판부의 판단에도 불구하고 국제공동수사판사는 규칙에 근거한 추가적인 강제조치를 취하지 않았다.[380]

가 사망하여 그에 대한 기소는 중지되었고, 이엥 사리의 아내인 이엥 티릿은 2012년 치매로 인하여 재판을 받을 수 없다는 판결을 받아 그녀에 대한 기소 역시 중지되어 석방되었다. 그녀는 2015년 8월 사망하였다. 이에 따라 Case 002는 현재 누온 체아와 키우 삼판을 대상으로 진행 중이다.

377 OSJI Report, p. 23.

378 협정 제25조.

379 Case 002, 전심재판부 결정, 002/19-09-2007-ECCC/OCIJ(PTC50), (D314/1/12), Second Decision on Nuon Chea's and Ieng Sary's Appeal against OCIJ Order on Request to summon Witnesses, Opinion of judges Catherine Marchi-Uhel and Rowan Downing, para. 6

380 규칙 제35조 2항은 ECCC의 절차진행을 방해한 자에 대하여 제재를 가할 수 있도록 하고 있지만 그러한 조치를 캄보디아 법률에 따라 캄보디아 정부의 협조가 필요하다. 따라서 캄보디아 정부의 방해 행위에 대하여 현실적으로 제재를 가하기 어려운 것이 현실이다.

2. Case 003과 Case 004에서의 개입

Case 003과 Case 004는 ECCC 체제가 캄보디아 정부의 정치적 개입에 얼마나 취약한지를 보여주는 중요한 사례이다. 2010년 11월 반기문 유엔 사무총장이 캄보디아를 방문한 자리에서 훈 센 총리는 Case 002의 재판이 종료된 후 추가적인 기소는 없을 것임을 공개적이고 직접적으로 언급하여 Case 003과 004에 대한 절차진행[381]에 반대하는 입장을 천명하였다.[382] 뿐만 아니라 몇몇 캄보디아 고위관리들 역시 Case 003과 004와 관련한 절차의 진행에 반대하는 입장을 표명하였다.[383]

2008년 12월 국제공동검사는 Case 003에 대한 예비조사를 거쳐 5명의 피의자에 대한 최초보고서를 공동수사판사에게 제출하여 정식수사개시를 요청하려 하였으나, 캄보디아 측 공동검사 체아 레앙Chea Leang은 이에 반대하여 최초보고서에 서명하지 않았다. 캄보디아 측 공동검사는 예산부족과 추가적인 수사가 캄보디아의 사회적 화해에 도움이 되지 않는다는 이유를 들어 Case 002 이외에 추가적인 수사착수에 반대하였다. 이는 추가적인 수사와 처벌에 반대한다는 훈 센 총리를 비롯한 캄보디아 정부 인사들의 공개적인 반대입장에 영향을 받은 것으로 보인다. 이에 따라 국제공동검사는 규칙에 따라 공동검사들 간의 입장차이에 대한 판단을 전심재판부에 요청하였

---

381 Case 003과 004의 수사절차는 2009년 9월 개시되었으나, ECCC의 인력부족과 캄보디아 측과 유엔 측 공동수사판사, 공동검사 간의 의견 대립으로 제대로 진행되지 않는 상태였다.

382 *Cambodia rebuffs UN chief on Khmer Rouge trials*, The associated Press (2010년 10월 27일), http://www.boston.com/news/world/asia/articles/2010/10/27/cambodia_rebuffs_un_chief_on_khmer_rouge_trials/ (2015년 9월 24일 방문).

383 Clair Duffy and Kelly Askin, *Recent Development at the Extraordinary Chambers in the Courts of Cambodia*, Open Society Justice Initiative (November 2011), pp. 11-12.

다.[384] 그러나 이 사안에 대하여 3명의 캄보디아 측 재판관들은 Case 003과 004의 수사착수에 반대하는 캄보디아 측 공동검사의 의견에 동조하였고, 반대로 2명의 국제재판관들은 국제공동검사의 의견에 찬성하는 입장을 나타내었다. 이에 따라 전심재판부는 결정에 필요한 압도적 다수결에 이르는데 실패하였으나, 압도적 다수결에 이르지 못하면 수사나 기소가 그대로 진행된다는 규정[385]에 따라 2009년 8월 Case 003과 004에 대한 최초보고서는 공동수사판사에게 제출되었다.

공동수사판사가 Case 003과 004에 대하여 공식적으로 수사를 시작한 이후에도 캄보디아 측 수사판사의 반대와 캄보디아 측 지원인력의 비협조 등으로 인하여 수사는 매우 더디게 진행되었다. 캄보디아 측 공동수사판사 유분렝You Bunleng은 우선 현장수사에 필요한 조사의뢰서rogatory letter에 서명을 거부하여[386] ECCC수사관과 사법경찰관들이 수사를 진행할 수 없도록 하였고 심지어 이전에 자신이 서명했던 조사의뢰서 발부를 취소하였다. 이러한 수사진행에 관한 공동수사판사 간의 의견 불일치는 결국 전심재판부의 판단에 따라 진행여부가 결정되는데, 전심재판부의 판단 역시 캄보디아 측 재판관들과 국제재판관들 간에 의견이 나뉘어져 규칙에 따라 조사의뢰서가 발급되었다. 그러나 이러한 공동수사판사 사이의 의견불일치는 수사진행을 심각하게 지연시켰고, 결국 르몽드Lemonde 수사판사는 사임하였다. 르몽드 수사판사의 사임 이후 국제공동수사판사직은 예비수사판사였던 시그프리드 블렁크Seigfrid Blunk 수사판사가 승계하였다. 그러나 블렁크 수사판사는 Case 003

---

384 규칙 제71조.
385 협정 제7조, ECCC법 제20조, 규칙 제71조 4항.
386 규칙 제55조 9항.

의 수사를 계속 진행시키지 않고 캄보디아 측 공동수사판사의 의견에 따라 Case 003을 종결하는데 합의하여 Case 003은 종결되었다. 심지어 수사종결명령을 내리면서 수사진행상황과 피의자들을 기소하지 않는 이유를 밝히지 않았다.

이러한 공동수사판사의 불기소결정은 ECCC 내외적으로 많은 비판에 직면하였다. 우선 당시 국제공동검사였던 앤드루 케일리Andrew Cayley는 수사관의 현장조사나 증인신문 등이 제대로 이루어지지 않는 등 공동수사판사의 수사가 제대로 이루어지지 않았음을 지적하였고, 전심재판부의 국제재판관들 역시 공동수사판사의 수사 공정성에 의문을 제기하였다. 뿐만 아니라, 공동수사판사의 Case 003의 종결결정에 대한 항의차원에서 공동수사판사실의 유엔 측 직원 6명이 사임하였다. 다수의 국제인권단체들이 공동수사판사의 Case 003의 종결에 강한 비판을 가했음은 물론이다. 국제공동검사는 Case 003의 수사를 재개해줄 것을 공동수사판사에게 요청하였으나 거부당하였고, 이 과정에서 국제공동검사, 공동수사판사, 전심재판부를 오가는 절차적 공방이 이어졌다. 결국 전심재판부에서 압도적 다수결의 결론이 도출되지 않아 Case 003의 수사는 재개되었다. 이런 가운데, 국제공동수사판사로서 Case 003의 종결명령에 동의했던 블렁크 수사판사가 갑작스럽게 사임하였는데, 사임성명에서 그는 Case 003의 종결과정에서 캄보디아 정부의 정치적 영향이 있었음을 밝혔다. ECCC의 수사과정은 규정상 비공개로 진행되기 때문에 캄보디아 정부가 실제로 ECCC에 정치적 압력을 행사하는지 여부를 외부에서 파악할 수 없는 상황에서 블렁크 수사판사의 언급은 ECCC의 내부인사로서 처음으로 캄보디아 정부의 정치적 외압이 실제로 존재함을 공식적으로 밝힌 것으로 의미가 있다.

블렁크 수사판사의 뒤를 이어 국제공동수사판사로 지명된 로랑 캐스퍼-앙세르메Laurent Kasper-Ansermet는 Case 003의 수사를 진행하려 하였지만 캄보디아 정부는 캐스퍼-앙세르메의 임명을 거부하였다. 즉, ECCC의 국제공동수사판사 임명은 유엔 측이 추천하는 후보를 캄보디아 정부가 임명하는 구조로 이루어져 있는데[387], 캄보디아 정부가 유엔 측에서 추천한 캐스퍼-앙세르메의 임명을 거부한 것이다. 이러한 이유로 캄보디아 측 공동수사판사는 캐스퍼-앙세르메 수사판사가 Case 003의 기록에 접근하는 것을 막았고, 캄보디아 측 직원들 역시 캄보디아 측 공동수사판사의 지시에 따라 캐스퍼-앙세르메 수사판사의 업무지시에 불응하였다. 이러한 지위의 불안정으로 인하여 캐스퍼-앙세르메 수사판사는 결국 사임하였고, 2012년 7월 후임으로 마크 하몬Mark Harmon 수사판사가 임명되었다. 하몬 수사판사는 캐스퍼-앙세르메 수사판사가 취했던 수사상 각종 조치를 그대로 이어받아 Case 003의 수사를 진행했으나, 캄보디아 정부의 정치적 압력에 따른 캄보디아 측 공동수사판사와 직원들의 비협조로 수사는 지지부진하게 진행되었다.[388]

인사임명구조의 문제

위의 Case 002와 Case 003, 004의 수사와 재판의 사례에서 볼 수 있는 바와 같이 캄보디아 정부가 크메르 루즈에 대한 수사와 재판 절차에 정치적으로 개입하려는 의도를 가지고 있다는 점과 실제로 ECCC에 대하여 영향력을

---

387 협정 제5조 5항, ECCC법 제26조.

388 2015년 8월 Harmon 수사판사의 후임으로 예비수사판사였던 마이클 볼랜더(Michael Bohlander)가 국제공동수사판사로 임명되었다.

행사하고 있다는 점은 분명한 사실이다. 특히 Case 003과 004의 사례에서 주목할 점은 캄보디아 정부가 캐스퍼-앙세르메 수사판사의 임명을 거부했다는 점이다.

ECCC는 완전한 형태의 국제재판소가 아닌 크메르 루즈에 대한 사법적 수사와 처벌만을 위해 유엔의 지원 하에 캄보디아 사법부 내에 설치된 특별법정이다. 즉, 캄보디아 국내법 체계 내에서 운영되는 기관으로서 모든 국제재판관과 국제공동수사판사, 국제공동검사 및 유엔 측에서 지원한 외국인 직원들에 대한 인사임명권은 캄보디아 최고사법위원회의 권한이다. 다만 외국인 재판관, 수사판사와 검사를 임명함에 있어서 유엔사무총장이 지명하는 후보 중에서 최고사법위원회가 임명하도록 규정되어 있을 뿐이다. 재판관 후보자의 경우 유엔사무총장은 최소한 7명의 후보자 명단을 최고사법위원회에 제출하도록 하여 예비재판관을 포함한 1심 재판부(3명)와 상소심 재판부 재판관(4명)의 외국인 재판관 임명에 있어서 최고사법위원회가 가진 재량권은 사실상 없다고 볼 수 있다.[389]

따라서 캐스퍼-앙세르메 수사판사의 경우에서 보는 바와 같이 캄보디아 정부가 외국인 수사판사(혹은 재판관)의 임명을 보류할 경우 이는 분명한 협정위반이고, 실제로 유엔은 이에 대하여 캄보디아 정부에 대하여 캐스퍼-앙세르메 수사판사의 임명거부는 협정위반'Breach' of the Agreement임을 들어 강력히 항의하였다.[390] 그러나 이에 대하여 유엔이 캄보디아 정부에 대하여 취할 수

---

389 협정 제3조 5항, ECCC법 제11조.
390 Clair Duffy and Kelly Askin, *The Future of Cases 003/004 at the Extraordinary Chambers in the Courts of Cambodia* (October 2012), Open Society Justice Initiative, p. 9.

있는 제재수단이 마땅치 않다는 점은 캄보디아 정부가 외국인 재판관(수사판사 혹은 검사)의 임명을 거부하는 방법으로 ECCC의 절차진행에 부당한 영향력을 행사하는 것에 무력할 수 밖에 없는 구조적 한계이다.

압도적 다수결 제도의 불완전성

1. 캄보디아 측 재판관들에 대한 불완전한 견제

압도적 다수결 제도는 캄보디아 정부의 정치적 영향력으로부터 ECCC의 독립성을 지킬 수 있는 가장 실질적인 장치이다. 그러나 압도적 다수결 제도 역시 캄보디아 정부의 정치적 개입을 완전히 차단하는데 한계를 보이고 있다.

앞서 설명한 대로 재판부의 판결이나 결정은 압도적 다수결에 따라 내려지는데, 유죄판결의 경우 압도적 다수결에 의해 각 재판부에서 최소한 한 명의 국제재판관이 캄보디아 재판관들의 의견에 동의해야 피고인에 대한 유죄 판결이 가능하다. 이에 따라 캄보디아 재판관들이 캄보디아 정부의 정치적 압력을 받아 특정 피고인에 대하여 유죄판결을 내리려 하는 경우에도 최소 한 명의 국제재판관의 동의를 얻지 못하는 한 캄보디아 정부의 의도에 따른 유죄판결은 내려질 수 없다. 그러나 반대로 특정 피고인에 대하여 캄보디아 정부가 형사처벌을 원하지 않아 무죄판결을 의도하여 캄보디아 재판관들에게 압력을 가하고 캄보디아 재판관들이 이에 따를 경우 각 재판부에서 소수인 국제재판관들은 피고인에 대한 정당한 유죄판결을 내릴 수 없는 현상이 발생할 수 있다.

예를 들어, 3명의 캄보디아 재판관들과 2명의 국제재판관들로 구성되는 1심 재판부의 경우, ECCC의 관할 범죄행위에 대하여 가장 책임이 있는 크메르 루즈의 지도부의 일원으로서 유죄가 입증된 피고인에 대하여 캄보디아 정부가 그의 형사처벌을 반대하는 상황에서 3명의 캄보디아 재판관들이 2명의 국제재판관들의 유죄의견에 동조하지 않을 경우 유죄판결에 필요한 4명의 동의에 이르지 못하여 해당 피고인에게 무죄판결이 내려지게 된다. 이러한 상황은 4명의 캄보디아 재판관들과 3명의 국제재판관들로 구성된 상소심 재판부에서도 동일하게 벌어질 수 있다. 즉, 3명의 국제재판관들의 의견만으로는 피고인에 대한 유죄판결이 내려질 수 없는 것이다.

2. 절차지연의 야기

압도적 다수결 제도는 근본적으로 캄보디아 정부로부터 ECCC의 독립성을 확보하기 위해 만들어진 제도이다. 이러한 제도적 정당성에도 불구하고 압도적 다수결 제도는 절차운영에 있어서 상당한 비효율성을 야기하는 문제점을 가지고 있다.

협정, ECCC법, 규칙은 전심재판부를 포함한 각 재판부의 판결이나 결정이 압도적 다수결에 의한다고 규정하고 있으며 규칙을 통해 유죄판결은 반드시 압도적 다수결에 의하여야 함을 규정하여[391] 유죄판결에 있어서 매우

---

391 규칙 제98조 4항.

엄격한 기준을 적용하고 있다. 그러나 피고인의 유무죄에 관한 판단이 아닌 절차상의 사소한 문제들을 해결하는 과정에서도 압도적 다수결의 원칙을 적용하는지 여부에 관하여 협정을 비롯한 제 규정들은 기준을 제시하지 않고 있다. 다만 이와 관련하여 ECCC 재판관들은 모든 종류의 판단에 있어서 압도적 다수결에 따른다는 추정적 해석을 통해 모든 유무죄와 관련한 중대한 판결이나 결정은 물론 사소한 절차적 결정도 압도적 다수결의 원칙에 따르고 있다.[392] 이러한 압도적 다수결 제도의 실무적 운용은 전체적인 ECCC의 절차진행에 상당한 지연을 초래하고 있다.

공동수사판사 혹은 공동검사 간 수사와 기소와 관련한 의견불일치를 해소하기 위한 전심재판부의 결정에 관한 규정에도 제도상의 미비점이 있다. 협정과 ECCC법은 공동수사판사 혹은 공동검사 간의 수사 및 기소의 진행여부와 관련된 의견불일치만을 규정하여 전심재판부 재판관들이 캄보디아 재판관들과 국제재판관들의 의견이 나뉘어 압도적 다수결의 판단을 도출하지 못한 경우 쟁점이 되는 수사나 기소를 진행한다고 규정하고 있다. 그러나 규칙 제74조는 수사와 기소 이외의 수사절차상의 문제 대하여 공동검사의 항고사유와 민간당사자와 관련된 공동수사판사의 결정에 대한 민간당사자의 항고사유를 규정하고 있다.[393] 위에서 언급한 바와 같이 전심재판부는 모든 의사결정에 대하여 압도적 다수결의 원칙을 적용하고 있는데, 규칙은 전심재판부의 의견이 3 대 2로 나뉘어 압도적 다수결에 이르지 못한 경우 어떤 방식으로 결정을 내려야 하는지에 관한 규정이 없다. 즉, 이러한 경우 전심재판

---

392 OSJI Report, p. 12.

393 제5장 ECCC의 특징, Ⅱ. 수사 및 기소, '의사결정 메커니즘과 전심재판부의 결정' 참조.

부는 아무런 결론도 내리지 못한 채 절차만 지연되는 상황에 처하는 것이다.

제한된 처벌대상

당초 유엔은 크메르 루즈에 의한 대량학살에 대하여 가장 큰 책임을 가진 크메르 루즈의 지도급 인사와 대량학살 행위에 직접적 책임이 있는 비지도부급 인물들을 통틀어 20~30명 정도의 인원이 처벌대상이 될 것으로 예상하였다.[394] 반면, 캄보디아 정부는 내부의 정치적 안정을 명목으로 처벌 대상을 최소화하려 하였다. 캄보디아 정부는 실제로 20~30명의 크메르 루즈 인사들을 처벌할 경우 캄보이다 정부가 유엔과의 협상 당시 추진하던 크메르 루즈 구성원들에 대한 사면정책과 사회적 화해를 통한 안정을 위협하여 내전이 재발할 수 있음을 주장하였다. 유엔은 결국 캄보디아 정부의 주장을 받아들여 처벌대상을 크메르 루즈의 '고위지도자들'과 대량학살에 '가장 책임이 있는 자들'로 규정하였다.

'고위지도자들'과 '가장 책임있는 자들'이라는 문구는 공동검사와 공동수사판사의 재량에 따른 해석을 통해 그 수사대상과 기소대상을 선별 할 수 있는 여지를 만들었다. 이는 캄보디아 측 공동검사와 공동수사판사를 통해 캄보디아 정부가 ECCC의 수사와 기소에 개입할 수 있는 가능성이 큰 구조적 한계 속에서 대량학살 등 심각한 인권유린 행위에 대한 처벌 대상자의 범위를 상당부분 축소시키는 효과를 야기했다.

---

394 Report of the Group of Experts, para. 110.

Ⅱ. 혼합형 재판소의 구조적 문제

절차적 비효율

1. 공동수사판사제도의 문제

위에서 서술한 바와 같이 ECCC의 수사와 재판절차는 캄보디아 형사소송절차를 차용하여 운영됨으로써 프랑스식 대륙법 체계에서 유래한 수사판사제도를 도입하여 수사판사가 수사를 담당하고 수사판사의 기소결정에 따라 검사가 재판을 담당하는 구조를 가지고 있다.[395] 이는 형사절차에 있어서 프랑스 등 대륙법계 국가에서 취하는 직권주의inquisitorial system의 특징이 반영된 것이다. ECCC가 채택한 수사판사와 검사의 이중적 수사체계, 특히 수사판사제도는 형사절차에 있어서 보다 공정하고 객관적인 실체적 진실을 확인할 수 있다는 이론적 장점이 있으나[396], 실제로는 ECCC에서의 이중적 수사체계에서 공동검사와 공동수사판사의 수사가 중복적으로 이루어져 불필요한 절차의 지연이 발생한다는 비판이 있다.[397]

---

395 제5장 ECCC의 특징, Ⅱ. 수사 및 기소 참조.

396 Lise Reuss Muff, *The Investigating Judges within the ECCC – Beneficial or a bureaucratic burden?*, DC-Cam (2011), pp. 4-7 참조.

397 John D. Ciorciari and Anne Heindel, *Experiments in International Criminal Justice: Lessons from the Khmer Rouge Tribunal*, Michigan Journal of International Law (Winter 2014), pp. 374-376.

규정에 따르면 ECCC에서의 수사는 공동수사판사의 권한임[398]에도 불구하고 공동수사판사는 사건에 대하여 독자적인 수사개시를 할 수 없고 공동검사의 예비조사를 거쳐 최초보고서를 송부 받음으로써 비로소 공식적인 사법수사를 개시할 수 있다. 문제는 공동검사의 예비조사는 조사의 대상이 되는 사건이나 인물이 ECCC의 관할에 해당하는지 여부를 판단하기 위한 절차로서 말 그대로 '예비'조사임에도 불구하고 사실상 수사와 동일한 성격을 가지고 있다는 점이다. 즉, 공동수사판사와 공동검사의 수사가 중복적으로 이루어짐으로 인하여 수사단계에서 지나치게 장시간이 소요된다. Case 001의 경우 두치에 대한 공동검사의 예비조사는 약 1년이 소요되었고, 공동수사판사의 수사에는 약 10개월이 소요되었다. 이외에도 전심재판부에서 절차상의 이견을 처리하는 기간을 포함한다면 두치 한 사람에 대한 예비조사와 수사를 거쳐 기소결정이 내려지고 1심 재판이 시작되기까지 약 2년이 넘는 시간이 소요된 것이다.

이러한 장시간에 걸친 공동검사의 예비조사는 공동수사판사의 공정성을 훼손시킨다는 지적이 있다. 즉, 공동검사가 특정 피의자 혹은 사안에 대하여 ECCC의 관할에 해당하는지 여부를 조사하는 과정에서 수사의 방향성이 잡히고 공동수사판사는 공동검사의 최초보고서에 의해 사건에 대한 예단을 가지게 된다는 것이다.[399] 또한 대규모 인권유린 범죄의 특성상 공동수사판사가 유죄의 증거는 물론 무죄의 증거까지 포함하는 방대한 증거를 수집하여 이를 조사하는 것은 현실적으로 무리이다. 실제로 5명의 피고인이 기소

---

398 협정 제5조 1항, ECCC법 제23조.

399 John D. Ciorciari and Anne Heindel, p. 389.

된 Case 002와 관련하여 피고인 지원부Defence Support Section의 책임자인 리처드 로저스Richard Rogers는 Case 002의 복잡성으로 인해 공동검사가 제출한 최초보고서상의 증거자료를 충실히 조사하기 어렵기 때문에 공동검사는 유죄를 뒷받침 하는 증거만을 조사했다고 밝혔다. 또한 이엥 사리의 변호인인 마이클 카나바스Michael Karnavas는 공동수사판사는 공동검사가 제출한 자료를 확인한 것에 불과하기 때문에 수사는 사실상 공동검사가 한 셈이라고 언급하기도 하였다.[400]

결국 공동검사와 공동수사판사에 의해 각각 별도로 이루어지는 수사는 수천명에 이르는 피해자와 증인들과 증거자료를 조사해야 하는 ECCC의 특성에 비추어 필요이상의 장시간이 소요되면서도 그 절차적 정당성 역시 제대로 보장되기 어려운 문제를 가지고 있다.

2. 장시간에 걸친 재판

ECCC의 절차적 비효율성은 수사과정에서 그치는 것이 아니라 재판과정에서도 존재한다. 이는 ECCC가 채택한 프랑스식 대륙법 체계에 따른 수사절차와 재판절차의 부조화에 기인한 것이다. 프랑스식 직권주의적 형사소송절차의 특징은 중립적 위치에 있는 수사판사가 모든 증거의 수집과 증거조사를 실시하기 때문에 수사단계에서 상대적으로 긴 시간이 소요되는 반면 재판단계에서는 수사판사의 증거조사 결과가 그대로 증거능력을 가지기 때문에 재판절차는 추가적인 증거조사 없이 증거조사결과를 확인하는 수준으로

---

400 Ibid. pp. 389-390.

이루어지는 것이 일반적이다. 그러나 ECCC는 프랑스식 직권주의의 영향을 받아 수사판사가 수사를 진행하며 증거의 수집과 증거조사를 진행함에도 불구하고 재판은 영미법상의 재판절차와 같이 긴 시간이 소요되고 있다. 다시 말해, 공동수사판사의 수사결과를 재판에서 확인하는 수준에서 더 나아가 당사자들의 구두변론과 증인심문 등을 진행하여 전체적인 사건처리에 소요되는 기간이 매우 길다. 이 때문에 전심재판부 재판관 다우닝Downing은 ECCC의 절차가 수년에 걸쳐 지연되어 시간낭비가 심하다는 비판을 가하였다.[401]

그러나 이러한 당사자주의적 재판의 진행은 대규모 인권유린에 대한 보다 정확한 정보를 대중에게 제공하고 가해자에 대한 처벌의 법적, 역사적 정당성을 공개적으로 확인할 수 있다는 점에서 비교적 간이하게 진행되는 직권주의적 재판운영보다 적절하다고 볼 수 있다. 특히 캄보디아와 같이 30년이 넘는 기간 동안 대량학살과 같은 심각한 인권범죄에 대한 처벌이 제대로 이루어지지 않은 상황에서 공동수사판사가 진행하는 수사가 비공개로 진행되기 때문에 공동수사판사의 수사결과와 각종 증거자료, 증인이 공개된 법정에서 대량학살의 인권유린을 증명할 수 있는 당사자주의적 재판의 운영은 장시간이 소요되는 절차적 비효율성에도 불구하고 그 의미와 가치가 인정된다.

3. 통역으로 인한 지연

ECCC의 공용어working language는 캄보디아어, 영어, 프랑스어이다.[402] 따라서

---

401 Alex Bates, 각주257, p. 46.
402 협정 제26조 2항, ECCC법 제45조.

ECCC의 모든 절차에서 통역은 필수적으로 제공되며 ECCC에서 생산되는 모든 문서 역시 위의 공용어로 작성되어 제공된다. 피고인과 피해자 등 사건의 당사자들이 모두 캄보디아인이고 캄보디아 측 인력과 유엔 측 인력이 공동으로 근무하는 구조상 다른 국제재판소들과 마찬가지로 통역은 재판소 운영의 필수적인 요소이지만 ECCC의 경우 통역이 절차적 비효율성을 야기하는 문제점으로 지적되고 있다.

통역은 재판과정에서 동시통역으로 이루어지는데 대부분의 경우 피고인이나 증인은 캄보디아어로 진술하기 때문에 캄보디아인의 진술은 영어와 프랑스어로 통역되어야 하며 반대로 외국인의 진술은 캄보디아어로 통역되어야 한다. 이 과정에서 필수적으로 요구되는 것이 숙련된 통역인의 확보이다. 그러나 ECCC의 통역인은 단순히 언어적 능력 이외에도 수사와 재판에서 사용되는 국제법과 캄보디아 국내법과 관련된 법률용어를 정확히 이해해야 한다. 특히 수사와 재판 등 ECCC 절차상 공정한 재판과 정치적 독립성의 확보라는 기본적 원칙이 훼손되지 않도록 중립적인 통역이 보장되어야 한다.

그러나 캄보디아에서 이러한 기준을 충족시키는 인력을 확보하는 것은 매우 어려운 것이 현실이다. 실제로 두치 사건에서 통역은 절차진행을 지연시키는 요인으로 작용하였는데, 캄보디아어 진술이 프랑스어로 직접 통역되지 않고 중간에 영어로의 통역을 거쳐 프랑스어로 통역되었다. 이는 단순히 절차의 지연뿐만 아니라 통역의 정확성을 담보하지 못하는 문제가 있다.

인력운영의 문제

1. 캄보디아 법조인력의 질적 문제

캄보디아 사법부 내의 특별재판부로 설치된 ECCC는 1심 재판부, 상소심 재판부, 전심재판부, 공동수사판사와 공동검사, 피해자 지원부 등 모든 기관이 캄보디아 인력을 다수로 하고 유엔이 지원하는 외국인 법조인력과 행정지원 인력은 소수로 구성되어 있다. 따라서 캄보디아 측 법조인력의 질적 수준은 ECCC의 성공적인 운영을 보장하는 가장 핵심적인 요소이다. 그러나 크메르 루즈에 의한 집단학살로 인하여 캄보디아는 훈련된 법조인력의 거의 대부분을 상실하였고 이는 캄보디아 법조인력의 질적 저하를 야기하였다.

이러한 이유로 캄보디아 법조현실에서 공정한 재판 혹은 절차적 정의는 제대로 이해되지 못하고 있다. 예를 들어, 수사과정에서 강제적인 자백의 강요, 구금자에 대한 고문, 증거조작, 변호인의 조력을 받을 권리의 박탈이 캄보디아의 형사절차에서 흔히 일어나고 있다.[403] 뿐만 아니라 재판이 일반에 공개되지 않는 경우도 있고, 검사가 제출하는 증거에 대하여 법원이 엄격한 증거조사를 하지 않고 변호인이 그 증거능력을 문제 삼는 것 역시 꺼려하는 경향이 있다. 심지어 판사가 사건의 적용법률을 무시하는가 하면 재판이 종료되기도 전에 판결을 정해놓는 경우도 있다.[404] 실제로 1심 재판부 재판장을 맡고 있는 캄보디아의 닐 논Nil Nonn 재판관조차 자신이 캄보디아 법원에

---

403 Dinah Pokempner, *The Khmer Rouge Tribunal: Criticisms and Concerns*, An Extraordinary experiment in Transitional Justice, Open Society Justice Initiatives (Spring 2006), p. 41.

404 Ibid.

서 판결에 내릴 때 결론에 대한 적절한 법리적 설명이 없었음을 인정하면서 ECCC의 다른 재판관(국제재판관들)들이 논리적 이유를 통해 법적 판단을 뒷받침 하는 논증 문화reasoning culture의 가치를 인식하게 되었음을 밝혔다.[405]

이와 같이 열악한 캄보디아 법조인들의 질적 수준은 수백만 명이 학살당한 대규모 범죄행위의 책임자들에 대하여 국제법과 캄보디아 형법을 적용하여 국제적 기준에 따른 공정한 재판과 수사를 수행하기에는 적절하지 않다고 볼 수 있다.

수사와 재판의 절차 자체를 제대로 수행할 수 있는 캄보디아 법조인력의 역량 부족 이외에도 캄보디아 측 직원들의 부패문제 역시 ECCC의 절차상의 공정성과 투명성을 약화시키는 요인이다. 2007년 ECCC의 일부 캄보디아 고위직원들이 채용의 대가로 캄보디아인 직원들로부터 그들의 급여의 일부를 상납 받은 사건이 문제가 되어 캄보디아 측 행정책임자가 해임된 바 있다. 유엔은 이외에도 캄보디아 측 직원의 채용과정에서 많은 비리가 있음을 밝히기도 하였다. 이를 계기로 캄보디아 정부는 ECCC 내의 캄보디아 직원들의 비리를 방지하기 위하여 독립적인 부패담당자를 임명하고 부패방지를 위한 장치를 마련하였다. 그러나 유엔의 역할이 제한된 혼합형 재판소의 특성상 캄보디아 정부만으로 내부의 부패문제가 해결될지는 의문이다. 다행스러운 점은 캄보디아 직원들의 부패가 크메르 루즈 책임자들에 대한 수사와 재판에 직접적인 영향을 미치지는 않았다는 점이다. 하지만 내부의 부패문제는 ECCC의 권위를 훼손하는 중대한 요인이다.

---

405 Alex Bates, p. 50.

2. 영미법 출신 법조인력의 대륙법적 절차운영에 대한 이해부족

전술한 바와 같이 다른 국제재판소와 달리 ECCC의 절차는 전반적으로 프랑스식 대륙법에 기초하고 있다. 하지만 ECCC는 외국인 법조인들을 선발함에 있어서 대륙법계 출신으로 자격을 제한하지 않았기 때문에 국제재판관들과 국제공동검사international deputy co-prosecutor, 국제공동수사판사international assistant co-prosecutor 들과 외국인 변호인들은 대부분 영미법계 국가의 법조인들로 구성되어 있다.

특히 국제공동검사의 경우 벨기에 출신 수석검사보senior assistant co-prosecutor를 제외하면 대부분의 국제공동검사, 국제부검사, 국제공동검사보의 직위는 모두 미국, 영국, 호주, 캐나다 등 영미법계 출신 법조인으로 구성되었으며 현재 국제공동검사는 미국 출신 니콜라스 쿰지안Nicholas Koumjian이다. 국제공동수사판사의 경우 대륙법계 국가인 독일 출신 마이클 볼랜더Michael Bohlander가 현재 국제공동수사판사직을 맡고 있고, 예비국제공동수사판사는 아일랜드 출신 법조인이 맡고 있다. 이전에는 미국과 독일 출신 법조인이 국제공동수사판사직을 맡은 바 있다. 독일의 경우 대륙법계 국가로서 프랑스와 유사하게 수사를 담당하는 예심판사제도를 운영한 바 있지만 1974년 이후 예심판사제를 폐지하고 검사가 수사를 담당하고 있다.[406] 따라서 독일의 경우에도 수사판사제도는 비교적 생소한 제도라 여겨진다. 이러한 이유로 ECCC의 공동수사판사들이 수사에 적극적으로 참여하기 보다는 특별한 가이드 라인을 제시하지 않고 수사관들에게 수사권을 위임하는 일이 벌어지고 있다는 지적이 제기되기도 하였다.[407]

---

406 최기식, 「독일 형사소송법상 출석 · 진술의무제도 및 그 도입방안」, 「형사법의 신동향」 (2009년 6월) p.35.
407 John D. Ciorciari and Anne Heindel, p.390.

캄보디아 형사소송법과 규칙 적용의 문제점

캄보디아 형사소송법에 따른 절차를 운영하는 ECCC는 캄보디아 형사소송법상의 규정을 상당부분 준용하여 규정상의 공백을 해소하고 국제적 기준에 부합하는 절차의 운영을 위해 규칙을 제정하여 적용하고 있다.[408] 그러나 이러한 ECCC의 규칙제정은 법적인 근거가 취약하기 때문에 그 절차적 정당성에 문제가 있다.

협정과 ECCC법은 ECCC가 현행 캄보디아 절차규정을 적용한다고 규정하고 있고 예외적인 경우에 한하여 국제적 단위에서 성립한 절차지침으로부터 기준을 구할 수 있다.[409] 그러나 협정과 ECCC법은 ECCC가 자체적으로 절차에 관한 규정을 제정할 수 있는 권한을 부여하고 있지 않다. 뿐만 아니라 전심재판부와 1심 재판부가 규칙이 캄보디아 형사소송법에 대하여 우위에 있음을 선언하고 캄보디아 형사소송법을 규칙을 해석하고 적용함에 있어서 참고자료로 활용하고 있지만 정작 상소심 재판부는 이와 다른 입장을 취하고 있다. 즉, 상소심 재판부는 두치 사건의 판결문에서 상소심 심리기준 standard of appellate review를 제시하며 협정과 ECCC법에 근거하여 캄보디아 형사소송법을 인용하였다.[410] 이는 오히려 캄보디아 형사소송법이 규칙에 대하여 우위에 있고, 캄보디아 형사소송법을 우선적으로 적용한다는 입장을 취한 것이다. 그러나 이러한 상소심 재판부의 판단은 앞의 전심재판부와 1심 재판부의 결정과는 달리 규칙과 캄보디아 소송법간의 관계에 대한 직접적인 법

---

408 제5장 ECCC의 특징, Ⅴ. 적용법률 참조.
409 협정 제12조 1항, ECCC법 제33조.
410 Case 001, 상소심 판결, para. 12, 13.

적 판단이 아닌 판결문의 상소심 심리기준에 관한 설명에 해당하는 부분이라는 한계가 있다. 결국, 상소심 재판부의 이유설시에 무게감이 실리는 것은 사실이지만 전심재판부, 1심 재판부, 상소심 재판부가 적용법률에 관하여 각각 다른 입장을 취한 것으로 보는 것이 정확하다.

상소심 재판부가 규칙과 형사소송법과의 우열관계를 명확히 설시하지 않음으로 인하여 형사소송법과 규칙의 우열관계가 명확하지 않고, 형사소송법의 해석을 통해 규칙을 보충하는 경우에도 그 적용기준이 명확하지 않기 때문에 각 재판부가 결론을 도출하기 용이한 규정을 자의적으로 적용한다는 비판이 있다.[411]

Ⅲ. 예산과 관련된 문제점

과도한 예산 소요

경제적 비효율성 역시 ECCC가 가지는 문제 중 하나이다. 즉, 지나치게 많은 예산이 소요되는 점이 문제로 지적되고 있다. 사실, 국제재판소의 운영에는 상당한 예산이 투입되는 것이 일반적이다. 다시 말해, 각국에서 변호사를 비롯한 법률전문가를 채용해야 하고 국제재판소의 특성에 따라 통번역에 소

---

411 John D. Ciorciari and Anne Heindel, p. 392.

요되는 비용 등을 포함하여 통상적인 국내법정 운영에 소요되는 것 이상의 상당한 예산 투입이 요구된다. 그러나 ECCC의 경우 투입되는 예산은 상당함에 반해 재판을 받는 피고인의 숫자[412]는 매우 적기 때문에 낮은 경제적 효율성이 특히 문제가 되고 있다.

시에라리온 특별재판소SCSL는 피고인 1인당 230만(약 27억4천만 원)에서 250만 달러(약 29억7천만 원), 구유고슬라비아 국제형사재판소ICTY의 경우 1750만 달러(약 208억5천만 원), 르완다 국제형사재판소ICTR에서는 210만 달러(약 25억원)가 소요되었다.[413] 반면 ECCC의 경우 2015년 현재 진행중인 Case 002의 재판을 기준으로 평가할 때 수사와 재판에 소요된 비용은 피고인 1인당 6760만 달러(약 805억4천만 원)이다.[414] 아직 수사단계이기는 하지만 Case 003과 004에 대한 수사가 종료되고 현재 수사가 진행 중인 5명의 피의자 전원이 기소된다고 가정할 경우에도 피고인 1인당 소요되는 비용은 3380만 달러(약 402억7천만 원)이다.[415] 이러한 수치로 볼 때 불과 10명 이하의 인원을 처벌하기 위한 수단으로써 국제재판소를 운영하는 것은 경제적 측면에서 매우 비효율적인 것이 사실이다.

이와 같이 상당한 예산이 투입되는 ECCC에 대하여 일부 생존자들을 포함한 캄보디아 일각에서는 캄보디아의 경제사정상 ECCC에 투자되는 재원을

---

412 2016년 현재까지 총4명의 피고인이 재판을 받았고, Case 001의 피고인인 두치를 제외한 나머지 3명의 피고인들은 Case 002의 피고인으로써 재판을 받고 있다. 또한 공동수사판사는 Case 003과 004의 수사를 진행하고 있는데, 수사대상인원은 5명이다.

413 Alex Bates, p. 45.

414 Ibid.

415 Ibid.

캄보디아 경제개발에 활용해야 한다는 주장이 제기되기도 하였다.[416] 실제로 2008년도에 18세 이상 캄보디아인 1000명을 대상으로 조사한 바에 따르면, 캄보디아 정부가 집중해야 할 분야에 대하여, 조사인원 중 56%는 경제개발에 더욱 집중해야 한다고 답했고 건설 등 인프라라고 답한 인원은 48%였으나 사법정의justice라고 답한 인원은 1%에 불과했다.[417]

불안정한 재정지원

혼합형 재판소로 운영되는 ECCC는 캄보디아 정부와 유엔이 공동으로 예산을 부담하고 있다. 예산은 캄보디아 측과 유엔 측이 상당부분 분리되어 지출하는데, 캄보디아 정부가 캄보디아인 직원들의 급여와 각종 비용을 책임지고, 유엔은 외국인 직원들과 외국인 직원들의 업무상 소요되는 각종 비용을 책임지는 구조를 가지고 있다.

문제가 되는 부분은 캄보디아 정부의 열악한 재정상황으로 인하여 ECCC에 대한 예산지원이 원활하지 못하다는 점이다. 캄보디아 정부는 ECCC에 제공하는 예산의 대부분을 자체 예산에서 지출하지 않고 외국정부의 자금지원에 상당부분을 의존했고[418] 2014년의 경우 캄보디아 정부가 부담해야 할

416 John D. Ciorciari, *Who Should Stand Trial in Cambodia*, Oxford Transitional Justice Research Working Paper Series, (December 2008) p. 3.

417 Phuong Pham, et al., *So we will never forget*, Human Rights Center, University of California, Berkeley, (January 2009), p. 34.

418 2014년에는 일본, 호주, 독일, 영국, EU를 비롯하여 14개국과 유엔신탁기금(UN Trust Fund)에서 약 75%의 지원을 받았다.

예산 중 24%만을 부담했을 뿐이었다.[419] 그나마도 캄보디아 정부는 ECCC 에 대한 재정지원에 소극적인 태도를 보였는데, 결국 2013년 3월 12명의 통번역 담당 캄보디아인 직원들이 3개월간 임금을 지급받지 못했다며 파업을 벌여 Case 002의 재판이 한달 간 중단되기도 하였다.[420] 또한 2013년 9월 에도 250명의 캄보디아인 직원들 중 140명이 6월부터 8월까지 밀린 임금의 지급을 요구하며 파업을 하기도 하였다.[421]

---

419 ECCC Financial Outlook (2014년 5월 31일 기준). http://www.eccc.gov.kh/sites/default/files/Financial%20outlook%20May%202014.pdf.

420 John D. Ciorciari and Anne Heindel, p. 419.

421 주간캄푸치아, http://ecambodia.co.kr/news/view.html?section=146&category=159&no=6143.

제7장

전환기 정의적 관점에서
바라본 ECCC

I. 전환기 정의란

전환기 정의의 개념

1. 정의(定義)

유엔 평화구축위원회_{peacebuilding commission}의 자료에 따르면 전환기 정의_{transitional} justice[422]란 체계적이고 거대한 규모의 인권유린에 대한 접근방법으로서 인권유린의 피해자들에게 배상을 제공하고 인권유린의 원인이 되어온 정치체제, 분쟁, 혹은 그 밖의 다른 원인을 변화시킬 수 있는 기회를 만들거나 그러한 기회를 강화할 수 있는 체계이다.[423] 즉, 특정 국가 혹은 정부가 체계적이며 계획적으로 대규모 인권유린 범죄를 저지른 경우, 민주주의 체제로 전환되는 과정에서 가해자에 대한 형사처벌, 피해자에 대한 배상, 진실규명 등을 통해 사회적 정의를 공고히 하여 앞으로 그와 같은 인권침해상황이 재발하지 않도록 하는 단기적이고 임시적 과정을 전환기 정의라고 말할 수 있을 것이다. 이러한 전환기 정의에는 크게 두 가지 목표가 설정되는데, 하나는 피해자들에 대한 적절한 수준의 정의실현이고, 다른 하나는 평화, 민주주의, 화해의 가능성을 강화하는 것이다.[424] 이와 같은 전환기 정의의 목표를 달성하기 위한 수단은 형사적, 회복적, 사회적 정의의 요소들을 결합하여 적용된다.

---

422 연구자에 따라 '과도기 정의'나 '이행기 정의'로 표현하는 경우도 있다.

423 *What is transitional justice? A Backgrounder.* (February 20, 2008). http://www.un.org/en/peacebuilding/pdf/doc_wgll/justice_times_transition/26_02_2008_background_note.pdf.

424 *What is transitional justice? A Backgrounder.* (February 20, 2008).

좁은 의미에서의 전환기 정의는 사법적 처벌을 의미하는데, 2차 세계대전이 끝난 후 뉘른베르크 전범재판과 도쿄 전범재판을 통해 전쟁범죄자들을 처벌한 것이 그 예이다. 하지만 본격적인 전환기 정의의 개념은 과거 동유럽 국가들이 공산주의 체제에서 자유주의 체제로 전환되던 시기와 중남미 국가들이 권위주의 체제에서 민주주의 체제로 전환되는 과정에서 실시한 각종 인권침해와 정치적 탄압과 관련된 과거청산 작업들로부터 비롯되었다. 구소련이 붕괴된 후 동구권 국가들이 공산주의 체제에서 민주주의 체제로 전환되던 시기 동유럽 각국에서 이루어진 과거 지배세력에 의해 자행된 인권탄압에 대한 진실규명과 가해자였던 비밀경찰, 정보기관 요원 등에 대한 형사처벌, 그리고 피해자에 대한 배상작업이 전환기 정의의 대표적인 예라고 할 수 있다. 또한 1990년대 초반 중남미 지역에서 권위주의 체제가 민주주의 체제로 전환되는 과정에서 이루어진 각종 사법적 단죄와 추모기념관 설립, 진실규명위원회의 설치 역시 그 대표적 사례이다.

2. 총체적 접근의 필요성

냉전 종식 이후 코소보 내전과 르완다 내전 등 민족주의에 기반한 내전이 빈발하고 그 과정에서 특정 인종이나 종족에 대한 인종청소와 같은 집단학살과 강제이주 등 심각한 인권유린이 자행되었다. 내전이 종료되고 체제변동이 있은 후 이러한 인권범죄에 대한 책임을 묻는 과정에서 전환기 정의의 개념은 사법적 정의와 피해자에 대한 배상을 포함하는 것은 물론이고 이전의 동유럽과 남미에서의 경우보다 사회 전반의 통합과 정치적 평화체제의 안착을 촉진하는 기제로서의 기능이 강조되었다. 즉, 내전이라는 특성상 가해자가 군과 같은 전투집단에 소속된 하급 병사인 경우가 다수 있었는데 그러한 하급 지위의 가해자가 내전이 종료된 이후에도 피해자와 같은 마을이나 지역공동체에 거주하는 경우가 많았다. 이 때문에 이러한 가해집단의 하급 지위에 속했던 가해자에 대한 처벌이 기술적으로 어려운 경우가 많았고, 처벌이 이루어진 경우에도 다수의 가해자들을 자연스럽게 사회로 복귀시켜야 하는 과제가 남았다. 또한 가해자 집단과 피해자 집단간의 갈등을 봉합하여 사회를 하나로 통합하고 인종이나 종교적 차이로 인한 사회분열을 예방하여 정치적, 사회적 안정을 확보해야 했다.

따라서 이러한 문제를 해결하기 위해 사법적 정의, 피해자에 대한 배상, 진실규명을 포함하여 정부조직 개혁, 박물관 등 추모시설 건립, 피해자의 정신적 트라우마에 대한 치유, 가해자와 피해자 간 화해 등과 같은 다양한 전환기 정의적 조치들이 총체적으로 진행되어야 하는 것으로 이해되고 있다.

이러한 다양한 전환기 정의적 조치들을 전사회적 차원에서 종합적으로 집행함에 있어서 유엔은 몇 가지 기본적인 지침을 다음과 같이 권고하고 있다.[425]

1. "전환기 정의 조치와 메커니즘을 설계하고 집행함에 있어서 국제적 규범과 기준에 부합하도록 해야 한다."
2. "전환기 정의 조치와 메커니즘을 설계하고 집행함에 있어서 정치적 맥락을 고려해야 한다."
3. "개별 국가의 독특한 맥락을 고려하여 전환기 정의를 지원하고 범사회적

---

425 *Guidance Note of the Secretary-General, United Nations Approach to Transitional Justice.* (March 2010).

인 전환기 정의 조치를 실행 할 수 있는 국가적 능력을 강화해야 한다."

4. "여성의 권리를 확보하도록 노력해야 한다."

5. "아동에 대하여 세심한 지원을 해야 한다."

6. "전환기 정의 조치와 메커니즘을 설계하고 집행함에 있어서 피해자가 중심이 되도록 해야 한다."

7. "전환기 정의 조치들과 폭넓은 법치계획이 조화를 이루도록 해야 한다."

8. "전환기 정의 조치들과 메커니즘의 적절한 결합을 통합하는 광범위한 접근이 이루어져야 한다."

9. "전환기 정의 조치들과 메커니즘이 분쟁, 억압적 지배를 고려하고, 모든 권리침해를 다룰 수 있도록 되어야 한다."

10. "효율적인 협력과 파트너십을 통해 진행되어야 한다."

전환기 정의의 유형

전환기 정의적 조치는 크게 사법적 조치와 비사법적 조치로 구분할 수 있다.[426] 사법적 조치는 말 그대로 인권침해의 가해자에 대한 적법 절차를 통한 형사처벌을 의미하고, 비사법적 조치는 가해자, 피해자, 사회공동체를 포함하여 당사자간의 화해와 진실규명, 배상, 추모 등의 조치를 통한 사회통합을 목표로 한다.

---

426 사법적 조치는 응보적 정의(retributive justice)로 표현하기도 하며 비사법적 조치는 회복적 정의(restorative justice)로 적는 경우도 있다.

1. 형사처벌

문자 그대로 대규모 인권유린에 대한 책임자를 재판절차를 통해 그에 상응하는 처벌을 받도록 하는 것이다. 크메르 루즈에 의해 저질러진 각종 인권유린 범죄는 대부분 국제법상 제노사이드, 인도에 반하는 죄, 1949년 제네바 협약 위반 등의 전쟁범죄에 해당하며 각국의 형법 등에 규정된 범죄를 구성할 수도 있다.

이러한 범죄행위에 대한 형사처벌은 그 역사적, 정치적, 법적 정당성을 확보하기 위해 '시민적 정치적 권리에 관한 국제규약' 제14조와 15조에서 규정된 국제적 기준에 부합하는 적법절차에 따른 수사와 기소, 그리고 재판에 의해 이루어 져야 한다. 원칙적으로 형사재판은 해당 범죄가 발생한 국가의 정부가 기소하여 이루어져야 하지만 대량학살과 같은 인권범죄가 발생한 국가는 대부분 정치적 불안정성과 정부기능의 불완전함으로 인하여 인권범죄자에 대한 수사와 재판은 국제재판소에서 진행하는 경우가 많다. 또한 경우에 따라 캄보디아의 경우와 같이 혼합형 재판소가 구성되기도 한다. 위에서 언급한 바와 같이 직접적으로 범죄행위를 저지른 하급병사 혹은 중간관리자까지 처벌하는 것은 현실적으로 어려운 경우가 많기 때문에 인권범죄에 가장 큰 책임을 가지고 있는 정부조직 혹은 정치집단의 고위직으로 그 기소대상이 제한되는 경우가 많다.[427]

---

427 뉘른베르크 전범재판에서는 모두 22명이 기소되어 12명은 교수형, 3명은 종신형, 2명은 20년형, 1명은 15년형, 1명은 10년형, 3명은 무죄가 선고되었다. 르완다 국제형사재판소(ICTR)에서는 93명이 기소되어 61명이 유죄선고를 받고 14명이 무죄선고를 받았다. 구유고슬라비아 국제형사재판소는 비교적 많은 인원을 기소했는데, 160명이 넘는 인원이 기소되어, 2016년 6월 현재까지 106명에 대한 재판이 종료되었으며, 12명에 대한 재판이 진행중이다.

2. 진상규명

진상규명은 비사법적(회복적) 전환기 정의조치로서 실제로 해당 지역에서 해당시기에 구체적으로 어떤 일이 벌어졌고, 누가 왜 그런 일을 저질렀는지를 확인하기 위한 작업이다. 형사처벌을 위한 수사 역시 누가 왜 인권범죄를 저질렀는지에 대한 진실을 규명하는 작업이지만 수사는 근본적으로 법률적인 범죄혐의의 입증을 위한 활동이기 때문에 범죄혐의에 대한 법률적인 입증과 관련된 내용이 아닐 경우, 즉 해당 피의자에 대한 범죄혐의와 관련되지 않은 사실관계의 경우 제대로 규명되지 않을 가능성이 높다. 따라서 진상규명은 대규모 인권범죄에 대한 개인에 대한 책임, 정부기관 등 기관에 대한 책임을 광범위하게 규명하고 대규모 인권범죄가 발생한 근본적인 원인을 파악하여 그와 같은 대규모 인권유린의 재발을 방지하는데 그 의미가 있다. 진상을 규명하는 과정에서 가해자의 협력을 유도하고 가해자를 새로운 사회의 구성원으로 포용하기 위한 수단으로써 사면이 이루어질 수 있다. 그러나 사면이 무조건적으로 이루어져서는 안되며, 사면의 대상자는 대규모 인권범죄의 가해자에 국한되어야 하고, 인권유린행위에 정치적 목적이 내포되어 있었음을 포함하여 확인된 모든 사실이 공개되어야 한다.[428] 전환기 정의적 관점에서 진상규명은 인권유린과 관련된 사실 및 그 원인의 확인을 통해 가해자 집단과 피해자 집단 사이의 화해를 도모하여 사회적 통합을 이룰 수 있다는 믿음을 내재하고 있다.

---

428 Lak Chansok and Khoun Theara, *In pursuit of Transitional Justice in Cambodia: From Theoretical to Pragmatic Application*, Cambodian Institute for Cooperation and Peace Working Paper, (February 2012), p. 8.

이외에도 현실적으로 가해자에 대한 형사처벌이 불가능한 경우 진상규명이 사실을 확인할 수 있는 최선의 방법이 되기도 한다. 예를 들어 쟁점이 되는 인권유린행위가 지나치게 오래 전에 발생하여 가해자가 이미 사망했거나 수사를 거쳐 재판을 받을 수 없는 경우 진상규명작업을 통해 사건의 진실과 그 배경, 그리고 책임소재를 확인하여 역사적 기록을 남기는 것이 최선의 대안이 될 것이다.

진상규명작업은 대개 '진실화해위원회', '진상규명위원회'와 같은 명칭을 가지는 정부기구에 의해 한시적으로 진행되는데 업무의 특성상 그 독립성이 보장되어야 한다.[429] 또한 진상규명을 수행하는 정부기구는 그 결과를 백서 혹은 보고서를 통해 공개하고 유사한 인권유린의 재발방지를 위한 정책적 권고사항을 밝혀야 한다. 아울러 경우에 따라 피해자에 대한 복권이나 피해배상에 대한 결정을 내릴 수도 있다.

3. 배상

인권유린 피해자에 대한 배상은 전환기 정의에 있어서 매우 중요한 의미를 가진다. 즉, 피해자들이 그들이 당한 인권범죄로 인해 경제적 혹은 정신적인 피해를 입었음을 인정받고, 그에 상응하는 배상을 통해 사회복귀의 기반을 마련할 수 있다는 점에서 그 의미가 있다.

피해자에 대한 배상이 반드시 경제적, 물질적 형태로 이루어져야 하는 것

---

429 한국의 '과거사진상규명위원회'나 '진실화해를 위한 과거사정리 위원회'가 대표적인 예이다.

은 아니다. 배상은 매우 다양한 형태로 제공될 수 있는데, 피해자가 인권유
린의 피해자임을 선언하는 사실인정, 피해자에 대한 추모시설의 설치, 피해
자에 대한 신원 혹은 복권조치 등의 형식으로 배상이 이루어질 수 있다. 경
제적, 금전적 피해배상의 경우 가해자가 그 배상을 하는 것이 원칙이지만,
가해자가 경제적 손해배상을 할 수 있는 능력이 없거나 현실적으로 불가능
한 경우 정부가 그 배상을 하는 것도 가능하다. 정부(국가)는 국민의 생명과
재산을 보호해야 할 1차적인 책임을 가지고 있다는 점에서 국민이 대규모 인
권범죄의 피해를 입었다는 점은 정부에도 그 책임이 있다고 볼 수 있기 때문
이다.

4. 정부기관 개혁

대규모 인권범죄의 경우 국가차원에서 계획적으로 이루어진 경우가 대부분
이고 그러한 인권범죄의 실행은 정부기관이 주도하는 경우가 많다. 따라서
체제전환을 통해 민주주의적 체제가 세워졌다 하더라도 인권유린 범죄를 주
도했던 정부기관의 구조적 개혁을 통해 국가기관이 향후 인권유린과 관련된
행위를 할 수 없도록 제도적 설계를 하는 것이 바람직하다. 이러한 제도적
안전장치로써 각 정부기구간 견제와 균형장치의 확립, 삼권분립 특히 사법
부의 독립 보장, 군, 경찰, 정보기관 등에 대한 적절한 내외부적 통제장치의
확립 등이 있다.

　이러한 정부기구에 대한 개혁은 또한 내부 구성원에 대하여 인권인식을
함양시키고 법치주의에 따른 정부운영을 주지시키는 것을 포함한다. 정부기
관 운영에 있어서 제도적으로 인권침해가 불가능하도록 설계되어 있다 하더

라도 내부구성원의 일탈에 의해 얼마든지 인권범죄가 발생할 여지가 있다. 따라서 내부구성원에 대한 교육, 합리적 인사체계, 감찰기능의 확립이 중요하다. 또한 과거 인권범죄에 연루된 인사가 정부기구에서 다시 근무할 수 없도록 하는 제도적 장치가 마련되어야 한다. 그러나 대규모의 내전을 거친 국가의 경우 다수의 경험 있는 행정인력이 인권범죄 전력으로 인해 정부기관에서 배제될 경우 행정인력의 부족으로 인하여 오히려 사회적 혼란이 심화될 수 있기 때문에 적절한 기준을 설정하는 것이 필요하다.[430]

이상적인 전환기 정의 메커니즘

전환기 정의의 궁극적인 목적은 과거 발생했던 인권유린의 책임자를 처벌하여 사법적 정의를 세워 인권범죄에 대하여 그 법적 책임이 분명히 따른다는 선례를 남김으로써 장래 국가 혹은 정부에 의한 인권범죄를 예방할 수 있도록 하는 것이다. 동시에 전환기 정의는 인권범죄의 원인과 진상을 규명하며, 피해자들을 포함하여 사회전체가 겪었던 인권적 참상으로 인한 트라우마를 치유하고, 사회적 갈등을 해소하는 것이다.

이러한 목표를 달성함에 있어서 위에서 언급된 다양한 유형의 전환기 정의 조치들의 총체적이고 유기적인 실행이 필요하다. 여기에 더하여 현재까지 국가 혹은 정치집단에 의한 체계적이고 광범위한 인권범죄를 겪은 이후 체제전환의 과정에서 전환기 정의적 조치들을 실행한 국가들의 사례는 총체

---

430 조정현, 「과도기 정의(Transitional Justice)와 한반도 통일」, 「서울국제법연구」, 제21권 1호(2014) p. 31.

적 전환기 정의 조치들이 각국이 처한 정치상황, 역사적 배경, 종교적, 문화적 배경 등에 적합한 형태로 실행되어야 한다는 점을 보여준다. 즉, 개별 국가가 처한 현실을 도외시하고 무리하게 형사적 처벌Retributive justice에만 집중하거나, 반대로 정치적 이해관계에 따라 사회적 통합을 명분으로 인권범죄에 대한 진상규명이나, 처벌, 사과 없이 가해자에 대한 사면을 하는 등의 회복적 전환기 정의적 조치Restorative justice를 단행하는 경우 오히려 사회적 갈등과 분열을 야기할 가능성이 높다.

남아프리카 공화국의 경우 악명 높던 인종차별정책(아르파르트헤이트)[431]이 철폐되고 흑인계층에게 참정권이 부여된 가운데 대통령에 당선된 넬슨 만델라는 이전의 백인정부에 의해 이루어진 인종차별정책과 그와 관련된 인권유린에 대하여 법적 처벌보다는 흑인과 백인 그리고 기타 남아공을 구성하는 부족간의 통합에 집중하였다. 다시 말해, 남아공은 전환기 정의의 조치로서 회복적 정의에 초점을 두었는데, 1995년 '진실과 화해 위원회'Truth and Reconciliation Commission를 설치하고 인종차별정책과 관련된 진상을 규명하여 보고서를 발간하고, 가해자들을 사면하였다. 반면, 2차 세계대전 이후 이루어진 뉘른베르크 전범재판과 도쿄 전범재판은 전쟁 중 발생한 유태인에 대한 인종청소(홀로코스트)와 각종 전쟁범죄에 대한 책임을 묻기 위해 실행된 응보적 전환기 정의 조치였다. 즉, 전후 독일과 일본의 전체주의 체제를 해체시키고 새로운 체제로 전환시키기 위해 이전 체제 수뇌부의 일원으로서 전

---

431 아르파르트헤이트(Apartheid)로 불리는 남아프리카 공화국의 인종차별정책은 대규모 사회공학적 차원에서 행해진 인종분리정책이었다. 사회를 통제하기 위한 조치로서 18세기 통행법(일종의 통행금지조치)으로부터 기원하였는데, 이후 1948년 흑인을 흑인거주지역내에서만 거주하도록 통제하였고 모든 영역에서 흑인과 백인을 분리하였으며, 흑인의 정치적 권리를 박탈하였다. 이 법을 위반했다는 이유로 수 많은 흑인들이 체포되어 고문을 당했고, 구금되었다. 이 인종차별법은 1993년 폐지되었다.

쟁범죄에 책임이 있는 자들을 처벌하여 보복적 차원의 정의를 실현해야 할 이유가 존재했던 반면, 침략전쟁과 인권유린에 대한 진상규명과 전범들에 대한 사면은 새로운 체제를 수립함에 있어서 매우 부적절했던 것이다.

II. 캄보디아에서의 전환기 정의

체제전환의 맥락

크메르 루즈 정권이 붕괴된 이후 캄보디아의 정치상황은 단순히 캄보디아 내의 정치세력간의 대결국면이 아니라 캄보디아 정치세력을 지원하는 외부세력의 대결이기도 했다. 즉, 크메르 루즈를 지원하는 중국, 미국 등 서방세계와 크메르 루즈에 반대하는 베트남과 구소련이 캄보디아 내에서 자신들이 지지하는 정치세력을 지원하여 각자의 정치적 이익을 확보하려 했던 것이다. 1979년부터 1998년까지 지속된 크메르 루즈와 캄보디아 정부간의 내전은 이들 외부세력의 지원을 통해 지속될 수 있었다.

그러나 냉전종식 후 캄보디아의 각 정치세력을 지원하던 외부의 역학관계가 변하면서 정치적 이해관계가 아닌 인권의 관점에서 캄보디아의 정치상황이 조명되었다. 이에 따라 미국 등 서방세계와 유엔은 캄보디아의 내전을 종식시키기 위해 중재에 나서고 결국 1991년 캄보디아 정부와 크메르 루즈, 유엔은 파리평화협정을 체결하여 내전을 종식시키고 UNTAC을 설치하여 캄보디아의 과도정부를 구성하였다. 그러나 크메르 루즈는 당초 총선에 참가하겠다는 약속을 파기하여 크메르 루즈가 빠진 상태에서 총선이 진행되고 현재의 캄보디아 정부가 출범하였다. 그리고 현 캄보디아 정부는 1998년까지 크메르 루즈와의 내전을 지속하였다.

결국 현재의 캄보디아 정부가 출범하는 과정에서 캄보디아의 자체적인 역량을 통해 체제전환에 성공했다고 볼 수는 없다. 또한 훈 센 총리를 비롯한 현재의 캄보디아 정부의 고위층은 크메르 루즈 집권 당시 크메르 루즈의 구성원이었던 전력이 있기 때문에 구성원 개개인의 입장에서 크메르 루즈가 자행한 인권유린에 대한 책임에서 자유롭지 못하다.

전환기 정의적 관점에서 바라본 캄보디아 정부의 정책

1. ECCC 설치 이전 캄보디아 정부의 전환기 정의 정책

크메르 루즈는 1979년 정권을 상실한 이후에도 태국 국경지대에서 상당한 세력을 유지하고 있었다. 1993년 UNTAC 관리하에 치러진 총선을 통해 훈 센 총리를 중심으로 하는 신정부가 출범한 이후에도 크메르 루즈는 상당한 무력기반을 바탕으로 캄보디아 정부를 상대로 한 내전을 지속하고 있었다. 이 때문에 캄보디아 정부는 수백만 명이 학살된 심각한 인권범죄에 대하여 사회적 통합과 화해를 중시하는 회복적 정의에 가까운 정책을 취했다. 이는 내전의 와중에서 크메르 루즈에 대한 처벌보다는 크메르 루즈 구성원을 캄보디아 정부가 통제하는 사회체제에 수용하여 사회적 통합과 정치적 안정을 확보하려는 것이었다.

캄보디아 정부가 단행한 대표적인 조치는 크메르 루즈에 대한 대대적인 사면이었다. 크메르 루즈와 내전 중이던 캄보디아 정부는 1994년 7월 캄보디아 정부에 항복하는 크메르 루즈의 구성원(지도부 제외)에 대하여 사면을 단행하였다. 이에 따라 사면된 크메르 루즈 구성원들은 그들이 자행한 범죄행위에 대하여 처벌을 면제받았다. 또한 1996년에는 캄보디아 정부에 항복하는 조건으로 이엥 사리가 사면되었는데, 이엥 사리의 경우 1979년 베트남에 의해 이루어진 궐석재판에서 전쟁범죄와 제노사이드의 혐의로 선고 받은 사형과 재산몰수 형을 사면 받았다. 1996년 훈 센 총리는 크메르 루즈의 무장해제와 사회통합을 위한 '윈윈 전략'을 발표하였다. '윈윈 전략'이란 크메르 루즈 구성원들의 사회통합 지원, 캄보디아 정부에 항복하여 사회에 복귀하는 크메르 루즈 구성원들에 대한 안전보장, 사면의 고려, 사회통합을 촉진할 수 있는 인프라 구축 등을 주요 내용으로 하고 있다. 즉, 크메르 루즈 구성원들이 캄보디아 정부에 대한 저항을 포기하는 대가로 캄보디아 정부는 이들에 대한 처벌을 면제하고 사회정착을 지원하는 대가를 제공함으로써 내전을 종식시키고 사회적, 정치적 안정을 도모하려는 것이다. 이러한 정책에 힘입어 1998년 1549개의 크메르 루즈 부대들과 크메르 루즈에 속해 있던 4109명의 민간인들이 캄보디아 정부에 항복하여 사회에 통합되었고,[432] 크메르 루즈와의 내전은 종료되었다.

그러나 이러한 캄보디아 정부의 회복적 정의에 가까운 과거청산 조치들은

---

432 Lak Chansok and Khoun Theara, p.10.

전환기 정의적 차원에서 많은 비판을 받았다. 즉, 내전의 종식을 통한 정치적 안정을 확보하기 위해 추진된 정책이었기 때문에 전환기 정의적 측면에서 피해자에 대한 배려가 없었고 민주주의와 법치의 확립과는 무관했다. 우선, 크메르 루즈가 자행한 심각한 인권유린 범죄에 대하여 그 진상을 명확히 규명하지 않은 상태에서 사면을 단행하여 그 책임소재가 불분명한 상태로 남았다. 즉, 가해자들에 대한 법적 책임을 묻지 않는다 하더라도 최소한 진상규명을 통해 크메르 루즈에 의해 자행된 대량학살의 책임이 누구에게 있는지 여부는 밝혀졌어야 했다. 또한 명확한 진상이 규명되지 않음으로 인하여 가해자들은 여전히 자신들의 행위에 대한 정당성을 주장하는 상황이고 [433], 따라서 피해자들에 대한 진정성 있는 사죄 역시 이루어지지 않았다. 이 때문에 ECCC가 출범하기 이전까지 캄보디아 정부가 추진하던 전환기 정의적 정책은 사법적 정의를 실현하지 못하고 사회적 통합과 화해를 촉진하지 못한 실패한 정책이라고 할 수 있다.

2. ECCC를 통한 사법적 처벌에 대한 캄보디아 정부의 정책

앞서 ECCC가 직면한 가장 큰 문제점 중 하나가 ECCC에 대한 캄보디아 정부의 개입임을 밝혔다. 캄보디아 정부는 크메르 루즈에 대한 사법적 처벌에 매우 소극적 입장을 보이고 있는데, 이는 캄보디아의 정치적, 사회적 상황에 기인한 것이다.

---

433 누온 체아와 두치를 비롯해 거의 모든 크메르 루즈의 지도부는 자신들의 잘못을 인정하지 않고 있다. Case 001 재판에서 유죄판결을 받은 두치와 Case 002의 재판을 받고 있는 누온 체아와 키우 삼판은 자신들이 집권하던 시기 동안 발생한 수백만 명의 죽음에 대하여 그 책임을 인정하지 않고 있다.
http://legacy.h21.hani.co.kr/section-021003000/2005/04/021003000200504200556044.html 참고.

정치적 측면에서 볼 때 현재의 캄보디아 정부와 사회의 고위층 중 다수가 과거 크메르 루즈의 중하위급 구성원이었기 때문에 크메르 루즈에 의한 인권범죄에 대한 책임으로부터 자유롭지 못한 입장이다. 이 때문에 처벌 범위가 확대될 경우 현 캄보디아 정부의 구성원까지 처벌 대상이 될 가능성이 높다. 또한 크메르 루즈의 마지막 근거지였던 파일린과 바탐방 지역을 비롯하여 캄보디아 사회 내에서 크메르 루즈에 대한 우호적 인식을 가지고 있는 지역과 사람들이 적지 않다. 심지어 크메르 루즈의 외무장관이었던 이엥 사리의 아들이 현재 파일린 주의 부장관에 재직 중이다. 이와 같이 크메르 루즈의 구성원들과 그 가족들 중 일부가 현 캄보디아 정부와 지방정부에서 고위층을 차지하고 있는 상황에서 캄보디아 정부가 크메르 루즈에 대한 형사처벌에 적극적으로 나서 과거청산을 시도할 경우 캄보디아 정부가 주장하는 대로 내전에 이르지는 않더라도 정치적 분열로 인한 혼란은 불가피할 가능성도 있다.

다른 한편으로 크메르 루즈와의 내전이 종료된 이후 별다른 처벌절차 없이 그 소속 군인들과 중하위급 관리들이 캄보디아 전역으로 흩어진 상태로 수십년의 시간이 흘렀고, 직접적으로 가해행위를 저질렀던 크메르 루즈의 하급 관리들과 군인들의 대다수가 본인이 살던 마을에서 피해자들과 뒤섞여 살고 있는 경우가 매우 많다. 이들은 한 마을에 거주하면서 크메르 루즈 집권 당시의 일들을 얘기하지 않고 겉으로는 평온한 듯 일상생활을 영위하고 있지만 가해자와 피해자가 실질적으로 화해하는 과정이 없었기 때문에 심리적 상처와 갈등이 내재되어 있을 것으로 예상되고 있다.[434] 때문에 사법적 처

---

434 Akbar Meirio, *Transitional Justice and Reconciliation Process in Cambodia: The*

벌의 범위를 확대하여 크메르 루즈의 중간 단위 혹은 그 이하의 구성원까지 법적 단죄를 할 경우 캄보디아 전역에서 잠재되어 있던 갈등이 폭발하여 사회적 혼란이 발생할 가능성을 배제 할 수 없을 것이다.

ECCC에 대한 전환기 정의적 평가

1. 불완전한 처벌

전환기 정의적 관점에서 ECCC가 가지는 가장 큰 의미는 크메르 루즈가 붕괴된 1979년 1월 이후 약 30년간 이루어지지 않았던 불처벌의 상태를 종식시켰다는 점이다. 즉, 3년이 조금 넘는 기간 동안 약 200만 명의 자국민들을 죽음으로 몰아넣은 크메르 루즈 집단에 대하여 국제적 기준에 부합하는 사법절차에 따라 법적 책임을 지운 점은 ECCC를 평가함에 있어서 가장 중요하게 인식되어야 할 부분이다. 그러나 이러한 역사적 의미가 있는 불처벌 상태의 종식에도 불구하고 그 처벌 대상이 제한되었다는 점은 문제로 지적된다.

앞서 ECCC의 문제점에서 지적했던 바와 같이 ECCC의 처벌 대상은 크메르 루즈가 집권하던 기간 중 발생한 인권범죄에 대하여 가장 책임 있는 자들과 고위지도자들로 한정되어 있다. 다시 말해 ECCC가 수사하여 기소할 수

Perspective of Survivors, The Asian Scholar No. 6, pp. 5-7. http://www.asianscholarship.org/asf/ejourn/articles/Meirio.pdf.

있는 대상은 크메르 루즈 정권의 최고위급에 한정되고 일선에서 실제로 인권유린행위를 실행했던 중간급 이하의 인물들에 대한 처벌은 사실상 불가능한 것이다. 이러한 제한된 처벌범위는 당연히 처벌 받아야 할 범죄자를 처벌할 수 없도록 구조화 시킨 것으로써 사법적 정의 실현의 관점에서 명백한 결함이다.[435]

크메르 루즈가 자행한 여러 중대한 인권범죄에도 불구하고 거의 대부분의 가해자들은 오랜 기간 동안 처벌받지 않고 자신들이 살던 지역에서 정착해 살고 있었기 때문에 캄보디아에서는 크메르 루즈에 속했던 가해자들과 피해자들이 같은 마을 혹은 지역공동체에서 살고 있는 경우가 대부분이다. 지금 자신의 옆 집에 살고 있는 이웃이 과거 자신을 고문하거나 죽이려 했고 혹은 자신의 가족이나 친구들을 강제로 떼어놓기도 하고 죽이고 고문하거나 감시했던 사람인 것이다. 실제로 많은 피해자들은 ECCC에 의해 두치, 누온 체아, 키우 삼판 등 크메르 루즈의 핵심 수뇌부들이 처벌되는 점에 대하여 긍정적으로 평가하고 있다.[436] 그러나 동시에 많은 피해자들은 그들에게 직접적으로 피해를 준 하급 군인이나 관리들 역시 처벌받기를 원하고 있다. 크메르 루즈에 의한 강제납치, 구금, 고문 등의 행위는 앙카angkar라는 조직을 통해 이루어졌고, 폴 포트를 비롯한 크메르 루즈의 수뇌부는 당시 캄보디아 내에서 전면에 나타나지 않았다. 따라서 개별 피해자들에게 있어서 크메르 루

---

435 그나마도 사건이 발생한 이후 40년 가까이 지난 상황이기 때문에 폴 포트 등 일부 인사는 이미 사망하여 처벌이 불가능해진 상황이고, 이엥 사리는 재판 중 사망했으며, 이엥 티릿 역시 치매로 석방된 이후 자유롭게 살다가 2015년 8월 사망했다. 2016년 6월 현재 생존하여 재판을 받고 있는 누온 체아(1926년생, 89세)와 키우 삼판(1931년 생, 84세) 역시 워낙 고령이기 때문에 최종판결이 나오기 이전에 사망할 가능성이 우려된다.

436 Akbar Meirio, p. 7.

즈 정권의 장관급 인사에 대한 처벌은 실질적인 처벌로 인식되지 않을 가능성이 높다. 실제로 많은 피해자들이 ECCC에 의한 처벌이 부분적으로 이루어졌다고 비판하며, 하급 관리에 대한 처벌을 주장하고 있다.[437]

2. 사회적 화해의 관점에서의 평가

가해자에 대한 불완전한 처벌은 분명히 존재하는 피해자에 대하여 가해자의 책임을 불명확한 상태로 남겨두게 되어 가해자와 피해자 간의 화해와 사회적 통합에도 좋지 않은 영향을 미치게 된다. '화해'란 '가해자와 피해자를 막론하고 각자의 경험과 관련하여 좋아하지 않는 사람들과 공존하기 위한 과정'을 의미한다.[438] 화해와 사회적 통합의 과정에서 필수적으로 요구되는 것은 가해자가 과거에 자행한 인권유린행위의 잘못을 인정하고 이를 피해자가 받아들이는 것이다. 하지만 현재의 ECCC는 단지 정권 최상층부의 일부만을 처벌할 수 밖에 없는 상황이고, 대다수의 피해자는 여전히 자신과 가족들이 왜 크메르 루즈(이전까지 교류하며 지내던 크메르 루즈에 소속된 이웃주민)에 의해 강제로 감옥에 갇히고, 고문당하고, 살해당했는지에 관하여 그 진상을 알 수 없는 상황이다.

대부분의 경우 중, 하급 관리와 군인으로서 크메르 루즈 정권에 참여했던 사람들은 자신들은 단지 상부의 지시를 받고 그대로 실행했을 뿐이라고 주장하고 있고, 자신들의 행위가 잘못된 것이라는 점을 인정하지 않는 경우도

---

437 Ibid. pp. 8-11.
438 Alex Bates, p. 71.

많다.[439] 그러나 매우 소수의 피해자만이 이러한 주장을 받아들이고 있다. 대부분의 피해자들은 가해자들의 이러한 주장을 믿지 않고 있으며, 오히려 가해자(하급관리)들이 상부에서 지시 받은 것 이상으로 자신들에게 잔인한 범죄를 저질렀다고 믿고 있다.[440]

게다가 캄보디아 정부는 화해와 사회적 통합을 정치적 안정과 정권을 유지하기 위한 수단으로 인식하여 ECCC가 Case 003과 004의 진행을 위한 수사에 착수하는 것을 적극적으로 반대하면서 ECCC에 개입하였다. 캄보디아 정부는 현 정부의 구성원이 과거 크메르 루즈에 가담했던 전력으로 인해 ECCC에서 처벌받을 경우 정부의 도덕성에 미칠 부정적 영향을 더욱 의식하고 있고, 크메르 루즈의 중간급 이하의 인사들로까지 처벌 범위를 확장할 경우 사회적 안정이 무너질 것을 우려하고 있다. 그러나 가해자와 피해자 집단을 포함한 대부분의 사람들은 현재 기소된 피고인들을 광적으로 지지하는 집단이 존재하는 것은 아니기 때문에 피고인들을 비롯한 크메르 루즈 지도부에 대한 처벌이 캄보디아의 정치적 안정을 해칠 것으로 보고 있지 않다.[441] ECCC가 크메르 루즈에 대한 처벌 범위를 확대할 경우 내전이 재발할 가능성에 대한 캄보디아 정부의 우려와 일반 대중의 견해와는 상당한 차이가 있는 것이다.

ECCC가 가지고 있는 제도적 한계와 캄보디아 정부의 소극적인 태도는 크

---

439 Case 001의 피고인인 S-21의 소장으로 근무했던 두치 역시 수용소에서 벌어졌던 고문과 살인, 각종 비인도적 행위들은 상부의 지시에 따라 이루어진 것이고, 자신은 지시 받은 사항을 충실히 따랐을 뿐이라는 주장을 하였다.

440 Akbar Meirio, p. 12.

441 Ibid. pp. 12-13.

메르 루즈에 의한 대규모 인권유린의 진상을 제대로 밝혀 내지 못하고, 대부분의 가해자들은 자신들의 행위에 대한 문제를 인식하지 못하고 있으며, 피해자들 역시 여전히 가해자들로부터의 진정성 있는 사죄를 받지 못한 상태로 남기고 있다. 결국 현재의 ECCC 체제는 대규모 인권범죄의 가해자와 피해자가 캄보디아 사회 내에서 공존할 수 있는 진정한 사회적 화해와 통합은 만들어 낼 수 있는 수단으로서의 역할을 하기에는 역부족이라고 볼 수 있다.

3. 캄보디아의 법치확립에 미치는 영향에 대한 평가

전환기 정의 메커니즘에서 간과되어서는 안 되는 부분이 민주주의적 체제의 확립이다. 즉, 대규모 인권유린이 있은 뒤에 새롭게 출범한 정치체제 하에서 그와 같은 대규모 인권범죄가 발생하지 않도록 하는 체계를 마련해야 하는 것이다. 이를 위해 정부기관을 개혁하고 제도적 안전장치를 마련하며, 공무원 등 관료집단과 일반국민에 대한 인권의식 함양을 위한 교육을 하는 과정이 필수적으로 진행되어야 한다.

캄보디아의 경우 크메르 루즈에 의해 자행된 대규모 인권유린은 국가차원에서 이루어진 것이고, 현재의 캄보디아 정부의 고위층 역시 크메르 루즈의 일원이었기 때문에 인권범죄에 대한 책임이 없지 않다. 또한 지식인 계층이 사실상 절멸했기 때문에 정상적인 삼권분립에 의한 정부운영 역시 제대로 이루어지지지 않고 있다. 따라서 전환기 정의를 실현함에 있어서 가해자에 대한 처벌 못지 않게 민주적 제도의 확립 역시 매우 중요하다. 그럼에도 불구하고 전환기 정의 메커니즘에 있어서 가장 핵심적인 역할을 하는 ECCC는 제도나 정부기관의 개혁에 관한 공식적인 권한이나 역할을 가지고 있지 않다.

그러나 ECCC가 근본적으로 캄보디아 사법부 체제 내에 설치되어 있고 혼합형 재판소로서 캄보디아와 유엔 측 인력이 공동으로 근무하는 점을 고려한다면 ECCC가 캄보디아 법조인력의 훈련에 상당한 기여를 하고 있다고 볼 수 있다. 실제로 코피 아난 전 유엔 사무총장은 ECCC가 캄보디아 법조인력에 대한 기술과 노하우 전수에 기여할 것으로 예측했으며[442], ECCC 행정실장 토니 크렌Tony Kranh은 ECCC에서 근무하는 캄보디아 인력이 캄보디아 법조계의 중요한 자산이 될 것임을 강조했다.[443] 외국인 법조인들과 공동으로 근무하며 절차를 진행하는 과정에서 캄보디아 법조인들은 수사와 재판, 법원 운영 등 사법제도 전반에 대한 훈련과 노하우를 전수받고 있다. 앞서 언급한 바와 같이[444] 1심 재판장을 맡고 있는 캄보디아의 닐 논 재판관은 국제재판관들이 판결에 대한 논리적, 법적 근거를 제시하는 것의 가치를 확인하고, 장래 캄보디아 법원에서도 판결의 근거를 충분히 제시할 것임을 밝힌 바 있다. 또한 캄보디아에서 사법부의 독립이 제대로 보장되지 않음을 인정하며 정치적 영향력으로부터 재판의 독립을 확보하기 위한 노력을 기울이겠다고 언급하기도 하였다.[445] 또한 공동수사판사 유 분렝You Bunleng은 캄보디아 항소법원에 근무하며 피해자와 피고인의 권리를 보호하기 위한 제도를 도입하고, 사건기록의 전산화를 통해 사법행정을 체계적으로 관리하며 법원의 결정을 인터넷을 통해 공개하도록 하였다.[446] ECCC에서 근무하는 직원들 역시 ECCC에서 근무하며 법원행정, 사건기록의 관리, 법정 변론 등 다양한 방

---

442 John D. Ciorciari and Anne Heindel, pp. 431-432.

443 Ibid. p. 433.

444 제6장 ECCC의 문제점, '인력운영의 문제' 참조.

445 Alex Bates, p. 51.

446 John D. Ciorciari and Anne Heindel, pp. 433-434.

면에서 선진적 사법제도의 운영을 경험할 수 있는 기회를 가졌다. ECCC에 근무하는 과정에서 지식과 노하우를 습득하는 것 이외에도 ECCC는 캄보디아 법조인력에 대한 교육을 위해 각종 인턴십, 워크샵, 강의 등을 제공하고 있다. 공동검사실에서는 캄보디아 검사들을 위한 훈련과정을 운영하고 있고, 피고인 지원부Defence Support Section에서는 ECCC에서 피고인의 변론을 담당할 캄보디아 변호사들에 대한 훈련과정을 제공하고 있다. 또한 캄보디아 법대생들과 일반 대중을 대상으로 한 교육 프로그램도 제공하고 있다.[447]

캄보디아 사법부가 가진 낮은 수준의 정치적 독립성과 부정부패의 문제를 고려한다면 위에서 열거한 ECCC에서 이루어지는 법조인력의 훈련만으로 캄보디아 법조인프라가 만족할 만한 수준으로 향상될 것으로 기대하기는 어려운 것이 사실이다. 그러나 제도개혁과 법조인력의 질적 향상은 장기적 관점에서 바라보아야 한다. 중요한 것은 ECCC를 통해 캄보디아의 법조인력과 일반 대중이 사법부의 독립과 공정한 재판이라는 개념을 인식할 수 있는 계기가 되었다는 점과 국제적 기준에 부합하는 수준의 재판을 경험했다는 점이다. 이러한 경험과 인식은 앞으로 ECCC의 활동이 종료된 이후에도 캄보디아의 사법제도 개선의 핵심적 자산이 될 것으로 예상된다. 따라서 제도개선과 교육이라는 측면에서 ECCC의 전환기 정의적 역할을 긍정적으로 평가할 수 있다.

---

447 Ibid.

제8장

Case 001 상소심
판결 요지

I. 사건 관련 배경사실

피고인인 두치[448]는 크메르 루즈 집권기간인 1975년 8월 15일부터 1976년 3월까지 캄보디아에 위치한 S-21 수용소(이하 'S-21')의 부소장deputy chairman으로 근무하였으며, 1976년 3월부터 1979년 1월 7일 크메르 루즈 정권이 붕괴하던 시기까지는 소장chairman으로 근무하였다.

S-21은 프놈펜에 위치해 있었으며, 구금시설과 처형시설을 구비하고 프놈펜 외곽에 위치한 S-24라는 재교육캠프의 지부를 포함하고 있었다. 이 시설의 주요 목적은 캄푸치아 공산당CPK의 적으로 인식되는 인사들에 대한 조사 및 처형이었다. 아이들을 포함하여 최소 12,272명의 피해자들이 S-21에서 처형당했으며 대부분은 조직적인 고문으로 인하여 희생되었다.[449]

II. 사건 관련 절차의 경과

◆ 2007년 7월 18일

공동검사는 공동수사판사에게 최초보고서introductory submission을 제출하여 피

---

448 본명은 카잉 쿠엑 에아브(Kaing Guek Eav)이며 두치(Duch)는 크메르 루즈에 속해 활동하던 당시에 사용하던 가명이다.

449 S-21에 대한 자세한 내용은 제3장 크메르 루즈, Ⅳ. S-21 강제수용소(투올 슬렝) 참조.

고인을 포함한 5인[450]에 대하여 수사개시를 요청 하였다.

◆ 2007년 9월 19일

공동수사판사는 S-21과 관련한 사실관계를 분리하여 피고인의 사건을 본 사건으로 별도로 처리할 것을 명령하였다.

◆ 2008년 8월 8일

공동수사판사는 피고인을 인도에 반하는 죄와 1949년 제네바 협약의 중대한 위반혐의로 기소하는 수사종결명령closing order을 발표하였다.

◆ 2008년 9월 5일

공동검사는 공동수사판사의 기소결정에 대하여 (i) 1956년 캄보디아 형법1956 Penal Code에 따른 고문, 의도적 살인혐의가 추가로 기소되어야 하며, (ii) Joint Criminal EnterpriseJCE에 따른 범죄책임이 기소내용에 포함되어야 한다는 취지로 전심재판부에 항고하였다.

◆ 2008년 12월 5일

전심재판부는 공동검사의 항고에 대하여 위의 (i)의 주장은 인용하였고, (ii)의 주장은 기각하였다. 이에 따라 수정된 수사종결명령을 통해 피고인을 1심 재판에 회부하였다.

---

450 본 사건의 피고인인 두치를 포함하여 누온 체아, 이엥 사리, 이엥 티릿, 키우 삼판에 대하여 수사가 요청되었다. 본 사건은 S-21과 관련된 내용으로서 별도의 사건으로 처리되었고, 나머지 4명은 Case 002의 피고인으로 기소되었다.

◆ 2009년 2월 17일~2009년 11월 27일

1심 재판 중 총 90명의 피해자들이 민간당사자로서 변호사를 선임하여 재판에 참여하였다. 이들은 모두 4개의 그룹으로 나뉘어 재판에 참여하였다.

◆ 2010년 7월 26일

1심 재판부는 피고인이 S-21의 부소장과 소장의 직무를 수행하면서 최소 12,272명의 피해자들을 처형하였으며, 이 중 대다수는 체계적인 고문의 피해자이기도 했음을 인정했다. 이에 따라 1심 재판부는 피고인에게 35년 형을 선고하였고, 유죄로 인정된 혐의와 배상내용은 아래와 같다.

• 인도에 반하는 죄 중 박해Crime against humanity of persecution

: 절멸(살인 포함), 노예화, 구금, 고문(한차례의 강간 포함), 이외의 비인도적 행위들

• 1949년 제네바협약의 중대한 위반

: 의도적 살해, 고문, 비인도적 대우, 의도적으로 심각한 신체적 혹은 보건상의 상해를 야기한 행위, 전쟁포로와 민간인에 대하여 공정하고 일반적인 재판을 받을 권리를 의도적으로 침해한 행위, 민간인에 대한 위법한 감금

• 1심 재판부가 피해자들에 대하여 허가한 배상내용

(i) 피해자들이 유죄로 선고된 피고인의 범죄행위로 인하여 직접적으로 피해를 입었다는 사실의 인정

(ⅱ) 피고인이 재판 중 발언한 피해자들에 대한 사죄와 인정한 범죄사실
　　　의 내용을 엮어 1심 판결이 최종적으로 확정된 일로부터 14일 이내에
　　　ECCC의 공식사이트에 게시

◆ 1심 판결에 대하여 공동검사, 피고인, 민간당사자 그룹[451]은 상소심 재판
　부에 상소하였다.

Ⅲ. 인적(人的) 관할 관련 쟁점

당사자들의 주장사실

1. 피고인 측 주장

'고위지도자'와 '가장 책임 있는 자'라는 용어는 ECCC의 인적 관할personal
jurisdiction 구성요건이며, 피고인의 행위는 이러한 구성요건을 충족하지 않기
때문에 1심 재판부는 결과적으로 피고인에 대한 인적 관할을 가지고 있지 않
다.

451　1심 재판부는 총 90명의 피해자들을 3개의 집단으로 분할하여 재판을 진행하도록 하였다.

2. 공동검사 측 주장

피고인의 관할권에 관한 이의제기는 법정 기한 내에 이루어지지 않았으므로 1심 재판부는 피고인의 관할권에 관한 이의제기를 기각할 수 있다.

3. 민간당사자 측 주장

피고인은 M-13 구금시설에서의 관리경험과 크메르 루즈의 신임을 받고 우수한 심문능력을 인정받아 크메르 루즈의 중앙위원회로부터 S-21의 책임자로 임명되었다. 또한 피고인의 관할에 관한 이의제기는 법정 기한 내에 이루어지지 않았다.

법률적 쟁점 및 결론

1. 쟁점

핵심적인 법률적 쟁점은 민주 캄푸치아의 '고위지도자'senior leader와 '가장 책임 있는 자'those who were most responsible라는 용어가 ECCC의 관할 구성요건인지 여부이다.

2. 상소심 재판부의 결론

상소심 재판부는 '고위지도자'senior leader와 '가장 책임 있는 자'those who were most responsible는 ECCC의 인적 관할 구성요건이 아니고, 수사와 기소의 재량적 판단의 영역인 것으로 판단하였다.

선결적 항변(preliminary objection)에 관한 상소심 재판부의 결론

규칙 제89조 1항에 따르면 관할에 관한 선결적 항변preliminary objection은 최초변론initial hearing에서 제기되어야 하며 그렇지 않은 경우 인용될 수 없다.[452] 하지만 피고인은 이러한 법정기한이 아닌 최후진술closing statement에서 관할에 관한 이의를 제기하였다.

관할에 관한 선결적 항변은 규칙 제89조 1항은 물론 일반적으로도 심리개시 이전에 이루어지는 것이지만 관할에 관한 이의가 1심 재판부의 사실확정을 전제로 한 것인 경우에는 제89조 3항에 따라 1심 판결문에서 관할에 관한 판단을 하게 된다. 특히 동조 1항에 따른 이의제기는 관할에 관한 흠결이 명백한patent 경우에 적용되며 관할적 흠결이 잠재적인latent 경우에는 적용되지 않는다. 또한 동조 1항의 해석에 있어 제기되는 관할적 흠결의 성격이 고려되어야 한다. 즉, 제기되는 관할의 흠결이 재판절차 전체의 효력을 무효화nullify할 수 있는 것인 경우 당사자는 재판 중 언제든 관할에 관한 이의를 제기할 수 있다. 또한 규칙 제21조 1항은 재판절차의 공정성과 당사자주의, 당사자간 권리의 균형을 보장 할 것을 규정하고 있는데, 제89조 1항의 해석 역시

---

452 본 사건의 재판이 진행되던 기간 중 적용되던 규칙은 Rev. 3이었다. 현 규칙(Rev. 9) 제89조 1항에 따르면 선결적 이의는 수사종결명령이 확정된 후 30일 이내에 제기되어야 한다.

이러한 취지에 부합해야 한다. 즉, 동조 1항의 적용은 무죄추정의 원칙과 피고인으로 하여금 절차상 본인에게 불리한 행위를 강제 당하지 않도록 해야 한다는 점에서 피고인의 세이프가드로서의 역할을 하도록 해석되어야 한다.

결론적으로 피고인이 관할에 관한 이의를 제기함에 있어 그 이의제기는 기본적으로 규칙 제89조 1항에 따라야 하지만, 관할의 흠결이 재판절차를 무효로 하는 것인 경우 피고인은 그 흠결이 명백하건 잠재적이건 언제든 그 이의를 제기할 수 있다. 또한 당사자의 이의제기가 없더라도 1심 재판부는 인적 관할에 관하여 판결 전에 판단을 내려야 하며, 상소심 재판부는 1심 재판부의 관할에 관한 판단이 적법한지 여부를 판단 할 수 있는 권한을 가지고 있다.

유죄판결과 그 형량에 대하여 피고인이 적법하게 상급심의 판단을 받을 권리를 가지고 있음에 비추어 본다면, 피고인은 1심 재판부의 인적 관할에 관한 판단을 포함하여 1심 판결을 무효화할 수 있는 법률이나 사실의 잘못된 판단에 대하여 상소로써 다툴 수 있다.

인적 관할 쟁점에 관한 상소심 재판부의 결론

1. '고위지도자'와 '가장 책임 있는 자'의 용어적 범위

피고인의 행위가 크메르 루즈의 '고위지도자'와 '가장 책임 있는 자'의 요건을 충족시키지 못하기 때문에 1심 재판부는 피고인에 대한 인적 관할을 가지고 있지 않다는 취지의 피고인의 주장을 검토함에 있어서 우선적으로 판단되어야 할 쟁점은 '고위지도자'와 '가장 책임 있는 자'[453]의 범위를 정하는 것이다.

피고인 측은 '가장 책임 있는 고위지도자'로 범위를 한정하고 있는 반면, 공동검사와 공동수사판사 그리고 1심 재판부는 '고위지도자' 혹은 '가장 책임 있는 고위지도자'로 구분하고 있다. 협정과 유엔 전문가그룹의 의견을 종합해 본다면 유엔과 캄보디아 정부는 '고위지도자'와 '가장 책임 있는 자'라는 용어를 통해 현재 생존해 있는 특정 크메르 루즈의 관료에 대한 형사소추를 의도하고 있는 것으로 판단된다. 또한 ECCC법의 입법자료를 종합해 본다면 쟁점용어의 범위는 '가장 책임 있는 크메르 루즈 구성원 중 고위지도자'와 '가장 책임 있는 크메르 루즈 구성원 중 비고위지도자'로 구분된다. 즉, 고위지도자는 그 지위가 높다는 이유만으로는 조사의 대상suspect이 되지 않고 크메르 루즈의 관료이면서 가장 책임 있는 자들이 조상대상이 된다.

2. '고위지도자'와 '가장 책임 있는 자'의 용어가 인적 관할의 구성요건인지 여부

비엔나 협약 31조(1)에 의하여 협정상 관할요건의 해석은 협정의 목적과 맥락을 고려하여 보통의 의미에 따라 선의로 해석되어야 한다. 그러나 이러한 해석이 불합리적이거나 비상식적인 경우에는 협정의 준비과정과 결론에 이르게 된 정황을 포함한 보충적 수단을 활용할 수 있다. 협정은 '고위지도자'와 '가장 책임 있는 자'를 1심 재판부의 배타적 관할의 요건으로 규정하고 있

---

453 'senior leaders of Democratic Kampuchea and those who were most responsible'.

다. 하지만 상소심 재판부는 이러한 용어를 해석함에 있어 그 해석이 협정의 목표에 부합하는지 여부와 명백히 불합리적이거나 비상식적인 결론으로 이어지는지 여부를 판단해야 한다.

 '가장 책임 있는'이라는 표현은 보통의 의미로서 형사적 책임의 경중을 나타낸다. 그러나 이러한 해석은 직위, 서열 등에 따라 형사책임이 경감되지 않는다는 ECCC법 제29조의 규정과 상충되며, 1심 재판부가 그 정도를 판단할 수 있는 수단이 전무하다는 점에서 문제가 있다. 또한 피고인이 '가장 책임 있는 자'인지 여부를 판단함에 있어 상당한 재량이 요구되기 때문에 그것을 해석상의 재량이 있을 수 없는 관할의 요건으로 보기에는 부적절하다. 오히려, 협정에 따르면 공동수사판사의 수사범위와 공동검사의 기소범위를 민주 캄푸치아의 고위지도자와 관할 범죄에 대하여 가장 책임 있는 자들로 한정하여 공동수사판사와 공동검사에게 '가장 책임 있는'이라는 용어의 범위에 대한 해석의 권한을 부여하고 있다. 뿐만 아니라, ICTY와 ICTR에서도 '가장 책임 있는'이라는 표현의 해석은 재판관할의 요건이 아닌 수사와 기소의 판단대상으로 보고 있다.

 따라서 피고인이 '고위지도자'인지 여부와 '가장 책임 있는 자'인지 여부는 ECCC의 인적 관할의 요건이 아닌 수사와 기소의 판단영역에 속한다. 그러나 ECCC의 인적 관할은 크메르 루즈의 관료들을 포함하고 있기 때문에 피고인이 크메르 루즈의 관료인지 여부는 1심 재판부의 판단대상이 된다.

Ⅳ. 인도에 반하는 죄와 관련된 쟁점

법리적 원칙

ECCC법 제33조는 ECCC가 그 관할권을 행사함에 있어서 시민적 정치적 권리에 관한 국제규약 제14조와 15조에 규정된 국제적 기준을 충족시켜야 함을 규정하고 있다. 동 협약 제15조는 국제법의 기본적 법리로서 행위 시에 국내법 혹은 국제법에 의해 범죄로 규정되지 않은 작위 혹은 부작위로 유죄 판결을 받아서는 안됨을 선언하고 있다. 따라서 ECCC 절차를 통해 처벌대상이 되는 범죄는 ECCC의 시적 관할인 1975년 4월 17일부터 1979년 1월 6일까지의 기간 중 캄보디아 국내법이나 국제법에 따라 범죄로 규정되어 있어야 한다. 또한 당시 피고인들이 자신들의 행위가 캄보디아 국내법과 국제법에 따라 처벌대상이 된다는 점을 예측할 수 있었어야 한다.

인도에 반하는 죄는 19세기부터 초기적 형태의 법리가 나타나기 시작하여 1899년과 1907년 헤이그 협약에서 마르텐스 조항을 통해 유사한 개념이 정립되기 시작하였다. 그리고 제2차 세계대전 이후 뉘른베르크 국제전범재판소를 통해 인도에 반하는 죄에 관한 이론이 본격적으로 정립되었다. 인도에 반하는 죄는 뉘른베르크 전범재판을 통해 국제법상 범죄로 확립되었고, 뉘른베르크 헌장에 규정된 인도에 반하는 죄에 관한 정의는 1950년대 당시의 국제관습법을 반영하고 있다. 인도에 반하는 죄를 구성하는 개별 범죄들이 ECCC의 시적 관할인 1975년 4월 17일부터 1979년 1월 6일 사이의 기간 중 국제법(국제관습법)으로 확립되었는지 여부는 노예화, 강간, 고문, 박해혐의에 대한 유죄여부에 있어서 판단의 전제가 된다.

노예화

1. 노예화에 관한 1심 재판부의 판단내용

인도에 반하는 죄를 구성하는 노예화는 사건 당시의 국제관습법상 분명히 금지된 행위이다. 국제관습법상 노예화의 행위요건_actus reus_은 '한 개인에 대한 소유권에 부속한 일부 혹은 모든 권한을 행사하는 것'[454]으로 정의된다. 이러한 권한을 행사하는 유형은 이동의 통제, 물리적 환경의 통제, 심리적 통제, 탈출을 막기 위한 조치, 학대, 잔인한 대우, 성적 통제, 강제노역 등이 있다. 강제노역과 관련하여 그 강제성 여부의 판단은 위의 요소를 고려하여야 하며 추가적인 증거는 불필요하다. 또한 노예화는 본질적으로 가해자가 피해자에게 권력을 행사한 것으로서 피해자가 노예화에 동의하지 않았다는 증거는 불필요하다. 다만, 범죄의도 요건_mens rea_과 관련하여, 공동검사는 가해자가 소유권에 부속한 일부 혹은 모든 권리를 의도적으로 행사했음을 입증해야 한다.

2. 1심 재판부의 판단에 대한 공동검사의 상소이유

1심 재판부는 노예화의 구성요건에 '강제노역'이 포함되는 것으로 잘못 해석

---

454 'exercise of any or all powers attaching to the right of ownership over a person'.

하여 S-21의 구금자 전체에 대한 혐의가 아닌 강제노역에 동원된 일부 인원에 대한 혐의에 한정하여 피고인에게 유죄를 선고하였다. 그러나 1975년부터 1979년까지의 기간 동안의 국제법 법리에 따른다면 S-21의 모든 피구금자들을 노예화의 대상으로 인정해야 한다.

3. 법적 쟁점 및 결론

'강제노역'을 노예화의 구성요건으로 포함하여 '강제노역'에 동원된 일부 S-21 피구금자들에 관한 혐의에 한정하여 노예화 혐의를 인정한 것이 노예화의 법리에 어긋나는지 여부가 상소심 재판부의 법률적 판단의 대상이다.

이에 대하여 상소심 재판부는 '강제노역'은 노예화의 구성요건이 아닌 것으로 결론내렸다. 그러나 1심 재판부와 마찬가지로 피해자들의 권리가 박탈되고 완전한 통제하에 놓인 상황 아래서 이루어진 '강제노역'을 '한 개인에 대한 소유권을 포함한 권리의 행사'를 통해 이익을 충족하기 위한 행위와 동일한 개념으로 보아 '강제노역'에 종사한 자들에 대한 혐의에 한하여 노예화 혐의를 인정하였다.

4. 상소심 재판부의 판단근거

(1) 인도에 반하는 죄로서 노예화의 법리
캄보디아가 1957년 가입한 1926년 노예금지협약[455]상 노예는 '소유권에 부

---

455 The 1926 Convention to Suppress the Slave Trade and Slavery.

속한 일부 혹은 모든 권한을 행사 당하는 지위 혹은 상태'[456]로 정의된다. 이후 노예화는 뉘른베르크 국제군사재판소 헌장, 극동군사재판소 헌장, 연합국통제위원회 법률, 뉘른베르크 원칙에서 조문화되었고, 인도에 반하는 죄로서 적용되었다. 그러나 뉘른베르크 법정에서는 인도에 반하는 죄로서 노예화의 구성요건이 명확히 나타나지는 않았다. 다만 노예금지협약과 뉘른베르크 법정의 판결을 통해 인도에 반하는 죄로서 노예화가 국제관습법으로 존재한다는 명확한 근거가 확보된다. 일련의 뉘른베르크 재판에서는 노동자들이 독일을 위해 노동에 종사하는지를 신택힐 수 있는 범위, 노동자가 취급받는 여건, 노동자가 모집되는 목적이 행위요건$_{actus\ reus}$과 범죄의도요건$_{mens\ rea}$을 판단하는 주요한 사실관계의 항목들이었다. 이러한 뉘른베르크 법리가 강제노동이라는 요소에 많은 비중을 두기는 했으나 그것을 통해 강제노동이 노예화의 구성요건이라고 판단할 수는 없고, 사실관계를 판단함에 있어서 피해자들이 전리품과 같은 상품 혹은 물자로 다루어지는 부분을 강조한 점을 고려해 본다면 인도에 반하는 죄로서 노예화의 법리는 노예금지협약과 그 뿌리를 같이 한 것이라고 볼 수 있다.

이후 인도에 반하는 죄로서 노예화의 법리는 ICTY의 *Kunarac* 사건[457]을 통해 보다 구체적으로 도출된다. *Kunarac* 판결에서는 노예금지협약상 노예의 정의를 재확인하고, 국제인도법상 노예화를 '기소된 사건기간 중 한 개인에 대한 소유권에 부속한 모든 혹은 일부 권리에 대한 행사'로 규정하였으

---

456 'the status or condition of a person over whom any or all of the powers attaching to the right of ownership are exercised'.

457 Prosecutor v. *Kunarac et al.*, ICTY, 1심 판결, Case No.: IT-96-23-T & IT-96-23/1-T (February 22, 2001).

며, 범죄의도요건은 '그러한 권한의 의도적 행사'로 규정하였다. 여기에 더하여 보다 넓은 범위의 노예화는 강제노동을 포함한 뉘른베르크에서의 법리에 따라 증명될 수 있음을 밝혔다. 이러한 *Kunarac* 판결은 2001년 결정되었지만 본 사건의 발생기간(1975년부터 1979년 사이의 기간) 중 국제관습법상 노예화의 법리가 확고함을 증명하는 판결이라고 볼 수 있다.

1심 재판부는 이러한 노예금지협약과 *Kunarac* 판결상의 노예화의 법리를 1975년부터 1979년까지의 국제관습법상 인도에 반하는 죄로서 노예화의 구성요건으로 인용하였다. 다만 행위요건에 관한 1심 재판부의 해석에 있어서 국제관습법상 '한 개인에 대한 소유권'right of ownership over a person이라는 표현은 잘못된 것이며, '소유권에 부속된 일부 혹은 모든 권한을 한 개인에 대하여 행사하는 것'[458]이 노예화의 행위요건이다. 또한 범죄의도요건은 '소유권에 부속된 일부 혹은 모든 권리의 의도적 행사'[459]로 규정된다.

1심 재판부는 *Kunarac* 판결에서 나타난 노예화를 판단하는 사실판단요건들 중 소유권의 행사를 통한 경제적 이익 혹은 수익의 확보를 간과하였다. 소유권 개념을 전제로 한 노예화에 있어서 피해자에 대한 통제, 위력의 행사를 통해 경제적 이익을 얻는 것 혹은 그러한 노력을 기울이는 요소는 뉘른베르크 법정의 법리에서도 존재하는 것이다. *Kunarac* 사건의 경우 피해자들을 재산의 일종으로 대우하고, 성적착취의 대상으로 대우하거나 타인을 성적 대상화하는 경우, 판매의 목적물로 취급하는 경우, 집안 허드렛일에 동원

---

458 'the exercise over a person of any or all powers attaching to the right of ownership'.

459 'the intentional exercise of any or all of the powers attaching to the right of ownership'.

된 행위도 경제적 이익을 얻은 것으로 인정되었다. 이러한 점에서 볼 때 경제적 이익의 확보를 간과한 1심 재판부의 노예화 법리해석은 미진한 부분이 있다. 그러나 1심 재판부가 노예화에 관한 사실인정의 전제로서 피해자들에 대한 완전한 통제와 권리박탈 상태 아래서 강제노역을 강조한 것을 고려해 본다면 경제적 이익이라는 요건을 강제노역에 개념적으로 포함시킨 것으로 해석할 수 있다.

⑵ 1심 재판부가 강제노역을 노예화의 구성요건으로 해석했는지 여부

1심 재판부는 명시적 혹은 묵시적으로 강제노역을 노예화의 행위요건으로 포함하는 해석을 하시 않았다. 1신 재판부는 수정된 수사종결명령상의 S-24와 S-21로 제한된 사실관계에 노예화의 법리를 적용하여 위 수용소에서 강제노역에 동원된 피구금자들에 관한 노예화 여부를 판단했을 뿐이다.

⑶ 강제노역에 동원된 S-21 피구금자들에 한정하여 노예화를 인정한 사실판단의 적절성

강제노역에 동원되지 않은 구금자에 대하여 1심 재판부는 피구금자들에 대한 이동의 의도적 통제, 물리적 환경의 통제, 심리적 통제, 탈출을 막기 위한 조치, 위협, 협박, 잔인한 대우, 학대를 인정하였다. 그러나 피고인이 S-21의 구금자 전체에 대하여 어떠한 이익을 얻거나 그러한 노력을 했다는 증거는 발견되지 않았으며, 이들을 사물로서 대우했다는 내용도 없다. 따라서 강제노동에 동원되지 않은 피구금자들에 대한 피고인의 행위는 최소한 인도에 반하는 죄로서 노예화의 요건을 충족시키지 못한다. 따라서 S-21의 구금자 중 강제노역에 동원된 피구금자들에 대한 행위만을 노예화의 유죄로 인정한 1심 재판부의 결론에는 법률적 문제가 없다.

강간과 고문

1. 1심 재판부의 판단 및 공동검사의 상소이유

1심 재판부는 국제관습법상 강간은 금지되어 있다고 보았다. 그러나 강간이 독자적인 범죄로 규정되어 있더라도 해당 행위가 고문의 구성요건을 충족시키는 경우 해당 강간행위는 고문을 성립한다고 판단하였다.

반면 공동검사는 국제관습법상 강간행위는 고문을 성립시킬 수 있으나, 하나의 범죄행위가 강간과 고문을 동시에 충족시키는 경우 국제관습법상 강간은 고문과 별개의 범죄로 성립될 수 있다고 주장하였다.

2. 법적 쟁점 및 상소심 재판부의 결론

상소심의 법률적 쟁점은 인도에 반하는 죄로서 강간이 고문과 구별되는지 여부이다. 즉, 강간행위를 통해 고문이 성립할 수 있는지 여부가 쟁점이다.

상소심 재판부는 이에 대하여 국제관습법과 기타 국제법상 ECCC의 관할권이 적용되는 1975년부터 1979년까지의 기간 이전 혹은 해당 기간까지 인도에 반하는 죄로서 강간은 독립된 범죄로 확립되지 않았다고 보았다. 반대로, 고문은 ECCC의 관할에 해당하는 사건기간, 즉 크메르 루즈 집권기간 동안 인도에 반하는 죄로서 그 구성요건을 포함한 법리가 명확히 확립되어 있었고, 고문은 그 성격상 강간행위를 통해서도 성립될 수 있다고 판단하였다.

3. 상소심 재판부의 판단근거

(1) 사건 당시의 법리상 강간이 인도에 반하는 죄에 해당하는지 여부

강간행위는 국제법상 명백히 전쟁범죄에 해당한다.[460] 그러나 1975년 당시까지 강간이 인도에 반하는 죄에 해당하는지 여부는 명확하지 않다. 연합국통제위원회 법률 제10호에서 강간행위가 인도에 반하는 죄로 포함되어 있을 뿐 뉘른베르크 관련 각종 문서에는 강간이 인도에 반하는 죄로 명시된 내용은 없다. 또한 뉘른베르크 재판에서 강간혐의로 유죄판결을 받은 피고인도 없다. 따라서 강간행위는 1975년까지 국제관습법상 인도에 반하는 죄로서 그 법리가 확립되어있지 않았다고 보아야 한다.

(2) 강간행위가 인도에 반하는 죄로서 고문을 성립시키는지 여부

가. 사건기간 중의 법리상 고문이 인도에 반하는 죄로서 성립되는지 여부

고문은 뉘른베르크 국제재판소와 극동국제군사재판소 헌장상 금지된 범죄행위는 아니지만, 연합국통제위원회 법률 제10호는 고문을 인도에 반하는 죄로 규정하고 있으며, 이러한 근거에 따라 뉘른베르크 군사재판소는 많은 사건에서 고문행위에 대하여 유죄를 선고하였다. 이외에도 뉘른베르크 국제재판소 헌장의 인도에 반하는 죄로서 다른 비인도적 행위other inhumane acts의 개념과 연결되어 고문은 1975년까지 국제관습법상 인도에 반하는 죄로서 그 지위가 명확히 자리잡았다.

---

460 제네바 제4협약, 제네바 협약 제1, 제2 의정서, 뉘른베르크 재판상 각종 법리들.

나. 고문의 개념

1심 재판부는 고문의 정의를 설시하며, '고문에 관한 1975년 유엔총회선언'(이하 '1975년 유엔총회선언')[461]과 '1984년 고문방지협약'(이하 '고문방지협약')[462]상의 고문의 정의를 거의 동일하다고 보고 고문방지협약이 1975년 당시의 국제관습법을 반영한다고 판단하였다. 그러나 1975년 유엔총회선언상의 고문은 고문방지협약상 고문의 정의보다 더욱 엄격하게 규정되어 있다. 특히 1975년 유엔총회선언은 고문의 목적으로 '정보 혹은 자백의 획득, 처벌, 협박'을 규정하고 있으나, 고문방지협약은 여기에 더하여 '어떤 종류든 차별에 근거한 어떠한 이유(목적)'를 규정하여 보다 광범위한 행위가 고문에 포함되도록 하였다. 또한 고문의 가해자와 관련하여 1975년 유엔총회선언은 공무원, 관료public official등 을 규정하고 있는 반면, 고문방지협약은 공무원의 동의나 묵인에 따라 고문이 자행될 수 있고, 공무원 이외에도 공무에 따른 행위를 하는 자 역시 고문의 가해자가 될 수 있는 범위에 포함하고 있다. 따라서 양자는 고문의 정의를 다르게 규정하고 있기 때문에 1984년에 성립된 고문방지협약은 1975년 당시의 국제관습법으로 인용될 수 없다. 유엔총회선언은 그 자체로 구속력을 가지는 것은 아니기 때문에 그 내용을 당시의 국제관습법으로 인용하기 위해서는 이 선언상의 고문의 정의가 당시의 국제관습법을 반영한 것이라는 추가적인 증거가 요구된다.

1975년 유엔총회선언은 고문의 구성요건으로 (i) 신체적, 정신적으로 심

---

461 Declaration on the protection of All Persons from Being Subjected to Torture and Other Cruel, Inhumane or Degrading Treatment or Punishment, G.A Res. 3452 (XXXX), 9 December 1975.

462 Convention against Torture and Other Cruel, Inhumane or Degrading Treatment or Punishment.

각한 고통과 괴로움을 유발하는 일체의 행위(행위요건), (ii) 해당 행위가 특
정 개인에게 의도적으로 가해질 것(범죄의도요건), (iii) 해당 행위가 공무원
에 의해 이루어지거나 공무원의 교사에 의할 것, (iv) 정보나 자백의 취득,
처벌, 위협을 목적으로 이루어 질 것을 규정하고 있다. 이러한 선언상의 구
성요건은 연합국통제위원회 법률 제10호에 따른 뉘른베르크 군사재판소의
법리, 국제적십자사의 제네바협약에 대한 의견, 유럽인권위원회의 1969년
Greek case에서 지속적으로 인용되었다. 따라서 1975년 유엔총회선언은
고문의 정의에 있어서 딩시의 국제관습법으로 확립된 것으로 보아야 한다.

다. 강간행위를 통해 고문이 성립하는지 여부

강간행위는 그 성격상 고문의 정의에 규정된 심각한 고통과 괴로움을 유발
하는 행위에 해당한다. ICTY도 *Kunarac* 판결에서 이와 같이 해석하였다.
또한 ICTR은 *Akayesu* 판결[463]에서 강간이 위협이나 처벌의 목적으로 자행
될 수 있는 것으로 판단하였다.

　본 사건에서 1심 재판부에 따르면 S-21에서는 위협이 일상적으로 이루어
졌고 그로 인하여 피구금자들은 신체적, 정신적으로 매우 심각한 고통과 괴
로움을 겪으며 극도로 두려운 환경 가운데 있었다. 이러한 상황 아래서 S-21
에서는 취조를 목적으로 강간행위를 포함한 다양한 고문이 자행되었다. 이
러한 고문행위를 자행한 자들은 공무상 부여된 권한으로 고문을 실행하였
고, 이러한 이들의 행위는 '자백 혹은 처벌을 목적으로 행한 고문'이라는 고

---

463 *The Prosecutor v. Jean-Paul Akayesu*, ICTR, 1심 판결, Case No. ICTR-96-4-T (September 2, 1998).

문의 요건을 충족한다. 따라서 고문의 한 종류로서 실행된 강간행위 역시 인도에 반하는 죄로서 고문에 포함되는 것으로 결론내릴 수 있다.

박해

1. 1심 재판부의 판단 및 공동검사의 상소이유

(1) 1심 재판부의 판단

박해에 관한 1심 재판부의 법리해석은 상당부분 1990년대 이후의 임시재판소_ad hoc tribunals_[464]에서 발전한 법리에 따른 것이다. 다시 말해, 뉘른베르크 등에서 성립된 박해에 관한 법리에서는 구체적으로 어떤 행위가 박해에 해당하는 지에 관하여 명확한 설명이 없으며, 인도에 반하는 다른 죄들과의 관계역시 불명확하다. 따라서 박해의 법리와 그 구체적인 요건에 관한 내용은 임시재판소들에서 발전하였고, 1심 재판부가 이를 받아들여 본 사건에 적용하였다.

1심 재판부는 박해의 구성요건을 행위요건_actus Reus_과 의도요건_mens rea_로 구분하여 판단하였다. (ⅰ) 행위요건은 '국제관습법 혹은 국제조약으로 인정된 기본권을 부인하거나 침해하는 작위 혹은 부작위 그리고 실제로 차별하는 작위 혹은 부작위'[465] 이고, (ⅱ) 의도요건은 '위의 작위 혹은 부작위가 정치

---

464 구유고슬라비아 국제형사재판소(ICTY)와 르완다 국제형사재판소(ICTR)과 같은 임시재판소를 의미한다.

465 an acts or omission which...discriminates in fact and which denies or infringes upon a fundamental right laid down in international customary or treaty law.

적, 인종적, 혹은 종교적 이유로 차별하려는 의도를 가지고 이루어져야 한다는 것'이다.[466]

행위요건에 관하여 박해행위는 다른 인도에 반하는 죄를 포함하지만 그것에 국한된 것은 아니며, 모욕, 심리적 학대 등 다양한 행위가 박해를 성립할 수 있다. 중요한 점은 특정 행위가 박해행위로 인정되기 위해서는 인도에 반하는 죄로 열거된 다른 범죄들(살인, 절멸, 노예화, 강제구금, 고문, 강간, 다른 비인도적 행위들)과 동일한 수준의 심각성gravity과 혹독함severity을 가지고 있어야 한다는 점이다. 또한 박해행위인지 여부에 대한 판단은 그 맥락과 누적된 효과를 바탕으로 해야 하며, 실질적인 박해행위가 이루어져 박해의 결과가 존재해야 한다. 범죄의도요건의 경우, 피해자가 특정한 집단에 속해있음을 이유로 상해를 입히고자 하는 구체적인 동기가 있어야 한다. 그러나 이러한 동기는 인도에 반하는 다른 죄들의 법적 구성요건은 아니며 박해의 구성요건에만 해당한다. 또한 구체적 동기의 존재를 입증하는 문제에 관하여, 쟁점이 되는 행위가 이루어지는 구체적인 주변상황을 통해 차별적 의도가 입증되는 경우 차별적 의도를 행위의 맥락 속에서 추론하는 것도 가능하다.

1심 재판부는 피고인의 행위가 위의 박해의 요건을 충족시키며 동시에 인도에 반하는 죄로서 살인, 절멸, 노예화, 강제구금, 고문(강간행위 포함)에 대하여 피고인에게 그 책임이 있음을 인정하였다. 그러나 누적적 유죄cumulative convictions 법리에 따라 절멸(살인 포함), 노예화, 강제구금, 고문(1회의 강간행위

---

466 deliberate perpetration of an act or omission with the intent to discriminate on political, racial, or religious grounds.

포함), 다른 반인도적 행위들을 인도에 반하는 죄로서 박해혐의에 포함하여 박해혐의에 대하여만 유죄를 인정하였다.

(2) 공동검사의 상소이유

공동검사는 1심 재판부가 인도에 반하는 죄를 구성하는 살인, 절멸, 노예화, 강제구금, 고문, 강간, 다른 비인도적 행위들에 대하여 형사책임을 인정했음에도 이들 범죄를 모두 박해에 포함하여 박해혐의에 대하여만 유죄를 인정한 것은 인도에 반하는 죄의 법리를 잘못 해석한 것이라고 주장했다.

2. 법적 쟁점 및 상소심 재판부의 결론

상소심 재판부가 판단해야 할 법적 쟁점은 1975년부터 1979년까지 크메르루즈가 집권하던 기간 중 국제관습법상 박해가 인도에 반하는 죄를 구성하는 개별범죄들(살인, 절멸, 고문, 강간, 구금, 다른 비인도적 행위들 등)과 별개의 죄로서 인정되는지 여부와 박해의 구성요건이다.

이에 대하여 상소심 재판부는 1975년 당시의 국제법에 따르면 박해는 인도에 반하는 죄를 구성하는 별도의 범죄인 것으로 보았다. 또한 박해의 구성요건에 관하여 인종적, 종교적, 정치적 이유로 박해를 가하려는 구체적인 의도를 가진 작위 혹은 부작위의 '의도적' 실행이 존재하는 경우 박해의 의도가 성립한다고 판단하였다. 박해의 행위요건이 성립하기 위해서는 국제법상 보장되는 기본권을 침해하는 작위 혹은 부작위가 인도에 반하는 죄를 구성하는 다른 범죄들에 상응하는 심각성과 중대성을 가진 결과를 야기해야 한다. 또한 박해에 해당하는 작위 혹은 부작위는 실질적인 차별적 결과로 이어져야 한다고 판단하였다.

3. 상소심 재판부의 판단 근거

⑴ 1975년부터 1979년의 기간 동안 국제관습법상 인도에 반하는 죄로서 박해가
독자적인 범죄로 확립되었는지 여부

박해의 개념은 20세기 이전부터 존재했으며, 초창기에는 국제법상 불법행
위로 인식되었고, 타국에 대한 선생선포의 근거가 되기도 했다. 즉, 박해는
오늘날과 같이 개인에 대한 형사책임을 물을 수 있는 근거로 기능하지는 않
았다. 그러나 제1차 세계대전 이후 독일에 대하여 전쟁법, 전쟁관습과 인도
법의 위반행위를 판단하는 과정에서 전쟁법, 전쟁관습, 인도법 위반에 대한
형사책임의 근거로 발전하였다. 그러나 박해가 실질적으로 국제법상 개인에
대한 형사적 책임을 묻는 근거로 인식된 것은 제2차 세계대전 이후부터 이
다. 즉, 뉘른베르크 군사재판소 헌장, 극동국제군사재판소 헌장, 연합국통제
위원회 법률 제10호와 1950년 뉘른베르크 원칙을 통해 '정치적, 인종적, 혹
은 종교적 이유에 따른 박해'가 인도에 반하는 죄로서 조문화되었다. 또한
이러한 인도에 반하는 죄로서의 박해 개념은 2차 대전 이후의 군사법정과
이스라엘, 프랑스의 법원에서 실제로 적용되었다. 따라서 1975년까지 정치
적, 인종적, 혹은 종교적 이유에 따른 박해가 인도에 반하는 죄라는 점에 대
한 국가의 법적 확신state opinion juris과 국가관행이 존재했음이 충분히 증명된다.

⑵ 인도에 반하는 죄로서 박해의 구성요건

가. 의도요건에 대한 판단: "정치적, 인종적 혹은 종교적 이유로 박해를 가하려는 구체

적 의도를 가지고 이루어진 작위 혹은 부작위의 '의도적' 실행"[467]

상소심 재판부는 범죄의도요건과 관련하여 1심 재판부의 판단을 인용하였다. 박해의 범죄의도요건은 뉘른베르크 전범재판소에서의 판단을 통해 확립되었다. 이들 재판에서는 피고인들이 독일정부의 박해계획에 자발적으로 참여한 점과 그 맥락을 알고 있었다는 점을 통해 차별적 의도를 가지고 있었다는 점이 인정되었다. 또한 이들 재판에서는 단순히 계획의 존재만으로 의도를 판단한 것이 아니라 그 박해행위가 이루어진 구체적 상황을 바탕으로 의도를 판단했다.

박해행위의 근거에 있어서 상소심 재판부는 ECCC법에 열거된 차별적 이유 즉, 정치, 인종, 종교적 이유만을 처벌 가능한 범죄의도로 국한하였다. 이와 관련하여 구체적인 차별적 의도요건은 다른 인도에 반하는 죄에는 적용되지 않는다. ECCC법 제5조는 인도에 반하는 죄를 구성하는 다른 범죄들과는 분명하게 분리된 죄로서 박해를 규정하고 있으며, 뉘른베르크 헌장과 연합국통제위원회 법률 제10호, 1950년 뉘른베르크 원칙도 이러한 판단을 뒷받침한다. 만약 정치, 종교, 인종의 구체적 차별이유가 다른 인도에 반하는 죄들의 성립 요건으로 적용된다면 이들 행위의 처벌이 매우 어려워지는 문제가 발생한다. 또한 제2차 세계대전 이후 다수의 국내재판에서 각국 법원들은 인도에 반하는 죄들이 반드시 박해나 차별적 행위를 통해 이루어질 필요가 없음을 선언하고 있다.

---

467 "'deliberate' perpetration of an act or omission with the specific intent to persecute on racial, religious or political grounds".

이러한 논거들을 고려한다면, 1975년까지 성립된 박해의 의도요건에 관한 1심 재판부의 판단은 법리적으로 문제가 없다. 또한 이러한 박해의도 요건을 사실관계에 적용하여 정치적 목적에 따라 캄푸치아 공산당(크메르 루즈)이 선정한 모든 정치적 적들을 제거하고 S-21의 피구금자들을 구금, 고문, 처형하거나 비인도적으로 대우하려는 당의 정책의도를 피고인이 공유하고 있었다는 결론을 내리고 피고인의 박해의 의도를 인정한 점에는 문제가 없다. 또한 정치적 적들에 대한 크메르 루즈의 차별적 정책을 실행하는 피고인의 의식적, 의지적, 열성적 모습들과 같은 요소들을 통해 피고인이 박해혐의를 충족시키는 구체적 의도를 가지고 있었다는 점을 인정한 것 역시 적절한 판단이다. 이 과정에서 피고인이 단지 당원으로서 당에 대한 충성심을 입증하려 했는지 여부와 차별정책 뒤에 있는 당의 목표를 내면화 했는지 여부는 구체적 의도를 증명함에 있어서 고려대상이 아니다. 즉, 박해의 의도는 외부로 드러난 피고인의 행위를 바탕으로 판단할 수 있으며 내면의 의사까지 고려할 필요는 없다는 것이다.

나. 행위요건에 대한 판단: 국제관습법 혹은 조약으로 보장된 기본권을 부인하거나 침해하는 작위 혹은 부작위[468]

2차 세계대전 이후 뉘른베르크 법정을 통해 확립된 법리에 따른다면 매우 다양한 형태의 행위들이 인도에 반하는 죄로서 박해를 충족시킨다. 여기에는 전쟁범죄, 인도에 반하는 죄를 구성하는 다른 범죄들이 모두 포함된다. 뿐만 아니라, 뉘른베르크 헌장과 연합국통제위원회 법률 제10호에 명

---

468 An act or omission that denies or infringes upon a fundamental right under customary international law or treaty law.

시적으로 열거되지 않은 행위들의 경우에도 그것이 박해의 요건을 충족시
킨다면 박해로 인정된다. 이외에도 재산권, 공정한 재판을 받을 권리, 시민
권, 근로, 결혼, 교육, 이동의 자유 등에 대한 광범위한 침해행위 역시 박해
에 포함된다. 그러나 뉘른베르크 법리 아래서 모든 인권침해 행위가 박해
에 해당하는 것은 아니다. 뉘른베르크 법리 하에서 박해에 해당하는 행위
의 유형을 명확히 규정하기 위해 *ejusdem generis* 원칙[469]이 적용된다. 이
법리에 따르면, 인도에 반하는 죄로서 박해는 최소한 인도에 반하는 다른
죄들과 동일한 심각성과 혹독함을 가지고 있어야 한다. *Flick* 사건[470]에서
ejusdem generis 원칙을 통해 뉘른베르크 재판소는 '다른 박해들'은 탄압
받는 사람들의 생명과 재산에 영향을 미치는 행위를 포함한다고 밝혔다. 또
한 *Kupreskic* 사건[471]에서 ICTY 1심 재판부는 *ejusdem generis* 원칙을
통해 개인의 생명과 자유에 영향을 미치는 기본권에 대한 총체적 혹은 노골
적 부정만이 다른 인도에 반하는 죄들이 가지는 심각성이나 혹독함의 수준
에 이를 수 있다고 판결하였다. 또한 뉘른베르크 재판소는 박해행위를 판단
함에 있어서 보다 큰 차원에서 박해행위가 이루어진 맥락, 궁극적 목표, 기
본권에 대한 총체적 침해의 결과(대부분의 경우 다른 인도에 반하는 죄를 성립)
를 검토하였다.

행위의 심각성이나 혹독함을 판단함에 있어서 반드시 고려되어야 할 다른
요인들은 기본권의 총체적 침해를 야기하는 것을 궁극적 목적으로 하는 큰

---

469 동종제한해석의 원칙으로 해석한다. 예시조항을 해석함에 있어서 예시되지 않은 내용이 예시된 내용과 종류
와 성질 등이 유사하다면 예시조항의 적용을 받는다는 법 해석의 원칙이다.

470 *Flick, et al.*, US Military Tribunal Nuremberg, Judgment of 22 December 1947.

471 Prosecutor v. *Kupreskic et al.*, ICTY, 1심 판결, Case No. IT-95-16-T (January 14, 2000).

규모의 박해 프로그램의 일부 혹은 그 맥락 속에서 작위 혹은 부작위가 이루어졌는지 여부이다. 또한 다른 작위 혹은 부작위와 연결되어 박해행위가 야기하는 누적적 결과도 고려되어야 한다. 마지막으로 개인이 특정집단에 속해있음으로 인해 일반 대중집단 내에서 작위 혹은 부작위가 심각한 혹은 혹독한 효과를 극대화시키는지 여부를 판단해야 한다.

결론적으로 국제관습법과 조약에서 보장된 기본권의 침해에 대한 1심 재판부의 판단은 인도에 반하는 죄를 구성하는 다른 범죄들과 구별되는 것으로서 법리적으로 문제가 없다. 또한 이와 관련하여 피고인의 책임이 인정된 박해를 성립하는 행위들은 기본권을 침해하는 결과를 발생시키는 중대한 심각성을 지닌 행위로서 별도로 독립된 인도에 반하는 행위이다.

다. 행위요건에 대한 판단: 실제로 차별을 하는 작위 혹은 부작위[472]

행위요건으로서 실제적인 차별이 가해져야 한다는 것은 표적이 된 집단에 속한 개인을 목표로 한 작위나 부작위를 통해 의도된 차별적 결과가 나타나야 한다는 것을 의미한다. 이는 뉘른베르크 법리에 따른 것이다. 이러한 뉘른베르크의 법리는 ICTY의 *Tadic* 사건[473]에서 명시적으로 정해졌지만, ICTY는 *Kvocka* 사건[474]의 1심 판결에서 실제적인 차별을 박해의 행위요건으로 인정하지 않고 단순히 차별의 의도만을 요건으로 한정하였으나, *Krnojelac* 사건[475]에서 다시 실질적 차별행위는 박해의 행위요건으로 확립

---

472 an act or omission that discriminates in fact.

473 *Prosecutor v. Tadic*, ICTY, 1심 판결, Case No. IT-94-1-T (May 7, 1997).

474 *Prosecutor v. Kvocka et al.*, ICTY, 1심 판결, Case No. IT-98-30/1-T (November 2, 2001).

475 *Prosecutor v. Milorad Krnojelac*, ICTY, 1심 판결, Case No. IT-97-25-T (March 15, 2002).

되었고, 이러한 법리는 ICTY와 ICTR을 통해 현재까지 유지되고 있다. 이에 따라 실제의 차별discrimination in fact 혹은 실질적 차별의 결과actual discriminatory consequences가 박해의 행위요건으로 요구된다는 점은 명확하다는 것이 상소심 재판부의 결론이다.

'실제로 차별을 하는 것'의 해석에 있어서, 정치적, 인종적, 종교적인 근거로 가해자에 의해 정의된 집단에 피해자가 속해있다는 이유만으로 표적이 된 경우 작위 혹은 부작위는 사실상 차별에 해당한다. 특별히 정치적 이유에 따른 박해에 있어서, 가해자는 어떤 집단이 정치적으로 위협이 되는지에 관한 주관적 평가를 바탕으로 표적이 되는 피해자를 정의할 수 있다. 이 경우 피해자는 관료, 정치활동가, 특정한 정치적 의견을 가진 자, 국적, 인종 등 다양한 기준으로 구분될 수 있다. 따라서 이 사건에서 표적이 된 정치집단을 크메르 루즈의 모든 실질적인 적들과 크메르 루즈에 의해 적으로 인식된 반대자들, 그들의 가까운 친척과 기타 연계된 사람들까지 포함한 사실을 통해 박해의 행위요건인 실제의 차별이 충족된 것으로 판단한 1심 재판부의 판단은 적절하다. 그러나 이 부분에서 상소심 재판부는 크메르 루즈의 표적이 된 집단 구성원의 친척 혹은 그 연계자들을 포함하여 '크메르 루즈에 의해 규정된 모든 정치적 적'이라는 표현이 표적집단을 보다 정확하게 설명한다고 강조하고 있다. 다시 말해, 크메르 루즈가 집중한 것은 표적집단의 실질적인 정치활동이나 정치적 확신 이외에도 정치적 위협으로 인식되는 특정 집단 사람들에 대한 크메르 루즈의 자체적 판단이라는 것이다.

또한 상소심 재판부는 실제의 차별 요건에 대하여 실질적으로 충분히 식별 가능한 정치적, 인종적, 종교적 집단에 피해자가 속해 있어야 한다는 점을 강조하고 있다. 이 점에서 상소심 재판부는 1심 재판부와 의견을 달리한다. 즉 1심 재판부는 *Naletilic and Martinovic* 사건[476]의 1심 판결을 근거로 하여 가해자의 인식을 통해 쟁점이 되는 차별의 기초가 제공된 상황에서 설령 객관적 기준 아래서 가해자의 구분이 부정확한 경우에도 피해자에 대한 차별적 결과가 실질적인 것인 것으로 판단하였다. 그러나 상소심 재판부는 가해자가 정치적 이유를 바탕으로 기준을 정한 경우에 한해 이러한 1심의 판단을 인정했다. 그리고 피해자가 실질적으로 식별 가능한 표적집단에 속해있었는지 여부와 무관하게 박해의 의도만으로 박해가 성립한다는 부분은 받아들이지 않았다. 즉, 상소심 재판부는 박해의도와 함께 피해자가 식별가능한 집단에 속해 있어야 박해를 인정할 수 있는 것으로 본 것이다.

결론적으로 상소심 재판부는 박해행위는 실제로 차별하는 행위로 이루어지며, 피해자가 정치적, 인종적, 종교적인 이유로 가해자에 의해 정의된 집단에 속해있다는 이유만으로 표적이 되고, 필수적인 박해의 결과가 표적 집단에게 발생해야 하며, 피해자 개인의 기본권 침해가 집단에 대하여 전체적으로 차별적 효과를 나타낼 때 성립하는 것으로 결론내렸다.

(3) S-21 피구금자들에 대한 박해에 관한 1심 재판부의 결론에 대한 판단

1심 재판부는 S-21에 구금되었던 모든 개인이 정치적 이유로 표적이 되었으며, 이 때문에 이들 모두가 박해의 피해자라는 결론을 내렸다. 크메르 루즈 집권기간 전반에 걸쳐서 다양한 집단에 속한 개인들이 정치적 적으로 간주되어 다양한 기준에 의해 S-21에 구금되었다. 론 놀 정권의 관료, 군인, 외

---

476 Prosecutor v. Naletilic and Martinovic, ICTY, 1심 판결, Case No. IT-98-34-T (March 31, 2003).

국인과 접촉했다는 의심을 받거나, 실제로 접촉한 자, 지식인, 학생 등이 그 예이다. 그러나, 1심 재판부는 피해자들 중 S-21의 관리자들도 근무 중 실수 혹은 크메르 루즈에 대한 충분한 충성을 보여주지 못함으로 인해 피해자로 전락했다는 사실도 지적했다. 즉, 정권 후반으로 갈수록 크메르 루즈의 숙청은 편집증적으로 변하여 모든 곳에서 적을 의식하고 외부의 적 보다는 내부의 적을 숙청하는데 더욱 집중하게 되었다.

이러한 사실관계를 고려하여 상소심 재판부는 일반적 기준에 따라 정치적 적으로 규정된 이상 일부 구성원이 어느 정도의 자유를 향유하고 있다 할지라도 정치적 이유에 따른 박해를 인정할 수 있다고 판단하였다. 그러나 시간이 흐를수록 박해의 구체적 이유가 사라지고, 박해의 대상을 구별하는 기준이 점차 사라진 상태에서 피해자들을 구금, 조사, 처형하는 일이 발생했다. 이러한 박해의 대상을 지목하는 일반적인 기준이 없는 상태에서 자행된 잔혹행위는 사실상의 차별을 자행한 것이 아니고, 차별적인 박해의 의도로부터 비롯된 것도 아니다. 따라서 상소심 재판부는 이러한 피해자들에 대한 행위를 정치적 이유에 따른 박해로 인정한 1심 재판부의 판단을 파기하였다.

상소심 재판부는 피고인에 의해 정치적 이유가 아닌 비차별적으로 표적이되어 S-21에 구금되어 조사받고 노예화된 후 처형된 특정되지 않은 숫자의 개인들에 대하여 인도에 반하는 죄로서 박해를 근거로 한 유죄를 파기하고 이들 행위에 대하여 피고인이게 절멸, 노예화, 강제구금, 고문 그리고 다른 비인도적 행위에 한하여 유죄를 인정하였다.

누적적 유죄(cumulative convictions)

1. 1심 재판부의 결론 및 공동검사의 상소이유

(1) 1심 재판부의 결론

하나의 사실관계를 통해 2개 이상의 범죄가 성립하는 경우 누적적 유죄를 인정할 수 있을 것인지 여부에 대하여 1심 재판부는 ICTY와 다른 임시재판소*ad hoc tribunals*에서 적용된 *Celebici* test를 적용하였다. *Celebici* test에 따르면 하나의 사실관계에서 두 개 이상의 범죄가 성립한 경우 복수의 범죄가 구성요건상 명확히 구별된다면 형사적 책임이 인정되는 각각의 범죄에 대하여 모두 유죄판결을 받게 된다. 1심 재판부는 *Celebici* test를 적용할 경우 인도에 반하는 죄로서 박해와 다른 죄들 사이에 '상당히 구별되는 구성요건'a materially distinct element이 존재하지 않는다고 보았고, 가장 포괄적인 범죄인 박해에 다른 인도에 반하는 죄들을 포함하여 박해에 대하여만 유죄를 선고하였다.

(2) 공동검사의 상소이유

공동검사는 1심 재판부가 피고인에 대하여 ECCC법 제5조에서 규정하고 있는 살인, 절멸, 노예화, 강제구금, 고문(1회의 강간행위 포함), 정치적 이유에 따른 박해, 다른 비인도적 행위들에 대한 형사책임을 인정했음에도 불구하고, 정치적 이유에 따른 박해에 위의 모든 혐의를 포함하여 박해에 대하여만 유죄를 선고한 것은 누적적 유죄에 관한 *Celebici* test를 잘못 적용한 결과라고 주장하였다. 이에 따라 공동검사는 *Celebici* test를 적용하여 피고인에게 적용된 모든 인도에 반하는 죄를 구성하는 범죄들에 대하여 누적적으로 유죄가 인정되어야 한다고 주장하였다.

2. 법적 쟁점 및 상소심 재판부의 결론

누적적 유죄와 관련하여 핵심 쟁점은 동일한 사실관계 아래서 2개 이상의 범죄가 성립하는 경우에 적용해야 하는 법리와 1심 재판부가 적용한 *Celebici* test에 따를 경우 박해와 다른 인도에 반하는 죄들 사이에 상당히 구별되는 구성요건이 있는지 여부이다.

동일한 사실관계를 통해 2개 이상의 범죄가 성립된 경우에 관하여 ECCC 법과 규칙은 관련 규정을 가지고 있지 않고, 캄보디아 법 역시 이에 대한 규정을 가지고 있지 않다. 뿐만 아니라, 이에 관한 국제관습법이나 조약도 존재하지 않으며, 단지 ICTY에서 도출된 *Celebici* test만이 있을 뿐이다. 따라서 1심 재판부가 본 사건에서 *Celebici* test를 적용한 것은 법률적으로 적절하다. *Celebici* test를 적용한다면 인도에 반하는 죄로서 박해는 절멸, 노예화, 강제구금, 고문, 다른 비인도적 행위와는 '상당히 구별되는 구성요건'을 가지고 있기 때문에 피고인에게 형사적 책임이 인정된 모든 혐의에 대하여 각각 누적적으로 유죄가 선고되어야 한다.

3. 상소심 재판부의 판단 근거

⑴ *Celebici* test 적용의 적절성 여부

가. *Celebici* test

Celebici test는 ICTY가 *Delalic* 사건[477]을 통해 처음 확립한 법리다. 이에 따르면 하나의 사실관계로부터 다양한 법규정을 통해 복수의 범죄가 성립하는 경우 각각의 범죄의 구성요건이 상당하게 구별되어materially distinct elements 다른 범죄와 구성요건이 중복되지 않는 경우에는 각각의 범죄에 대하여 유죄를 선고할 수 있다. 구성요건이 상당하게 구별된다는 것은 해당 구성요건이 다른 범죄에서 요구되지 않는 사실의 입증을 요구한다는 것이다. 그러나 규정상 구성요건이 상당히 구별되지 않는다면 재판부는 각 범죄들의 관계를 고려하여 유죄를 선고해야 하는데, 보다 구체적인more specific 규정을 가진 범죄가 다른 범죄혐의들을 포섭하게 된다. 따라서 '추가적인 상당히 구별되는 구성요건'an additional materially distinct element을 가진 범죄혐의에 대하여 유죄선고가 내려져야 한다.

나. ECCC법상 *Celebici* test를 적용할 수 있는지 여부

ECCC법과 규칙은 범죄의 경합concursus delictorum 즉, 동일한 사실관계를 통해 한 사람의 피고인에게 복수의 혐의에 대하여 유죄를 선고할 수 있는지 여부에 대하여 명시적 규정을 두고 있지 않다. 다만 ECCC법은 실체법상의 문제의 경우 국제법상의 범죄는 국제관습법이나 조약에 따르고 캄보디아 국내법상의 범죄는 캄보디아 형법을 적용한다고 규정하고 있다. 또한 절차법과 관련된 문제의 경우 우선적으로 캄보디아법의 절차규정을 적용하고, 캄보디아법에 관련 규정이 없거나 캄보디아의 절차규정이 국제기준에 부합하지 않는 경우에는 국제법상의 절차규정을 적용하는 것으로 되어있다. 하나의 사실관

---

477 *Prosecutor v. Delalic, Mucic, Delic and Landžo*, ICTY, 상소심 판결, Case No. IT-96-21-A (February 20, 2001).

계 속에서 2개 이상의 범죄에 대하여 유죄를 선고할 수 있는지 여부의 문제는 그 성격상 실체법적 문제이다. 따라서 이 사안의 쟁점은 국제법상 범죄로 규정된 인도에 반하는 죄에 대한 판단의 문제이기 때문에 국제법을 적용해야 한다.

1심 재판부가 주요한 국제법의 연원이 아닌 임시재판소에서 도출된 법리 ad hoc jurisprudence를 적용한 점에 관하여, 1심 재판부는 우선적으로 국제조약 혹은 국제관습법상의 관련 법리를 적용해야 하지만 이와 관련한 국제조약은 물론 국제관습도 확립되어 있지 않다. 또한 일반적으로 인정되는 법 원칙의 경우에도 개별 국가들이 형사법상 경합과 하나의 사실관계를 통해 한 사람의 피고인에게 복수의 유죄를 선고하는 문제에 관하여 각각 상이한 규정을 가지고 있기 때문에 일반적인 법원칙을 도출하기 어렵다. 따라서 이러한 쟁점과 관련하여 현재까지 유일하게 존재하는 국제법상의 법리는 ICTY가 도출한 *Celebici* test이다. 결론적으로 1심 재판부가 이 사건의 판단에 있어서 *Celebici* test를 적용한 것은 법리적으로 적절한 것이다.

⑵ *Celebici* test의 적용에 있어서 박해가 인도에 반하는 죄를 구성하는 다른 범죄들에 대하여 상당히 구별되는 구성요건을 가지고 있는지 여부

가. 임시재판소들의 판례

'상당히 구별되는 구성요건'materially distinct elements이란 다른 죄를 입증하는데 요구되지 않는 사실을 입증해야 하는 구성요건이라는 의미이다. 이와 관련하여 ICTY와 ICTR에서 몇 개의 판례를 내놓았으나, ECCC는 이러한 판례에 구속되지 않는다. 다만 ECCC는 법률적 쟁점에 대한 판단을 내림에 있어서

이러한 판례들을 참고자료로 사용할 수 있다.

ICTY는 *Kupreskic* 사건[478]에서 *Celebici* test를 적용하여 박해가 인도에 반하는 죄를 구성하는 다른 죄에 대하여 상당히 구별되는 구성요건을 가지고 있음을 근거로 피고인에게 인정된 범죄혐의 모두에 대하여 누적적 유죄를 선고했다. 그러나 이후 ICTY는 *Krnojelac* 사건[479]과 *Vasiljevi* 사건[480], *Krstic* 사건[481]에서 이와는 정반대로 박해와 다른 인도에 반하는 죄가 상당히 구별된 구성요건을 가지고 있지 않다는 판단을 내린다. 하지만 ICTY는 가장 최근의 사건인 *Kordic and Cerkez* 사건[482]에서 박해와 인도에 반하는 죄를 구성하는 다른 범죄들에 대하여 양자가 상당히 구별되는 구성요건을 가지고 있는 것으로 판단하였다. 즉, 박해는 구체적인 차별의 의도와 실질적인 차별행위가 있음이 증명되어야 함에 반하여 다른 인도에 반하는 죄에서는 박해에서 요구되는 차별성과 의도성과 같은 행위요건과 의도요건이 요구되지 않는다는 것이다. 따라서 *Celebici* test를 적용한다면 박해는 다른 인도에 반하는 죄와는 상당히 구별되는 구성요건을 가지고 있는 것으로 볼 수 있으며, 박해와 인도에 반하는 죄를 구성하는 범죄들에 대하여 누적적 유죄 인정이 가능하다.

---

478 *Prosecutor v. Kupreškic et al.*, ICTY, 1심 판결, Case No. IT-95-16-T (January 14, 2000).

479 *Prosecutor v. Milorad Krnojelac*, ICTY, 1심 판결(March 15, 2002).

480 *Prosecutor v. Mitar Vasiljevic*, ICTY, 1심 판결, Case No. IT-98-32-T (November 29, 2002).

481 *Prosecutor v. Radislav Krstic*, ICTY, 상소심 판결, Case No. IT-98-33-A (April 19, 2004).

482 *Prosecutor v. Dario Kordic and Mario Cerkez*, ICTY, 상소심 판결, Case No. IT-95-14/2-A (December 17, 2004).

나. 본 사건에서의 판단

Celebici test를 통해 박해와 인도에 반하는 죄를 구성하는 다른 범죄들을 검토함에 있어서 기준이 되는 '상당히 구별되는 구성요건'이라는 것은 앞서 언급한 바와 같이 박해의 구성요건이 다른 인도에 반하는 죄에서 요구되지 않는 사실의 입증을 요구하는 것 혹은 그 반대의 경우를 의미한다. 그러나 1심 재판부는 박해를 입증하는데 충분한 사실과 인도에 반하는 죄를 구성하는 범죄들(살인, 절멸, 강제구금, 고문 등)을 구분하지 못했다. 즉, 1심 재판부는 구성요건 그 자체가 아닌 사실관계에 더욱 중점을 둠으로 인하여 다른 인도에 반하는 죄를 박해의 전제가 되는 사실로 인식하였다.

박해의 구성요건으로서 행위요건은 '작위 혹은 부작위가 사실상의 차별하는 행위이며, 그 누적적 효과와 맥락을 고려할 때 작위 혹은 부작위가 국제조약과 국제관습상 보장된 기본권을 침해하는 결과를 야기하여 다른 인도에 반하는 죄와 동일한 심각성과 혹독함을 야기하는 것'이다. 또한 의도요건은 '정치적, 인종적, 종교적 이유로 차별하려는 의도를 가지고 의도적으로 행하는 작위 혹은 부작위'이다. 반면, 절멸의 경우 그 행위요건으로서 '대규모 인명살상의 결과를 야기하는 작위, 부작위 혹은 작위와 부작위의 혼합된 행위'[483]로 규정된다. 절멸의 의도요건은 '대규모의 인명을 살상하고자 하는 의도, 혹은 작위나 부작위가 대규모 인명살상을 일으킬 수 있다는 합리적 지식을 가지고 사망에 이르게 하는 상태를 야기하거나 심각한 상해를 입히려는 의도'[484]가 요구된다.

---

483 'an act, omission or combination of each that results in the death of persons on a massive scale'.

484 'intent to kill persons on a massive scale, or to inflict serious bodily injury or create

박해의 행위요건은 피고인이 대규모의 인명살상을 야기했다는 사실을 통해 충족되며, 절멸의 다른 행위요건의 입증을 통해서도 부분적으로 박해의 행위요건을 충족할 수 있다. 그러나 이러한 절멸요건의 입증은 박해를 입증하는데 필수적으로 요구되지는 않는다. 즉, 박해의 행위요건은 작위나 부작위가 실질적인 살해로 연결되지 않아도 충분히 입증 가능하다. 또한 피고인의 행위로 인하여 피해자가 심각한 장애를 입은 경우 피고인의 행위(부작위 포함)는 절멸의 구성요건을 충족시키지 못하기 때문에 절멸에 대하여 유죄가 인정되지 않는다. 반면에 다른 박해의 구성요건이 충족된다는 전제 아래에서 장애상태로 만드는 것은 기본권의 침해로서 그 작위나 부작위가 다른 인도에 반하는 죄에 동일한 심각성과 잔혹성을 가지기 때문에 박해의 행위요건을 충족시킨다. 즉, 대규모의 인명살상의 사실은 박해를 입증하는데 충분하지만 그것이 반드시 요구되는 행위요건은 아니다. 반대로 대규모의 인명살상은 절멸의 행위요건을 입증하는데 있어서 핵심적인 구성요건으로써 Celebici test에서 요구되는 '상당히 구별되는 구성요건'에 해당한다. 대규모의 인명살상은 절멸을 입증함에 있어서 핵심적인 구성요건이지만 박해에 있어서는 그것이 실제적인 차별의 실행이 아닌 경우 박해를 성립시키지 못하는 것이다.

의도요건에 있어서 박해는 정치적, 인종적, 종교적 이유로 차별을 가하려는 구체적인 의도를 요구한다. 이는 '대규모의 인명을 살상하고자 하는 의도, 혹은 작위나 부작위가 대규모 인명살상을 일으킬 수 있다는 합리적 지식

---

conditions of life that lead to death in the reasonable knowledge that such act or omission is likely to cause the death of a large number of persons'.

을 가지고 사망에 이르게 하는 상태를 야기하거나 심각한 상해를 입히려는 의도'를 요구하는 절멸의 의도요건과 상당히 구별되는 구성요건이다. 만약, 가해자가 정치적 이유에 따라 피해자를 죽음에 이르는 상태로 만들거나 심각한 상해를 가하려는 의도를 가지고 특정 집단에 대하여 작위 혹은 부작위를 실행한 경우 그 작위나 부작위가 대규모의 살상을 야기할지 여부에 대한 합리적 지식이 없는 상태에서 이루어졌다면 절멸에 대하여 형사책임이 인정되지 않는다. 그러나 이 경우 박해혐의는 충분히 입증될 수 있다. 즉, 작위나 부작위가 대규모의 인명살상을 야기할 수 있다는 합리적 지식은 박해를 입증함에 있어서 요구되는 요건은 아니지만 절멸을 입증함에 있어서는 상당히 구별되는 요건인 것이다.

1심 재판부의 판단 중 절멸이 살인을 포섭하는 부분과 관련하여, 살인의 행위요건은 '피해자를 죽음에 이르도록 하는 작위나 부작위'[485]이다. 또한 그 의도요건은 '살인의 의도 혹은 작위나 부작위가 죽음을 야기할 것이라는 합리적 지식을 가진 상태에서 심각한 상해를 입히려는 의도'[486]이다. 결국 절멸과 살인은 동일한 행위요건과 의도요건을 가지고 있지만, 절멸의 경우 상당히 구별되는 구성요건으로서 '대규모의 살상'이 추가적으로 요구된다. 이에 따라 절멸은 살인을 포섭한다. 또한 박해와 인도에 반하는 다른 죄들의 구성요건에 있어서 박해만이 구체적인 차별의 의도를 요구하며, 그 이외의 다른 인도에 반하는 죄들은 차별의 의도를 요구하지 않는다.

---

485 'an act or omission that results in the death of the victim'.

486 'intent either to kill or to cause serious bodily harm in the reasonable knowledge that the act or omission would likely lead to death'.

결론적으로 박해와 인도에 반하는 다른 죄들은 *Celebici* test를 적용했을 때 상당히 구별되는 구성요건을 가지고 있는 것으로 판단된다. 따라서 인도에 반하는 죄를 구성하는 범죄들에 대한 형사책임이 인정되는 한 피고인에게 각각의 죄에 대하여 누적적 유죄가 선고되어야 한다.

V. 배상

민간당사자 측의 배상 청구내용

1. 1심 재판에서의 배상청구 내용

1심에서 민간당사자들은 대규모 인권범죄의 피해자로서의 권리를 강조하며 피고인에 대하여 배상을 청구하였다. 주요한 배상청구사항은 민간당사자들을 포함한 피해자들에 대하여 재판이 진행되는 동안 피고인의 사죄발언을 수록한 자료의 배포, 교통비를 포함한 신체적, 정신적 피해에 대한 무상치료, 크메르 루즈 정권 하에서 자행된 범죄행위, 특히 S-21에서 자행된 범죄행위를 캄보디아인들에게 교육할 수 있는 교육프로그램의 재원확보, 기념관과 S-21 내에 기념탑 건립, 본사건의 최종판결문에 민간당사자들의 이름과 S-21에서의 피해사실의 기재 등이다.

특히 민간당사자들의 청구사항 중에는 캄보디아 정부를 상대로 한 내용도 있었다. 예를 들어 크메르 루즈 정권에 의한 인권범죄 피해자들을 추념하기 위한 기념일 지정, 피해자들에 대한 캄보디아 정부의 진정성 있는 사죄, S-21 기념관 입장료의 1/3을 민간당사자들이 요구한 배상사항의 이행에 사용 및 그 잔액을 활용한 민간당사자들에 대한 금전적 보상 등이다.

2. 배상관련 1심 판결

1심 재판부는 민간당사자의 배상청구에 대하여 판결문에 민간당사자들의 이름을 기재해 달라는 청구와 재판 중 피고인이 발언한 사죄와 범죄에 대한 책임을 인정하는 발언을 자료로 만들어 배포해 달라는 청구를 받아들이고, 그 이외의 청구사항은 기각하였다.

1심 재판부는 ECCC가 민간당사자들에 대한 캄보디아 정부의 배상의무를 발생시키는 판결을 내릴 수 없다고 보았다. 또한 피고인인 두치가 민간당사자들이 청구한 배상내용을 이행할 수 있는 경제적 능력을 가지고 있지 않다는 점을 들어 금전적 재원이 소요되는 배상청구를 모두 기각하였다.

민간당사자의 상소 이유

캄보디아가 고문방지협약과 시민적 정치적 권리에 관한 국제규약에 서명했고 동 국제규범은 고문 등의 피해자들에 대한 배상책임을 규정하고 있다. 이 때문에 민간당사자들은 위 국제규범에 근거하여 캄보디아 정부가 피해자들에 대한 배상의무를 가지고 있다고 보았다. 또한 ECCC가 캄보디아 정부에 대한 배상의무를 발생시킬 수 있는 권한을 가지고 있지 않다 하더라도 피해자들이 청구한 배상사항을 이행함에 있어서 캄보디아 정부의 행정적 지원과 재정적 부담을 발생시키지 않는 지원을 금지할 권한을 가지는 것은 아니라고 주장하였다.

민간당사자는 피고인의 경제적 궁핍indigence이 배상청구 기각의 사유가 되지 않는다고 주장하였다. 피고인의 경제적 능력을 이유로 배상청구를 기각한 부분과 관련하여 민간당사자들은 피고인이 배상을 이행할 수 있는 경제적 능력이 없다는 것이 배상청구를 기각하는 이유가 될 수 없다고 주장하였다. 또한 피고인의 자산에 대한 철저한 조사를 통해 현재 은닉된 자산과 장래 수령할 수 있는 수입에 대한 정보를 확인해야 한다고 주장하였다.

법률적 쟁점 및 상소심 재판부의 결론

1. 법률적 쟁점

배상과 관련하여 상소심 재판부가 심리한 쟁점은 (i) ECCC가 캄보디아 정부의 지원을 필요로 하는 배상판결을 내릴 수 있는지 여부와 (ii) 피고인의 경제적 궁핍으로 인하여 ECCC가 피고인의 자산을 통해 배상을 집행해야 하는 판결을 내릴 수 없는지 여부이다.

2. 상소심 재판부의 결론

ECCC가 캄보디아 정부의 지원이 필수적인 배상 판결을 내릴 수 있는지 여부에 대하여 상소심 재판부는 ECCC의 배상판결이 캄보디아 정부에 대하여 구속력이 없다고 판단하였다. 즉, ECCC가 민간당사자에 대한 배상을 판결함에 있어서 캄보디아 정부의 경제적, 행정적 지원을 강제할 수 없다. 또한 상소심 재판부는 피고인이 경제적 능력을 가지고 있지 않은 경우 ECCC는 피고인의 자산을 활용하여 배상해야 하는 것을 내용으로 하는 배상판결을 내릴 수 없는 것으로 결론 내렸다.

상소심 재판부의 판단 근거

1. ECCC에 의한 배상의 법적 근거

민간당사자 참가제도의 가장 큰 의미는 피해자가 민간당사자로서 형사재판에 참가하여 피해에 대하여 집단적이고 윤리적 배상을 받을 수 있다는데 있다. ECCC 체제 내에서의 배상은 캄보디아 형사소송법상 민간당사자 청구와 국제인권법에서의 배상에 개념적 기초를 가지고 있다. 그러나 ECCC 체계가 가지는 배상의 개념은 캄보디아 형사소송법이나 국제인권법에서의 배상개념과는 다소 차이가 있다.

(1) 캄보디아 형사소송법상의 배상

캄보디아 형사소송법 제2조는 형사재판에 피해자가 민간당사자로 참가하여 가해자로부터 배상을 받을 수 있도록 하고 있다. 이 점에서 캄보디아 형사소송법과 ECCC 규칙상의 민간당사자에 대한 배상 제도는 기본적으로 그 목적에 있어서 유사성을 가지고 있다. 그러나 캄보디아 형사소송법상 배상책임은 단순히 가해행위자에 한정되는 것이 아니라 형사적 책임을 가지는 사람들의 집단까지 포함하기 때문에 배상책임이 피고인으로 한정되는 ECCC 체계에 비하여 그 배상책임의 인적 범위가 넓다. 또한 배상의 원인이 되는 피해사실에 대하여 캄보디아 형사소송법은 신체적 부상, 재산피해에 비례한 배상 혹은 재산피해의 원상복구를 규정하고 있다. 반면, 규칙은 집단적이고 윤리적인 배상만을 인정하여, 캄보디아 형사소송법에 비하여 피해배상의 범위가 매우 좁다. 뿐만 아니라 대규모 인권범죄의 특성에 비추어 ECCC에서의 배상에는 소멸시효가 없지만 캄보디아 형사소송법에 따른 배상의 경우 소멸시효 내에 배상을 청구해야 한다. 피해자가 민사소송을 통해 가해자로부터 배상을 받을 수 있는지 여부에 관하여 캄보디아 법률에 따른다면 피해자는 민사소송을 통한 손해배상을 받을 수 있는 반면, ECCC 절차상 민간당사자는 민사소송을 통한 손해배상이 불가능하다.

이러한 캄보디아 형사소송법과 ECCC 체계에서의 배상 범위의 차이는 ECCC 재판에 참가하는 민간당사자들의 인원이 매우 많은 점, 그리고 크메르 루즈에 의한 피해자들이 입은 피해의 수준이 일반적인 형사사건과 비교할 수 없을 정도로 큰 특성에서 기인한 것이다.

(2) 국제법의 배상개념
국제법적 관점에서 배상의 개념은 국제사법재판소의 전신인 상설국제사법재판소Permanent Court of International Justice의 *Chorzow Factory* 사건[487]에서 처음 나타난다. 상설국제사법재판소는 이 사건에서 배상은 모든 불법행위의 결과를 제거하고 불법행위가 발생하지 않았을 경우의 상태로 만들어야 한다고 판결했다. 이 판결을 통해 어떠한 위반이건 이전의 법적 상태prior lawful status를 회복시키는 완전한 구제가 이루어져야 한다는 국제법적 원칙이 확립되었다. 국제사법재판소International Court of Justice는 이러한 배상원칙의 적용범위를 더욱 확대하여 국가와 개인간에도 배상이 이루어져야 함을 밝혔다.[488] 특히 국제 형사법 영역에 있어서 ICTR은 효과적인 배상을 받을 권리가 국제관습법의 한 영역을 이루고 있고[489], 모든 종류의 위반에 대하여 비례적 배상이 이루어 져야 한다고 판결하였다.

국제재판소의 판례 이외에도 각종 인권관련 국제협약을 통해서도 배상의 원칙이 강조되고 있다. 세계인권선언, 시민적 정치적 권리에 관한 국제규약, '모든 형태의 인종차별 철폐에 관한 국제협약[490], 고문방지협약 등 다수의 국제협약은 일반적 인권범죄 피해자와 각 국제협약의 위반 피해자에 대한 배상에 관한 내용을 담고 있다.

---

487 *Germany v. Poland*, 13 September 1928, PCIJ Series A, No 17, para. 73.

488 *Legal Consequences of the Construction of a Wall in the Occupied Palestinian Territory*, Advisory Opinion, International Court of Justice, 9 July 2004, ICJ Reports (2004), para. 152-153.

489 *Prosecutor v. Rwamakuba*, ICTR, 1심 결정, Case No. ICTR-98-44C-T, (January 31, 2007), "Decision on Appropriate Remedy".

490 International Convention on the Elimination of All Forms of Racial Discrimination.

⑶ ECCC 차원의 배상

상소심 재판부는 캄보디아가 위에서 소개된 다수의 국제조약에 가입했기 때문에 위의 국제법이 요구하는 기준을 충족시켜야 할 책임을 가지고 있고, 캄보디아 사법부의 일부로서 ECCC는 캄보디아 정부가 승인한 국제조약의 기준에 따라야 한다고 밝혔다. 그러나 상소심 재판부는 ECCC의 역할은 크메르 루즈가 자행한 대규모 인권범죄에 대한 가장 큰 책임을 가진 자들과 크메르 루즈의 고위지도자를 재판에 세우는 것에 한정되고, 캄보디아 정부가 위 국제조약의 의무를 제대로 이행하는지 여부를 평가할 수 있는 권한은 없다고 보았다. 다시 말해 피해자들은 민간당사자로서 피고인에 대한 배상청구만 가능하고 ECCC를 통해 그 외의 다른 가해자에 대하여 민사적 손해배상을 청구할 수 있는 원고가 될 수 없다는 것이다. 아울러 피해자들이 ECCC를 통해 캄보디아 형사소송법을 적용하여 캄보디아 정부를 상대로 손해배상을 청구할 수 없다. 결국, ECCC는 크메르 루즈에 의해 피해를 입은 모든 피해자들에게 완벽한 배상을 제공할 수 있는 체제가 아니다. 따라서 ECCC는 개개인에 대한 배상이 아닌 전환기 정의적 목적을 달성하기 위한 차원에서 배상문제를 다루게 되며 그에 따른다면 ECCC가 제공할 수 있는 배상은 집단적이고 윤리적 배상에 국한된다.

규칙 제23조 12항[491]은 집단적이고 윤리적인 배상의 형태를 제시하고 있

---

491 규칙 제23조 12항은 본 사건의 재판이 진행되던 기간 중 적용되던 규칙인 Rev.3에서 규정된 내용이다. 구 규칙 제23조 12항의 규정은 2016년 6월 현재 적용 중인 규칙 Rev. 9에서 제23조 *quinquies*. 3항에서 규정되어 있다. 이에 따르면 재판부는 피고인의 비용으로 배상에 소요되는 비용을 충당하도록 하는 명령 혹은 대표공동변호사가 요청한 배상을 실행하기 위해 특정한 프로젝트를 지정하는 명령을 내릴 수 있다. 또한 이러한 프로젝트는 피해자 지원부와 협력하여 진행되어야 하며 이를 위한 충분한 외부 재원이 조달되도록 규정되어 있다.

다. 이에 따르면 (i) 유죄판결을 받은 자의 비용으로, 적절한 뉴스 혹은 다른 미디어를 통해 판결문을 배포하도록 하는 명령, (ii) 피해자의 이익을 목적으로 한 비영리적 활동이나 서비스를 위한 재원확보 명령, (iii) 그 밖의 다른 적절한 형태로 배상이 이루어지도록 하였다. 결국 집단적이고 윤리적인 배상의 규정은 집단적이고 비물질적 차원의 배상을 의미한다. 다시 말해, ECCC 차원의 배상은 개인적 차원의 금전적 배상이 아닌 피해자 전체를 대상으로 한 윤리적 혹은 상징적 의미의 배상만을 가능하도록 하고 있다.

ECCC에서의 배상이 집단적 차원의 배상으로 국한된 것은 그 가해범죄가 대규모 인권범죄라는 특성에 기인한다. 대규모 인권범죄의 특성상 그 피해자의 수를 정확히 파악하는 것이 불가능하고, 이 때문에 다양한 이유로 민간당사자로서 ECCC 절차에 참가하지 못하는 피해자들도 현실적으로 존재한다. 만약, ECCC의 재판을 통해 피해자 개개인을 대상으로 한 금전적 보상이 가능하다면 재판의 진행사실을 알지 못하거나 피해자임에도 입증자료를 제출하지 못해 민간당사자로 재판에 참가하지 못하는 피해자들은 피해자임에도 배상을 받지 못하는 경우가 발생할 수 있다. 때문에 이러한 현실적 한계를 고려한다면 최대한 다수의 피해자에게 포괄적으로 의미 있는 배상을 할 수 있는 수단은 집단적이고 윤리적 차원의 배상이다. 또한 상소심 재판부는 ECCC의 배상이 경제적, 신체적 피해의 배상에 있어서 그 한계를 가지고 있지만 공동수사판사의 수사를 통해 인권범죄의 진상을 밝히고 이를 확인 verification하는 과정에서 피해자들이 민간당사자로서 참여하여 심리적이고 상징적 배상이 이루어진다고 보았다.

2. ECCC가 캄보디아 정부의 지원을 필요로 하는 배상판결을 내릴 수 있는지 여부

앞서 언급한 바와 같이 ECCC는 캄보디아 정부에 대한 관할권을 가지고 있지 않다. 즉, 민간당사자들은 오직 피고인에 대하여만 집단적, 윤리적 배상을 청구할 수 있을 뿐, 피고인을 제외한 다른 인물이나 캄보디아 정부를 피고로 하여 배상을 청구할 수 없다. 결국, ECCC가 캄보디아 정부에 대하여 의무를 발생시키는 결정이나 판결을 내릴 수 없는 것이다.

결론적으로 캄보디아 정부의 공식적 사과, 무상치료, 국가추념일 지정, 피해자들의 이름을 딴 건물의 건립 등 캄보디아 정부의 권한에 기대어 집행되어야 하는 배상청구는 ECCC에서 받아들일 수 없다.

3. 피고인의 경제적 궁핍을 근거로 ECCC가 피고인의 자산을 통해 집행해야 하는 배상판결을 내릴 수 없는지 여부

캄보디아 형사소송법과 민법의 경우 피해자에 대한 배상책임이 피고인에 국한되지 않기 때문에 피고인의 경제적 능력이 배상판결에 영향을 미치지 않는다. 그러나, ECCC의 배상체계는 국제형사재판소의 배상체계와는 달리 배상을 위한 외부적 재원Trust Fund for Victims이 마련되어 있지 않다. 따라서 피고인이 경제적으로 완전한 무능력자인 경우 피고인의 자산을 활용한 배상이 불가능하다. 이런 상황에서 피고인의 장래 수입이나 제3자의 자산과 같은 불확실한 가능성에 근거한 배상판결은 피해자들에게 혼란을 줄 가능성이 높다. 따라서 1심 재판부의 판단과 같이 피고인의 경제적 능력을 고려하여 현실적으로 실현 가능한 범위 내에서 배상의 범위를 정하는 것이 배상판결을 내림에 있어서 가장 중요하다.

피고인은 현재 경제적 능력을 가지고 있지 않지만 장래 수입을 얻을 가능성이 있고, 제3자가 배상에 충당할 재원을 제공할 가능성도 있다. 그러나 그러한 가능성에 기대어 배상의 범위를 정하기에는 매우 현실성이 떨어지고, 배상의 범위를 정할 수 있는 기초자료가 될 수 도 없다. 배상에 있어서 중요한 점은 배상액수의 많고 적음이 아니라 현실적인 배상가능성이다.

하지만 상소심 재판부는 ECCC를 통한 제한된 배상이 장래에 완전한 배상을 받을 수 있는 절차에 있어서 피해자들의 권리에 영향을 주는 것은 아님을 강조하였다. 즉, 피해자들이 ECCC 차원에서 불완전하나마 배상을 받았다 할지라도 장래에 ECCC가 아닌 다른 절차를 통해 그들의 피해를 배상 받을 수 있는 권리에 불리하게 영향을 미치지 않는다는 것이다.

한반도 통일 이후의
전환기 정의

I. 북한의 인권상황

북한체제와 인권문제의 불가분성

1. 북한체제의 본질

현재 북한정권에 의해 자행되고 있는 심각한 수준의 인권범죄는 사실 그 형태적 측면에 있어서 지금까지 인류가 전혀 목격한 적이 없는 새로운 사례는 아니다. 이미 20세기에 인류는 독일의 나치정권, 구소련, 중국, 동독과 캄보디아의 공산주의 이념을 추종하는 전체주의 체제에서 자행된 제노사이드 범죄와 강제수용소를 통한 박해와 절멸 등의 인도에 반하는 죄를 지켜보았다. 뿐만 아니라 아프리카와 몇몇 남미의 국가들에서 국가적 차원의 인권범죄가 발생했고, 그에 대한 전환기 정의적 조치가 이루어지기도 했다.

북한정권은 구소련, 중국, 캄보디아와 같이 공산주의 이념에 기반한 전체주의 체제이다. 1945년 8월 15일 한반도를 식민지배하던 일본이 연합국에 무조건 항복을 선언한 직후 미국과 소련은 각각의 정치적 이익을 위해 북위 38도선을 기준으로 한반도를 분할하였다. 이에 따라 미국은 한반도의 남부지역에서, 구소련은 북부지역에서 군정을 실시하였다. 그 결과 1948년 9월에 38도선 이북지역에서 마르크스-레닌주의 공산주의 이념에 따른 공산정권이 수립되었다.

자본주의 사회를 생산과 소유의 불일치에 따른 구조적으로 모순되는 체제로 인식한 공산주의 이념은 결국 계급혁명을 통해 노동계급이 중심이 되는 체제를 성립하여 완전한 평등을 이루는 것을 목표로 한다. 그러나 역설적으로 이러한 공산주의 체제는 노동계급에 의한 독재와 자본가 혹은 노동계급이 아닌 다른 사회적 계층에 대한 박해와 자유의 박탈을 수반한다. 결국, "공산주의 이념은 본질적으로 1당 독재와 법치주의의 예외를 인정하여 공산당의 전횡과 반대파에 대한 탄압을 정당화하는 속성을 지니고 있다. 이러한 공산주의의 이념은 자연스럽게 1당 독재에서 1인 독재로 향하게 된다."[492] 이러한 공산주의 체제의 특성은 북한체제에서도 그대로 나타났다.

(1) 김일성 신격화의 유래

소련의 스탈린은 한반도에 친소정권을 수립하여 이를 바탕으로 동아시아 지역에서 소련의 세력을 확장하고 미국을 견제하고자 하는 목적을 가지고 있었다. 이러한 목적으로 북한지역에서 소련의 이익을 위해 움직일 수 있는 친소련파 인물로 소련 극동군 88여단의 김일성 대위(당시 33세)가 낙점되었다. 이후 소련은 김일성을 북한의 지도자로 확고히 안착시키기 위한 다양한 지원을 하여 초창기 김일성의 권력기반 확보와 북한 체제 수립에 가장 결정적 영향력을 행사하였다. 소련은 김일성을 중심으로 한 소련의 위성국가를 안착시키기 위해 김일성과 함께 항일무장활동에 참여했던 빨치산파를 장관급 직위에 임명하고 소련의 고려인 전문가 집단(소련파)을 실무자로 임명하였다. 이는 김일성과 빨치산파의 항일무장활동을 김일성 집권의 정당성의 근

---

492 송인호, 「통일법 강의」, (법률신문사, 2015), p. 104.

거로 삼으려는 소련의 계획에 따른 것이었다.[493]

소련은 자국에서 실행하던 스탈린에 대한 우상화와 유사한 개인숭배를 통한 통치방식을 당시 동유럽에서 수립된 위성국가들의 지도자들도 실행하도록 하였는데, 이러한 지도자에 대한 개인숭배를 통한 통치방식은 김일성에게도 적용되었다.[494] 특히, 소련은 조만식과 같은 민족주의 계열의 지도자들에 비해 일천한 김일성의 나이와 경력 그리고 국내정치적 지지기반의 열세를 극복하기 위해 적극적으로 그를 지원했는데, 특히 김일성의 무장항일투쟁경력을 매우 부풀리고 왜곡하여 신화적으로 만들었다.[495] 소련은 부풀려진 김일성의 항일경력을 집권 정당성의 근거로 활용하여 김일성의 항일활동과 그의 집권 사이의 연결고리를 만들어 주었다.[496] 소련 극동군 총사령관의 부관이었던 코바넨코는 김일성이 북한의 최고지도자로 선발된 것은 '김일성 장군'이라는 이름이 가진 지명도 때문이라는 언급을 했다.[497] 실제로 스탈린이 김일성에 대한 일종의 최고지도자 선발면접을 마친 후 그를 북한의 최고지도자로 낙점하고 김일성이 1945년 9월 18일 평양으로 들어온 이후 10월 14일 평양시 군중대회에서 김일성은 "민족의 영웅 및 유명한 빨치산 지도자로 소개"되었다.[498] 또한 '북한의 소비에트화'라는 중장기 목적하에 소련군은

---

493 조한범 외, 『해외자료로 본 북한체제의 형성과 발전 I 』, (선인, 2006), pp. 48-49.

494 Ibid, pp. 46-47.

495 김일성은 실제로 항일무장활동에 참여하였지만, 북한이 주장하는 것과 같이 지도자로서 주도적인 역할을 한 것은 아니었다. 그는 20세이던 1932년 중국공산당의 빨치산부대에 가입하여 활동하였고, 따라서 중국공산당의 명령 계통 아래서 움직였다. 그는 이후 1940년 11월 일본군에 밀려 소련 하바로프스크로 도주한 후 소련 극동군에 소속되어 일본이 항복할 때까지 소련군으로 복무하였다. Ibid. pp. 49-55.

496 조한범 외, p. 49.

497 Ibid. p. 43.

498 Ibid. p. 42.

북한 내부의 언론을 직접 통제하며 김일성이 소련의 절대적 지지를 받고 있는 자로서 장래 북한의 지도자가 될 것이라는 점을 암시하는 방송을 내보내도록 했고, 방송 시작과 종료시에는 '김일성 장군의 노래'를 반드시 방송하도록 했다.[499] 그러나 다른 항일인사에 대한 내용은 방송되지 않았다.[500] 1948년 북한정권이 정식으로 수립된 이후 김일성은 "수령"이라는 호칭을 가지게 되었고, 한국전쟁 중이던 1952년에는 스탈린의 지시에 따라 "원수"칭호가 주어졌다.[501]

이러한 사례들은 소련이 '김일성 장군'이라는 이름이 가진 지명도를 최대한 활용하여 김일성의 취약한 정치적 지지기반을 극복하려 했음을 보여주고 있다. 아울러, 북한정권 초창기에 소련의 스탈린이 김일성 집권에 결정적 영향력을 행사하는 과정에서 김일성에 대한 우상화와 개인숭배가 시작 되었음을 알 수 있다.

⑵ 김일성의 1인 지배체제 확립

소련의 절대적 지원과 우상화 정책에도 불구하고 초창기 김일성은 최고지도자의 위치에 있었지만 그 권력기반이 확고하지 못했다. 즉, 북한정권 내에는 크게 4개의 파벌이 존재하여 김일성의 권력을 위협할 수 있는 위치에 있었다. 이들 4개의 파벌은 조선과 일본에서 활동하던 국내파, 중국공산당과 함께 연안지역을 중심으로 활동하던 연안파, 김일성 체제의 실무적 운영을 목적으로 소련에 의해 북한으로 차출되어 들어온 소련파, 김일성과 함께 항일

---

499 Ibid. p. 47-48.
500 Ibid. p. 48.
501 Ibid. p. 45.

활동을 하던 빨치산파이다.[502]

이들 4개의 파벌 중 국내파가 가장 많은 수를 차지했다.[503] 또한 힘의 논리에서 가장 강한 집단은 주요 직책을 담당하고 있던 소련파였지만 이들은 사실상 반강제적으로 북한으로 차출된 자들이었고, 소련의 지시에 따라 움직이고 있었기 때문에 응집력은 약했다.[504] 반면, 연안파는 중국공산당에서 함께 대일투쟁을 하던 인연으로 내부적 응집력이 강했다.[505] 그러나 김일성을 중심으로 한 빨치산파는 수적으로 소수였고, 연령, 항일활동 경력과 업적에 있어서 연안파 등에 비할 바가 못되었다.[506] 그럼에도 불구하고 김일성이 북한의 최고지도자 지위에 오른 것은 순전히 소련의 지원에 힘입은 것이었다. 이들 각 파벌은 각각의 활동배경이 달랐기 때문에 매우 이질적이었지만 최소한 1956년 8월에 발생한 종파사건 이전까지는 파벌간 갈등이 표면으로 드러나지는 않았다.

김일성은 최고지도자의 지위에 있었지만 본인이 속한 빨치산파의 세력이 가장 약했기 때문에 특히 소련파와 연안파를 의식할 수 밖에 없었다. 이런 상황이 유지되고 있던 상황에서 스탈린 사후 등장한 소련의 흐루시초프는 개인숭배를 통한 통치를 했다는 이유로 동유럽 위성국가들의 지도자들을 실각시키고 있었다. 이러한 공산권의 정세 속에서 자신들 보다 어린 나이

---

502 Ibid. p. 60.
503 Ibid.
504 Ibid. p. 63.
505 Ibid.
506 Ibid. p. 60-61.

와 일천한 항일경력에도 불구하고 김일성이 최고지도자의 자리에 있다는 점과 김일성의 항일활동만 선전되고 있는데 불만이 컸던 연안파는 소련의 지지를 믿고 김일성에 반기를 들었다. 그러나 믿었던 소련은 이들과의 약속을 파기하고 김일성에게 연안파의 계획을 전달하여 연안파는 김일성에 의해 숙청되었다. 김일성에 의해 숙청이 진행되는 과정에서 소련과 중국은 1955년 개최된 반둥회의에서 합의된 내정간섭 불가원칙의 명분을 지키기 위해 북한 내에서 자신들에게 우호적인 연안파와 소련파를 적극적으로 보호하지 않았다. 여기에는 북한 내에서 김일성에 대한 지지도가 상당히 높아진 상태였다는 점도 고려되었다. 이에 따라 연안파가 숙청된 이후 김일성은 큰 부담 없이 소련파까지 숙청할 수 있었다.[507] 이후 김일성은 1967년 자신의 빨치산파 내의 또 다른 파벌인 갑산파를 숙청함으로써 그 누구의 견제도 받지 않는 확고한 권력기반을 확보하였다.

(3) 김일성과 그 일가에 대한 우상화

가. 주체사상의 정립

김일성은 연안파와 소련파를 숙청하던 무렵인 1955년 12월 '사상사업에서 교조주의와 형식주의를 퇴치하고 주체를 확립할 데 대하여'라는 제목의 연설에서 '주체'라는 용어를 처음으로 사용하며 연안파와 소련파를 비판하였다.[508] 이후 1967년 김일성은 주체사상을 기조로 한 통치이념을 정립하던 과정에서 그 때까지 권력투쟁의 과정에서 김일성을 지지하던 갑산파를 숙청하

---

507 8월 종파사건과 김일성에 의한 연안파와 소련파의 숙청에 관한 내용은 위의 책, pp. 64-70, 95-104 참조.
508 조한범 외, p. 73.

였다. 갑산파는 김일성의 유일지도체제에 반기를 들었다는 이유로 숙청되었고, 1968년 말 일부 군부 인사에 대한 숙청이 단행되어 김일성의 유일지도체제에 반기를 들 수 있는 세력은 사실상 사라졌다. 연이은 숙청을 통해 유일지도체제를 확립한 김일성은 또한 중국과 소련의 국경분쟁, 쿠바 미사일 위기에서 소련의 패배, 중국-인도 국경분쟁에서 소련의 인도 지지 등 공산권 세계의 분열과 열세를 보며, 내부결속과 권력의 공고화를 다지기 위해 본격적인 우상화에 나섰다. 이에 따라 주체사상은 김일성에 대한 개인숭배를 중심으로 하는 북한의 지도이념으로서 정립되었다. 특히 1970년 11월에 개최된 제5차 당대회에서 주체사상은 조선노동당의 당규약상 마르크스-레닌주의 이념과 함께 북한의 지도이념으로 공식적으로 규정되었고, 1972년에는 헌법에 지도이념으로 명시되었다.

'주체'의 개념은 자주성을 강조하여 중국이나 소련의 개입을 차단하고 외부세력에 편승하며 권력투쟁에 나서던 연안파와 소련파를 견제하기 위한 명분으로 사용되었으며 이후 김일성의 유일지도체제를 정당화하는 개념적으로 발전하였다. 이러한 주체사상을 통해 김일성은 전통적인 공산주의 이념에서 벗어나 독자적인 이념체계를 구축할 수 있는 계기를 마련하였다. 즉, "주체사상은 곧 김일성의 절대적 권위와 김정일로의 권력세습을 합리화하는 이념으로 전환된 것이다."[509]

나. 유일사상체계 확립 10대 원칙
유일사상체계 확립 10대 원칙(이하 '유일사상 10대 원칙')은 김일성 우상화에

---

509 김성철 외, 『북한 이해의 길잡이 -전환기의 북한사회-』, (박영사, 2000), p. 50.

있어서 가장 핵심적인 기능을 하며 이를 통해 김일성에 대한 신격화는 사실상 완성단계에 접어들었다. 또한 1970년대부터 본격적으로 김정일로의 권력세습을 정당화시키는 이념적 기반을 만들어가기 시작했다.

김일성에게 이념적, 정치적으로 절대적 권위를 부여하고 어떠한 반대도 용납하지 않는 것을 핵심으로 하는 유일사상체계를 공식화하는 과정에서 김정일이 중요한 역할을 담당하였다는 점이 주목된다. 즉, 김정일은 "1960년대 후반 유일지도체계의 이론적 바탕이 되는 혁명적 수령관을 제시하였고"[510], 1974년 2월에는 '온 사회를 김일성주의화 하기 위한 당사상사업의 당면한 몇 가지 과업에 대하여'라는 제목의 연설을 통해 김일성주의(김일성의 혁명사상)를 선언하였으며, 4월에는 '전 당과 온 사회에 유일사상체계를 더욱 튼튼히 세우자'라는 연설을 통해 유일사상 10대 원칙을 발표하였다. 이와 같이 유일사상체계를 공식화하는 과정에서 김정일이 주도적으로 나선 것은 결국, 김정일을 유일사상체계의 해석자, 전파자, 계승자로 인식시켜 김정일로의 권력세습을 정당화하기 위한 방편이었다.[511]

유일사상 10대 원칙은 크게 전문과 10개 조항, 65개 세부항으로 구성되어 있다. 주요 10개 조항의 내용은 다음과 같다.[512] (북한에서는 김일성에게 '위대한 수령 김일성 동지'라는 존칭을 사용했지만, 여기서는 존칭을 생략하고 '김일성'이라고만 기재한다)

---

510 조한범 외, pp. 112-113.
511 김성철 외, p. 48.
512 Ibid. p. 51.

제1조 김일성의 혁명사상으로 온 사회를 일색화하기 위하여 목숨 바쳐 투쟁하여야 한다. 김일성의 혁명사상으로 온 사회를 일색화하는 것은 우리 당의 최고강령이며 당의 유일사상체계를 세우는 사업의 새로운 높은 단계이다.

제2조 김일성을 충성으로 높이 우러러 모셔야 한다. 김일성을 높이 우러러 모시는 것은 김일성에게 끝없이 충직한 혁명전사들의 가장 숭고한 의무이며 김일성을 높이 우러러 모시는 여기에 우리 조국의 끝없는 영예와 우리 인민의 영원한 행복이 있다.

제3조 김일성의 권위를 절대화 해야 한다. 위대한 수령 김일성의 권위를 절대화 하는 것은 우리 혁명의 지상의 요구이며 우리 당과 인민의 혁명적 의지이다.

제4조 김일성의 혁명사상을 신념으로 삼고 그의 교시를 신조화하여야 한다. 김일성의 혁명사상을 확고한 신념으로 삼고 수령님의 교시를 신조화 하는 것은 끝없이 충직한 주체형의 공산주의 혁명가가 되기 위한 가장 중요한 요구이며 혁명투쟁과 건설사업의 승리를 위한 선결조건이다.

제5조 김일성의 교시집행에서 무조건성의 원칙을 철저히 지켜야 한다. 김일성의 교시를 무조건 집행하는 것은 김일성에 대한 충실성의 기본요구이며 혁명투쟁과 건설사업의 승리를 위한 결정적 조건이다.

제6조 김일성을 중심으로 하는 전당의 사상의지적 통일과 혁명적 단결을 강화해야 한다. 전당의 강철같은 통일단결은 당의 불패의 힘의 원천이며 혁명승리의 확고한 담보이다.

제7조 김일성을 따라 배워 공산주의적 풍모와 혁명적 사업방법, 인민적 사업작풍을 소유하여야 한다. 김일성이 지닌 고매한 공산주의적 풍모와 혁명적 사업방법, 인민적 사업작풍을 따라 배우는 것은 모든 당원들과 근로자들의 신성한 의무이며 김일성의 혁명전사로서의 영예로운 사명을 다하기 위한 필수적요구이다.

제8조 김일성이 안겨준 정치적 생명을 귀중히 간직하며 그의 크나큰 정치적 신임과 배려에 높은 정치적 자각과 기술로써 충성으로 보답하여야 한다. 김일성이 안겨준 정치적 생명을 지닌 것은 우리의 가장 높은 영예이며 김일성의 정치적 신임에 충성으로 보답하는 여기에 정치적 생명을 빛내여 나가는 참된 길이 있다.

제9조 김일성의 유일적 영도 밑에 전당, 전국, 전군이 한결같이 움직이는 강한 규율을 세워야 한다. 김일성의 유일적 영도체계를 튼튼히 세우는 것은 당을 조직사상적으로 강화하고 당의 영도적 역할과 전투적 기능을 높이기 위한 근본요구이며 혁명과 건설의 승리를 위한 확고한 담보이다.

제10조 김일성이 개척한 혁명위업을 대를 이어 끝까지 계승하며 완성하여 나가야 한다. 당의 유일적 지도체제를 확고히 세우는 것은 김일성의 혁명위업을 고수하고 빛나게 계승 발전시키며 우리 혁명위업의 종국적 승리를 이룩하기 위한 결정적 담보이다.

위의 유일사상 10대 원칙은 모두 김일성 그 자신은 물론 김일성의 생각과 명령에 대한 절대적 충성과 실행을 요구하고 있다. 뿐만 아니라 65개의 세부항들 중에는 제2조에서 규정한 김일성에 대한 충성을 위한 구체적 실천방법으로서 "한 순간을 살아도 오직 수령님을 위하여 살고 수령님을 위하여서는 청춘도 생명도 기꺼이 바치며 어떤 역경 속에서도 수령님에 대한 충성의 한 마음을 변함없이 간직하여야 한다"라는 항목이 있다. 또한 "위대한 수령 김일성동지께서 가리키시는 길은 곧 승리와 영광의 길이라는 것을 굳게 믿고 수령님께 모든 운명을 전적으로 의탁하며 수령님의 령도 따라 나아가는 길에서는 못해낼 일이 없다는 철석 같은 몸과 마음을 다 바쳐야 한다"라는 내용이 규정되어 있다. 제3조의 내용을 실천하는 방법으로 김일성의 교시, 사진, 동상, 휘장, 김일성을 형상화한 작품들 등도 존엄히 다루어야 한다고 하여 김일성에 대한 절대적 권위를 보장하고 있다. 실제로 2014년 공개된 '조선민주주의인민공화국 인권조사위원회 상세보고서'[513](이하 'COI 상세보고서)에 따르면 북한의 모든 가정은 김일성, 김정일의 초상화와 이 두 사람이 토론하는 모습을 담은 그림을 액자로 걸어야 하며, 모든 사람들이 이들 초상화에 대하여 허리를 굽혀 인사해야 하고, 새것처럼 보이도록 관리하도록 되어 있다.[514] 제8조와 관련하여 심지어 김일성을 위해 목숨을 바칠 것을 규정한 내용도 있다.

북한 정권은 이러한 유일사상 10대 원칙을 모든 북한 주민들이 숙지하고 그대로 실천하도록 요구하고 있다. 이와 같은 김일성에 대한 절대적 우상화는 기본적으로 김일성(김정일과 김정은)에 대한 절대적 충성과 이를 위한 주민들의 무제한적 희생을 당연한 것으로 받아들이도록 하고 있다. 그리고 김일성에 대한 조금의 반대도 용납하지 않도록 구조화된 이념은 그 특성상 내부에서의 민주주의와 자유의 박탈을 야기할 뿐 아니라 북한주민들에 대한

---

513 'Report of the Detailed findings of the commission of inquiry on human rights in the Democratic People's Republic of Korea', A/HRC/25/CRP.1 [이하 'COI 상세보고서'].
514 COI 상세보고서, para. 191.

보편적 인권을 보장하는 것을 불가능하도록 만들고 있다. 다시 말해, 북한 내에서 인간이라면 당연히 누려야 하는 인권이라는 개념은 김일성과 그 일가의 절대성을 규정한 주체사상 아래서는 존재할 수 없다는 것이다.

다. 북한체제의 종교성

이러한 북한체제를 유지하고 운영하는 기본 이념인 주체사상과 그 실천을 규정한 유일사상 10대 원칙은 김일성에 대한 신격화를 추구하고 있고, 더 나아가 그의 가계 전체를 신성시하여 김정일과 김정은으로 이어지는 권력세습을 정당화하였다. 이에 따라 김일성에 대한 신격화의 수준은 사실상 종교적 수준으로까지 높아졌다. 즉, 김일성을 신적 존재로 만든 주체사상 및 유일사상 10대 원칙은 그 내용적인 면 뿐만 아니라 북한주민으로 하여금 김일성을 실제로 숭배하도록 하는 교육이 실행되었다는 점에서 김일성에 대한 신격화는 여타의 후진국에서 흔히 발생하는 독재체제와는 그 성질이 매우 다르다고 할 수 있다. 김일성에 대한 신격화를 기조로 하는 주체사상을 이념으로 움직이는 북한체제는 사실상 유사종교, 혹은 보기에 따라서는 심지어 종교로 규정해도 무방할 정도의 종교적 성격을 강하게 내포하고 있다.

종교가 가지는 3가지 요소는 신의 존재, 신을 숭배하는 사람, 그리고 종교행위이다.[515] 북한체제는 이러한 종교의 3요소를 모두 가지고 있다. 즉, 김일성은 주체사상에 따라 신적 지위를 가지고 있다. 또한 북한 주민들은 그들의 '신'인 김일성과 그의 가계(백두혈통) 후계자들을 숭배하는 숭배자들이

---

515 최정만, 『비교종교학개론』, (이레서원, 2004) p. 70. (이수원, 「북한 주체사상학습체계의 종교성 연구-기독교 종교활동과의 비교를 중심으로」, 『통일문제연구』 (2011년 상반기, 통권 제55호), p.313에서 재인용).

며, 북한 내에서 다양한 방법으로 김일성과 그 가계에 대한 신성성을 교육받고 그들에 대한 숭배행위가 이루어지고 있다. 북한체제가 지닌 이러한 종교적 성격은 1994년 김일성 사망 당시 북한주민들이 보여준 집단적인 광적 애도, 2003년 대구유니버시아드 대회 당시 북한응원단이 외부에 걸린 김정일의 사진이 새겨진 플래카드가 비에 젖어 있는 것을 보고 도중에 버스에서 내려 이를 가져간 해프닝[516], 김일성을 어버이라 칭하고 생물학적 부모보다 김일성의 은혜를 더욱 감사히 여기는 북한 아이들의 발언 등을 어느 정도 이해할 수 있게 해준다. 김일성이 신적 존재가 아니라면 이러한 일들을 상식적으로 이해하는 것은 불가능하다.

내용적 측면을 보다 구체적으로 보자면, 1980년대 김정일에 의해 해석된 주체사상에 따르면 수령 즉, 김일성은 "무오류성을 지닌 생명체의 뇌수이며, 혁명의 주체로서 대중은 조직활동을 통해 수령에 충실함으로써 생명을 부여받을 수 있고, 당은 생명체의 신경조직으로 표현된다."[517] 이러한 내용은 주체사상과 유일사상 10대 원칙을 이념으로 하는 북한체제가 가지는 종교적 성격을 가장 잘 보여주는 사례일 것이다. 이외에도, 유일사상 10대 원칙과 세부항목들에서 나타난 김일성 교시의 절대적 신뢰와 이행, 신념화, 김일성을 위한 희생, 김일성의 사진과 동상 등에 대한 숭배, 김일성에 대한 영원한 충성, 김일성을 섬기는 것이 영예임을 강조하는 것, 김일성의 위대성의 선전과 옹호 등이 김일성을 신격화한 북한체제의 종교성을 보여준다. 이는 마치

---

516 실제로 당시 북한에서 파견된 소위 '미녀응원단' 단원들은 버스에서 내려 김정일의 사진을 접지 않도록 펴서 이동했으며, 김정일의 사진을 밖에 방치하여 비에 젖게 하고 구겨진 상태로 두는 것은 매우 불경스러운 일이라며 눈물을 흘리기도 하였다. 김정일의 사진 역시 숭배의 대상이 되며 이는 유일사상 10대 원칙 제3조의 세부항을 위반한 것이다.

517 Ibid. p. 50.

기독교 신앙에서 하나님과 예수님의 절대성과 무오류성 그리고 하나님의 은혜를 강조하고, 하나님을 아버지라고 부르는 기독교 신앙과 형태적 측면에서 매우 흡사하다. 또한 기독교 신앙에서 유일신인 하나님과 육체를 입고 세상에 온 그의 아들 예수, 그리고 기독교 신앙 공동체인 교회의 구조는 주체사상에서 신적 존재인 김일성과 그의 계승자인 김정일, 주체사상의 교육기관인 김일성 혁명사상 연구실의 구조와 매우 유사하다.

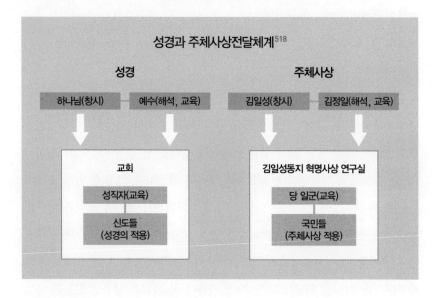

김일성에 대한 우상화 교육 역시 그 종교성을 매우 강하게 보여준다. 주체사상이 내용적 측면에서 기독교 신앙과 유사한 측면을 가지고 있다면 그 교육과 학습의 형태 역시 기독교 신앙과 매우 유사한 형태를 가지고 있다. 기독교에서 교회가 신앙교육의 기능을 담당하고 있다면 북한은 전사회적으로

518 이수원, 「북한 주체사상학습체계의 종교성 연구-기독교 종교활동과의 비교를 중심으로」, 「통일문제연구」 (2011년 상반기, 통권 제55호), p. 320.

주민들에게 주체사상을 교육하기 위하여 '김일성동지혁명사상연구실'이라는 기관을 전국에 약 10만여 곳(추정)을 설치하여 김일성에 대한 우상화 교육을 실시하고 있다.[519] 북한에서 발행된 '조선대백과사전'에 의하면 '김일성동지 혁명사상연구실'은 "온 사회를 위대한 김일성 동지의 혁명사상으로 일색화 하기 위하여 꾸려진 당의 유일사상교양의 거점"이다.[520] 이 연구실에서는 "김 일성의 혁명사상과 혁명역사, 혁명전통에 대한 학습자료를 갖추고 김일성의 교시전달사업을 비롯하여 김일성의 로작 및 교시 연구토론회, 혁명전통연구 발표모임, 학습강사들을 위한 강습과 경험교환회 등"이 이루어진다.[521]

김일성 우상화 교육은 북한주민들의 일상 속에서 다양한 모임과 활동을 통해 이루어지고 있다. '생활총화'는 매주 토요일 직장단위에서 이루어지는 활동으로서 지난 한 주간의 생활을 반성하고 다음 한 주를 사상적으로 바르 게 살 수 있도록 사상을 점검하고 재무장하는 활동이다.[522] 또한 일정 숫자의 주민을 거주지 단위로 묶은 '인민반'이 조직되어 있는데, 이 조직은 일주일 에 한번씩 모여 주체사상학습을 하기 위한 모임이다.[523] 이외에도 매주 수요 일마다 개최되는 '수요강연회', '가족독보회', '직장독보회' 등의 모임을 통해 주체사상과 김일성 혁명에 대한 각종 이론이 학습되고, 일부 주민들은 매일 아침 김일성 동상을 참배하는 활동을 하기도 한다.[524]

---

519 Ibid. pp. 317-318.
520 Ibid. p. 318.
521 Ibid. p. 319.
522 Ibid. p. 322.
523 Ibid.
524 Ibid. pp. 323-324.

기독교 집회와 북한의 주체사상학습을 위한 모임 비교[525]

기독교의 집회	집회시간	북한의 모임	모임시간
주일예배	일요일, 오전, 저녁	생활총화	토요일내 유동적
수요예배	수요일 저녁	수요강연회	수요일 저녁
새벽기도회	새벽 5시경	새벽참배	새벽 5시경
QT(경건의 시간)	개인이 편한 시간	아침독보회	근무 전 30분간
가족예배	부분적 시행	가족독보회	부분적 시행
구역예배	요일 신축적	인민반회의	주말, 장마당 전날 저녁 (농촌지역)
성경공부	정기적	정기학습	정기적
주일학교, 학생회	일요일, 주말	교과과정	매일

2. 체제본질에 따른 인권범죄

(1) 비법치성

위에서 소개한 바와 같이 북한체제는 정상적인 마르크스-레닌주의 공산주의에 따라 운영되는 국가가 아니다. 북한은 이미 1972년의 헌법을 개정하여 마르크스-레닌주의를 삭제했고, 1998년 개정된 헌법을 통해 국가정체성을 '김일성의 사상과 령도를 구현한 주체의 사회주의 조국'으로 규정하고 있다. 또한 2009년에 이루어진 헌법개정을 통해 주체사상을 북한체제가 지향하는 이념으로 규정하였다.[526] 이는 북한체제가 근본적으로 민주주의의 기본원칙 중 하나인 법에 의한 지배, 즉 법치주의에 따라 운영되는 것이 아니라 김일

---

525 Ibid. p. 321.
526 송인호, pp. 95-96.

성의 생각과 사상으로 운영되는 국가라는 점을 의미한다.

이러한 북한체제의 특징은 현대 민주주의 국가라면 기본적으로 이론적으로나마 보장되어야 할 법치주의의 왜곡을 야기했다. 법치주의란 말 그대로 법에 의한 통치를 의미하고, 여기서 말하는 법이라는 것은 인권을 포함한 여러 가지 기본권을 보장하기 위한 실체적, 절차적 법체계를 의미한다. 하지만 북한체제는 이러한 기본적 법치주의가 제대로 갖추어져 있지 않다. 김일성의 사상과 영도를 추구하는 북한체제에서는 법률도 김일성의 사상과 구체적 교시내용을 중심으로 제정되고 해석된다.[527] 다시 말해, 북한의 사법체계는 헌법이 최고규범으로 기능하는 것이 아니라 김일성과 김정일의 교시 내용이 최고규범이고, 그 하위에 헌법과 노동당규약이 위치한다.[528] 이뿐만 아니라 재판제도 역시 법치주의의 기본원칙에 반하는 부분을 포함하고 있다. 또한 북한의 형법학자 조용춘은 북한에서 형벌의 가장 큰 목적은 '반국가범죄자들이 더는 반항할 수 없도록 철저히 진압하는 것'이라고 주장하였는데, "이는 형법의 가장 큰 목적이 체제보위에 있음을 말해준다."[529]

북한의 재판제도 중 법치주의의 원칙과 가장 배치되는 것이 국가안전보위부(이하 '보위부')에 의한 정치범 재판이다. 북한 역시 형사소송법을 통해 법원이 재판을 담당하는 것으로 규정되어 있지만[530] 실질적으로 우리가 이해하

---

527 이규창, 정광진, 『북한형사재판제도 연구: 특징과 실태』, 「KIUN연구 총서 11-05」 (통일연구원, 2011), p. 37.

528 Ibid. p. 38.

529 Ibid. p. 22.

530 북한헌법 제166조, 북한형사소송법 제272조, Ibid. p. 50.

는 독립적이고 중립적인 재판이 이루어진다고 보기는 어렵다. 특히 다수의 탈북자들이 증언하는 바에 따르면 정치범에 대하여는 법원이 아닌 보위부가 수사와 재판을 모두 담당하고 있다.[531] 또한 정치범과 기독교 신자들에 대한 연좌제와 재판절차 없이 이루어지는 정치범 수용소 수용은 북한에서 법치주의라는 민주국가의 기본적 이념이 사실상 존재하지 않음을 보여준다고 할 수 있다.

(2) 체제불법

이러한 북한에서 자행되는 다수의 인권침해 범죄들은 체제불법에 해당할 것이다. '체제불법'이란 기본적으로 "비법치국가가 체제유지를 목적으로 국가기관 또는 그 하수인을 통해서 자행한 불법행위를 의미한다."[532] 즉, 어떤 정부형태나 체제를 취하건 간에 특정 국가가 자국의 법률에 따른 국가기능을 통해 체제유지를 위한 법적 조치를 취했고, 그것이 본질적으로 민주주의나 법치주의의 기본원칙에 반하고 또 인권을 포함한 기본권의 침해를 야기한 경우, 해당 국가기능의 행사가 설령 그 당시 해당 국가 체제 내에서는 합법적이었을지라도 민주주의 체제로 전환된 이후에는 체제불법행위로서 처벌대상이 된다. 중요한 점은 특정 국가기능이 체제불법에 해당하는지 여부를 판단함에 있어서 해당 국가체제 혹은 정부의 적법성과는 무관하다는 점이다. 즉, 국가의 존재가 적법하다거나 정통성을 가지고 있다고 하더라도 문제가 되는 체제유지를 목적으로 한 국가기능이 법치주의에 반하거나 법률

---

531 Ibid. pp. 99-100.

532 김하중, 「체제불법 청산방안에 대한 헌법적 고찰: 구동독과 북한의 체제불법을 중심으로」, 「고려대학교 대학원 법학과 박사학위논문」 (2008), p. 28. [손현진, 「북한의 체제전환에 따른 북한주민의 인권개선 방안 연구」, 「유엔 인권메커니즘과 북한인권」 (통일연구원, 2013), p. 274.에서 재인용].

의 제정이나 해석이 통치자 혹은 통지집단에 의해 자의적으로 이루어졌다면, 이는 체제불법에 해당하는 것이다. 반대로 해당 국가체제가 본질적으로 불법성을 가지고 있다 할지라도 그 국가의 모든 국가기능의 행사가 체제불법에 해당하는 것은 아니다. 따라서 전환기 정의적 조치의 대상이 되는 체제불법행위는 "체제불법을 이루는 구체적이고 개별적인 불법행위"에 국한된다.[533]

북한의 경우, 1991년 남북한 유엔 동시기입을 통해 유엔의 정식회원국 자격을 얻었기 때문에 국가체제 자체가 합법인지 혹은 불법인지 여부는 국제법적으로 논쟁의 대상이 되지 못한다. 다만 대한민국 헌법을 기준으로 본다면 북한정권은 대한민국에 반하는 체제로서 합법성을 가지고 있지 못하다.[534] 위의 체제불법의 정의에 비추어 본다면 김일성을 신적 존재로 규정하고 김정일과 김정은으로 이어지는 가계혈통에 절대적 권위를 부여하는 북한체제는 근본적으로 민주주의적 성격이나 법치주의적 성격을 가지고 있지 않음은 위에서 살펴본 바와 같다. 뿐만 아니라, 북한체제가 가지고 있는 종교적 성격은 김일성과 그 일가에 대한 반대세력이나 김일성의 신성과 양립할 수 없는 기독교 신앙에 대하여 일체의 관용이 없는 무조건적 처벌, 보다 정확히는 박해할 수 밖에 없는 필연성을 만든다. 즉, 문제가 되고 있는 북한 내에서의 인권범죄들은 사실상 체제 본질과 관련되어 김일성, 김정일, 김정은의 1인 독재를 유지함에 있어서 필연적으로 발생할 수 밖에

---

533 손현진, 「북한의 체제전환에 따른 북한주민의 인권개선 방안 연구」, 「유엔 인권메커니즘과 북한인권」, (통일연구원, 2013), p. 275.

534 헌법 제3조는 영토조항으로서 "대한민국의 영토는 한반도와 그 부속도서로 한다."라고 규정하고 있다. 이에 따르면 북한은 대한민국의 영토를 침해하고 있는 불법적 체제이다.

없는 것이다.

가장 대표적인 인권범죄로서 북한에 존재하는 정치범 수용소의 경우만 하더라도 정치범 수용소의 전신이라고 할 수 있던 '관리소'는 광복 직후 소련의 강제수용소(굴락)를 모방하여 설치되었지만[535] 현재와 같은 체계를 갖춘 것은 김일성의 유일지도체제에 반대하는 정치범이나 그 가족들을 격리시켰던 8월 종파사건이 일어난 이후(1956년)인 1958년 무렵이다.[536] 이후 '관리소'는 차츰 그 규모와 숫자가 추가되고 보다 체계화되어(완전통제구역과 혁명화 구역) 오늘에 이르고 있다. 이러한 정치범 수용소(특히 완전통제구역)에 감금되는 정치범과 그 가족들은 '신'인 김일성과 그의 신성한 일가에 반기를 든 '죄', 그리고 김일성에 대한 신격화에 방해되는 외부정보를 통제하기 위한 목적으로 외부에서 유입된 계층(특히 북송재일교포들)을 격리하기 위한 목적으로 모든 권리를 박탈당하고 사실상 인간으로서의 대우를 받지 못하는 운명에 처하게 되는 것이다. 비단 정치범 수용소의 사례가 아니더라도 위에서 언급된 김일성 등의 초상화에 대한 손상, 파괴까지 정치범 수용소에 구금될 수 있는 정치범죄로 간주된다.[537]

---

535 초창기 북한의 통치체제는 소련의 그것이 거의 동일하게 이식되었고, 공안체계 역시 마찬가지였다. 특히 정치범 수용소는 소련의 강제수용소인 '굴락'을 모방하여 설치되었다. 이에 따라 초창기 북한에서는 자본가, 지주, 기독교인 등 혁명의 적으로 규정된 계층 즉, 공산당 독재와 상충되는 계층을 집단적으로 구금하기 위한 '특별노무자수용소'를 거쳐, 김일성의 정적을 숙청하던 시기 김일성의 지시에 의하여 '관리소'가 설치되었다.

536 오경섭, 『소련 · 북한 · 중국의 정치범수용소 비교: 정치적 기능을 중심으로』, 『북한인권 이해의 새로운 지평』 (통일연구원, 2012), pp. 322-324.

537 COI 상세보고서, para. 192.

유엔북한인권조사위원회(COI) 보고서에 나타난 북한인권범죄

1. 계층에 따른 차별적 대우

김일성과 그의 후계자인 김정일, 김정은에 대한 절대적 신적 권위를 보장하는 북한체제는 본질적으로 전체 주민들의 생각과 행동의 자유를 광범위하게 통제할 수 밖에 없다. 특히 위에서 밝힌 바와 같이 김일성과 김정일 등의 유일지배체제에 반대하는 소위 반체제인사 및 그러한 계층에 대하여 심각한 수준의 인권침해(거의 모든 경우 인도에 반하는 죄를 성립)가 자행되고 있고, 낮은 '성분'계층의 주민들에 대하여는 식량배급과 보건, 의료, 교육 등 인간다운 삶을 사는데 필수적인 지원을 제공하지 않거나 차별적으로 대우하고 있다.

'성분'은 주민들을 계층적으로 구분하는 일종의 신분을 의미하며, 1957년에 취해진 소위 5.30 결정을 통해 가족구성원의 정치적, 사회적 배경(과거 지주, 기업가, 기독교인이었는지 여부 등), 김일성과 조선노동당에 대한 충성심[538] 등을 기준으로 구분되었다. '성분'은 크게 '핵심계층', '기본계층', '적대계층'으로 구분되고 이는 다시 세부적으로 51개 부류로 분류된다.[539] '핵심계층'은 최상위 계층으로서 통치계급에 해당하며, 노동당원, 관료, 군장성, 조총련 간부, 항일운동참여자와 그 가족, 혁명전사유가족(한국전쟁 참전자와 그 가족), 당과 정부, 군 간부들의 가족들이 주로 해당되며, 교육, 승진, 배급, 주거, 의료 등 사회 전분야에 걸쳐서 가장 좋은 혜택을 누린다. '기본계층'은 말

---

538 월남자 가족들은 대부분 충성심을 의심받았다.

539 김성철 외, p. 303.

그대로 북한사회의 중간계층으로서 '핵심계층'에 속하지 않는 주민들이며, 주로 비노동당원, 일반 노동자, 농민, 사무원 등과 그 가족들이 이에 해당한다. 이들은 대부분 하급간부나 기술직을 담당하고 있다.[540] 최하위 계층인 '적대계층'은 지주, 기업인, 친일파, 기독교인 등 종교인, 한국전 당시 월남자 가족, 부역자 가족 등이 해당된다. 이들은 북한체제 내에서 매우 차별적으로 대우받고 있고, 대학진학, 군입대, 노동당 입당은 불허되며, 특히, 이들 중 '특별독재대상'에 속하는 사람들은 일반 주민들과 격리된 산간지역이나 탄광으로 강제이주 되어 강제노동이 부과되고, 결혼과 출산과 같은 근본적 차원의 인권이 박탈된다.[541] 또한 반드시 '특별독재대상'이 아니라 할지라도 모든 '적대계층' 주민들은 비무장지대, 해안가, 평양 또는 개성에서 50km 이내에 거주하는 것이 금지되고, 기타 대도시의 경우 20km이내에 거주하는 것이 금지된다.[542]

이러한 '성분'의 구별은 특정 인물이 형사적 처벌을 받게 되는 경우에 상당히 결정적 영향을 미친다. 즉, 처벌을 결정하는 과정에서 해당 인물이 어떤 성분에 속한 사람이냐의 문제는 사법기관에서 가장 먼저 검토하는 문제이고, 처벌의 경중을 결정하는 데에 있어서도 매우 결정적 영향을 미친다.[543] 심지어 낮은 성분의 경우 애초에 그가 나쁜 행동을 하도록 "되어 있다"라고 여겨져 매우 가혹한 처벌을 받는다고 한다.[544]

---

540 Ibid.
541 Ibid. p. 304.
542 COI 상세보고서, para. 117.
543 COI 상세보고서, para. 280.
544 Ibid.

이러한 '성분' 제도가 문제되는 이유는 북한정권이 자행하는 각종 인권범죄의 피해자가 대부분 '적대계층'에 속한 주민들이기 때문이다. 위에서 언급한 바와 같이 기본적으로 북한체제는 김일성과 그 후계자들에 대한 신격화를 근본가치로 삼기 때문에 신격화된 김씨 일가의 통치에 위협이 되거나 양립하지 못한다고 판단되는 사람이나 집단은 초기부터 '적대계층'으로 분류되어 박해의 대상이 되었다. 심지어 '적대계층'이 아니라 하더라도 장성택 사건과 다수의 정치적 숙청사례에서 본 바와 같이 김씨 일가에 대한 충성심에 의심을 받는 경우 어느 누구도 숙청이나 비인도적 처벌의 대상이 될 수 있다. 따라서 사실상 북한주민 전체를 체제불법의 피해자로 볼 수 있을 것이다. 하지만 정치적 목적, 즉 김일성에 대한 충성도를 기준으로 한 '성분' 제도에 따른 계급구분과 특히 '적대계층'에 대한 각종 차별과 박해, 방임은 북한체제가 가진 근본적인 비민주성과 비인도적 특성을 가장 대표적으로 보여주는 사례라고 할 수 있을 것이다.

2. 정치범 수용소에서의 인도에 반하는 죄[545]

(1) 정치범 수용소의 존재와 목적

정치범 수용소는 북한 내에서 발생하는 인권범죄 중에서도 가장 문제되는 부분이다. 정치범 수용소는 애초에 북한체제에 배치되는 사상이나 이념, 종교, 혹은 김일성 통치에 반대하는 세력을 사회로부터 격리하기 위해 설치되었다. 특히 김일성에 의한 유일지배체제가 확립된 이후부터는 김일성에 대

---

545 COI 상세보고서에서 언급된 'Crimes against humanity'는 비공식 한국어 번역본에서 '반인도범죄'로 번역되었으나, 여기서는 위에서 ECCC를 설명할 때 쓴 바와 같이 '인도에 반하는 죄'로 쓴다.

한 충성심이 의심되는, 다시 말해 사상적으로 문제가 있는 것으로 여겨지는 사람들까지 강제적으로 수용되고 있다. 즉, 정치범 수용소는 "현존하는 정치체제와 북한의 지도부에 정치적, 사상적, 경제적으로 도전하는 단체, 가족 및 개인을 사회에서 영구적으로 제거하는 역할을 한다."[546] 더 나아가 COI 상세보고서는 이러한 정치범 수용소가 북한의 사회구조를 재설계하는 목적으로 이용되고 있다는 점을 밝히기도 하였다.[547] 이에 따라, 일단 정치범 수용소에 수감된 경우 북한주민으로서의 권리를 박탈당하고, 존재하지 않는 것으로 간주되기 때문에 사실상 영원히 다시 나올 수 없다고 보아야 한다.

북한은 이러한 정치범 수용소의 존재를 줄곧 부인해 오고 있는데, 정치범 수용소의 존재는 비단 외부세계 뿐 아니라 북한 내부에서도 거의 알려져 있지 않고, 군사시설이나 농업시설로 위장되어 있으며, 북한 내부에서도 특별히 승인된 인물만 이 시설에 접근 할 수 있다.[548] 가장 큰 문제는 북한이 김일성과 김정일의 명령에 따라 내부의 급변사태 혹은 무력충돌이 발생할 경우 정치범 수용소에 관한 증거를 없애기 위해 모든 구금자들을 살해하도록 지시했고, 실제로 이를 위해 "단기간에 다수의 수감자들을 살해하기 위한 훈련"까지 실시했다는 점이다.[549]

---

546 COI 상세보고서, para. 729.
547 COI 상세보고서, para. 746.
548 COI 상세보고서, para. 731.
549 COI 상세보고서, para. 732.

이러한 정치범 수용소는 총 4개가 운영되는 것으로 알려져 있으며[550], 이들 4곳에 대략 8만에서 13만 명의 인원이 구금되어 있는 것으로 추정된다.[551] 특히 이들 중 대다수(약 48%)는 그 자신과 관련된 정치적 이유 즉, 김일성 부자에 대한 정치적 충성을 의심받는 행위를 하는 등의 이유로 구금되었고, 전체 수감자의 약 1/3인 35.7%에 이르는 구금자들은 그 가족들이 정치적 잘못을 범했다는 이유로, 즉 연좌제에 따라 구금된 인원들이다.[552]

(2) 인도에 반하는 죄

정치범 수용소 내에서는 강제노동, 열악한 수용환경과 의도적인 굶주림의 야기, 고문, 자의적 처형, 성폭력과 생식권의 박탈 등이 거의 일상적으로 자행되고 있다. 이는 로마규정 제7조의 인도에 반하는 죄에 해당하는 거의 모든 인권범죄 즉, 살해, 절멸, 노예화, 고문, 성폭력, 강제실종, 박해 등이 상시적으로 발생하고 있다는 의미이다.

가. 강제실종

우선, 정치범 수용소에 구금되는 것 자체가 강제실종에 해당한다. 예를 들어 김일성이나 김정일에 대한 불평을 말하거나 기독교 신앙을 가지고 있는 것이 발각되면 사법절차를 거치지 않고[553] 해당 인물을 정치범 수용소에 구금한다. 이 과정에서 당사자의 행방에 대하여 가족 등에게 통보하지 않음은 물

---

550 COI 상세보고서, para. 735.

551 COI 상세보고서, para. 741.

552 COI 상세보고서, para. 752.

553 사법절차를 거친다 해도 민주주의 국가에서와 같은 독립적이고 중립적인 법원에 의한 재판을 거치는 것이 아니라 보위부의 자의적 판단에 의해 정치범 수용소 구금이 결정된다.

론, 당사자 조차 본인이 어디에 구금되는지에 대한 정보를 제공받지 못한다. 이러한 행태는 로마규정 제7조의 인도에 반하는 죄에 해당하는 강제실종[554]의 범죄를 성립시킨다.[555]

나. 절멸

로마규정상 절멸은 "주민의 일부를 말살하기 위하여 계산된, 식량과 의약품에 대한 접근박탈과 같이 생활조건에 대한 고의적 타격"[556]을 의미한다. "다수의 사람들을 구금하고 또한 대규모의 피해가 뒤따르도록 생활필수품을 주지 않는 것"[557] 역시 절멸의 행위가 될 수 있고, 가해자가 특정한 환경 혹은 생활여건이 시간의 경과에 따라 대규모 살해를 초래할 것에 대한 인식을 가지고 있었다면 절멸이 성립한다.[558] 즉, 가해자가 반드시 다수의 사람들을 죽이겠다는 의도가 필요한 것은 아니다.

COI 상세보고서를 통해 확인된 정치범 수용소의 상황은 우리가 상상하는 것 이상으로 열악하며 과거 나치에 의해 운영되었던 아우슈비츠 수용소의 비극이 연상되는 것도 무리는 아니다. 앞서 언급한 대로 이곳에 수용된 반체제 인사 및 그 가족들은 다시 외부로 나가는 것이 불가능하고, 이곳을 관리하는 관료들이나 경비병들 역시 수용자들을 사람으로 여기지 않도록 훈련되고 실제로 그렇게 생각한다고 한다.[559] 수용자들에게는 굶어 죽을 정도로 적

---

554 ECCC의 경우 강제실종은 ECCC법 제5조상 '다른 비인도적 행위들'에 속하는 범죄로 해석된다.

555 COI 상세보고서, para. 1039.

556 로마규정 제7조 2항 (b).

557 COI 상세보고서, para. 1041.

558 COI 상세보고서, para. 1042.

559 COI 상세보고서, para. 767.

은 양과 낮은 질의 식량이 공급되며, 식량사정이 좋았던 70년대와 80년에도 이러한 수준의 배급이 이루어졌다.[560] 이는 북한이 의도적으로 정치범 수용소의 수용자들에게 기아상태를 야기했음을 보여준다. 이 때문에 수용자들은 생존을 위해 쥐, 지렁이, 곤충 등을 먹어야 하고, 그나마도 경비병 등에게 발각될 경우 심한 구타나 고문, 심지어 즉결처형을 당한다. 이러한 열악한 식량 사정에도 불구하고 정치범 수용소의 피구금자들은 공장, 광산, 벌목장, 농장 등에서 가혹한 강제노동에 시달린다. 강제노동은 12시간 혹은 할당량을 채우기 위해 20시간까지 이루어지는 경우도 있다.[561] 강제노동에 동원되는 수용자들에게는 어떠한 안전조치도 제공되지 않고, 사고가 발생해도 구조되지 않고 방치된다.[562] 심지어 5살 정도의 어린이가 농사에 동원되어 낫을 사용하게 되기도 한다는 증언도 있다.[563] 정치범 수용소 내의 생활환경 역시 인간다운 삶과는 거리가 멀다. 겨울철에도 난방이 공급되지 않는 것은 물론이고 유리창조차 없는 오두막 혹은 막사에서 거주하며, 담요, 비누와 기타 위생용품도 제공되지 않는다.[564] 질병에 걸린 경우에도 치료받지 못하고 죽을 때까지 방치된다.[565]

　이러한 정치범 수용소의 구금환경은 대량의 수용자들을 점차적으로 죽음으로 몰고 가기 위해 북한 정권이 의도적으로 만들어낸 것이다. 따라서 위에

560　70년대 요덕 15호 수용소에 수감되었던 한 생존자는 당시 옥수수와 소금만 배급 받았다고 증언했으며, 강철환씨는 1980년대 한 달에 한번 이루어지는 식량배급을 통해 주먹만큼의 옥수수 낟알만을 배급 받았다고 증언하였다. COI 상세보고서, para. 770.

561　COI 상세보고서, para. 775, 779.

562　COI 상세보고서, para. 779.

563　COI 상세보고서, para. 779.

564　COI 상세보고서, para. 773.

565　COI 상세보고서, para. 774.

서 소개한 정치범 수용소의 상황은 절멸의 요건을 충분히 충족시킨다. 결론적으로 북한정권은 정치범 수용소라는 시설을 통해 절멸이라는 범죄를 자행하고 있는 것이다.

다. 고문과 비인도적 대우

로마규정 제7조 2항 (e)에서 규정된 고문은 가해자가 구금하고 있거나 통제하고 있는 자에게 의도적으로 신체적 혹은 정신적으로 심각한 고통을 가하는 것을 의미한다. 로마규정상의 고문은 특정한 목적 없이 가해진 신체적 혹은 심리적 고통도 고문으로 인정된다.[566] 반면, 국제관습법상의 고문의 경우, 특정한 목적이 있어야 한다. 즉, 정보나 자백을 얻거나, 피해자나 제3자를 처벌, 협박, 강요하기 위한 목적, 혹은 기타 다른 이유로 피해자나 제3자를 차별하기 위한 목적이 요구된다.[567]

정치범 수용소의 경비병들은 피구금자들이 인민의 적이기 때문에 이들을 적대적으로 대우하도록 훈련 받고, 피구금자들을 잔인하게 대우하거나, 심지어 북한법률에서 금지된 성폭력을 가해도 대부분의 경우 처벌받지 않는다.[568] 정치범 수용소에서는 내부의 규칙위반, 명령불복종 등을 이유로 매우 비인도적이고 잔인한 처벌이 이루어지며, 여기에는 즉결처형도 포함된다.[569] 수용소 내에서 고문으로 인정될 수 있는 행위들은 식량배급축소, 추가적인

---

566 김영석, 『국제형사재판소법강의, 개정판』, [법문사, 2012], p. 61.
567 COI 상세보고서, para. 1051.
568 COI 상세보고서, para. 761, 765.
569 COI 상세보고서, para. 758.

강제노동할당, 독방구금, 구타, 불구로 만들기 등이 있다.[570] 고문이 수용소 내에서 처벌의 목적으로 이루어지는 것 뿐만 아니라 병사들의 무술훈련을 목적으로 구금자들을 '인간 펀치백'으로 이용하여 구금자들에게 심한 폭행이 자행되기도 한다.[571] 또한 이유 없이 경비병들이 한 여성구금자를 무릎을 꿇린 후 입을 벌리게 하여 그녀의 입안에 침을 뱉고 삼키도록 한 사례도 증언된 바 있다.[572]

이러한 징치범 수용소 내에서 지행되는 신체적, 정신적 고통을 유발시키는 행위들은 위에서 언급된 로마규정상의 고문의 요건을 충분히 충족시킨다. 특히 유엔북한인권조사위원회(이하 '조사위원회')는 신체적 고문이 정치적, 종교적 이유로 구금된 피해자들을 처벌하거나 협박하기 위해 사용되는 북한 정치범 수용소의 특징이라고 판단하였고, 경비병들이 피해자들에게 심각한 고통을 야기하는 처벌을 주도록 허가 및 지시를 받았다고 밝혔다.[573] 또한 조사위원회는 고의적인 굶주림도 고문에 해당함을 밝혔다.[574]

라. 성폭력

정치범 수용소 내에서의 성폭력 역시 매우 심각한 수준이다. 위에서 언급한 것 처럼 정치범 수용소 내에서 경비병과 관리자들은 수용자들을 최대한 비인간적이고 공격적으로 대우하도록 훈련받고 심지어 북한 법률이나 내부규

---

570 COI 상세보고서, para. 760.
571 COI 상세보고서, para. 761.
572 COI 상세보고서, para. 761.
573 COI 상세보고서, para. 1052.
574 COI 상세보고서, para. 1053.

칙에 따라 금지된 폭력을 가한다 하더라도 처벌받지 않는 관행이 광범위하게 자리잡고 있다. 성폭력 역시 불처벌의 관행이 적용되는 영역이다. 즉, 수용소의 내부규칙상 성폭행은 금지되어 있으며, 보위부 요원과 경비병들이 구금자들과 개인적, 성적 친밀감을 가질 수 있는 행위를 하는 것은 금지되어 있지만, 실제로 경비병이나 관리들이 성폭행 범죄를 저지른 경우에도 처벌되는 경우는 거의 없는 것으로 알려져 있다.[575] 보위부 요원은 여성이 임신하지 않는 한 여성구금자를 성적으로 학대해도 처벌받지 않으며, 전직 경비병들의 증언에 따르면 "수용소 관리원들이 정기적으로 수용소에 방문하는 최고위 관리가 여성 수용자들을 성폭행 할 수 있도록"[576] 하였고 성폭행 후 피해 여성은 살해 당하였다. 또한 정치범 수용소 내에서 자행되는 성폭행은 표면적으로 피해자인 여성구금자의 동의하에 이루어지는 경우도 있지만 사실상 가혹한 강제노동을 면하기 위한 목적 혹은 극한의 굶주림 속에서 식량을 얻기 위한 목적으로 유인되어 강요된 동의하에 성관계가 이루어지는 것이기 때문에 이러한 상황 속에서 이루어지는 성관계 역시 성폭행으로 간주된다.[577]

성폭행으로 인하여 임신한 수용자는 가혹한 처벌을 받는다. 즉, 임신이 수용소의 규칙을 위반한 것으로 간주되어 더욱 가혹한 노동이 부과되거나 재배치되며, 극단적인 경우 비밀리에 처형당하기도 한다.[578] 또한 태아는 강제 낙태 된다. 강제로 태아를 낙태하는 과정에서 정상적인 의학적 고려는 이루

---

575 COI 상세보고서, para. 766.
576 COI 상세보고서, para. 766.
577 COI 상세보고서, para. 765.
578 COI 상세보고서, para. 766.

어지지 않는다. 임신말기에도 강제적으로 낙태가 이루어지고 있고, 임산부에게 폭행을 가하여 태아를 조산시키고 조산된 아이를 살해한 사례도 증언된 바 있으며, 강제로 낙태되거나 조산의 피해를 당한 여성구금자들은 적절한 의료적 지원을 받지 못하고 다음날부터 강제노동에 동원되고 있다.[579]

정치범 수용소 내에서는 비단 성폭행뿐만 아니라 가학적인 성적 학대행위 또한 빈번히 발생한다. 경비병들이 여성 수용자들의 옷을 모두 벗긴 후 개처럼 바닥을 기어 다니며 낚시줄에 매달아 놓은 돼지 비계를 따라다니며 뛰게 한 사례[580]와 같은 가학적이고 성적 수치심을 야기하도록 하는 행위가 매우 빈번히 발생하고 있다.

주목되는 부분은 정치범 수용소 내에서 출산 자체가 엄격히 금지되어 있다는 점이다. COI 상세보고서에 따르면 일반적으로 연좌제에 따라 가족 전체가 수용소에 구금된 경우 가족이 한 공간에 수용되기도 하지만[581] 그러한 경우에도 출산은 금지되어 있다.[582] 만약 임신을 하게 된 경우 앞에서 밝힌 대로 임신된 태아는 강제로 낙태되며 임신부는 가혹한 처벌을 받게 되고, 아이의 아버지는 처형된다.[583] 이렇게 정치범 수용소 내에서 출산의 권리, 즉 생식권이 박탈된 이유는 정치범 수용소의 목적 자체가 김일성을 중심으로 한 북한체제에 반대되는 적대계층의 존재를 소멸시키기 위한 것이기 때문이

---

579 COI 상세보고서, para. 764.
580 COI 상세보고서, para. 766.
581 이는 각 정치범 수용소에 따라 조금씩 차이가 난다.
582 COI 상세보고서, para. 763.
583 COI 상세보고서, para. 764.

다. 특히 "강제낙태의 경우, 소위 '적대계층'의 생식을 막기 위해 여성의 생식능력은 의도적이고 조직적으로 표적이 되고 있다"[584]고 COI 상세보고서는 밝히고 있다.

3. 기독교인을 대상으로 한 인도에 반하는 죄

(1) 반체제 범죄로서의 기독교

북한체제에서는 김일성과 그의 후계자들에 대한 우상화와 유일지배체제에 반대되는 생각이나 사상은 엄격히 금지된다. 결과적으로 사상과 종교의 자유는 본질적으로 북한 내에서는 존재할 수 없는 개념이다. 이러한 배경에서 특히 북한이 가장 주의 깊게 감시하고 북한내부로의 유입을 철저히 막는 종교가 바로 기독교 신앙이다. 기독교 신앙은 하나님 이외에 다른 신이 없음을 핵심으로 하는 '유일신'신앙을 가진 종교이다. 이러한 '유일신'신앙은 본질적으로 김일성에 대한 신적 숭배를 본질로 삼고 있는 주체사상과 양립할 수 없다. 결국 기독교인들은 그 신념에 따른 신앙생활을 함에 있어서 김일성을 숭배할 수 없고, 이는 결국 북한에 대한 반체제적 사상을 가진 것이 된다. 이 때문에 북한은 체제가 수립된 직후부터 기독교인들을 가장 낮은 성분인 '적대계층'으로 분류했고, 이후 현재까지 북한은 기독교를 지속적으로 탄압하고 있다.[585]

---

584 COI 상세보고서, para. 1059.

585 북한은 평양에 위치한 봉수교회 등의 존재와 그곳에서 외관상 기독교 예배로 보이는 행위를 수 차례에 걸쳐 외부에 공개하며 북한체제가 종교의 자유를 폭넓게 인정하고 있음을 선전하고 있다. 하지만 북한이 수 많은 기독교인들을 박해하고 기독교인들과 접촉한 사람들을 찾아내 매우 가혹한 처벌을 가하는 점을 고려했을 때 북한이 실제로 종교의 자유를 인정하고 있다고 보기는 어렵다. 실제로 조사위원회는 COI 상세보고서를 통해 일부 공개적 활동을 하는 교회의 존재에도 불구하고 김일성 일가에 대한 숭배와 종교적 자유가 양립할 수 없음을 근거로 북한에는 신앙의 자유가 없음을 공식적으로 결론 내렸다. COI 상세보고서, para. 258.

북한에서 기독교 신앙의 실천은 그 자체로 정치범죄이다. COI 상세보고서에 따르면, 기독교인들이 정치범으로 취급되는 이유는 첫째, 기독교인들은 지도자, 즉 김일성과 김정일을 진정으로 숭배하지 않고, 다른 사상을 신봉하며 사회에 위협을 가하고, 둘째, 기독교인들이 남한과 미국과 같은 기독교 국가들의 첩자이고, 셋째, 기독교가 소련과 동유럽에서 사회주의를 몰락시킨 원인이라는 것이다.[586] 이러한 이유를 들어 기독교 신앙은 매우 심각한 정치범죄로 취급되고, 북한정권은 기독교 신자들을 색출하기 위해 상당한 노력을 기울이고 있다. 보위부 요원이 기독교 신자로 위장하여 비밀기도모임이나 종교모임에 잠입하기도 하고, 이를 위해 사전에 종교에 관해 훈련까지 받는 것으로 알려지고 있다.[587] 기독교인을 적발한 후에는 다른 신자들이나 종교모임을 적발하기 위해 매우 가혹한 고문을 가하고,[588] 정치범 수용소에 구금한다.

(2) 기독교인들에 대한 인도에 반하는 죄

기독교 신앙의 실행은 형사적으로 처벌되고 심지어 매우 가중한 처벌을 받게 된다. 이에 따라 기독교인임이 발각된 경우 기본적으로 '반국가 및 반민족 범죄'의 혐의로 구금되며, 다른 기독교 신자들과 모임에 대한 내용에 관하여 조사를 받는다. 이 과정에서 시민적 정치적 권리에 관한 국제규약 제9조에 반하여 장기간에 걸친 구금상태에서 고문이 수반된 심문을 받고 정상적인 재판을 받지 못한 채 징역형을 선고 받거나 사형에 처해진다.[589] 이러한 강제적 구금과 고문은 분명 인도에 반하는 죄를 구성하는 고문과 강제구

---

586 COI 상세보고서, para. 255.
587 COI 상세보고서, para. 254.
588 COI 상세보고서, para. 254.
589 COI 상세보고서, para. 1091, 1093.

금에 해당할 것이다. 특히 기독교인에 대하여 사형이 집행되는 것에 관하여 이러한 사형집행은 재판에 의한 것이라 할지라도 가장 중한 범죄에 한해 사형을 적용할 수 있도록 한 국제인권법의 규정[590]에 반하기 때문에 인도에 반하는 죄를 구성하는 살해에 해당한다.[591] 아울러 기독교인 혹은 그들의 후손들은 '적대계층'으로 분류되어 사회의 최하층민으로 대우받고, 식량배급, 교육, 직업의 배정, 의료혜택 등 거의 모든 영역에서 체계적인 차별을 당하고 있다. 이러한 차별적 행위들은 인도에 반하는 죄를 구성하는 박해를 성립한다. 또한 궁극적으로 기독교인들은 정치범 수용소에 수감되기 때문에 위에서 언급한 정치범 수용소 내에서 자행되는 모든 범죄들의 피해자이기도 하다.

4. 탈북시도자를 대상으로 한 인도에 반하는 죄

(1) 탈북의 원인

경제붕괴와 기아사태가 심화되던 1990년대부터 대규모 탈북이 시작되었다. 이 당시 북한당국으로부터 정상적인 식량배급을 받지 못한 주민들이 자체적으로 식량을 확보하기 위해 압록강이나 두만강을 무단으로 도강하여 중국으로 넘어가는 경우가 다수 발생했다. 이 당시의 탈북은 대부분 정치적 의사를 바탕으로 이루어진 것이라기 보다는 식량난 등 경제적 위기를 개인적으로 타개해보려는 노력의 일환으로 이루어진 것이었다.[592] 하지만 북한정권은 식

---

590 시민적 정치적 권리에 관한 국제규약 제6조.

591 COI 상세보고서, para. 1093.

592 완전한 의미의 탈북이라기 보다는 식량을 가지고 다시 북한으로 돌아가려는 의사를 가진 상태에서 도강한 경우도 많았다고 한다.

량난을 해결하지 못함에도 불구하고 식량을 구하기 위해 국경을 넘어 중국 등으로 나가는 행위를 지속적으로 처벌하였다.[593] 이 때문에 경제적 이유에 따라 다시 북한으로 돌아올 의사를 가진 탈북행위나 그 시도는 정치범으로 처벌되지는 않는다 하더라도 매우 가혹한 처벌의 대상이 되었다. 이런 경우에도 도중에 붙잡히거나 강제송환 된 경우에는 사실상 낮은 성분으로 취급되어 취업, 배급, 주거 등에 있어서 접근권을 상실하게 되었다.[594] 식량난 해소의 수단으로 이루어지던 탈북의 경향은 식량난이 다소 완화된 것으로 추측되던 2000년대에도 계속되었는데, 이는 그나마 적은 양이라도 이루어지던 북한당국의 식량배급이 성분이나 지역에 따라 차별적으로 이루어졌기 때문이었다.[595]

2012년 이루어진 대한변호사협회의 설문조사에 따르면 최근의 탈북은 주로 정치적 이유에 따른 것이다.[596] 이는 경제난으로 인하여 주민들에 대한 북한당국의 통제력이 상당히 약화된 상태에서 탈북경험이 있던 주민들에 의해 외부정보가 어느 정도 유입되고, 장마당 등을 통해 외부정보가 급속히 퍼질 수 있는 환경이 마련되어 한국 등으로 탈북 하고자 하는 사람이 다수 나타났기 때문인 것으로 보인다.

⑵ 탈북을 시도한 자에 대한 인도에 반하는 죄

탈북을 시도하거나 혹은 중국 등지에서 몰래 체류하다 강제로 북송되는 경

---

593 COI 상세보고서, para. 385, 386.
594 COI 상세보고서, para. 392.
595 COI 상세보고서, para. 392.
596 COI 상세보고서, para. 390.

우 탈북시도자와 강제송환자들에게는 고문, 강제구금, 살해, 성폭력, 강제실종 등 국제형사법상의 범죄가 자행된다. 특히 여성탈북시도자에 대하여 매우 심각한 수준의 성폭력과 학대, 강제낙태행위가 이루어지고 있다.

가. 살해

사회전체를 완전히 통제하여 외부정보의 유입을 차단함으로써 김일성과 김정일 정권의 안정을 유지하려는 북한정권에게 있어서 주민들의 무단월경은 체제의 안정을 위협하는 중대한 사안이었다. 이러한 관점에서 북한당국은 어떠한 이유로든 허가 받지 않은 북한이탈행위를 정치범죄로 간주하고 있다.[597][598] 압록강 등을 무단으로 도강하는 행위를 발견한 경우 북한의 국경경비병들은 탈북시도자들에게 총격을 가하도록 지시를 받았으며, 한 때 중국쪽으로 넘어간 사람들에게까지 총격을 가하기도 하였다.[599] 하지만 이러한 총격행위는 국제법상 금지된 것으로써 살해에 해당한다.[600, 601]

또한 중국 등지에서 붙잡힌 후 북한으로 강제송환된 탈북자들은 보위부에 구금된 후 탈북 목적과 탈북 이후의 행적에 관해 조사를 받는데, 이 과정에서 매우 혹독한 고문이 자행된다. 고의적으로 기아상태를 야기하거나, 강제노동에 동원하기도 하고, 폭행을 가하거나 허리 뒤고 손을 붙이고 무릎을 꿇

---

597 COI 상세보고서, para. 384.

598 90년대 이래 탈북자의 수가 급격히 증가하면서 북한당국은 식량을 구하기 위한 단순탈북자들은 보안부의 조사를 거쳐 교화소(교도소)에서 짧게는 6개월에서 길게는 1년까지 구금된다. 그러나 이런 경우에도 조사를 받는 과정에서 적법절차에 따른 권리가 보장되지 않는 상태에서 매우 혹독한 고문을 당하는 것이 일반적이다. COI 상세보고서, para. 412.

599 COI 상세보고서, para. 402.

600 COI 상세보고서, para. 403.

601 COI 상세보고서, para. 1104.

린 상태로 장시간 움직이지 못하게 하는 것 이외에도 다양한 형태의 잔혹한 고문이 이루어진다.[602] 이러한 고문은 조사를 맡은 보위부 관리가 탈북자의 답변이 진실이라고 믿거나 만족해할 때까지 계속된다.[603] 이 과정에서 조사를 받던 사람이 사망하는 경우도 다수 발생하는데 이러한 경우 역시 인도에 반하는 죄에 해당하는 살해이다.[604]

특히 조사결과 한국인 혹은 기독교 선교사와 접촉하거나 기독교인이 되어 기독교 신앙활동을 했거나 북한으로 성경을 반입한 사실이 밝혀진 경우 정치범 수용소에 구금되고, 국가정보원 요원과 접촉한 사실이 발각된 경우에는 예외 없이 처형된다.[605]

나. 성폭력과 강제낙태

중국에서 북한으로 강제송환 된 여성탈북자들은 매우 심각한 수준의 성폭력의 위험에 노출되고 임신부의 경우 강제낙태의 피해자가 된다. 강제송환 후 조사를 받기 전 여성 탈북자들은 강제로 완전히 옷이 벗겨진 체로 몸수색을 당하는데, 이 과정은 고의적으로 모멸감을 주는 방법으로 이루어지고 비위생적인 방식으로 시행된다.[606] 여성 탈북자들이 옷이 벗겨진 체로 몸 수색을 당할 때 생식기 내부까지 검사 당하는데, 이러한 몸 수색이 남성 관리에 의해 진행되는 경우도 있고, 다른 관리들이 지켜보는 가운데 진행되기도 하며,

---

602 COI 상세보고서, para. 412, 413.
603 COI 상세보고서, para. 411.
604 COI 상세보고서, para. 1103.
605 COI 상세보고서, para. 409, 410.
606 COI 상세보고서, para. 415.

다른 남성 탈북자가 있는 공간에서 이루어지기도 한다.[607] 국제형사법에 따르면 피해자의 질 속으로 손이나 기타 이물질을 강제적으로 삽입하는 행위는 성폭행에 해당한다.[608]

여성탈북자에게 자행되는 또 다른 형태의 성폭력은 강제낙태이다. 특히 출산 직후의 태아를 살해하는 영아살해 역시 자행되고 있다. 중국에서 강제송환된 여성 탈북자에게 강제낙태를 시행하는 것은 주체사상 아래서 한민족의 혈통적 순수성을 중요하게 인식하기 때문인 것으로 보인다.[609] 또한 중국 등 외부에서 송환된 임신한 탈북여성들의 아이는 중국인 등 다른 민족의 아이인 것으로 간주되기 때문에 아버지의 인종이나 민족을 확인하지 않고 강제낙태가 이루어진다. 강제낙태가 이루어지는 과정 역시 의료적으로 적절한 절차에 따르지 않는다. 강제낙태를 실행하는 방법은 임신부의 골반이나 복부를 발로 차거나 물리적 충격을 가하는 방법, 조산이나 태반의 조기박리를 유도하기 위해 임신부에게 심한 육체노동을 강제하는 방법, 손으로 질내에 화학약품을 삽입하거나 약품을 사용하는 방법, 질 내에 집게와 같은 기구를 삽입하여 강제로 태아를 제거하는 방법 등이 동원된다. 이러한 방법으로 낙태를 시행하는 경우 여성의 신체적 건강도 보장할 수 없기 때문에 영구불임 혹은 여러 가지 질병을 야기할 수 있고, 심한 경우 죽음에 이를 수 도 있다.[610] 만약 아이가 살아서 태어난 경우 아이는 산모가 지켜보는 가운데 살해된다.[611]

---

607 COI 상세보고서, para. 416, 417.

608 COI 상세보고서, para. 420.

609 COI 상세보고서, para. 426.

610 COI 상세보고서, para. 430.

611 COI 상세보고서, para. 432.

5. 기아상태의 방치에 따른 인도에 반하는 죄

(1) 기아상태의 방치

북한의 식량위기는 1980년대 말부터 나타나기 시작했고, 1990년대에 들어서면서 가뭄의 영향으로 그 심각성이 최고조에 달해 대규모 아사사태까지 초래되었다. 이러한 식량난으로 인하여 1996년 초 북한당국은 그해 5월까지 식량배급을 중단한다고 선포하고, 1997년에는 전체 인구의 단 6%만이 중앙정부의 식량배급을 받았다. 그나마 1998년에는 대부분의 주민들에게 식량을 배급할 수 없게 되어 주민들이 자체적으로 식량을 확보해야 함을 선언했다.[612] 이후 2000년대에 들어서면서 식량난은 다소 완화되는 듯 보였지만 유엔식량농업기구의 발표에 따르면 2000~2002년, 2005~2007년 사이에 전 인구의 약 36.6%가 영양실조 상태에 있었고, 2008~2010년 사이에는 전체의 약 40.2%, 2011~2013년에는 약 30.9%가 영양실조를 겪고 있고, 기아로 인한 사망 역시 지속적으로 보고되고 있다.[613]

이러한 식량난에도 불구하고 북한정권은 식량난에 관한 구체적인 정보를 북한주민들은 물론 외부세계에 철저히 은폐하였다. 또한 식량난의 원인이 기존의 식량생산체계와 방법에 있음에도 불구하고 이를 인정하지 않고 가뭄과 같은 기후상황을 식량난의 주요원인으로 돌리고 문제의 원인이 되는 식량생산체계에 대한 개선을 시도하지 않았다.[614] 대량의 아사사태가 발생하던 시기 북한당국은 인도주의적 차원에서 국제사회가 지원한 식량을 주민들에

---

612 COI 상세보고서, para. 517.
613 COI 상세보고서, para. 523.
614 COI 상세보고서, para. 588, 590, 591.

게 제대로 분배하지 않았다. 특히 북한군의 전직 장교들과 병사들의 증언에 따르면 북한당국이 구호식량을 빼돌려 군용으로 전용하는 관행이 존재하는 것으로 나타났다.[615] 구호식량을 빼돌리는 수법은 주로 군인들을 민간인으로 위장하여 구호식량을 받게 하는 방법이 사용되었다.[616] 또한 대부분의 일반 주민들은 외부세계에서 들어온 구호식량이나 구호물자를 받지 못했고, 심지어 구호식량이 일반주민들에게 배급되는 과정을 국제기구 관계자가 모니터링을 한 경우에도 이 관계자가 그 지역을 떠난 후 배급된 식량을 다시 몰수했다는 증언도 있었다.[617] 북한당국은 북한지역 내에서 식량지원활동을 하는 국제기구 등의 인력이 필요한 지역으로 이동하는 것을 막거나 자료에 접근하는 것을 제한했고,[618] 제대로 된 활동을 할 수 없는 조건을 부과하기도 하였다.[619] 심지어 국제기구의 구호활동에 "지나치게 협조적이었다고 해서 직위에서 파면된 지방관료도 있었다고 한다."[620] 이로 인해 다수의 국제구호단체가 북한지역 내에서의 구호활동을 포기하는 경우가 속출하였다.[621] 이러한 북한의 방해행위는 북한의 내부상황이 외부세계에 자세히 공개되는 것을 막기 위한 조치였고, 특히 낮은 성분의 주민들이 다수 거주하는 지역이나 정치범 수용소가 위치한 지역에 외부세계의 구호인력이 접근하지 못하도록 차단되었다.[622]

---

615 COI 상세보고서, para. 609.
616 COI 상세보고서, para. 609.
617 COI 상세보고서, para. 609.
618 COI 상세보고서, para. 625.
619 COI 상세보고서, para. 628.
620 COI 상세보고서, para. 635.
621 COI 상세보고서, para. 628.
622 COI 상세보고서, para. 626.

직접적인 식량지원과 구호활동에 대한 방해 이외에도 북한정권은 심각한 수준의 아사사태가 진행중인 와중에도 식량난 해결에 국가적 역량을 집중하지 않았다. 북한은 대신 군사비와 사치품 구입에 국가재정의 상당부분을 투자하였다. 일례로 "1999년 북한 당국은 상업적인 곡식 수입을 20만 톤 이하로 줄이면서도, 벨라루스로부터 40대의 Mig-29 제트 전투기 구매와 카자흐스탄으로부터 8대의 군사용 헬리콥터를 구입하는데 외화를 사용한 것으로 알려져 있다."[623] 또한 경제학자 마커스 놀랜드에 따르면 식량부족이 최고조에 달하던 1990년대에 북한이 부족한 식량을 구입하는데 필요한 돈은 불과 1~2억 달러에 불과했고 이는 북한당국이 벌어들이는 수입의 1~2%에 해당하는 금액이었다.[624] 또한 2011년 북한의 경제규모를 124억 달러로 추산한다면 4만톤의 식량부족분을 해결하기 위해서 필요한 재원은 북한의 국가수입 중 0.02%이고, 군사비의 1%만 줄인다면 해결할 수 있는 수준이다.[625] 식량위기가 심각하던 1994년 북한은 당시 사망한 김일성의 무덤을 조성하기 위해 무려 7억9천만 달러를 사용했고[626], 다수의 고가 사치품을 수입하였다.[627]

(2) 기아상태의 방치로 인해 발생한 인도에 반하는 죄

수 십만 명의 주민이 굶주림으로 죽어가는 상황에서 국제사회의 지원에 협조하지 않고, 의도적으로 지원식량을 가로챈 행위, 그리고 식량난을 해결할

---

623 COI 상세보고서, para. 646.
624 COI 상세보고서, para. 645.
625 COI 상세보고서, para. 644.
626 COI 상세보고서, para. 659.
627 COI 상세보고서, para. 663.

수 있는 경제적 여력이 있었음에도 불구하고 이를 해결하기 위한 충분한 노력을 기울이지 않은 것은 국제형사법상 인도에 반하는 죄로서 절멸과 살해를 성립시킨다.

가. 절멸

기아상태의 방치를 통한 절멸이 성립하기 위해서는 가해자들이 "사건의 통상적인 경과에 따라 대규모의 사망을 초래할 것에 대하여 계산된 인식을 가지고 필요한 식량을 주민에게 제공하지 않은 것으로 충분하다."[628]

대규모 아사상황에서 그 해결을 지원하기 위한 국제기구 직원들의 활동을 방해하거나 허위정보의 제공, 구호식량의 전용 등은 절멸에 해당한다.[629] 즉, 식량난이 북한당국의 자체적 해결능력을 넘어선 경우 이를 해결하기 위해 국제적 지원을 요청해야 할 국제법적 의무[630]가 있음에도 불구하고 기아사태가 진행되던 1995년까지 국제사회에 식량지원을 요청하지 않았고, 국제사회의 식량지원과 각종 구호조치가 이루어지던 시기에도 이들에 대한 적극적인 지원을 하지 않고 오히려 이들의 활동을 방해하였다. 이로 인한 기아의 지속과 아사사태의 계속적 진행은 충분히 막을 수 있었던 인명피해를 야기했다. 뿐만 아니라 적절하지 못한 경제적 재원의 사용, 즉 식량난 해결에 경제적 재원을 충분히 투입하지 않고 상당한 수준의 군비지출을 유지했던 점은 분명히 북한당국에게 부여된 국제법적 의무를 위반한 것으로 보아야 한다. 이러한 북한당국의 행동에 대하여 유엔은 북한의 책임 있는 관

---

628 COI 상세보고서, para. 1118.
629 COI 상세보고서, para. 1122.
630 경제적 사회적 문화적 권리에 관한 국제규약 제11조.

료들이 자신들의 잘못된 정책집행으로 인하여 기근으로 인한 사망자를 증가시킬 것임을 인지한 상태에서 이루어졌다고 판단하였다.[631] 결론적으로, 대규모 아사상태 하에서 북한당국이 취한 행위는 국제법상 절멸을 충분히 성립시킨다.

나. 살해

위에서 언급한 북한당국의 행동들은 국제형사법상 인도에 반하는 죄에 해당하는 살해죄를 성립한다. 특히 북한당국의 식량배급이 사실상 중단된 상황에서 많은 사람들이 자체적으로 식량을 구하기 위해 중국국경을 넘어가던 중 경비병의 총격으로 다수의 사망자가 발생한 사안이나 식량을 구하기 위해 경제범죄를 저지른 자들을 공개처형하는 행위는 대부분 살해에 해당한다.[632]

6. 외국인의 납치와 강제실종

(1) 인도에 반하는 죄로서 강제실종

강제실종이란 "국가 또는 정치조직에 의하여 또는 이들의 승인, 지원, 묵인을 받아 사람들을 체포, 구금, 혹은 유괴한 후 그들을 법의 보호로부터 장기간 배제시키려는 의도를 가지고 자유의 박탈을 인정하기를 거부하거나 혹은 그들의 운명이나 행방에 관한 정보의 제공을 거부하는 것"[633]을 의미한다. 이러한 로마규정상의 강제실종에 관한 규정은 유엔총회에서 결의된 강제실종

---

631 COI 상세보고서, para. 1124.
632 COI 상세보고서, para. 1129.
633 로마규정 제7조 2항 (i).

선언의 내용과 거의 동일하다. 요컨대, 강제실종이란 정부 혹은 정부의 묵인이나 지원, 승인을 받은 개인이 피해자를 체포, 구금 혹은 납치하는 행위, 불법적으로 피해자의 자유를 박탈하는 행위와 외부에 대하여 이들 피해자들의 자유가 박탈되었다는 사실 혹은 이들의 행방에 대한 정보를 공개하지 않는 행위로 구성된다. 따라서 강제실종의 범죄는 국가 혹은 개인이 정부의 묵인이나 승인 혹은 지원을 통해 누군가를 납치한 후 그가 납치되었다는 사실을 인정하지 않거나 혹은 그가 자발적으로 납치자와 동행했다고 주장하며 피해자의 자유가 박탈되었음을 인정하지 않는 경우 성립할 수 있다. 또한 그것이 외관상 법적 근거를 가지고 이루어진 행정기능의 적법한 집행으로 보이는 경우에도 강제실종 범죄가 성립할 수 있을 것이다.

이 강제실종의 범죄는 계속범의 특징을 가진다. 계속범이란 "행위에 의해 야기된 위법상태가 행위자가 원하는 시점까지 계속됨으로써 행위의 계속과 위법상태의 계속이 일치하는 범죄"[634]를 의미한다. 위에서 언급한 것처럼 강제실종은 크게 피해자를 체포, 구금, 납치하는 행위와 피해자의 자유를 박탈하는 행위, 가해자가 피해자의 운명이나 행방에 관한 정보를 공개하지 않는 것으로 구분된다. 여기서 피해자를 체포, 구금, 납치하는 행위는 그 행위가 발생하는 순간 성립한다. 반면, 가해자가 피해자의 자유를 박탈하고 피해자의 운명과 행방에 관한 정보의 제공을 거부하는 한 강제실종의 범죄는 계속 진행중인 것으로 본다. 따라서, 강제실종은 계속범적 특징을 가지는 것이다.

---

634 김영석, p. 123.

⑵ 북한정권에 의한 강제실종의 유형

가. 한국전쟁 중 발생한 강제실종

한국전쟁 중 북한에 의해 발생한 강제실종은 크게 북한군에 의해 강제로 납북된 민간인에 대한 납치 즉, 전시납북자의 사례와 정전협정 체결 이후 송환되지 못하고 북한에 억류된 국군포로의 사례로 구분된다. 한국전쟁 당시 북한군에 의해 납북된 민간인의 숫자에 관하여 6·25전쟁 납북인사가족협의회가 확인한 납북인사의 명단은 9만 6,013명이지만[635] 정확한 납북자의 규모는 아직까지 확인되지 않고 있으며 최대 약 12만 명이 납치된 것으로 보는 추정도 있다.[636] 한국전쟁 당시 북한이 자행한 민간인 납치행위의 목적은 각 분야의 전문인력과 기술의 확보였다.[637] 즉, 한국전쟁 이전부터 북한은 사유재산을 몰수하고 각 분야의 전문인력과 기독교인과 같은 종교인들을 박해하여 이에 해당하는 상당수의 인구가 한국측으로 넘어옴으로 인하여 노동력 부족을 겪었고, 전쟁으로 인한 인구감소에 대응하기 위해 각 분야의 인력을 납치하여 노동력을 확보하려 했던 것이다.[638] 구체적으로 북한이 납북한 전문인력은 농업, 엔지니어, 기업인, 상인, 대학생, 의사, 경찰, 법조인, 행정공무원 등 다양한 분야에 걸쳐있다.[639] 결국 북한은 자신들의 필요에 따라 전문적 기술과 노동력의 확보를 위해 조직적이고 체계적으로 민간인들을 납치한 것이다. 특히 조사위원회는 한국전쟁 당시에 자행된 민간인에 대한 납치행

---

635 COI 상세보고서, para. 849.

636 제성호, 「전시 민간인 납치의 국제인도법적 고찰 −6.25전쟁시 북한의 민간인 납북행위를 중심으로」, 「서울국제법연구 제18권 1호」, (서울국제법연구원, 2011), p. 196.

637 COI 상세보고서, para. 854.

638 COI 상세보고서, para. 854.

639 COI 상세보고서, para. 850, 852.

위가 김일성의 지시로 이루어졌다고 판단하였다.[640]

  이렇게 납북된 민간인들은 북한이 원하는 전문지식을 가지고 있었음에도 불구하고 북한체제에 대한 충성심을 의심받아 체제의 적으로 인식되고 적대 계층으로 분류되어, 그 자신은 물론 자녀들까지 차별적 박해를 받았다.[641] 이들은 결국 대부분이 감시와 처벌의 대상이 되었고, 정치범 수용소에 구금되었다.[642] 당연한 사실이지만 납북피해자들은 한국에 있는 가족들 및 한국정부와 연락을 취할 수 있는 자유가 박탈된 상태였고, 북한은 민간인에 대한 강제납북사실을 부인하고 있으며,[643] 이들의 행방이나 생사에 관한 질의에 대하여 답변하지 않고 있다.[644]

  북한이 한국전쟁 기간 중 자행한 이러한 민간인 납치행위는 정전협정과 국제인도법(제네바 제4협약, 전시민간인 보호에 관한 협약)을 위반한 것이다. 즉, 정전협정은 전쟁기간 중 휴전선을 넘은 민간인들이 본인들의 의사에 따라 귀환을 원할 경우 이에 협조할 것을 규정하고 있고, 국제인도법은 무력분쟁 중 억류된 민간인들을 본국으로 송환할 것을 규정하고 있다.[645] 하지만 북한은 단 한 사람의 납북자도 돌려보내지 않았다. 국제형사법에 따르더라도 이러한 강제납북은 위에서 언급한 강제실종을 성립한다.

---

640 COI 상세보고서, para. 860.
641 COI 상세보고서, para. 858.
642 COI 상세보고서, para. 857.
643 COI 상세보고서, para. 855.
644 COI 상세보고서, para. 856.
645 COI 상세보고서, para. 855.

한국전쟁 중 발생한 강제실종의 또 다른 사례는 국군포로의 억류이다. 각종 기록을 통해 보면 한국전쟁 중 발생한 국군포로는 약 5만에서 7만 명 정도로 추산된다.[646] 하지만 정전협정 체결 이후 실제로 한국으로 귀환한 국군포로의 숫자는 8,300여 명에 불과하다.[647] 이는 상당수의 국군포로가 한국으로 송환되지 못하고 북한에 억류되어 있음을 의미한다. 조사위원회는 최소한 5만 명의 국군포로가 북한에 억류되어 있을 것으로 파악했으며,[648] 현재 500여 명의 국군포로가 생존해 있을 것으로 보고 있다.[649]

북한은 전쟁 기간 중 발생한 포로들의 상당수를 북한군에 편입시키는 방법으로 국군포로의 존재를 은폐하였다.[650] 또한 국군포로 출신 탈북자의 증언에 따르면 정전협정 체결 이후 한국으로의 송환을 요구한 국군포로들은 사살되거나 수용소에 계속 억류되었고, 심지어 대부분의 국군포로 출신 탈북자들은 송환여부에 대한 질문 자체를 받아본 적이 없다고 증언하였다.[651] 이렇게 억류된 국군포로들은 정전협정 후 엄격한 감시를 받으며 주로 광산에서 강제노동에 시달렸고, 전시 납북자들과 마찬가지로 적대계층으로 분류되었다.

이러한 국군포로의 억류는 적대행위 종료시 포로를 석방하고 송환할 것을 규정한 제네바 제3협약을 위반한 것이며, 또한 정전협정을 위반한 것이다.

---

646 COI 상세보고서, para. 861.
647 COI 상세보고서, para. 862.
648 COI 상세보고서, para. 862.
649 COI 상세보고서, para. 863.
650 이러한 행위는 전쟁포로를 적군에 강제로 복무하지 않도록 한 제네바 제3협약(포로의 대우에 관한 협약)의 위반에 해당할 수 있다.
651 COI 상세보고서, para. 871.

나. 휴전협정 체결 후 발생한 강제실종

휴전협정이 체결된 이후에도 다수의 민간인들이 북한에 의해 납북되었다. 1955년부터 1992년까지 약 3,835명의 한국인들이 납북되었는데, 이중 3,319명이 귀환하였고, 약 516명이 북한에 억류 중인 것으로 추정된다.[652] 납북자들 중 다수는 바다에서 조업 중이던 어부들로서 공해는 물론 심지어 한국영해에서 조업 중이던 어선들까지 북한해군에 의해 나포되어 납북된 것으로 보인다.[653] 어부들 이외에도 북한은 1969년 대한항공기 납북, 1977년과 1978년에 해안가에서 발생한 고등학생 납북, 해외여행 중이던 한국국민의 유인납치, 비무장지대에서의 한국군인 납치, 월남전 중 북베트남을 통한 한국군 포로와 한국외교관의 북한이송 등을 통해 다수의 한국인들을 억류하였다. 납북된 이후 북한이 한국으로 송환하지 않은 억류자들은 대부분 젊고 신체조건이 좋은 사람들이었으며, 전문분야의 지식을 가지고 있는 사람들이었다. 북한은 이들을 간첩양성에 활용하기도 하고, 체제선전 및 대남방송에 활용하기도 하였다.[654] 특히 북한이 납북된 어부들이나 항공기 승무원들과 승객들을 선별적으로 한국으로 송환하고 나머지 인원들[655]을 억류했다는 점은 북한이 민간인들을 조직적이고 계획적으로 억류했음을 보여주는 사례이다. 또한 실제로 전직 북한정보요원은 김정일이 직접 지휘하는 정보기관인 조선노동당 중앙위원회 35호실이 한국인 납북에 관련되어 있다고 증언했고,[656] 해안지역에서 고등학생들을 납치한 사건 역시 김정일의 명령에 따른

---

652 COI 상세보고서, para. 884.

653 COI 상세보고서, para. 885, 886.

654 COI 상세보고서, para. 889, 896.

655 1969년 납북된 대한항공기의 승무원과 승객들 중 북한이 돌려보내지 않고 계속 억류한 11명은 항공기 조종, 영화제작, 카메라, 출판, 의학 분야의 전문가들이었다. COI 상세보고서, para. 896.

656 COI 상세보고서, para. 895.

것이었다는 증언이 있었다.[657] 신상옥씨와 최은희씨의 납치사건이 영화제작에 관심이 많던 김정일의 직접적 지시에 따라 이루어진 것은 잘 알려진 사실이기도 하다.

다. 북송재일교포에 대한 강제실종

2차 세계대전에 끝난 후 귀국하지 않고 일본에 계속 거주하던 한국인들 중 많은 수가 1945년 재일본조선인총연합회(이하 '조총련')을 결성하여 북한국적을 취득하고 일본에 계속 거주하였다. 북한은 이들을 통해 외화수입과 각 분야의 전문인력을 확보하려고 하였다. 이를 위해 재일한국인들을 대상으로 북한을 지상낙원으로 선전하였고, 조총련과 북한정권은 북한을 "자신의 능력에 따라 일을 하고 그들의 필요에 따라 재화와 (교육, 의료와 같은) 서비스를 제공받는 곳으로 묘사"[658]했으며, 일본보다 풍부한 광물자원을 바탕으로 경제적으로 일본을 넘어설 것으로 선전하였다. 당시 재일교포들은 일본인들로부터 많은 차별을 받으며 살고 있었기 때문에 이러한 선전은 많은 수의 재일교포들을 북한으로 이끌어 오는데 큰 효과를 발휘하였다.

이러한 선전을 바탕으로 재일교포들을 북한으로 보내는 이른바 '북송'이 1959년 12월 14일부터 1984년까지 진행되었다. 북송된 "귀국자"들은 1961년까지 9만 명을 넘어섰고 이는 전체 북송인원 중 81%에 달하는 수였다.[659] 북송된 "귀국자"들 중에는 재일교포와 결혼한 일본인 배우자들을 비롯한 일

---

657 COI 상세보고서, para. 901.
658 COI 상세보고서, para. 918.
659 COI 상세보고서, para. 917.

본인들도 포함되어 있었는데, 이들은 약 6,730명에 이른다.[660] 그러나 북한에서 이들은 당초 선전되었던 것과는 달리 매우 엄격하게 통제된 삶을 살게 되었다. 즉, "어디에 거주할지, 어디서 일할지, 무엇을 먹을지, 누구와 어떻게 이야기 할지에 대한 결정이 명령되었다."[661] 북한당국은 귀국자들이 일본에 있는 가족들에게 보내는 우편물을 모두 검열하였고, 일본인 아내들이 귀국 후 3년 후 일본을 방문할 수 있도록 해주겠다는 약속을 지키지 않는 등 일본에 있는 가족들과의 접촉을 철저히 제한하였다.[662] 귀국자들은 초반에는 가지고 있는 전문지식을 바탕으로 북한에서 나름의 역할을 하였지만, 나중에는 결국 적대계층으로 전락하여 지방으로 좌천되고, 정치범 수용소에 구금되는 경우가 많았다.[663]

재일교포들의 북송은 강제실종을 성립시킨다. 즉, 재일교포들이 북한으로 귀국하기로 결정한 데에는 북한을 '지상낙원', '노동자들의 천국'으로 묘사한 조총련과 북한당국의 선전이 큰 영향을 미쳤다. 하지만 이러한 선전은 사실이 아니었다. 북송을 시작하던 1959년 무렵의 북한은 전쟁 피해를 복구 중인 상황이었는데, 선전과는 달리 자원과 인력의 부족으로 어려움을 겪고 있었다.[664] "대부분의 귀국자들은 청진항에 당도하였을 때 일본과 비교하여 극심히 낙후한 사회기반시설과 생활수준을 보고 속았다는 느낌을 받았다."[665] 결국 북한은 재일교포들과 그들의 가족들을 의도적으로 유인하여 북한으로

---

660 COI 상세보고서, para. 917.

661 COI 상세보고서, para. 919.

662 COI 상세보고서, para. 921.

663 COI 상세보고서, para. 922, 923.

664 COI 상세보고서, para. 918.

665 COI 상세보고서, para. 922.

들어오게 한 후 귀국자들이 다시 일본으로 돌아갈 자유를 박탈하고 일본의 가족들의 연락도 차단하여 일본의 가족들에게 이들의 행방이나 운명을 알려 주지 않음으로 강제실종의 범죄를 저지른 것이다.

라. 일본인 및 기타 외국인에 대한 납치행위

재일교포와 결혼한 일본인 배우자들과 그들의 자녀들 이외에도 다수의 일본인들과 외국인들이 북한에 의한 강제납치의 희생자가 되었다. 북송과 무관한 일본인들과 제3의 국적을 가진 외국인들에 대한 납치는 간첩과 테러활동에 활용하기 위한 목적으로 이루어졌다. 이외에도 여러 가지 이유로 북한에 체류하게 된 외국인들의 성적 파트너 혹은 결혼상대자로 활용할 목적으로 조직적인 납치가 자행되었다. 특히 김정일은 2002년 9월 고이즈미 준이치로 당시 일본총리에게 13명의 일본인들을 납치한 사실을 인정하였다. 하지만 조사위원회는 최소한 100여 명의 일본인들이 북한에 의해 납치되었을 가능성이 높다고 보고 있다.[666]

납치된 일본인들은 간첩활동과 테러활동에 동원되는 북한요원들에게 일본인으로 위장할 수 있는 언어와 문화 등을 가르치는 역할을 하였고, 실제로 1987년 발생한 대한항공 858기 폭파사건의 범인들은 일본인으로 위장한 북한요원들이었다. 일본인 이외에 북한이 납치한 외국인들의 국적은 레바논, 태국, 루마니아, 말레이시아, 싱가폴, 중국 등으로 확인되고 있다. 이들은 모두 여성들이고 일본인 납치피해자들과 마찬가지로 북한에서 간첩활동과 테

---

666 COI 상세보고서, para. 932.

러활동에 필요한 외국어와 각종 전문지식을 가르치는 임무에 동원되었다.[667] 주목해야 할 점은 이들이 단순히 언어나 기술을 가르치는 역할에 그친 것이 아니라 북한에 거주하는 외국인들의 성적 파트너의 역할을 하도록 강제되기도 했다는 점이다.[668] 이는 한민족의 혈통적 순수성을 보호하기 위한 조치로 이해된다. 실제로 주한미군으로 복부 중 월북한 4명의 미국인들에게는 각각 2명의 레바논 여성[669], 1명의 태국 여성, 1명의 루마니아 여성이 아내로 주어졌다. 납치된 후 탈출한 레바논 여성들의 증언에 따르면 이들은 북한에 납치되었을 당시 3명의 프랑스 여성, 3명의 이탈리아 여성, 2명의 독일 여성들을 포함하여 28명의 외국인 여성들과 함께 구금되어 있었다.[670] 따라서 이들 이외에도 확인되지 않은 수많은 외국인 여성들이 북한에 의해 납치되었을 가능성이 매우 높다.

II. 캄보디아의 사례와 북한인권 문제의 유사성

가해자에 우호적인 국제정치적 환경

크메르 루즈가 캄보디아의 정권을 장악하고 있던 1975년 4월부터 1979년 1

---

667 COI 상세보고서, para. 963.
668 COI 상세보고서, para. 963.
669 모두 4명의 레바논 여성이 납치되었는데, 이중 2명은 이후 탈출하였다.
670 COI 상세보고서, para. 975.

월까지의 기간 동안 캄보디아 국경은 사실상 봉쇄되어 외부와의 교류가 거의 차단된 상태였다. 하지만 1977년경부터 태국 국경지대에 설치된 난민캠프를 통해 크메르 루즈가 자행한 잔혹한 통치와 각종 인권유린행위들에 관한 소문이 돌았고, 여러 국가들에서 이와 관련된 조사를 시행하여 유엔에 보고했음에도 불구하고 크메르 루즈는 유엔은 물론 대부분의 국가들에게 합법정부로 계속 인정을 받았다.[671] 크메르 루즈에게 유리한 이와 같은 국제정세 속에서 1977년 베트남이 캄보디아를 침공한 사태에 관하여 국제사회는 크메르 루즈의 잔혹한 인권유린에 대한 정보를 어느 정도 인지하고 있었음에도 크메르 루즈를 침공한 베트남을 강하게 비난하였다.[672] 심지어 크메르 루즈가 베트남군에 의해 정권을 상실한 1979년 1월 이후 태국 국경지대에서 친베트남 정부(캄푸치아 인민공화국)에 대항하여 내전을 치르던 기간 동안에도 크메르 루즈는 유엔에서 캄보디아를 공식적으로 대표할 수 있었다. 이는 냉전질서 아래서 미국과 다수의 서방국가들이 크메르 루즈에 대하여 우호적 태도를 견지했고, 공산권의 중국 역시 친소련 성향의 베트남과 대립하고 있는 크메르 루즈를 지원했기 때문이었다.[673]

결론적으로 당시의 국제정치 현실 속에서 크메르 루즈에 의해 자행된 수많은 인권범죄들이 어느 정도 묵인되었다는 점은 분명한 사실이다. 이것은 현재 북한정권에 의한 인권범죄가 다루어지는 국제정치상황과도 유사점이다. 즉, 한반도의 분단 자체가 미국과 소련의 정치적 이해관계에 따른 것이

---

671 Alex Bates, p. 11.
672 Alex Bates, p. 10.
673 제4장 ECCC의 설치, Ⅰ. 불처벌 상태, '30여 년의 불처벌 상태' 참조.

었고, 이후 정치범 수용소의 존재[674]와 같은 인권유린행위들은 냉전질서 속에 제대로 다루어질 수 없었다. 냉전종식 이후부터는 북한이 한반도 내외에서 자행한 인권범죄행위들에 대한 관심과 우려가 높아지고 있지만 북한을 전략적으로 활용하여 동북아 지역에서 자국의 이익을 확보하려는 중국과 러시아는 북한인권문제가 이슈화되는 것을 피하고 있다. 실제로 유엔인권이사회의 전신인 유엔인권위원회는 지난 2003년 이후 2016년까지 13년간 연속해서 북한인권결의안을 채택하고 있지만 중국과 러시아는 이 결의안에 대하여 줄곧 반대입장을 견지하고 있다.[675]

캄보디아 내부의 정권교체에 따른 후속 정권에 의한 단죄

크메르 루즈가 집권기간 동안 저지른 인권범죄들에 대한 법적 처벌은 베트남이 프놈펜을 함락하여 크메르 루즈가 정권을 상실하고 친베트남 정권이 들어서면서 가능해졌다. 하지만 이 때 이루어진 사법적 처벌은 국제적으로 인정받지 못했고, 궐석재판으로 진행되어 책임자들을 실질적으로 처벌하지 못했다. 또한 국제기준을 제대로 충족시키지 못했기 때문에 전환기 정의의 실현이라는 관점에서 그 결과를 받아들이기 어렵다.

---

674 북한의 정치범 수용소는 사실 굴락(Gulag)이라는 소련의 수용소 시스템에서 유래되었고, 중국 역시 이와 유사한 라오가이(勞改)라는 노동개조 시스템을 도입하였다. 또한 정치범 수용소와 같은 집단수용소 시설은 이념적으로 프롤레타리아 계급에 의한 통치를 유지함에 있어서 체제의 적으로 간주되는 자본가 계급을 격리하기 위해 필수적으로 존재 할 수 밖에 없다.

675 2016년 4월 채택된 북한인권결의안의 경우, 중국은 반대입장을 표명했지만 적극적으로 표결을 요청하지는 않았다.

크메르 루즈에 대한 본격적인 법적 처벌이 검토되기 시작한 것은 냉전질서가 해체되고 크메르 루즈가 자행한 인권유린에 대하여 법적인 처벌을 해야 한다는 국제적 공감대가 마련되면서 나타나기 시작했다.[676] 그리고 유엔의 관리하에서 이루어진 총선거를 통해 1993년 새로운 정부가 수립된 이후 캄보디아 정부가 크메르 루즈에 대한 법적 처벌을 추진하면서 크메르 루즈에 대한 처벌이 본격적으로 논의되었다.

주목해야 할 사실은 유엔의 승인을 받아 새롭게 출범한 캄보디아 정부에 의해 크메르 루즈가 완전히 소멸한 후 크메르 루즈가 통치하던 시기 동안 저지른 인권범죄에 대한 처벌이 이루어지기 시작했다는 점이다. 크메르 루즈가 캄보디아의 정권을 장악하고 있던 1979년까지의 기간은 물론이고 친베트남 성향의 캄보디아 정부와 크메르 루즈가 내전 중이던 기간 동안에도 현실적으로 당시의 캄보디아 정부는 크메르 루즈를 사법적으로 처벌하기 어려운 상황이었다. 하지만 크메르 루즈가 정치적, 군사적으로 소멸된 이후 비로소 캄보디아 정부가 크메르 루즈의 핵심 구성원들에 대한 사법적 처벌을 할 수 있는 환경이 마련되었고, 이에 따라 캄보디아 정부는 국제사회의 지원을 받아 ECCC를 설치하여 인권범죄에 대한 책임을 가진 크메르 루즈의 핵심 지도부를 처벌할 수 있게 되었다.

이는 향후 북한인권문제, 특히 조사위원회의 COI보고서에 적시된 인도에 반하는 죄에 관한 책임자의 처벌과, 진상규명, 그리고 각종 전환기 정의 조치를 취함에 있어서 북한체제의 존속이 가장 큰 장애물임을 보여준다.

---

676 제4장 ECCC의 설치, Ⅰ. 불처벌 상태, '크메르 루즈 처벌에 대한 공감대의 형성' 참조.

즉, 인권범죄의 가해세력이 집권하던 기간 동안에는 그들이 자행하는 인권범죄에 대하여 국제사회가 적극적으로 우려를 표시한다 하더라도 실질적인 문제해결과 책임자 처벌은 인권범죄를 자행하는 체제에 근본적인 변화가 있어야 가능하다는 것이다. 한반도의 현실에서 인권범죄의 주체인 북한체제의 근본적인 변화란 기존의 주체사상에 따라 운영되는 현재 체제의 붕괴를 의미한다. 결국 한반도가 통일된 이후 한반도 전체를 지배하는 정부는 어떤 방식으로든 자국민의 자격을 가진 북한주민들이 겪어왔던 그리고 과거 자국영토 내에서 벌어졌던 인권범죄에 대한 처리를 요구 받게 될 것이다. 이러한 관점에서 본다면 내전 종식 후 유엔의 지원으로 성립한 현재의 캄보디아 정부가 과거 캄보디아를 지배하던 크메르 루즈의 구성원들을 처벌한 과정은 통일 이후 북한의 인권범죄를 처리하는데 중요한 참고자료가 될 것이다.

인권침해 양태의 유사성

크메르 루즈에 의해 자행된 인권범죄는 정부가 전국민을 대상으로 저지른 행위였다. 즉, 전국민을 계층화하고 그에 따라 차별적으로 대우했으며, 체제의 적으로 규정된 집단의 구성원들을 강제수용소로 구금하여 고문하고 살해하였다. 또한 체계적으로 전국민을 전국으로 분산시켰고, 그 과정에서 물과 식량, 휴식이 제공되지 않아 많은 사람들이 죽음에 이르렀다. 그리고, 전국민을 집단화하고 강제노동에 동원하였다. 이러한 크메르 루즈에 의한 잔혹행위는 소수의 핵심 수뇌부에 의해 기획되고 실행되었지만 이를 일선에서 실행한 것은 조직의 하부구성원들이었다. 크메르 루즈가 정권을 상실한 이후 이들 크메르 루즈의 하부 구성원들은 자신들이 일하던 지역에서 정착해 살거나 자신들의 고향으로 돌아갔고, 내전이 끝난 이후에도 많은 크메르 루즈의 반군병사들이 자신들의 고향으로 돌아갔다. 이 때문에 현재까지도 피해자들은 크메르 루즈의 하부 구성원들과 한 마을에서 혹은 이웃에서 뒤섞여 살아가고 있는 경우가 많다. 이는 캄보디아 정부가 잔혹한 범죄를 저지른 크메르 루즈의 구성원들을 처벌함에 있어서 하위구성원들에 대한 처벌을 꺼리게 만드는 요인이 되었다. 즉, 크메르 루즈에 가담했던 모든 구성원들을 처벌할 경우 캄보디아 사회 전체적으로 잠재되어 있던 수많은 갈등이 분출하여 사회적 통합을 저해할 수 있고, 심한 경우 다시 내전이 벌어질 수 있다는 우려를 하게 된 것이다.

이러한 캄보디아의 인권유린 양상은 현재 북한에서 벌어지고 있는 인권유린의 양태와 유사하다. 즉, 북한정권에 의해 자행되는 수 많은 인권유린행위들의 경우, 그 집행을 담당하는 보안기관들은 매우 고도로 중앙집권화 되어 있고, 전국에 걸쳐서 그 하위조직이 세밀하게 배치되어 있다. 따라서 캄보디아의 경우와 같이 가해자와 피해자가 같은 마을이나 지역에 거주하고 있을 가능성이 높고 일상 생활에서 자주 마주칠 수 있는 관계망에 속할 가능성이 높다. 이에 따라 향후 북한체제 하에서 발생한 인권범죄의 책임자를 처벌하는 과정에서 처벌대상의 범위를 결정할 때 ECCC의 사례를 적극적으로 검토할 필요가 있을 것이다.

Ⅲ. 통일과 전환기 정의

전환기 정의 실행의 전제: 통일

북한체제에 의해 자행되고 있는 수많은 인권유린과 범죄행위들은 궁극적으로 김일성 부자에 대한 신격화에서 그 원인을 찾을 수 밖에 없다. 실제로 조사위원회 역시 김일성과 그의 후계자들을 신격화한 통치체제가 북한당국이 제한 없는 인권침해를 행하는 근본적 원인이라고 보았다.[677] 따라서 북한체제 하에서 자행되는 수 많은 인권범죄들의 궁극적인 해결을 도모하기 위해서 본질적 원인이라고 할 수 있는 북한체제의 변화를 생각하지 않을 수 없다.

즉, 김일성과 김정일, 그리고 김정은에 대한 신격화가 존재하는 한 '그들의 지도자'에 대한 반대의견이나 사상, 이념을 수용할 수 없기 때문에 김일성과 그의 후계자들을 신격화하는 현 체제 아래에서는 지금 벌어지고 있는 전체 주민들을 대상으로 한 인권유린행위를 개선할 여지가 없다는 것이다. 이 때문에 조사위원회는 북한에서 발생하는 대규모의 인권침해와 인도에 반하는 죄가 제도적 틀 안에서 자리잡고 있다고 보았다.[678] 또한 현재의 김정은 체제가 계속 유지되는 상황에서 그들이 국내외적으로 자행한 인권범죄행위를 스스로 인정하는 것은 김일성과 그 후계자들의 무오류성을 부인하는 것으로써 북한주민들의 민심이반을 야기하여 김정은 체제의 존립을 위협하게 된다.

---

677 COI 상세보고서, para. 110.
678 COI 상세보고서, para. 1193.

법적 측면에서도 북한당국에 의해 자행되는 인권범죄와 인권유린 행위들의 최종적 책임은 결국 최고지도자인 김일성, 김정일, 김정은에게 있다. 따라서 현 최고지도자인 김정은의 책임을 묻게 되는 인권범죄의 처벌에 북한당국이 호응할 가능성은 전혀 없다고 보아야 한다.

이러한 관점에서 본다면 북한내부에서 벌어지는 인권유린행위들과 인도에 반하는 죄를 성립하는 인권범죄들의 해결 및 책임자 처벌을 이루기 위해서 가장 근본적 고려되어야 할 사안이 바로 북한체제의 본질적 변화이다. 조사위원회 역시 북한체제의 근본적인 제도개혁이 요구된다고 보았고, "인권침해의 범행이라는 유일한 목적을 달성케 하는 감시, 사상 주입 및 억압의 전체 구조가 분해되어야 한다"고 결론을 내렸다.[679] 남북이 분단된 상황에서 북한체제의 붕괴 혹은 본질적 변화는 대한민국에게 있어서 통일을 의미한다. 물론 정치적으로 통일의 과정에 대하여 다양한 담론이 있을 수 있으나, 남북한의 통일은 전환기 정의적 조치를 실현함에 있어서 가장 근본적으로 실현해야 할 목표임에는 분명하다.

전환기 정의 조치의 범위

1. 체제불법의 청산 기준

체제불법이란 북한체제의 본질을 검토하면서 살펴본 바와 같이 비민주적 국

---

679 COI 상세보고서, para. 1194.

가체제 하에서 체제의 존립을 유지하기 위해 자행되는 인권침해를 의미한다.[680] 북한정권이 지금까지 저질러 온 수 많은 인권유린행위들과 범죄들은 대부분 체제불법에 해당할 것으로 보이며, 통일 이후에는 반드시 해결되어야 할 영역이다. 문제는 북한체제의 특성상 이러한 체제불법을 청산하는 것이 통일의 과정에서 그리고 통일정부에게 있어서 상당한 부담이 될 가능성이 높다는 점이다. 즉, 북한체제는 1945년부터 2016년 현재까지 약 70년 동안 북한지역을 통제하고 있기 때문에 몇 세대에 걸쳐 장기간 이루어진 체제불법의 책임소재를 규명하고 가해자를 처벌하기 어려운 경우도 있고, 피해배상이나 재산권의 회복도 어려운 경우가 많을 것이기 때문이다. 따라서 가해자 혹은 책임자의 처벌, 피해자 배상, 진상규명 등의 조치를 취함에 있어서 청산의 시간적, 인적 범위(법적 처벌 대상의 범위)와 대상 사안의 범위를 확정 짓는 것이 중요하다.

(1) 시간적 범위

특히 북한과 같이 수 십년에 걸쳐 체제불법이 이루어진 경우 그 체제불법 청산의 시간적 범위를 한정하는 것이 중요하다. 북한정권에 의해 자행된 체제불법을 청산해야 하는 당위성이 분명하고, 현재까지 그리고 체제전환이 이루어지기 전까지 발생하는 모든 체제불법은 청산의 대상이 되지만 그 시작점을 어디로 할 것인지에 대하여 많은 의견이 있을 수 있다.

김일성을 최고지도자로 한 북한정권은 1948년 9월 9일 정식으로 출범했지만 실질적으로 김일성이 북한지역을 통치하는 위치에 오른 것은 1946년

---

680 I. 북한의 인권상황, 북한체제와 인권문제의 불가분성, 2. 체제본질에 따른 인권범죄 참조.

2월 8일 김일성이 북조선임시인민위원회 위원장의 자리에 오른 시점부터이다. 이 시점에 발족한 북조선임시인민위원회 보안국은 북한의 보안기관의 전신이 되었는데, 그 책임자로 김일성의 심복인 소련 출신 방학세가 임명되었고, 김일성의 빨치산파가 군과 내부 치안조직 등 무력기관을 장악하였다. 이후 북조선임시인민위원회는 지주들로부터 토지를 몰수하여 소작농, 빈농 등에게 분배하는 조치와,[681] 사기업들을 국유화하는 조치를 취하였고, 1947년에는 경제개발계획을 내놓기도 하였다.

이렇듯 1948년 북한정권이 수립되기 이전부터 북한지역은 사실상 김일성을 중심으로 한 임시인민위원회에 의해 통치되고 있었다. 또한 토지와 사기업 등 사유재산의 몰수 과정에서 지주와 부농 등 토지소유자들과 기업가, 그리고 기독교인들과 기타 사회주의의 적으로 규정된 계층의 사람들을 특별노무자수용소라는 이름의 강제수용소에 구금하는 등 박해를 가하였다. 이 때문에 박해의 대상이 된 많은 사람들이 한국전쟁 발발 이전에 이미 한국으로 월남하였다. 이러한 사실은 북한정권이 공식적으로 출범한 1948년 이전에 이미 북한체제에 의한 인권범죄가 발생했음을 의미하다. 따라서 북한의 체제불법 청산의 기준이 되는 시간적 범위는 북한정권이 실질적으로 자체적인 정책을 집행하기 시작한 1946년 2월을 기준으로 하는 것이 타당할 것으로 보인다.

---

681 이 토지개혁조치로 상당수의 농민들이 무상으로 토지를 분배 받았지만, 수확량의 25%를 국가가 징수하고, 상속, 매매, 임대, 저당이 금지되었다는 점에서 농민들이 완전한 토지소유자로서의 권리를 보장받았다고 보기는 어렵다. 또한 1954년 북한은 농민들에게 분배한 토지를 국유화하여 협동농장으로 전환하였다.

⑵ 인적 범위

북한의 체제불법을 청산함에 있어서 인적 범위의 설정은 북한당국 내에서 인권범죄를 저지른 가해자들을 처벌하기 위한 형사적 절차에서 매우 핵심적인 요소이다. 일반적으로 인도에 반하는 죄와 같이 국가차원에서 대규모로 자행된 인권범죄의 가해자는 그것을 지시한 자와 그 지시를 받고 실행에 옮긴 자로 구분된다. 이상적으로 본다면 지시한 자와 실행자를 모두 처벌하는 것이 당연하다.

하지만 북한의 경우 공안기관을 포함한 행정기관들과 조선노동당, 조선인민군, 재판기관까지 거의 모든 국가기관이 인권범죄에 관련되어 있는 것으로 보인다.[682] 이에 따라 여기에 관련된 인원이 상당한 숫자에 이를 것으로 추정된다. 가장 높은 수준의 인권범죄를 자행하는 것으로 보이는 국가안전보위부의 경우 소속인원만 최대 10만 명으로 추정되며, 여기에 유급정보원의 숫자는 25만에서 30만 명에 이르는 것으로 분석되고 있는데, 이는 북한 주민 100명당 1명 이상이 보위부의 정보원이라는 것을 의미한다.[683] 여기에 경찰기능을 수행하는 인민보안부는 20만 명의 근무인원이 있다.[684] 이외의 기관까지 모두 포함한다면 어쩌면 백만 명에 육박하는 인원이 인권범죄의 가해자로서 처벌대상에 올라야 할 수 있다. 하지만 이 인원을 모두 처벌한다는 것은 기술적으로 어려울 뿐 아니라 통일된 국가의 사회적 안정과 통합에 걸림돌이 될 수 있다. 따라서 적절한 수준에서 처벌대상의 범위를 한정할 필요가 있다.

---

682 COI 상세보고서, para. 1166, 1167, 1168.
683 COI 상세보고서, para. 1169, 각주. 1643.
684 COI 상세보고서, para. 1171.

이와 관련하여 ECCC는 협정 제8조와 ECCC법의 관련 조항에서 규정된 관할범죄에 대하여 "가장 책임 있는 자들"과 민주 캄푸치아의 고위지도자들로 그 처벌 대상을 한정하였다. 또한 ECCC법 제29조는 직접 가해자 외에 범죄행위를 지시한 상급자에 대하여 해당 범죄행위를 계획, 착수, 지시, 지원하고 교사하거나 직접 범한 자를 처벌대상으로 규정하였다. 두치 사건에서 상소심 재판부는 ECCC의 인적 범위에 대하여 크메르 루즈의 관료로서 범죄행위에 대하여 가장 책임 있는 자를 처벌 대상으로 보았다.[685] 다시 말해, ECCC는 반드시 고위 지도자가 아니라 할지라도 범죄행위에 가장 책임을 가지고 있는 크메르 루즈의 관리라면 처벌대상으로 판단한 것이다. 하지만, 2016년 현재 진행 중인 수사상황에 따르면 추가적인 수사가 진행되지 않는 한 ECCC가 처벌할 수 있는 최대인원은 10명 미만일 것으로 보인다.

이러한 ECCC의 사례는 불완전한 처벌이라는 한계와 비판에도 불구하고 크메르 루즈가 정부의 기능을 통해 전국민을 대상으로 수 많은 인권범죄를 저지른 특성상 최하위계급의 직접 가해자와 상급자 책임을 가지는 중간계급의 관리까지 처벌하기 어려운 현실적 이유에 따른 것이었다. 북한의 인권범죄 역시 중앙집권화된 정부기능을 통해 계획적이고 조직적으로 전체 주민들을 대상으로 자행되는 것이라는 점에서 처벌대상은 인권범죄에 대한 책임을 가지는 최고위층에 한정되는 것이 현실적일 것이다. 다만 이 경우 최하위계급의 직접 가해자들이나 중간계급에서 이를 지시하거나 구체적인 계획을 세운 관리들이 형사처벌 대상에서는 제외되더라도 통일 이후에 정부 혹은 공공기관의 직으로 진출하는 것은 엄격히 금지할 필요가 있다.

---

685 Case 001, 상소심 판결, para. 57.

하지만 위와 같이 조직 내에서의 계급이나 직위를 기준으로 일률적으로 처벌범위를 설정하는 것은 불완전한 정의의 실현이라는 비판과 함께 피해자들의 응보적 요구에 부응하지 못할 가능성이 높다. 따라서 인적 범위를 설정함에 있어서 고려해 볼 수 있는 또 다른 기준은 사안별로 그 인적 처벌범위의 기준을 달리하는 것이다. 이 경우에도 북한의 최고위층이 처벌대상에 포함되는 것은 동일하다. 다만, 사안에 따라 최하위 계급의 관리라 할지라도 직접적인 가해자를 처벌하는 것을 고려해 볼 수 있을 것이다. 예를 들어 정치범 수용소에서 발생하는 인권범죄는 그 잔혹성과 비인간성의 정도가 매우 심각하고, 상부의 적극적인 지시가 없었다 하더라도 정치범 수용소 내부의 환경과 분위기 혹은 상급자의 묵인 하에 경비병 혹은 관리가 개인적으로 저지른 살해나 고문 등이 자행되는 경우가 많다. 이러한 경우에도 단지 가해자의 계급이 낮다는 이유로 처벌을 면제하는 것은 정의에 반하는 것이고, 피해자들의 응보적 요구에 제대로 부응하지 못하기 때문에 오히려 통일 이후 사회적 통합에 걸림돌로 작용할 수 있다. 또한 북한당국에 의한 외국인 납치 행위의 경우 직접적으로 이를 실행한 북한공작원에 대한 형사적 처벌이 면제되는 것 역시 정의에 부합하지 않으며, 통일된 국가의 안정을 위해 외국인을 대상으로 한 범죄의 직접 가해자에 대한 처벌을 면제하는 것은 자칫 통일의 국제적 정당성을 훼손할 수 있기 때문에 긍정하기 어렵다.

이와 같이 처벌의 인적 범위를 설정하는 것은 완전한 정의의 실현이라는 명분과 현실적 한계, 그리고 다양한 변수를 고려해야 하기 때문에 앞으로 추가적인 연구가 필요할 것으로 보인다.

(3) 지리적 범위

기본적으로 북한정권에 의한 인권유린행위는 북한지역에서 발생하고 있다. 하지만 탈북자들의 강제송환행위와 한국인들을 납치하는 행위 등은 중국지역에서 발생하고 있으며, 홍콩과 일본 등 제3국에서 한국국민들과 일본인 등 제3국의 국민을 납치하는 행위도 발생한 바 있다. 뿐만 아니라 한국영토에 머물던 한국국민들이 북한공작원에 의해 납치된 사건도 있다. 이러한 점을 고려해 본다면 청산대상이 되는 체제불법의 발생지를 반드시 북한 혹은 한반도로 국한할 필요는 없는 것으로 보인다. 즉, 북한당국에 의해 자행된 인권유린행위, 인권범죄 혹은 불법행위라면 어디서 발생했건 처벌대상으로 포함할 수 있도록 그 지리적 범위의 한계를 규정하지 않는 것이 적절할 것이다.

2. 대상 사안들

(1) 유엔북한인권보고서에서 명시된 인도에 반하는 죄들

유엔인권이사회 결의 22/13은 조사위원회의 임무 중 하나로서 인도에 반하는 죄에 해당할 수 있는 인권침해에 대한 완전한 책임규명을 규정하고 있다. 이러한 조사위원회의 임무는 북한정권에 의한 인권침해 행위가 국제법상 인도에 반하는 죄에 해당하는지 여부와 그 책임자를 규명하도록 한 2013년 유엔인권이사회 결의 22/57에서 권고된 내용에 따른 것이다.

조사위원회는 다수의 중대한 인권침해 사례를 조사하였는데, 그 중에서 인도에 반하는 죄를 성립시키는 사안의 피해자로서 정치범 수용소의 수감자, 일반감옥의 수감자, 기독교인 등 종교인들과 체제전복적 성향의 사람들,

탈북시도자, 기아상태의 주민들, 제3국 국적자로서 강제납치의 피해자들을 중심으로 인도에 반하는 죄의 성립여부를 검토하였다.[686] 조사위원회는 북한 당국이 위 여섯 범위의 피해자들에 대하여 국제법상 인도에 반하는 죄에 해당하는 행위를 했음을 인정하였고, 보위부, 인민보안부, 조선노동당 등 북한의 권력기관들이 여기에 연루되어 있음을 밝혔다.[687] 또한 북한의 최고권력자인 김정은이 이들 기관을 통제하고 있고, 개인적인 책임을 진다는 점을 밝혔다.[688] 조사위원회는 이러한 인도에 반하는 죄를 저지른 북한당국의 가해자들을 처벌하기 위하여 유엔안전보장이사회가 이 사안을 국제형사재판소 ICC에 회부하거나 유엔이 특별재판소를 설치하는 방안을 제안하였다.[689]

따라서 통일 이후 전환기 정의를 달성함에 있어서 유엔북한인권보고서에 명시된 인도에 반하는 죄에 대하여 책임을 가진 북한당국자들에 대한 처벌은 반드시 이루어져야 할 과제이다. 이와 관련하여 인도에 반하는 죄에 대한 책임자 처벌 뿐 만 아니라 정치범 수용소의 사안이나 강제납치와 관련된 사안 등에 대하여도 별도의 진상조사가 함께 이루어 져야 할 것으로 생각된다.

(2) 한국전쟁 중 발생한 범죄행위에 대한 진상규명

북한은 한국전쟁에 대하여 많은 정보를 왜곡하고 있는데, 북한이 한국을 남침한 것이 아니라, 한국과 미국이 북한을 침략했다는 식으로 선전하고 있는 것이 그 예이다. 또한 전쟁 중에는 많은 민간인을 납북하고, 양민을 학살하

---

686 COI 상세보고서, para. 1024.
687 COI 상세보고서, para. 1193.
688 COI 상세보고서, para. 1198.
689 COI 상세보고서, para. 1218.

는 등의 전쟁범죄를 자행하였고, 상당수의 포로들을 의도적으로 귀환시키지 않고 억류하는 방법으로 정전협정을 위반했다.

한국전쟁은 당시 유엔에 의해 한반도에서의 유일한 합법정부로 승인 받은 대한민국을 북한이 침략한 사건으로 규정되었고, 이에 따라 한국전쟁은 유엔이 최초로 유엔군을 구성하여 침략을 저지하기 위해 개입한 사례이다. 따라서 전쟁을 주도한 김일성과 수뇌부에 대하여 전쟁범죄의 책임을 물어야 하지만 이미 70년이 흘렀기 때문에 김일성을 비롯한 상당수의 당사자가 사망하여 법적 책임을 묻는 것은 불가능해졌다. 따라서 전쟁발발의 책임과 원인, 그리고 전쟁 중 발생한 민간인 납북과 전쟁포로 억류문제에 관한 진상이 규명되어야 할 것이다.

(3) 정전협정 체결 이후 북한에 의해 자행된 범죄들

1953년 7월 정전협정이 체결된 이후 북한은 수 많은 범죄행위를 저질러 왔다. 앞서 언급한 대로 한국인과 일본인 그리고 외국인들을 납치한 것은 물론 각종 테러행위를 자행하였고 심지어 마약을 제조하여 수출하기도 하고 위조지폐를 유통시키기도 하였다. 이러한 테러행위 등은 인도에 반하는 죄에 대한 처벌과는 별개로 그 책임자들을 처벌해야 할 것이다. 이 외에도 정전협정을 위반하여 저지른 1, 2차 연평해전, 연평도 포격도발, 천안함 폭침 사건 등에 대한 조사와 책임자 처벌이 이루어져야 한다. 또한 지난 2008년 7월 금강산 관광 중 북한군 초병에 의해 관광객이 피살된 사건에 대한 진상조사와 필요할 경우 가해자에 대한 처벌이 이루어져야 할 것으로 생각된다.

인도에 반하는 죄에 대한 법적 처벌

1. 유엔북한인권조사위원회의 인권범죄 가해자 처벌 권고안

조사위원회는 인도에 반하는 죄를 자행한 가해자들에 대하여 유엔이 형사적 책임을 물어야 한다는 점을 밝히고, 그 수단으로서 유엔안전보장이사회의 결의를 통해 국제형사재판소ICC에 회부하는 방안을 권고했다.[690] 조사위원회는 ICC 회부와 함께 북한문제만을 다루는 임시국제재판소의 설치를 ICC 회부의 대안으로 제시했다.[691] 동시에 적절하지 못한 방안으로 혼합형 재판소 모델, 국제특별검찰사무소의 설치[692], 진실화해위원회 모델을 제시하였다.[693] 조사위원회는 북한의 동의를 필요로 하지 않는다는 점을 들어 ICC 회부와 임시국제재판소의 설치를 통해 처벌하는 방안을 적절한 수단으로 제시하였고[694] 반대로 혼합형 재판소 모델은 재판소 설치에 북한의 동의가 필요하고 북한의 관리들과 사법인력이 재판소에 참가하는 형태라는 점에서 적절하지 않다고 보았다. 다시 말해, 이러한 권고내용은 현재의 북한체제가 계속 존속하는 상태에서 북한의 인권범죄 책임자들을 법률적으로 처벌하는 절차를 진행하는 상황을 전제로 하여 인권범죄 책임자의 처벌절차에 북한당국이 참여하는 것이 적절하지 않음을 밝힌 것이다.

---

690 COI 상세보고서, para. 1225.

691 COI 상세보고서, para. 1201.

692 국제특별검찰사무소는 유엔안전보장이사회 혹은 총회의 결의로 설치될 수 있다. 하지만 구체적으로 관할을 가진 재판소가 불명확하기 때문에 유엔북한인권조사위원회는 국제특별검찰사무소 설치안을 적절하지 못한 경우로 보았다.

693 COI 상세보고서, para. 1202.

694 COI 상세보고서, para. 1201.

그러나 앞에서 밝힌 바와 같이 문제가 되는 있는 각종 인권범죄들은 현재의 북한체제가 존속하는 한 지속적으로 발생할 수 밖에 없는 특성을 가지고 있다. 즉, 북한체제가 가지는 전체주의적이면서도 강한 종교적 특징은 본질적으로 북한주민들의 기본적 권리를 억압하는 것을 정당화시키고 있으며, 동시에 기본적 인권의 침해를 통해 체제가 존속한다는 점이다. 실제로 조사위원회는 북한당국에 의해 자행되는 인권범죄가 "정치체제의 필수요소"[695]라고 결론 내렸다. 또한 조사위원회의 권고사항이 그대로 실행될 경우 그것은 곧 북한체제의 본질적 변화 즉, 주체사상의 포기를 의미한다는 점에서 조사위원회 역시 북한체제가 본질적으로 변화해야 할 필요성을 인식하고 있는 것으로 보인다. 그럼에도 불구하고 북한체제의 근본적 변화 필요성을 명시적으로 밝히지 않은 채 북한당국의 존속을 전제로 한 조사위원회의 권고안은 한계를 가지고 있다고 볼 수 있다. 하지만 이러한 한계는 북한이 유엔회원국인 상황에서 유엔이 회원국 정부의 붕괴 내지는 정권교체를 공식적으로 주장할 수 없다는 점을 고려해 볼 때 불가피한 것이다.

2. 국제형사재판소(ICC) 회부 가능성에 관한 검토

(1) 관할범죄

국제형사재판소는 제노사이드, 인도에 반하는 죄, 전쟁범죄, 침략범죄를 관할범죄로 규정하고 있다.[696] 이중 북한문제에 적용될 수 있는 죄목은 제노사이드, 인도에 반하는 죄, 전쟁범죄를 들 수 있다.

---

695 COI 상세보고서, para. 1211.
696 로마규정 제5조.

북한의 정치범 수용소에서 발생하고 있는 절멸, 살해, 강제낙태, 강제노역, 비인도적 생활환경의 부과 등은 정치적 차원에서 자행되고 있는 것으로 보인다. 그러나 제노사이드가 성립하기 위해서는 "국민적, 민족적, 인종적, 혹은 종교적 집단의 전부 혹은 일부"를 파괴할 의도가 있어야 한다.[697] 정치범 수용소에서 발생하는 인권유린행위들은 체제유지를 목적으로 하여 정치적 차원에서 이루어지고 있기 때문에 이 요건을 충족하기 어려울 것으로 보인다. 그러나 북한이 기독교신자들을 정치범 수용소에 구금하는 사안의 경우 종교적 집단으로서 기독교 집단에 대한 파괴를 의도하기 위함이라는 의도성을 증명할 수 있다면 제노사이드 역시 적용이 가능할 것으로 보인다. 또한 한국전쟁 중 발생한 민간인 납치 및 국군포로 억류 역시 전쟁범죄로 다룰 수 있을 것이다.[698] 다만 이 사안의 경우 오랜 시간이 지났기 때문에 법적 처벌은 현실적으로 가능하지 않을 것이다. 하지만, 제노사이드나 전쟁범죄가 적용되지 못한다 할지라도 북한체제 하에서 발생하는 인권유린행위가 인도에 반하는 죄에 해당하는 것은 조사위원회의 결론에서 보는 바와 같이 명백하다.

(2) 시간적 관할(temporal jurisdiction)의 문제

북한인권문제를 ICC에 회부함에 있어서 가장 문제되는 부분이 바로 시적 관할의 문제이다. ICC는 지난 2002년 7월 1일에 발효되었는데, 로마규정 제

---

697 로마규정 제6조.

698 북한은 한국전쟁이 진행 중이던 1950년 7월 13일 국제적십자위원회에 보낸 전문에서 전쟁포로에 관한 제네바 제4협약(전시 민간인 보호에 관한 협약)을 준수하겠다는 의사를 표시했다. 다만 공식적인 가입은 1957년 8월 27일에 이루어졌다. 또한 제네바 제3협약(포로의 대우에 관한 협약)의 경우에도 전쟁 중 북한이 정식으로 가입한 것은 아니지만 이를 국제관습법적 규범으로 본다면 북한의 국군포로 미송환에 대하여 책임을 물을 수 있는 근거가 될 수 있다.

11조는 ICC의 시적 관할을 로마규정의 발효일 후에 발생한 범죄로 규정하고 있기 때문에 2002년 7월 1일 이전에 발생한 사안에 대하여 원칙적으로 ICC는 관할권을 가지고 있지 않다.

이러한 규정에 따르면 2002년 7월 이전에 북한정권에 의해 자행된 다수의 인권유린행위들은 그것이 실체법적으로 인도에 반하는 죄에 해당하더라도 ICC를 통한 가해자 혹은 책임자의 처벌은 불가능하다. 다만 강제실종의 경우 계속범의 성격을 가지고 있기 때문에 납치피해자의 행방이나 운명에 관한 사실을 가족 혹은 피해자의 정부 공개하지 않는 한 범죄가 계속되고 있는 것으로 보아야 한다. 따라서 2002년 7월 이후에도 강제납치의 범죄는 계속 진행 중인 것으로 볼 수 있다. 하지만 이에 관한 ICC의 판례는 아직 나오지 않았다.

(3) 관할권 행사의 전제조건 미충족

시적 관할 문제 외에도 북한의 인권범죄 책임자들을 ICC에 회부하기 어려운 이유는 북한이 ICC의 당사국이 아니기 때문이다. 기본적으로 ICC는 로마규정의 당사국을 대상으로 관할권을 행사한다.[699] 당사국이 아닌 경우에는 사건이 발생한 지역을 관할하는 국가 혹은 가해자의 국적국이 관할권을 수락하여 사안을 ICC에 회부할 수 있다.[700]

한국은 로마규정의 당사국이지만 북한은 당사국이 아니다. 또한 북한이

---

699 로마규정 제12조 1항.
700 로마규정 제12조 2항.

자행한 인도에 반하는 죄에 해당하는 행위들은 대부분 북한영역 내에서 발생했고 가해자와 책임자 역시 북한국적이기 때문에 비당사국인 북한이 관할권을 수락해야 하지만 그럴 가능성은 전혀 없다. 따라서 비당사국의 관할권 수락을 통한 ICC 회부는 불가능하다.

(4) 유엔안전보장이사회를 통한 관할권의 행사

로마규정 제12조에 따라 ICC가 관할권을 가진 경우, 당사국 혹은 관할권을 수락한 비당사국은 사안을 ICC의 검사에게 회부한다. 그러나 당사국 혹은 비당사국이 사안을 회부하지 않아도 유엔안전보장이사회의 결의를 통해 ICC는 관할권을 행사할 수 있다.[701] 이 경우 로마규정의 당사국인지 여부 혹은 비당사국이 관할권을 수락했는지 여부와는 무관하게 ICC가 관할권을 행사할 수 있다.

북한이 로마규정의 당사국이 아닌 상황에서 북한문제를 ICC에서 다루기 위한 가장 현실적인 방안이 바로 유엔안전보장이사회 결의를 통한 것이다. 조사위원회 역시 유엔안보리가 북한인권문제를 ICC로 회부할 것을 권고하고 있다.[702] 다만 이 방안은 법률적으로 가능한 방법이기는 하지만 정치적으로 그 실현가능성이 매우 희박하다. 유엔안보리가 결의안을 채택하기 위해서는 15개 안보리 이사국들 중 5개 상임이사국을 포함한 9개국의 찬성이 있어야 한다. 다시 말해 상임이사국 중 어느 한 나라라도 거부권을 행사할 경우 북한문제를 ICC로 회부하는 결의안이 통과될 수 없는 것이다. 중국과 러

---

701 로마규정 제13조 (b).

702 COI 상세보고서, para. 1225.

시아는 기본적으로 북한인권문제에 소극적으로 대응해왔기 때문에 인도에 반하는 죄에 대한 법적 처벌을 위해 북한문제를 ICC에 회부하는 결의안에 반대할 가능성이 매우 높다. 따라서 유엔안보리를 통한 ICC 회부 역시 가능한 방안은 아닌 것으로 보인다.

(5) 현 북한지도부의 붕괴 후 새로운 지도부에 의한 ICC 회부 가능성

위의 검토는 현재의 북한체제가 계속 유지되는 상황에서 ICC가 북한에 대하여 관할권을 행사할 수 있는지 여부에 관한 것이다. 그렇다면 현재의 북한체제에 근본적인 변화가 발생하여 북한 내에서 새로운 체제가 성립하거나 혹은 흡수통일이나 남북한 사이에 합의에 의한 통일이 실현되어 통일한국의 정부가 한반도 전역에 대한 지배권을 확보했을 때 ICC가 북한의 인권범죄 가해자들을 처벌할 수 있는지 여부에 대한 별도의 검토가 필요하다.

우선, 북한 내에서 급변사태가 발생하여 주체사상을 신봉하는 현재의 북한체제가 붕괴되고 민주적이고 국제적으로 보장되는 기본권이 확보되는 체제가 수립되는 경우를 가정해 볼 수 있다. 이 경우, 신체제의 지도부는 신체제의 정당성 확보 등을 목적으로 이전체제의 인권유린행위 등에 대한 책임자를 법적으로 처벌하려 시도할 수 있다.[703] 이를 위해 북한의 신체제가 택할 수 있는 방법은 두 가지로 구분된다. 하나는 자체적으로 가해자들을 처벌하는 것이고, 다른 하나는 ICC와 유엔 등 국제사회의 지원을 요청하는 것이다. 북한이 자체적으로 이전 정권의 수뇌부를 비롯한 인권범죄의 가해자들을 처

---

[703] 실제로 캄보디아에서도 민주 캄푸치아 정부(크메르 루즈)가 붕괴 된 이후 친베트남 정권인 캄푸치아 인민공화국은 크메르 루즈 정권의 각종 인권유린행위들에 대하여 법적 처벌을 시도하였다.

벌하기 위해서는 이를 수행할 수 있는 전문인력이 필수적이지만 북한의 법률인력은 인권에 대한 기본적 인식과 사법부의 독립, 변호사의 조력을 받을 권리 등 민주적인 사법제도 운영을 위한 기본적인 인적 자원이 충분하지 않은 것으로 보인다.[704] 그렇다면 구체제 수뇌부 등 인권범죄 책임자들에 대한 처벌을 위해서 고려할 수 있는 방안은 유엔이나 ICC를 통한 처벌이다. 새로운 북한 수뇌부가 ICC에 이 문제를 다뤄 줄 것을 요청한다면 위에서 검토한 대로 북한이 ICC의 당사국이 아니라 할지라도 ICC의 관할권을 수락할 경우 ICC를 통한 인권범죄 가해자들에 대한 처벌이 가능할 것이다. 그러나 이는 근본적으로 현재의 북한체제가 새로운 민주적 체제로 전환되는 상황을 전제로 한 것인데, 현실적으로 이를 기대하기는 어려울 것으로 보인다.

(6) 통일한국 정부에 의한 ICC회부 가능성에 대한 검토

북한영역까지를 통치범위로 하는 통일한국 정부가 수립되는 경우, 북한인권범죄에 대한 책임자와 직접적인 가해자들을 국내적으로 처벌할 수 있을 것이다. 즉, 현재 한국이 가지고 있는 법조인력의 숫자와 질적 수준을 포함한 법조인프라를 고려한다면 인권범죄에 대하여 책임을 가지고 이를 지시한 최고위급 인사들은 물론 중간급 관리들까지도 법률적으로 처벌하는 것이 가능할 것이다.

다만 북한정권에 의한 인권범죄 피해자가 일본인 등 외국인들을 포함하고 있다는 점과 국제사회가 이 문제를 대단히 중요하게 지켜보고 있다는 점을 고려한다면 북한인권문제를 국제적 차원에서 다루는 것도 충분히 합리적일

---

704 이규창, 정광진, 『북한형사재판제도 연구: 특징과 실태』, pp. 50, 78.

것이다. 또한 통일이 된 이후에도 북한체제의 주요 수뇌부를 비롯해서 인권범죄의 가해자를 처벌하는 문제가 자칫 국내정치문제가 되어 사회적 분열이 야기되거나, 법적 절차의 객관성이나 공정성에 의문이 제기될 가능성도 존재한다. 따라서 이런 상황을 예방하기 위해서 북한문제를 국제적 단위에서 해결할 필요성은 충분하다. 그렇다면 통일한국 정부가 북한인권문제를 ICC에 회부하는 것은 충분히 고려해 볼 수 있는 선택이다.

그러나 이 경우에도 문제는 남는다. 즉, 로마규정 제17조에 따라 당사국에 의해 사안이 ICC로 회부되거나 혹은 비당사국의 관할권 수락이 있더라도 ICC는 해당 국가가 사안을 자체적으로 처리할 능력이나 의사가 존재하는 한 사안이 ICC에 의해 다루어질 적격성admissibility을 가지고 있지 않는 것으로 결정할 것이다. 즉, 해당 사안에 대하여 해당국가가 수사나 기소조치를 취하거나 가해자에 대하여 기소하지 않는 조치를 취한 경우 해당 사건은 ICC가 처리할 적격성을 가지고 있지 않는 것으로 본다.[705] 그러나 가해자나 사건에 대한 위의 처분들이 사실상 해당국가가 사건을 처리할 능력이나 의사가 없거나 가해자를 처벌할 의지 혹은 능력이 없기 때문에 나온 결론이라면 ICC는 해당 사안에 대한 적격성을 인정하여 사안을 다룰 수 있다.

통일한국 정부는 위에서 언급한 대로 북한문제를 처리함에 있어서 충분한 법조인프라를 갖추고 있을 것이다. 또한 현재의 북한정권 수뇌부를 포함한 다수의 인권범죄 가해자들을 처벌하고자 하는 의지 역시 충분히 가지고 있을 것임은 당연하다. 따라서 통일한국 정부가 북한문제를 ICC로 넘기는 것

---

705 로마규정 제17조 1항 (a), (b).

은 그 적격성에 문제가 있다고 판단될 여지가 충분히 있다. 하지만 통일 이후 통일정부의 요청에 따라 유엔안보리 결의로 북한인권범죄자들에 대한 처벌문제가 ICC로 회부될 경우 ICC가 이 문제를 다룰 수 있는 가능성은 물론 열려있다. 다만 이 경우에도, 중국과 러시아 등의 반대가 없어야 한다는 전제가 존재한다.

3. 혼합형 임시재판소(*ad hoc* tribunal) 설치의 필요성

⑴ 책임자에 대한 처벌이 한반도 내에서 진행되어야 할 이유들

가. 당사국으로서의 입장

위에서 검토한 바와 같이 북한문제를 국제형사재판소에 회부하고자 하는 경우에 몇 가지 정치적 혹은 법적 장애요인이 존재한다. 또한 실제로 통일 이후 통일한국정부가 북한문제를 ICC에 회부하는 것이 가능하다 할지라도 북한문제가 ICC에 회부된 이후 한국은 북한정권에 의한 인권범죄 피해자의 절대다수가 자국민임에도 그 처벌과정에서 개입할 여지가 적어진다는 문제가 있다. 즉, 통일정부는 다수의 자국민들이 자국 영토내에서 발생한 인권범죄의 피해자와 가해자이기 때문에 가해자에 대한 처벌과 피해자에 대한 배상 등에 있어서 강한 이해관계를 가지게 된다. 다시 말해, 통일한국 정부는 체제전환 이전에 한반도에서 발생했던 인권범죄에 대한 당사국의 지위를 가지는 것이다.[706] 그러나 이 문제가 ICC로 회부될 경우 수사와 재판, 배상에 대

---

706 한국 국내법적으로 보더라도 헌법 제3조는 북한지역까지 대한민국의 영토로 규정하고 있고, 이에 따라 현재 탈북민들을 한국국민으로 받아들이고 있다. 따라서 현재 북한 영토내에서 북한당국자들에 의해 자행되고 있는 인권범죄는 현재 대한민국의 국내적 사안이라고 볼 수 있다.

한 결정 과정은 국제기구인 ICC에 의해 진행되기 때문에 통일한국정부가 참여할 여지가 상당히 줄어들게 된다. 이는 정치적, 법적 중립성의 측면에서 바람직할 수 도 있다. 하지만 그 어느 나라보다 강한 이해관계를 가지고 있는 당사국이 자체적인 문제해결능력을 가지고 있음에도 불구하고 이 문제를 ICC에 일임하는 것이 반드시 최선이라고 생각되지는 않는다.

나. 절차진행의 효율성

특히 가해자에 대한 처벌과 배상 이외에도 통일 이후 통일한국 정부 주도 하에 많은 사안에 대하여 진상규명이 동시에 진행되어야 할 필요성이 있다. 이러한 점을 고려한다면 인도에 반하는 죄에 대한 법적 처벌을 위한 절차만 ICC가 소재한 네덜란드에서 진행하는 것은 효율적이지 않을 수 있다. 따라서 국제문제이면서 동시에 국내문제이기도 한 북한문제를 처리하기 위한 방안으로서 ICC를 고집하거나 국내형사법원을 통한 독자적 해결 방안을 택하는 것은 적절하지 않다.

또한 가해자 및 책임자와 다수의 피해자가 한국인이고 한반도에 거주하고 있으며, 관련 자료 역시 한국어로 작성되어 있고, 북한지역과 한국에 보관 및 관리되고 있다. 따라서 절차진행의 효율성을 위해서 북한인권범죄에 대한 법적 처벌의 절차는 가급적 한반도 내에서 진행하는 방향으로 가는 것이 나을 것으로 본다. 결국 네덜란드 헤이그에 위치한 ICC를 통한 절차진행보다는 한반도 내에 위치하는 새로운 임시재판소의 설립이 절차진행의 측면에서 더욱 효율적일 것이다.

다. 피해자들과 북한주민들에 대한 교육적 효과

인권범죄 책임자들에 대한 처벌이 ICC에서 이루어질 경우 대다수의 피해자들과 ICC의 물리적 거리로 인해 피해자들이 가해자들에 대한 법적 단죄를 체감하기 힘들다는 점도 문제이다. 특히 ICC를 통한 처벌은 ECCC에서 운영하고 있는 아웃리치 프로그램을 운영하기에 적합하지 않다. 즉, 정상적인 사법절차와 권리구제를 경험해 보지 못한 북한주민들에게 북한당국에 의한 인권범죄 책임자들의 처벌과정과 절차를 직접 관찰할 수 있는 기회를 제공하고 실제로 법정에서 이를 참관할 수 있도록 하여 민주주의와 주권의식함양, 사법제도에 대한 교육효과를 거둘 수 있을지를 고려해 본다면 ICC를 통한 절차진행은 그 적절성이 떨어진다.

ICC 회부와 국내법원을 통한 독자적 처벌의 적절성이 문제된다면 인도에 반하는 죄 등 인권범죄 책임자 및 가해자를 처벌하기 위한 방안으로서 통일한국정부와 유엔이 공동으로 북한문제를 처리할 수 있는 혼합형 임시재판소의 설립을 검토해 볼 수 있다. 조사위원회 역시 북한문제를 ICC로 회부하는 것의 대안으로 임시국제재판소의 설치를 제안했다.[707] 다만 조사위원회가 제안한 모델은 혼합형 재판소라기 보다는 ICTY나 ICTR과 같은 독자적인 임시국제재판소이고[708] 북한문제를 ICC에 회부하는 방안과 같이 한국정부가

---

707 COI 상세보고서, para. 1201.

708 2002년 7월 ICC가 설립되기 이전에는 전쟁범죄와 대규모 인권범죄의 책임자와 가해자들을 처벌하기 위한 임시국제재판소가 설치되어 활동하였다. 대표적인 경우가 2차 세계대전 이후 독일의 전범을 처벌하기 위해 설치된 국제군사재판소(뉘른베르크 재판소), 일본전범의 처벌을 위한 극동국제군사재판소, 유고 내전 중 발생한 인종청소의 가해자 처벌을 위한 구유고슬라비아 국제형사재판소(ICTY), 르완다 내전 중 발생한 인종청소와 각종 인권범죄를 처벌하기 위한 르완다 국제형사재판소(ICTR) 등이 있다. 이들 임시재판소는 완전한 형태의 국제재판소의 형태를 지니고 있었지만, 각국의 정치적 현실과 사정에 따라 다양한 형태의 혼합형 재판소 역시 설치된 바 있다. 대표적인 예가 앞에서 소개한 캄보디아 특별재판부(ECCC)이며, 이외에도 시에라리온 특별재판소(Special Court for Sierra Leone), 레바논 특별재판소(Special Tribunal for

참여할 수 있는 여지가 비교적 적다는 측면에서 본다면 역시 혼합형 재판소의 형태가 좀 더 적절할 것으로 생각된다.

⑵ 혼합형 재판소 설립 방안

혼합형 재판소를 설치하는 경우 지금까지의 사례를 본다면 동티모르 특별패널재판부, 코소보 패널재판부와 레바논 특별재판소는 유엔안보리 결의를 통해 설립되었고, ECCC, 시에라리온 특별재판소는 유엔과 당사국간의 협정을 통해 설립되었는데, 특히 ECCC의 경우에는 ECCC의 설립과 운영에 관한 유엔의 지원을 주요 내용으로 하는 유엔총회 결의를 통해 유엔총회가 개입했다. 반면, 시에라리온 특별재판소는 유엔총회의 결의 없이 유엔과 시에라리온 정부 사이의 협정을 통해 설립되었다. 이를 통해 볼 때 유엔안보리 결의를 거치는 것이 국제재판소 설립에 있어서 좀 더 일반적이라고 볼 수 있고, ECCC나 시에라리온 특별재판소의 경우는 다소 예외적인 경우라고 할 것이다.

가. 통일한국 정부의 요청에 따른 유엔안보리 결의를 통한 설립

북한문제를 처리하기 위한 혼합형 재판소의 설치에 있어서 가장 이상적인 방안은 통일한국 정부가 당사국으로서 유엔에 요청하여 유엔안보리 결의를 통해 한국정부와 유엔이 공동으로 국제재판소를 설립하는 것이다. 앞서 검토한 대로 안보리 결의에 있어서 가장 우려되는 부분이 중국과 러시아의 거부권 행사인데, 실제로 현재의 북한정권이 붕괴되고 한반도가 통일이 된 상황에서도 중국이 현재의 북한 지도부에 대한 법적 처벌에 반대할지 여부는

Lebanon), 코소보 패널재판부(UN Interim Administration Mission in Kosovo), 동티모르 특별패널재판부(Special Panels for Serious Crimes in the District Court of Dili), 보스니아-헤르체고비나 전쟁범죄 재판부(War Crimes Chamber of the Court of Bosnia-Herzegovina)가 있다.

정치적 상황에 따라 달라질 수 있는 부분이기 때문에 예측하기는 어렵다.

나. 유엔총회를 거치는 방안

만약 중국이나 러시아가 혼합형 재판소 설치를 반대하는 경우 대안으로 유엔
총회 결의를 통한 재판소의 설립을 고려할 수도 있다. 이 경우 국제재판소 설
립의 문제는 출석하여 투표하는 회원국의 2/3 이상의 찬성이 필요한데,[709] 북
한체제가 현존하는 현 시점에서는 유엔회원국의 2/3 이상의 지지를 받아 북
한문제를 다루기 위한 임시재판소를 설립하기 위한 결의안을 통과시키기는
어려울 것이다. 하지만 현재의 북한체제가 해체되고 한반도에서 통일정부가
수립된 이후에는 정치적 상황에 따라 좌우되겠지만 당사국인 통일한국 정부
의 요청에 따라 유엔이 한국정부와 공동으로 임시재판소를 설립하기 위한 결
의안이 폭넓은 지지를 받을 수 있다는 예상을 해볼 수 있을 것이다.[710]

다. 대한민국 법원 내에 특별재판부를 설치하는 방안

만약 유엔총회를 통한 혼합형 재판소의 설립이 불가능할 경우 ECCC와 같
이 우선 한국정부가 유엔과의 협의를 통해 한국 법원 내에 북한문제를 처리
하기 위한 특별재판부를 설치하고 한국측과 유엔측이 공동으로 재판부를 운
영하는 방안을 모색할 수 있을 것이다. 이는 유엔안보리 혹은 유엔총회의 결
의를 통해 한국정부와 유엔이 공동으로 국제재판소를 설립하기 어려울 경우
안보리 상임이사국의 거부권행사와 총회의 의결정족수 부족의 문제를 우회

---

709 국제연합 헌장 제18조 2항.

710 중국과 러시아와 같이 한반도에 직접적인 정치적, 경제적 이해관계를 가지고 있는 국가들을 제외한다면 현
재 북한정권에 비교적 우호적인 입장을 취하고 있는 국가들이 한반도가 한국주도로 통일된 이후까지 김정은
등 북한체제의 수뇌부를 지지할 것으로 보기는 어렵다.

하여 혼합형 재판소를 설치할 수 있는 방안이 된다. 비록 완전한 형태의 국제재판소는 아니지만 인권범죄의 책임자들을 처벌하는 과정에서 최소한 유엔 등이 추천하거나 파견한 전문가들이 참가하여 절차의 객관성과 정당성을 확보할 수 있는 것이다.

(3) 북한문제 처리를 위한 혼합형 재판소의 구성

혼합형 재판소 모델은 크게 두 가지로 구분할 수 있다. 하나는 ECCC 혹은 동티모르 특별재판부와 같이 국내법원내에 외국인과 내국인이 함께 근무하는 국제재판부를 구성하는 것이고, 다른 하나는 시에라리온 특별재판소와 같이 당사국과 유엔이 공동으로 설치한 임시국제재판소에서 당사국 인력과 유엔이 파견한 외국인 인력이 공동으로 근무하는 형태이다. 이러한 혼합형 재판소는 보통 외국인 인력이 당사국에서 파견한 인력보다 다수인 경우가 많지만 ECCC의 경우 당사국인 캄보디아 측 인력이 다수를 차지하고 있다.

  유엔 안보리 혹은 유엔총회를 거쳐 국제재판소의 형태를 가지는 혼합형 재판소가 설립되는 경우 건 한국법원 내에 특별재판부를 설치하여 한국측 인력과 외국인력이 공동으로 절차를 진행할 경우건 유엔 등이 파견하거나 추천하는 인력이 다수를 차지하는 것이 적절할 것으로 본다. 지금까지 설립된 혼합형 재판소들은 ECCC를 제외하고는 모두 외국인 직원들이 당사국의 직원들보다 다수를 차지하는 경우가 많았다.[711] 이는 일반적으로 혼합형 재

---

711 동티모르 특별재판부는 당사국에서 1명, 외국인 2명으로 재판부를 구성했고, 코소보 패널재판부 역시 1명의 당사국 국민과 2명의 외국인으로 재판부가 구성되었다. 또한 시에라리온 특별재판소는 3명의 당사국 재판관과 8명의 외국인재판관들로 구성되었고, 레바논 특별재판소는 당사국 국민 4명과 외국인 7명으로 재판부를 구성하였다.
    조정현, 「유엔을 통한 국제형사처벌 가능성: 유엔 북한인권 조사위원회(COI) 보고서 권고와 관련하여」, 「북

판소를 구성하는 당사국들이 심각한 분쟁을 겪은 직후에 인권범죄의 가해자를 처벌하기에 충분한 법률전문가 인력을 확보하지 못했기 때문이다. 반면 통일 이후 한국정부는 충분한 법률전문가 집단과 시설을 갖추고 있기 때문에 적어도 전문인력의 부족으로 인해 외국인 전문가들이 혼합형 재판소(판사, 검사 및 변호인과 직원)의 다수를 차지해야 할 이유는 없다.

그러나 다른 이유에서 외국인 전문인력이 재판소의 다수를 차지해야 할 이유가 있다. 우선 당사국 즉, 한국 내의 정치적 상황으로부터의 독립성을 확보하기 위해 외국인 인력이 재판소의 다수를 구성할 필요가 있다. ECCC의 경우에서 본 바와 같이 크메르 루즈는 독자적인 정치세력으로서의 생명력은 상실했지만 훈 센 총리 등 현 캄보디아 정부의 수뇌부 중 일부는 과거 크메르 루즈의 구성원이었고, 일부 지방에서는 크메르 루즈에 대한 우호적 정서가 존재하고 있다. 이를 등에 업고 캄보디아 정부는 정치적 안정과 통합을 명분으로 크메르 루즈에 대한 법적 처벌 범위의 최소화를 주장하고 있다. 이는 ECCC의 운영과정에서 외국인 공동수사판사와 공동검사는 물론 외국인 행정직원들의 반발을 불러일으켰고, 일부 인사는 사퇴하기도 했다.

북한정권에 의한 인권유린이 매우 심각하다는 점에 대한 이견은 없다. 하지만 이를 어떻게 해결할 것인지에 대한 의견은 현재 한국 사회에서 매우 다양하게 나타나고 있다. 북한인권법을 둘러싸고 북한당국에 의한 인권유린행위에 대하여 초점을 맞춘 보수진영과 달리 진보진영은 북한주민의 민생문제

한인권문제에 관한 국제법과 정책」, (국립외교원 국제법센터, 통일연구권 북한인권사회연구센터 공동학술회의 자료집, 2014년 6월 17일), pp. 45-50 참조.

와 북한과의 교류를 강조하는 모습을 보였다. 이러한 북한인권문제를 둘러싼 양 정치세력간의 시각차이는 통일 이후 인권유린행위에 대한 지휘책임을 가진 수뇌부 구성원들과 직접적으로 가해행위를 저지른 중하급 관리들을 처벌할지 여부에 대해서 조차 정치적 논쟁의 대상이 될 가능성을 보여준다. 또한 경우에 따라 재판소에서 근무하는 한국측 공무원에 대한 지휘권을 통해 재판소의 절차에 개입을 시도할 가능성도 예상할 수 있다. 이는 전환기 정의를 달성함에 있어서 매우 부정적 결과를 초래할 것이 분명하다. 따라서 당사국으로서 통일한국 정부가 일정부분 절차에 참여하되 재판소의 다수인력을 외국인으로 임명함으로써 절차적 중립성을 확보할 필요가 있다.

사법적 처벌이 불가능한 사안에 대한 진상규명

진상규명 혹은 진실·화해위원회의 설치는 가해자에 대한 법적 처벌이 불가능하거나 형사처벌이 적절하지 않은 사안에 대하여 해당 사건이 발생한 이유와 경위, 책임자 및 가해자의 확인과 피해자에 대한 공식적인 사과와 배상을 하도록 하여 사회를 통합하는 기능을 하는 전환기 정의 조치의 하나이다. 통일 이후 진상규명의 대상이 되는 사안은 앞에서 소개한 대로 책임자 대부분이 사망한 한국전쟁과 관련된 사안으로서 한국전쟁의 발생 경위, 한국전쟁 중 북한군에 의해 자행된 각종 민간인 살상행위, 국군포로의 억류문제 등이 있다. 또한 정전협정 체결 이후 발생한 북한의 대남도발행위들에 대한 진상규명, 민간인 납치, 각종 테러행위 등에 대한 진상규명이다. 특히 군사적 도발과 테러행위들의 경우 사안에 따라 그 책임자에 대한 법적 처벌을 고려할 수 있을 것이다.

진상규명과 관련하여 짚고 넘어가야 할 부분은 그 동안 한국 사회에서 북한과 관련한 정치적, 사회적 논쟁의 대상이 되어왔던 사안들에 대한 검증 혹은 규명이 필요하다는 점이다. 즉, 일각에서 제기되고 있는 천안함 폭침 사건과 대한항공 858편 폭파사건 및 기타 문제들 대한 북한의 가해책임이나 개입여부에 대한 자료확보와 정확한 진상규명이 필요하다.

피해자에 대한 배상

피해자에 대한 배상은 전환기 정의를 실현함에 있어서 가해자에 대한 법적 처벌과 함께 매우 핵심적인 부분을 차지한다. ECCC가 다루는 크메르 루즈에 의한 인권범죄는 국가단위에서 사실상 전 국민을 상대로 자행되었다는 점을 고려한다면 피해자 배상에 있어서 ECCC의 피해자 배상제도는 충분히 참고할 만한 가치가 있는 사례이다. ECCC의 경우 피해자에 대하여 금전적 보상을 제외하고 있고 피해자들에 대하여 집단적 배상과 추모에 집중하고 있다. 이는 구체적으로 피해를 입증할 수 있는 피해자로 그 숫자를 추리더라도 개인에 대한 금전적 배상을 하기에는 현실적으로 그 숫자가 많고, 처벌받는 크메르 루즈의 고위지도자들이 금전적 배상을 할 수 있는 경제적 능력을 가지고 있지 못하기 때문이다.

북한인권피해자들 역시 그 숫자는 수만 명 이상이 될 것으로 보인다. 이들 모두에게 적은 액수라도 금전적 배상을 하게 된다면 그 배상액은 상당할 것이다. 배상책임은 원칙적으로 인권범죄에 대하여 형사책임을 가지는 가해자 혹은 책임자가 부담해야 한다. 다행인 것은 크메르 루즈의 인권범죄 책임자들과는 달리 현재 북한의 지도자인 김정은은 할아버지인 김일성과 아버지인 김정일로부터 상당한 재산을 물려받았고, 마약판매, 위조지폐 제작 및 무기수출 등을 통해 상당한 수익을 얻고 있고 외국은행 계좌에 상당한 액수의 비자금을 은닉하고 있는 것으로 알려져 있다.[712] 일부에서는 김정은의 재산이 40억(4조9300억 원)~50억 달러(6조1600억 원)에 이를 것으로 보고 있다.[713] 이 정도의 재산이라면 인권범죄의 피해자들에게 일정액수의 배상금을 지급할 수 있을 것으로 보인다.

그러나 피해배상이 금전적 배상에 그쳐서는 안된다. 피해자들에 대한 배상은 국가적 차원에서도 이루어져야 한다. 즉, 북한당국에 의해 정치범으로 처벌받은 경우 그 신분에 대한 복권(혹은 사면)조치가 취해져야 한다. 또한 피해자들에 대하여 통일한국 정부 혹은 지방정부 공무원으로 임용될 수 있는 혜택이나 가산점을 주는 것 역시 검토해 볼 수 있을 것이다. 아울러 이미 사망한 피해자들을 추모하기 위한 각종 기념사업이나 기념관의 건립, 공교육과정을 통한 북한인권유린에 대한 교육이 반드시 이루어져야 한다.

기관개혁

기본적으로 통일 이후에는 다수의 북한정부기관들에 대한 정리가 필요할 것이다. 특히 보위부, 인민보안부와 같은 공안기관들은 정치범 수용소의 운영

---

712 Superich (2016년 2월 25일) http://superich.heraldcorp.com/superich/view.php?ud=20160225000009&sec=01-74-02.

713 Ibid.

등과 같은 인권범죄에 대한 직접적인 책임을 가지고 있기 때문에 기관 자체를 폐지하는 것이 합당할 것으로 생각된다. 다만 인민보안부는 한국의 경찰에 해당하는 조직이기 때문에 통일과 동시에 완전히 해체할 수는 없을 것이고 일부 인력을 계속 근무하도록 하는 조치가 불가피할 수 있다. 그러나 어떤 경우에도 정치범 수용소와 관련된 업무를 수행했던 조직이나 인력이 조직에 남는 것은 지양해야 할 것이다. 이외에도 군 조직 내의 보위사령부 역시 군 내부의 정치범 색출과 처벌을 주요 업무로 하는 조직이기 때문에 청산이 불가피하다. 또한 보위사령부 이외에도 국경에서 탈북자를 살해하는데 관여했던 조직이나 인사들에 대한 청산이 이루어져야 한다.

인권침해를 주도적으로 실행한 북한의 주요기관들에 대한 청산과 동시에 정부기관에서 계속 근무하게 되는 북한출신 공무원들에 대하여 민주주의와 인권에 대한 교육이 이루어져야 한다. 북한에서 관리로 근무하던 사람들은 주체사상과 김일성, 김정일, 김정은 일가에 대한 충성심이 비교적 강할 것이기 때문에 이들에 대하여 민주주의와 인권에 대한 철저한 교육이 필수적으로 이루어져야 하고, 지속적인 보수교육 역시 필요할 것이다.

기관개혁의 과정에서 북한의 인권범죄와 관련된 각종 증거자료가 파기되는 것을 막는 조치가 필요하다. 이는 인권범죄 책임자들에 대한 처벌과 진상규명 등 전환기 정의를 달성하는데 필수적인 자료가 될 것이기 때문에 이러한 자료들을 보존하기 위한 조치가 고려되어야 한다.

AGREEMENT
BETWEEN THE UNITED NATIONS AND THE ROYAL GOVERNMENT OF CAMBODIA CONCERNING THE PROSECUTION UNDER CAMBODIAN LAW OF CRIMES COMMITTED DURING THE PERIOD OF DEMOCRATIC KAMPUCHEA

WHEREAS the General Assembly of the United Nations, in its resolution 57/228 of 18 December 2002, recalled that the serious violations of Cambodian and international humanitarian law during the period of Democratic Kampuchea from 1975 to 1979 continue to be matters of vitally important concern to the international community as a whole;

WHEREAS in the same resolution the General Assembly recognized the legitimate concern of the Government and the people of Cambodia in the pursuit of justice and national reconciliation, stability, peace and security;

WHEREAS the Cambodian authorities have requested assistance from the United Nations in bringing to trial senior leaders of Democratic Kampuchea and those who were most responsible for the crimes and serious violations of Cambodian penal law, international humanitarian law and custom, and international conventions recognized by Cambodia, that were committed during the period from 17 April 1975 to 6 January 1979;

WHEREAS prior to the negotiation of the present Agreement substantial progress had been made by the Secretary-General of the United Nations (hereinafter, "the Secretary-General") and the Royal Government of Cambodia towards the establishment, with international assistance, of Extraordinary Chambers within the existing court structure of Cambodia for the prosecution of crimes committed during the period of Democratic Kampuchea;

WHEREAS by its resolution 57/228, the General Assembly welcomed the promulgation of the Law on the Establishment of the Extraordinary Chambers in the Courts of Cambodia for the Prosecution of Crimes Committed during the Period of Democratic Kampuchea and requested the Secretary-General to resume negotiations, without delay, to conclude an agreement with the Government, based on previous negotiations on the establishment of the Extraordinary Chambers consistent with the provisions of the said resolution, so that the Extraordinary Chambers may begin to function promptly;

WHEREAS the Secretary-General and the Royal Government of Cambodia have held negotiations on the establishment of the Extraordinary Chambers;

NOW THEREFORE the United Nations and the Royal Government of Cambodia have agreed as follows:

Article 1
Purpose

The purpose of the present Agreement is to regulate the cooperation between the United Nations and the Royal Government of Cambodia in bringing to trial senior leaders of Democratic Kampuchea and those who were most responsible for the crimes and serious violations of Cambodian penal law, international humanitarian law and custom, and international conventions recognized by Cambodia, that were committed during the period from 17 April 1975 to 6 January 1979. The Agreement provides, inter alia, the legal basis and the principles and modalities for such cooperation.

Article 2
The Law on the Establishment of Extraordinary Chambers

1. The present Agreement recognizes that the Extraordinary Chambers have subject matter jurisdiction consistent with that set forth in "the Law on the Establishment of the Extraordinary Chambers in the Courts of Cambodia for the Prosecution of Crimes Committed During the Period of Democratic Kampuchea" (hereinafter: "the Law on the Establishment of the Extraordinary Chambers"), as adopted and amended by the Cambodian Legislature under the Constitution of Cambodia. The present Agreement further recognizes that the Extraordinary Chambers have personal jurisdiction over senior leaders of Democratic Kampuchea and those who were most responsible for the crimes referred to in Article 1 of the Agreement.

2. The present Agreement shall be implemented in Cambodia through the Law on the Establishment of the Extraordinary Chambers as adopted and amended. The Vienna Convention on the Law of Treaties, and in particular its Articles 26 and 27, applies to the Agreement.

3. In case amendments to the Law on the Establishment of the Extraordinary Chambers are deemed necessary, such amendments shall

always be preceded by consultations between the parties.

Article 3
Judges

1. Cambodian judges, on the one hand, and judges appointed by the Supreme Council of the Magistracy upon nomination by the Secretary-General of the United Nations (hereinafter: "international judges"), on the other hand, shall serve in each of the two Extraordinary Chambers.

2. The composition of the Chambers shall be as follows:

a. The Trial Chamber: three Cambodian judges and two international judges;

b. The Supreme Court Chamber, which shall serve as both appellate chamber and final instance: four Cambodian judges and three international judges.

3. The judges shall be persons of high moral character, impartiality and integrity who possess the qualifications required in their respective countries for appointment to judicial offices. They shall be independent in the performance of their functions and shall not accept or seek instructions from any Government or any other source.

4. In the overall composition of the Chambers due account should be taken of the experience of the judges in criminal law, international law, including international humanitarian law and human rights law.

5. The Secretary-General of the United Nations undertakes to forward a list of not less than seven nominees for international judges from which the Supreme Council of the Magistracy shall appoint five to serve as judges in the two Chambers. Appointment of international judges by the Supreme Council of the Magistracy shall be made only from the list submitted by the Secretary-General.

6. In the event of a vacancy of an international judge, the Supreme Council of the Magistracy shall appoint another international judge from the same list.

7. The judges shall be appointed for the duration of the proceedings.

8. In addition to the international judges sitting in the Chambers and present at every stage of the proceedings, the President of a Chamber may, on a case-by-case basis, designate from the list of nominees submitted by the Secretary-General, one or more alternate judges to be present at each stage of the proceedings, and to replace an international judge if that judge is unable to continue sitting.

Article 4
Decision-making

1. The judges shall attempt to achieve unanimity in their decisions. If this is not possible, the following shall apply:

a. A decision by the Trial Chamber shall require the affirmative vote of at least four judges;

b. A decision by the Supreme Court Chamber shall require the affirmative vote of at least five judges.

2. When there is no unanimity, the decision of the Chamber shall contain the views of the majority and the minority.

Article 5
Investigating judges

1. There shall be one Cambodian and one international investigating judge serving as co- investigating judges. They shall be responsible for the conduct of investigations.

2. The co-investigating judges shall be persons of high moral character, impartiality and integrity who possess the qualifications required in their respective countries for appointment to such a judicial office.

3. The co-investigating judges shall be independent in the performance of their functions and shall not accept or seek instructions from any Government or any other source. It is understood, however, that the scope of the investigation is limited to senior leaders of Democratic Kampuchea and those who were most responsible for the crimes and serious violations of Cambodian penal law, international humanitarian law and custom, and international conventions recognized by Cambodia, that were committed during the period from 17 April 1975 to 6 January 1979.

4. The co-investigating judges shall cooperate with a view to arriving at a common approach to the investigation. In case the co-investigating judges are unable to agree whether to proceed with an investigation, the investigation shall proceed unless the judges or one of them requests within thirty days that the difference shall be settled in accordance with Article 7.

5. In addition to the list of nominees provided for in Article 3, paragraph 5, the Secretary- General shall submit a list of two nominees from which the Supreme Council of the Magistracy shall appoint one to serve as an international co-investigating judge, and one as a reserve international co-investigating judge.

6. In case there is a vacancy or a need to fill the post of the international co-investigating judge, the person appointed to fill this post must be the reserve international co-investigating judge.

7. The co-investigating judges shall be appointed for the duration of the proceedings.

Article 6
Prosecutors

1. There shall be one Cambodian prosecutor and one international prosecutor competent to appear in both Chambers, serving as co-prosecutors. They shall be responsible for the conduct of the prosecutions.

2. The co-prosecutors shall be of high moral character, and possess a high level of professional competence and extensive experience in the conduct of investigations and prosecutions of criminal cases.

3. The co-prosecutors shall be independent in the performance of their functions and shall not accept or seek instructions from any Government or any other source. It is understood, however, that the scope of the prosecution is limited to senior leaders of Democratic Kampuchea and those who were most responsible for the crimes and serious violations of Cambodian penal law, international humanitarian law and custom, and international conventions recognized by Cambodia, that were committed during the period from 17 April 1975 to 6 January 1979.

4. The co-prosecutors shall cooperate with a view to arriving at a common approach to the prosecution. In case the prosecutors are unable to agree whether to proceed with a prosecution, the prosecution shall proceed unless the prosecutors or one of them requests within thirty days that the difference shall be settled in accordance with Article 7.

5. The Secretary-General undertakes to forward a list of two nominees from which the Supreme Council of the Magistracy shall select one international co-prosecutor and one reserve international co-prosecutor.

6. In case there is a vacancy or a need to fill the post of the international co-prosecutor, the person appointed to fill this post must be the reserve international co-prosecutor.

7. The co-prosecutors shall be appointed for the duration of the proceedings.

8. Each co-prosecutor shall have one or more deputy prosecutors to assist him or her with prosecutions before the Chambers. Deputy international prosecutors shall be appointed by the international co-prosecutor from a list provided by the Secretary-General.

Article 7
Settlement of differences between the co-investigating judges or the co-prosecutors

a. In case the co-investigating judges or the co-prosecutors have made a request in accordance with Article 5, paragraph 4, or Article 6, paragraph 4, as the case may be, they shall submit written statements of facts and the reasons for their different positions to the Director of the Office of Administration.

b. The difference shall be settled forthwith by a Pre-Trial Chamber of five judges, three appointed by the Supreme Council of the Magistracy, with one as President, and two appointed by the Supreme Council of the Magistracy upon nomination by the Secretary- General. Article 3, paragraph 3, shall apply to the judges.

c. Upon receipt of the statements referred to in paragraph 1, the Director of the Office of Administration shall immediately convene the Pre-Trial Chamber and communicate the statements to its members.

d. A decision of the Pre-Trial Chamber, against which there is no appeal, requires the affirmative vote of at least four judges. The decision shall be communicated to the Director of the Office of Administration, who shall publish it and communicate it to the co-investigating judges or the co-prosecutors. They shall immediately proceed in accordance with the decision of the Chamber. If there is no majority, as required for a decision, the investigation or prosecution shall proceed.

Article 8
Office of Administration

1. There shall be an Office of Administration to service the Extraordinary Chambers, the Pre-Trial Chamber, the co-investigating judges and the Prosecutors' Office.

2. There shall be a Cambodian Director of this Office, who shall be appointed by the Royal Government of Cambodia. The Director shall be responsible for the overall management of the Office of Administration, except in matters that are subject to United Nations rules and procedures.

3. There shall be an international Deputy Director of the Office of Administration, who shall be appointed by the Secretary-General. The Deputy Director shall be responsible for the recruitment of all international staff and all administration of the international components of the Extraordinary Chambers, the Pre-Trial Chamber, the co-investigating judges, the Prosecutors' Office and the Office of Administration. The United Nations and the Royal Government of Cambodia agree that, when an international Deputy Director has been appointed by the Secretary-General, the assignment of that person to that position by the Royal Government of Cambodia shall take place forthwith.

4. The Director and the Deputy Director shall cooperate in order to ensure an effective and efficient functioning of the administration.

Article 9
Crimes falling within the jurisdiction of the Extraordinary Chambers

The subject-matter jurisdiction of the Extraordinary Chambers shall be the crime of genocide as defined in the 1948 Convention on the Prevention and Punishment of the Crime of Genocide, crimes against humanity as defined in the 1998 Rome Statute of the International Criminal Court and grave breaches of the 1949 Geneva Conventions and such other crimes as defined in Chapter II of the Law on the Establishment of the Extraordinary Chambers as promulgated on 10 August 2001.

Article 10
Penalties

The maximum penalty for conviction for crimes falling within the jurisdiction of the Extraordinary Chambers shall be life imprisonment.

Article 11
Amnesty

1. The Royal Government of Cambodia shall not request an amnesty or pardon for any persons who may be investigated for or convicted of crimes referred to in the present Agreement.

2. This provision is based upon a declaration by the Royal Government of Cambodia that until now, with regard to matters covered in the law, there has been only one case, dated 14 September 1996, when a pardon was granted to only one person with regard to a 1979 conviction on the charge of genocide. The United Nations and the Royal Government of Cambodia agree that the scope of this pardon is a matter to be decided by the Extraordinary Chambers.

Article 12
Procedure

1. The procedure shall be in accordance with Cambodian law. Where Cambodian law does not deal with a particular matter, or where there is uncertainty regarding the interpretation or application of a relevant rule of Cambodian law, or where there is a question regarding the consistency of

such a rule with international standards, guidance may also be sought in procedural rules established at the international level.

2. The Extraordinary Chambers shall exercise their jurisdiction in accordance with international standards of justice, fairness and due process of law, as set out in Articles 14 and 15 of the 1966 International Covenant on Civil and Political Rights, to which Cambodia is a party. In the interest of securing a fair and public hearing and credibility of the procedure, it is understood that representatives of Member States of the United Nations, of the Secretary-General, of the media and of national and international non-governmental organizations will at all times have access to the proceedings before the Extraordinary Chambers. Any exclusion from such proceedings in accordance with the provisions of Article 14 of the Covenant shall only be to the extent strictly necessary in the opinion of the Chamber concerned and where publicity would prejudice the interests of justice.

Article 13
Rights of the accused

a. The rights of the accused enshrined in Articles 14 and 15 of the 1966 International Covenant on Civil and Political Rights shall be respected throughout the trial process. Such rights shall, in particular, include the right: to a fair and public hearing; to be presumed innocent until proved guilty; to engage a counsel of his or her choice; to have adequate time and facilities for the preparation of his or her defence; to have counsel provided if he or she does not have sufficient means to pay for it; and to examine or have examined the witnesses against him or her.

b. The United Nations and the Royal Government of Cambodia agree that the provisions on the right to defence counsel in the Law on the Establishment of Extraordinary Chambers mean that the accused has the right to engage counsel of his or her own choosing as guaranteed by the International Covenant on Civil and Political Rights.

Article 14
Premises

The Royal Government of Cambodia shall provide at its expense the premises for the co-investigating judges, the Prosecutors' Office, the Extraordinary Chambers, the Pre-Trial Chamber and the Office of Administration. It shall also provide for such utilities, facilities and other services necessary for their operation that may be mutually agreed upon by separate agreement between the United Nations and the Government.

Article 15
Cambodian personnel

Salaries and emoluments of Cambodian judges and other Cambodian personnel shall be defrayed by the Royal Government of Cambodia.

Article 16
International personnel

Salaries and emoluments of international judges, the international co-investigating judge, the international co-prosecutor and other personnel recruited by the United Nations shall be defrayed by the United Nations.

Article 17
Financial and other assistance of the United Nations

The United Nations shall be responsible for the following:

a. remuneration of the international judges, the international co-investigating judge, the international co-prosecutor, the Deputy Director of the Office of Administration and other international personnel;

b. costs for utilities and services as agreed separately between the United Nations and the Royal Government of Cambodia;

c. remuneration of defence counsel;

d. witnesses' travel from within Cambodia and from abroad;

e. safety and security arrangements as agreed separately between the United Nations and the Government;

f. such other limited assistance as may be necessary to ensure the smooth functioning of the investigation, the prosecution and the Extraordinary Chambers.

Article 18
Inviolability of archives and documents

The archives of the co-investigating judges, the co-prosecutors, the Extraordinary Chambers, the Pre-Trial Chamber and the Office of Administration, and in general all documents and materials made available, belonging to or used by them, wherever located in Cambodia and by whomsoever held, shall be inviolable for the duration of the proceedings.

Article 19
Privileges and immunities of international judges, the international co-investigating judge, the international co-prosecutor and the Deputy Director of the Office of Administration

1. The international judges, the international co-investigating judge, the international co-prosecutor and the Deputy Director of the Office of Administration, together with their families forming part of their household, shall enjoy the privileges and immunities, exemptions and facilities accorded to diplomatic agents in accordance with the 1961 Vienna Convention on

Diplomatic Relations. They shall, in particular, enjoy:

a. personal inviolability, including immunity from arrest or detention;

b. immunity from criminal, civil and administrative jurisdiction in conformity with the Vienna Convention;

c. inviolability for all papers and documents;

d. exemption from immigration restrictions and alien registration;

e. the same immunities and facilities in respect of their personal baggage as are accorded to diplomatic agents.

2. The international judges, the international co-investigating judge, the international co-prosecutor and the Deputy Director of the Office of Administration shall enjoy exemption from taxation in Cambodia on their salaries, emoluments and allowances.

Article 20
Privileges and immunities of Cambodian and international personnel

1. Cambodian judges, the Cambodian co-investigating judge, the Cambodian co-prosecutor and other Cambodian personnel shall be accorded immunity from legal process in respect of words spoken or written and all acts performed by them in their official capacity under the present Agreement. Such immunity shall continue to be accorded after termination of employment with the co-investigating judges, the co-prosecutors, the Extraordinary Chambers, the Pre-Trial Chamber and the Office of Administration.

2. International personnel shall be accorded:

a. immunity from legal process in respect of words spoken or written and all acts performed by them in their official capacity under the present Agreement. Such immunity shall continue to be accorded after termination of employment with the co-investigating judges, the co-prosecutors, the Extraordinary Chambers, the Pre-Trial Chamber and the Office of Administration;

b. immunity from taxation on salaries, allowances and emoluments paid to them by the United Nations;

c. immunity from immigration restrictions;

d. the right to import free of duties and taxes, except for payment for services, their furniture and effects at the time of first taking up their official duties in Cambodia.

2. The United Nations and the Royal Government of Cambodia agree that the immunity granted by the Law on the Establishment of the Extraordinary Chambers in respect of words spoken or written and all acts performed by them in their official capacity under the present Agreement will apply also after the persons have left the service of the co-investigating judges, the co-prosecutors, the Extraordinary Chambers, the Pre-Trial Chamber and the Office of Administration.

Article 21
Counsel

1. The counsel of a suspect or an accused who has been admitted as such by the Extraordinary Chambers shall not be subjected by the Royal Government of Cambodia to any measure which may affect the free and independent exercise of his or her functions under the present Agreement.

2. In particular, the counsel shall be accorded:

a. immunity from personal arrest or detention and from seizure of personal baggage;

b. inviolability of all documents relating to the exercise of his or her functions as a counsel of a suspect or accused;

c. immunity from criminal or civil jurisdiction in respect of words spoken or written and acts performed by them in their official capacity as counsel. Such immunity shall continue to be accorded to them after termination of their functions as a counsel of a suspect or accused.

3. Any counsel, whether of Cambodian or non-Cambodian nationality, engaged by or assigned to a suspect or an accused shall, in the defence of his or her client, act in accordance with the present Agreement, the Cambodian Law on the Statutes of the Bar and recognized standards and ethics of the legal profession.

Article 22
Witnesses and experts

Witnesses and experts appearing on a summons or a request of the judges, the co- investigating judges, or the co-prosecutors shall not be prosecuted, detained or subjected to any other restriction on their liberty by the Cambodian authorities. They shall not be subjected by the authorities to any measure which may affect the free and independent exercise of their functions.

Article 23
Protection of victims and witnesses

The co-investigating judges, the co-prosecutors and the Extraordinary Chambers shall provide for the protection of victims and witnesses. Such protection measures shall include, but shall not be limited to, the conduct of in camera proceedings and the protection of the identity of a victim or witness.

Article 24
Security, safety and protection of persons referred to in the present Agreement

The Royal Government of Cambodia shall take all effective and adequate actions which may be required to ensure the security, safety and protection of persons referred to in the present Agreement. The United Nations and the Government agree that the Government is responsible for the security of all accused, irrespective of whether they appear voluntarily before the Extraordinary Chambers or whether they are under arrest.

Article 25
Obligation to assist the co-investigating judges, the co-prosecutors and the Extraordinary Chambers

The Royal Government of Cambodia shall comply without undue delay with any request for assistance by the co-investigating judges, the co-prosecutors and the Extraordinary Chambers or an order issued by any of them, including, but not limited to:

a. identification and location of persons;

b. service of documents;

c. arrest or detention of persons;

d. transfer of an indictee to the Extraordinary Chambers.

Article 26
Languages

1. The official language of the Extraordinary Chambers and the Pre-Trial Chamber is Khmer.

2. The official working languages of the Extraordinary Chambers and the Pre-Trial Chamber shall be Khmer, English and French.

3. Translations of public documents and interpretation at public hearings into Russian may be provided by the Royal Government of Cambodia at its discretionand expense on condition that such services do not hinder the proceedings before the Extraordinary Chambers.

Article 27
Practical arrangements

1. With a view to achieving efficiency and cost-effectiveness in the operation of the Extraordinary Chambers, a phased-in approach shall be adopted for their establishment in accordance with the chronological order of the legal process.

2. In the first phase of the operation of the Extraordinary Chambers, the judges, the co- investigating judges and the co-prosecutors will be appointed along with investigative and prosecutorial staff, and the process of investigations and prosecutions shall be initiated.

3. The trial process of those already in custody shall proceed simultaneously with the investigation of other persons responsible for crimes falling within the jurisdiction of the Extraordinary Chambers.

4. With the completion of the investigation of persons suspected of having committed the crimes falling within the jurisdiction of the Extraordinary Chambers, arrest warrants shall be issued and submitted to the Royal Government of Cambodia to effectuate the arrest.

5. With the arrest by the Royal Government of Cambodia of indicted persons situated in its territory, the Extraordinary Chambers shall be fully operational, provided that the judges of the Supreme Court Chamber shall serve when seized with a matter. The judges of the Pre-Trial Chamber shall serve only if and when their services are needed.

Article 28
Withdrawal of cooperation

Should the Royal Government of Cambodia change the structure or organization of the Extraordinary Chambers or otherwise cause them to function in a manner that does not conform with the terms of the present Agreement, the United Nations reserves the right to cease to provide assistance, financial or otherwise, pursuant to the present Agreement.

Article 29
Settlement of disputes

Any dispute between the Parties concerning the interpretation or application of the present Agreement shall be settled by negotiation, or by any other mutually agreed upon mode of settlement.

Article 30
Approval

To be binding on the parties, the present Agreement must be approved by the General Assembly of the United Nations and ratified by Cambodia. The Royal Government of Cambodia will make its best endeavours to obtain this ratification by the earliest possible date.

Article 31
Application within Cambodia

The present Agreement shall apply as law within the Kingdom of Cambodia following its ratification in accordance with the relevant provisions of the internal law of the Kingdom of Cambodia regarding competence to conclude treaties.

Article 32
Entry into force

The present Agreement shall enter into force on the day after both parties have notified each other in writing that the legal requirements for entry into force have been complied with.

Done at Phnom Penh on 6 June 2003 in two copies in the English language.

For the United Nations	For the Royal Government of Cambodia
[Signature omitted]	[Signature omitted]
Sok An Senior Minister in Charge of the Council of Ministers	Hans Corell Under-Secretary-General for Legal Affairs The Legal Counsel

민주 캄푸치아 기간 중 발생한
캄보디아 법률상 범죄의 기소에 관한
유엔과 캄보디아 정부간 협정

유엔 총회는 2002년 12월 8일 통과된 결의안 57/228에 따라 1975년부터 1979년까지 민주 캄푸치아 기간 동안의 캄보디아 법률과 국제인도법의 중대한 위반이 국제사회 전체에 대하여 극도로 중대한 우려를 야기하는 계속적 문제라는 점을 상기한 사실에 따라;

동 결의에서 유엔총회가 정의, 국가적 화해, 안정, 평화, 그리고 안보를 추구하는 캄보디아 정부와 국민들의 정당한 우려를 확인한 사실에 따라;

민주 캄푸치아의 고위지도자들과 1975년 4월 17일부터 1979년 1월 6일까지의 기간 동안 발생한 캄보디아 형법, 국제인도법, 국제관습, 그리고 캄보디아가 승인한 국제협약에 관한 범죄들과 중대한 위반에 대하여 가장 책임 있는 자들을 재판에 넘기기 위하여 캄보디아 당국자들이 유엔의 지원을 요청한 사실에 따라;

본 협정을 위한 협상이 이루어지기 이전, 민주 캄푸치아 기간 동안 발생한 범죄의 기소를 위하여 국제사회의 지원으로 현재의 캄보디아 법원조직 내에 특별재판부를 설치하기 위한 유엔사무총장(이하 '사무총장')과 캄보디아 정부에 의한 상당한 진전이 있었던 사실에 따라;

결의안 57/228에 따라 총회는 민주 캄푸치아 기간 동안 발생한 범죄에 대한 기소를 위한 캄보디아 특별재판부의 설립에 관한 법률의 공포를 환영하며, 지체 없이 위 결의안의 규정에 부합하는 특별재판부의 설치를 위한 이전의 협상에 기초하여 정부와 협정을 체결하여 특별재판부가 즉각 기능할 수 있도록 사무총장에게 협상의 재개를 요구한다는 사실에 따라;

사무총장과 캄보디아 정부는 특별재판부의 설치를 위한 협상을 진행해 왔다는 사실에 따라;

이에 따라 유엔과 캄보디아 정부는 다음과 같이 합의하였다.

제1조
목적

본 협정의 목적은 민주 캄푸치아의 고위지도자들과 1975년 4월 17일부터 1979년 1월 6일까지의 기간 동안 발생한 캄보디아 형법, 국제인도법, 국제관습, 그리고 캄보디아가 승인한 국제협약에 관한 범죄들과 중대한 위반에 대하여 가장 책임 있는 민주 캄푸치아의 고위지도자들을 재판에 넘김에 있어서 유엔과 캄보디아 정부간 협력을 규정하는 것이다. 협정은 특히 그러한 협력의 법적 기초와 원칙 그리고 양태를 제공한다.

제2조
특별재판부 설치에 관한 법률

1. 본 협정은 특별재판부가 캄보디아 헌법에 따라 캄보디아 입법부에 의해 개정된 "민주 캄푸치아 기간 동안 발생한 범죄의 기소를 위한 캄보디아 법원 특별재판부의 설치에 관한 법률"(이하 "특별재판부 설치에 관한 법률")에서 규정된 내용에 부합하는 사물관할을 가진다는 점을 승인한다. 본 협정은 또한 특별재판부가 민주 캄푸치아의 고위지도자들과 협정 제1조에서 규정된 범죄에 대하여 가장 책임 있는 자들에 대한 인적 관할을 가지고 있다는 점을 승인한다.

2. 본 협정은 채택 및 개정된 대로 특별재판부 설치에 관한 법률을 통해 캄보디아에서 이행된다. 조약법에 관한 비엔나 협약, 특히 제26조와 27조는 협정에 적용된다.

3. 특별재판부 설치에 관한 법률의 개정이 필요한 경우, 그러한 개정은 당사자간 협의에 의해 진행된다.

제3조
재판관

1. 캄보디아 재판관들과 유엔사무총장의 지명에 따라 최고사법위원회에 의해 임명된 재판관들(이하 "국제재판관")은 각각 두 개의 재판부에서 복무한다.

2. 재판부들의 구성은 다음과 같이 이루어진다.

   a. 1심 재판부: 3명의 캄보디아 재판관과 2명의 국제재판관

   b. 항소심과 최종심으로 기능하는 상소심 재판부: 4명의 캄보디아 재판관과 3명의 국제재판관

3. 재판관은 각국의 사법기관에서 임명될 수 있는 자격을 갖춘 높은 수준의 도덕성, 공정성 그리고 진실성을 갖춘 자이어야 한다. 이들은 그들의 직무를 수행함에 있어서 독립적이어야 하며 어떠한 정부 혹은 어떠한 다른 출처로부터도 지침을 구하거나 수용하지 않는다.

4. 재판부의 전반적인 구성에 있어서, 형법, 국제인도법과 인권법을 포함한 국제법에 관한 재판관들의 경험에 대하여 정당한 평가가 이루어져야 한다.

5. 유엔사무총장은 최고사법위원회가 두 개의 재판부에서 재판관으로 근무할 5명의 국제재판관들을 임명할 수 있도록 최소 7명의 국제재판관 후보자 명단을 제출해야 한다. 최고사법위원회에 의한 국제재판관의 임명은 사무총장이 제출한 명단 내에서만 이루어진다.

6. 국제재판관의 공석이 발생한 경우, 최고사법위원회는 동 명단에서 다른 국제재판관을 임명한다.

7. 재판관들은 절차 기간 중 임명된다.

8. 국제재판관의 재판부 재임과 절차상 모든 단계에서의 참석에 더하여 재판장은 상황에 맞게 사무총장이 제출한 후보자 명단에서 1명 혹은 그 이상의 교체재판관을 절차의 각 단계마다 배석시킬 수 있고, 재판관이 계속 재임할 수 없는 경우

해당 재판관을 대신하도록 할 수 있다.

제4조
의사결정

1. 재판관들은 판결을 내림에 있어서 만장일치에 이르도록 노력해야 한다. 만약 그 것이 불가능한 경우, 다음의 규정을 적용한다.

   a. 1심 재판부의 판결은 최소한 재판관 4명의 찬성투표에 따른다;

   b. 상소심 재판부의 판결은 최소한 재판관 5명의 투표에 따른다.

2. 만장일치에 이르지 않은 경우, 재판부의 판결은 다수의견과 소수의견을 모두 포함한다.

제5조
수사판사

1. 공동수사판사로 근무할 1명의 캄보디아 수사판사와 1명의 국제수사판사를 둔 다. 이들은 수사행위에 대한 책임을 진다.

2. 공동수사판사는 각국의 사법기관에서 임명될 수 있는 자격을 갖춘 높은 수준의 도덕성, 공정성 그리고 진실성을 갖춘 자이어야 한다.

3. 공동수사판사는 그들의 직무를 수행함에 있어서 독립적이어야 하며 어떠한 정 부 혹은 어떠한 다른 출처로부터도 지침을 구하거나 수용하지 않는다. 그러나 수사범위는 민주 캄푸치아의 고위지도자들과 1975년 4월 17일부터 1979년 1 월 6일까지의 기간 동안 발생한 캄보디아 형법, 국제인도법, 국제관습, 그리고 캄 보디아가 승인한 국제협약에 관한 범죄들과 중대한 위반에 대하여 가장 책임 있

는 자들로 한정되는 것으로 이해된다.

4. 공동수사판사들은 수사에 대하여 공통의 접근에 이를 수 있는 관점으로 협력한다. 공동수사판사들이 수사진행 여부에 대하여 합의에 이르지 못할 경우, 공동수사판사 양자 혹은 어느 일방이 제7조에 따라 30일 이내에 이견의 해결을 청구하지 않는 한 수사는 계속 진행된다.

5. 제3조 5항에서 규정된 후보자 명단에 더하여, 사무총장은 최고사법위원회가 국제공동수사판사로 근무할 재판관과 예비국제공동수사판사를 임명할 수 있도록 2명의 후보자 명단을 제출한다.

6. 국제공동수사판사직의 공석 혹은 충원이 필요한 경우, 해당 직에 임명되는 사람은 예비국제공동수사판사이어야 한다.

7. 공동수사판사는 절차 기간 중 임명된다.

제6조
검사

1. 공동검사로 근무하며 양 재판부에 출석할 적격성을 가진 1명의 캄보디아 검사와 1명의 국제검사를 둔다. 이들은 기소에 대하여 책임을 진다.

2. 공동검사는 높은 도덕성을 가지고 있어야 하며, 범죄의 수사와 기소에 있어서 높은 수준의 전문성과 광범위한 경험을 가지고 있어야 한다.

3. 공동검사는 그들의 직무를 수행함에 있어서 독립적이어야 하며 어떠한 정부 혹은 어떠한 다른 출처로부터도 지침을 구하거나 수용하지 않는다. 그러나 수사범위는 민주 캄푸치아의 고위지도자들과 1975년 4월 17일부터 1979년 1월 6일까지의 기간 동안 발생한 캄보디아 형법, 국제인도법, 국제관습, 그리고 캄보디아가 승인한 국제협약에 관한 범죄들과 중대한 위반에 대하여 가장 책임 있는 자들로 한정되는 것으로 이해된다.

4. 공동검사들은 수사에 대하여 공통의 접근에 이를 수 있는 관점으로 협력한다. 공동수사판사들이 수사진행 여부에 대하여 합의에 이르지 못할 경우, 공동수사판사 양자 혹은 어느 일방이 제7조에 따라 30일 이내에 이견의 해결을 청구하지 않는 한 수사는 계속 진행된다.

5. 사무총장은 최고사법위원회가 1명의 국제공동검사와 1명의 예비국제공동검사를 선정할 수 있도록 2명의 후보자들의 명단을 전달한다.

6. 국제공동검사직의 공석 혹은 충원이 필요한 경우, 해당 직에 임명되는 사람은 예비국제공동검사이어야 한다.

7. 공동수사판사는 절차 기간 중 임명된다.

8. 각 공동검사는 1명 혹은 그 이상의 부검사로부터 재판부 앞에서의 기소활동을 지원받는다. 국제부검사들은 사무총장이 제출한 명단에서 국제공동검사가 임명한다.

제7조
공동수사판사들 혹은 공동검사들 간 이견의 해결

1. 경우에 따라 공동수사판사 혹은 공동검사가 제5조 4항, 혹은 제6조 4항에 따른 청구를 한 경우, 청구자는 사실관계와 의견 차이의 이유를 서면으로 행정실장에게 제출한다.

2. 이견은 최고사법위원회에서 임명된 3명의 재판관들과 사무총장에 의해 후보자로 지명되어 최고사법위원회에 의해 임명된 2명의 재판관들로 구성된 5명의 전심재판부 재판관들에 의해 곧바로 해결된다. 제3조 3항이 재판관들에게 적용된다.

3. 제1항에서 언급된 서면이 접수되면, 행정실장은 즉시 전심재판부를 소집하여 전심재판관들에게 서면을 전달해야 한다.

4. 불복이 허용되지 않는 전심재판부의 결정은 최소한 재판관 4명의 찬성투표에 따른다. 이 결정은 행정실장에게 전달되어, 공개되며, 공동수사판사 혹은 공동검사에게 전달된다. 이들은 재판부의 결정에 따라 절차를 진행한다. 결정에 이르는 다수결에 이르지 못한 경우, 수사 혹은 기소는 그대로 진행된다.

제8조
행정실

1. 특별재판부, 전심재판부, 공동수사판사실, 그리고 검사실을 지원할 행정실을 둔다.

2. 행정실에는 캄보디아 정부에 의해 임명되는 캄보디아인 행정실장이 보임된다. 실장은 유엔의 규정과 절차에 따라야 하는 사안을 제외하고 행정실의 전반적인 운영에 대한 책임을 진다.

3. 사무총장에 의해 임명되는 행정실의 국제부행정실장을 둔다. 부실장은 국제직원의 채용, 특별재판부, 전심재판부, 공동수사판사실, 공동검사실, 그리고 행정실의 국제적 영역에 관한 모든 행정업무에 대하여 책임을 가진다. 유엔과 캄보디아 정부는 국제부실장이 사무총장에 의해 임명된 때에, 해당 직위에 대한 캄보디아 정부의 해당 인물의 배정은 즉시 이루어지는 것으로 합의 한다.

4. 실장과 부실장은 행정업무가 효과적이고 효율적으로 기능할 수 있도록 협력한다.

제9조
특별재판부의 관할에 해당하는 범죄들

특별재판부의 사물관할은 1948년 체결된 집단살해죄의 예방과 처벌에 관한 협약에서 정의된 제노사이드, 1998년 체결된 국제형사재판소 설립을 위한 로마규정에서 정의된 인도에 반하는 죄, 1949년 체결된 제네바 협약의 중대한 위반들, 그리고 2001년 8월 10일에 공포된 특별재판부 설치에 관한 법률 제2장에서 정의된 다른 범죄들이다.

제10조
처벌

특별재판부의 관할에 해당하는 범죄들에 대한 유죄에 대하여 최고형은 종신형이다.

제11조
사면

1. 캄보디아 정부는 본 협정에서 규정된 범죄들에 대하여 수사 혹은 유죄판결을 받은 어떤 인물에 대하여도 사면을 요청하지 않는다.

2. 이 규정은 이 법률에 해당하는 문제와 관련하여 1979년에 선고된 제노사이드 혐의에 대한 유죄판결에 관하여 사면이 단 한 사람에게만 부여된 1996년 9월 14일 당시부터, 현재까지 유일한 사례인 캄보디아 정부의 선언에 근거를 두고 있다. 유엔과 캄보디아 정부는 이 사면의 범위가 특별재판부에 의해 결정될 사안이라는 점에 합의한다.

제12조
절차

1. 절차는 캄보디아 법률에 따른다. 캄보디아 법률이 특정 사안에 대하여 규정하고

있지 않거나, 혹은 캄보디아 법률의 관련 조항의 해석이나 적용에 관한 불명확성이 있거나, 그 규정이 국제적 기준에 부합하는지 여부에 대한 의문이 제기되는 경우, 국제적 단위에서 성립된 절차규정을 통한 지침을 구할 수 있다.

2. 특별재판부는 캄보디아가 당사국인 1966년 체결된 시민적 정치적 권리에 관한 국제규약 제14조와 제15조에 규정된 대로 정의, 공정, 적법 절차에 관한 국제적 기준에 따라 그 관할권을 행사한다. 공정성과 공개변론 그리고 절차의 신뢰성을 확보하기 위하여 유엔 회원국 대표, 사무총장의 대리인, 언론의 대표와 국내외 비정부기구의 대리인들이 특별재판부의 절차에 대한 상시적 접근권을 가질 것으로 이해된다. 규약 제14조에 따른 위의 절차로부터의 배제는 해당 재판부의 의견에 따라 엄격하게 필요한 정도에 한정되어야 하며 언론에의 공개가 사법적 이해에 악영향을 줄 수 있는 경우에 한하여야 한다.

제13조
피고인의 권리

1. 1966년 체결된 시민적 정치적 권리에 관한 국제규약 제14조와 제15조에 명시된 피고인의 권리는 재판절차를 통해 존중된다. 그러한 권리는 특히 공정하고 공개된 재판을 받을 권리, 유죄가 입증될 때까지 무죄추정을 받을 권리, 본인의 선택에 따라 변호인을 선임할 권리, 본인의 변론을 준비하기 위해 적절한 시간과 시설을 가질 권리, 변호인 선임비용을 충당할 수 있는 충분한 재정을 가지고 있지 않은 경우 변호인을 제공받을 권리, 본인이게 불리한 증인에 대하여 심문할 권리를 포함한다.

2. 유엔과 캄보디아 정부는 특별재판부 설치에 관한 법률상 변호인의 조력을 받을 권리에 관한 규정들은 피고인이 시민적 정치적 권리에 관한 국제규약에서 보장된 바에 따라 본인이 선택한 변호인을 선임할 권리를 의미한다고 합의한다.

제14조
부지

캄보디아 정부는 캄보디아 정부의 재원으로 공동수사판사실, 검사실, 특별재판부, 전심재판부와 행정실의 부지를 제공한다. 또한 집기, 시설과 유엔과 캄보디아 정부 간 별도의 협정에 따라 쌍방간에 합의된 위 기관들의 운영에 필요한 다른 용역들이 제공된다.

제15조
캄보디아인 직원

캄보디아인 재판관들과 다른 캄보디아인 직원들의 급여와 보수는 캄보디아 정부가 지급한다.

제16조
국제 직원

국제재판관들, 국제공동수사판사, 국제공동검사와 유엔에 의해 채용된 다른 직원들의 급여와 보수는 유엔이 지급한다.

제17조
유엔의 재정과 다른 지원

유엔은 다음의 사항에 대하여 책임을 가진다.

   a. 국제재판관들, 국제공동수사판사, 국제공동검사, 부행정실장과 다른 국제인

력에 대한 보수;

b. 유엔과 캄보디아 정부간 별도로 합의된 바에 따른 집기와 용역의 비용;

c. 변호인에 대한 보수;

d. 증인들의 외국으로부터 캄보디아까지, 그리고 캄보디아 내에서의 여행;

e. 유엔과 캄보디아 정부간 별도로 합의된 바에 따른 안전과 보안 조치들;

f. 수사, 기소, 그리고 특별재판부의 원활한 기능을 보장하는데 필요한 그러한 다른 제한된 지원들

제18조
문서와 기록

공동수사판사, 공동검사, 특별재판부, 전심재판부와 행정실의 문서, 그리고 일반적으로 위 기관들이 사용할 수 있도록 제공되거나, 위 기관들에 속해있거나, 혹은 위 기관들이 사용한 기록들이나 자료는 그것이 캄보디아 국내 어디에 있던지, 그리고 누가 점유하고 있는지 여부와 무관하게 절차 기간 동안 불가침성을 가진다.

제19조
국제재판관, 국제공동수사판사, 국제공동검사
그리고 부행정실장의 특권과 면제

1. 국제재판관들, 국제공동수사판사, 국제공동검사와 부행정실장은 그들의 가정을 구성하는 가족들과 함께 1961년 체결된 외교관계에 관한 비엔나협약에 따라 외교사절에게 부여되는 특권과 면제, 부담면제와 편의를 향유한다. 위의 사람들은 특별히:

a. 체포, 구금으로부터의 면제를 포함하는 개인적 불가침성을 향유한다;

b. 비엔나협약에 부합하는 형사, 민사, 행정적 관할로부터의 면제를 향유한다;

c. 모든 문서, 기록들에 대한 불가침성을 향유한다;

d. 이민 규제와 외국인 등록으로부터의 면제를 향유한다;

e. 외교사절에게 부여되는 것과 같은 수하물에 대한 동일한 면제와 편의를 향유한다.

2. 국제재판관들, 국제공동수사판사, 국제공동검사 그리고 부행정실장은 급여, 보수와 수당에 대한 캄보디아에서의 과세에 대하여 면제를 향유한다.

제20조
캄보디아 직원과 국제직원에 대한 특권과 면제

1. 캄보디아인 재판관들, 캄보디아인 공동수사판사, 캄보디아인 공동검사와 다른 캄보디아인 직원들은 본 협정 아래서 그들의 공식적 권한으로 행한 구두 혹은 서면 진술과 모든 행위들에 관하여 법적 절차로부터 면제를 부여 받는다. 그러한 면제는 공동수사판사들, 공동검사들, 특별재판부, 전심재판부와 행정실에서의 고용관계가 종료된 이후에도 계속 유지된다.

2. 국제직원들은

a. 본 협정 아래서 그들의 공식적 권한으로 행한 구두 혹은 서면 진술과 모든 행위들에 관하여 법적 절차로부터 면제를 부여 받는다. 그러한 면제는 공동수사판사들, 공동검사들, 특별재판부, 전심재판부와 행정실에서의 고용관계가 종료된 이후에도 계속 유지된다;

b. 유엔이 지급한 급여, 수당, 그리고 보수에 대한 과세면제를 부여 받는다;

c. 이민 규제로부터의 면제를 부여 받는다;

d. 캄보디아에서 최초로 그들의 공식적 직무를 수행하는 시점에 용역에 대한 지불을 제외하고 관세와 세금을 면제받아 그들의 가구와 물품을 수입할 권리를 부여 받는다.

3. 유엔과 캄보디아 정부는 본 협정 아래서 그들의 공식적 권한으로 행한 구두 혹은 서면 진술과 모든 행위들에 관하여 특별재판부 설치에 관한 법률에 의해 부여된 면제는 해당 인사들이 공동수사판사, 공동검사, 특별재판부, 전심재판부와 행정실에서의 직무에서 벗어난 이후에도 적용되는 것으로 합의한다.

제21조
변호인

1. 특별재판부에 의해 공인된 피의자 혹은 피고인의 변호인은 본 협정 아래에서 자유롭고 독립적인 변호인 직무의 수행에 영향을 줄 수 있는 캄보디아 정부에 의한 어떤 조치의 대상이 되지 않는다.

2. 특별히, 변호인은

a. 개인적 체포 혹은 구금과 수하물에 대한 면제를 부여 받는다;

b. 피의자 혹은 피고인의 변호인으로서 그의 직무수행과 관련된 모든 문서에 대한 불가침성을 부여 받는다;

c. 변호인으로서 공식적 권한으로 행한 구두 혹은 서면 진술과 모든 행위들에 관하여 형사 혹은 민사 관할로부터의 면제를 부여 받는다. 그러한 면제는 피의자 혹은 피고인의 변호인으로서 그 직무가 종료된 이후에도 그들에게 계속 유지된다.

3. 피의자 혹은 피고인에 의해 선임되거나 피의자나 피고인에게 지정된 어떤 변호인도 캄보디아 국적이건 캄보디아 국적이 아니건 자신의 의뢰인의 방어를 위해 본

협정, 캄보디아 변호사법 그리고 법률전문가에 관한 공인된 기준과 윤리에 따라 행동한다.

제22조
증인과 전문가

재판관, 공동수사판사 혹은 공동검사의 소환이나 요청으로 출석한 증인과 전문가는 캄보디아 당국에 의해 기소, 구금되거나 혹은 그들의 자유에 대한 어떠한 제약의 대상이 되지 않는다. 그들은 자유롭고 독립적으로 그들의 기능을 행사하는데 영향을 줄 수 있는 당국의 어떠한 조치의 대상이 되지 않는다.

제23조
피해자와 증인의 보호

공동수사판사, 공동검사 그리고 특별재판부는 피해자와 증인에 대한 보호를 제공한다. 그러한 보호조치는 비공개 절차의 진행과 피해자와 증인의 신원 보호를 포함하나, 여기에 국한되지 않는다.

제24조
본 협정에서 언급된 인물에 대한 보안, 안전, 보호

캄보디아 정부는 본 협정에서 언급된 인물에 대한 보안, 안전 그리고 보호를 보장하기 위해 요구되는 효과적이고 적절한 모든 조치를 취한다. 유엔과 캄보디아 정부는 피고인들이 자발적으로 특별재판부에 출석했는지 혹은 체포되었는지 여부와 무관하게 정부가 모든 피고인들에 대한 보안을 책임진다고 합의한다.

제25조
공동수사판사, 공동검사 그리고 특별재판부에 대한 지원의무

캄보디아 정부는 공동수사판사, 공동검사, 그리고 특별재판부의 지원요청 혹은 위 기관에서 발부한 아래의 사항들을 포함하나 그에 한정되지 않는 명령을 과도한 지연 없이 이행한다.

    a. 인물의 신분과 소재;

    b. 문서의 송달;

    c. 인물의 체포 혹은 구금;

    d. 피고인의 특별재판부로의 호송

제26조
언어

1. 특별재판부와 전심재판부의 공식언어는 캄보디아어이다.

2. 특별재판부와 전심재판부의 공식실무언어는 캄보디아어, 영어 그리고 프랑스어이다.

3. 공식문서의 번역과 공식변론에서 러시아어로의 통역은 특별재판부의 절차에 방해가 되지 않는 조건으로 캄보디아 정부의 재량과 비용으로 제공될 수 있다.

제27조
실질적 준비

1. 특별재판부 운영의 효율성과 비용효과를 확보하기 위한 관점에서, 법적 절차의 시간적 순서에 따라 그 설치에 있어서 단계별 접근이 채택된다.

2. 특별재판부 운영의 첫 번째 단계에서 재판관, 공동수사판사와 공동검사는 수사와 기소 담당 직원들과 함께 임명될 것이며, 또한 수사와 기소절차가 개시된다.

3. 이미 구금된 인물들에 대한 재판절차는 특별재판부의 관할에 해당하는 범죄에 대한 책임이 있는 다른 인물들에 대한 수사와 동시에 진행된다.

4. 특별재판부의 관할에 해당하는 범죄를 저지른 것으로 의심되는 인물에 대한 수사가 종료됨에 따라 체포영장이 발부되고, 체포를 달성하도록 캄보디아 정부에 제출된다.

5. 캄보디아 영토에 위치한 기소된 사람이 캄보디아 정부에 의해 체포되면 상소심 재판부 재판관이 해당 사안을 다루는 조건으로 특별재판부가 운영된다. 전심재판부 재판관은 필요한 경우에 한해 복무한다.

제28조
협력의 철회

캄보디아 정부가 특별재판부의 구조나 조직을 변경하거나 본 협정에 부합하는 정도로 특별재판부가 기능하지 못하게 하는 경우, 유엔은 본 협정에 따라 지원, 재정 혹은 다른 방법의 제공을 중단할 권리를 보유한다.

제29조
분쟁의 해결

본 협정의 해석 혹은 적용에 관한 당사자간의 어떠한 분쟁도 협상 혹은 해결방식에 대하여 상호간 합의된 다른 방법에 따라 해결된다.

제30조
승인

당사자에 대한 구속력을 위해 본 협정은 유엔총회의 승인과 캄보디아 정부의 비준을 받는다. 캄보디아 정부는 가능한 최단기간 내에 비준을 얻도록 최선의 노력을 다할 것이다.

제31조
캄보디아 내에서의 적용

본 협정은 조약을 완결 지을 수 있는 권한과 관련하여 캄보디아 왕국의 내부 법률의 관련 조항에 따라 그 비준이 이루어진 이후 캄보디아 왕국 내의 법률로서 적용된다.

제32조
효력의 발생

본 협정은 효력발생을 위한 법적 요구조건이 이행되었음을 양 당사자가 상호간에 서면으로 공지한 다음날 발효된다.

2003년 6월 6일 영어로 된 두 본이 프놈펜에서 작성됨.

LAW ON THE ESTABLISHMENT OF EXTRAORDINARY CHAMBERS IN THE COURTS OF CAMBODIA FOR THE PROSECUTION OF CRIMES COMMITTED DURING THE PERIOD OF DEMOCRATIC KAMPUCHEA

CHAPTER I
GENERAL PROVISIONS

Article 1

The purpose of this law is to bring to trial senior leaders of Democratic Kampuchea and those who were most responsible for the crimes and serious violations of Cambodian penal law, international humanitarian law and custom, and international conventions recognized by Cambodia, that were committed during the period from 17 April 1975 to 6 January 1979.

CHAPTER II
COMPETENCE

Article 2 new

Extraordinary Chambers shall be established in the existing court structure, namely the trial court and the supreme court to bring to trial senior leaders of Democratic

Kampuchea and those who were most responsible for the crimes and serious violations of Cambodian laws related to crimes, international humanitarian law and custom, and international conventions recognized by Cambodia, that were committed during the period from 17 April 1975 to 6 January 1979.

Senior leaders of Democratic Kampuchea and those who were most responsible for the above acts are hereinafter designated as "Suspects".

Article 3 new

The Extraordinary Chambers shall have the power to bring to trial all Suspects who committed any of these crimes set forth in the 1956 Penal Code, and which were committed during the period from 17 April 1975 to 6 January 1979:

- Homicide (Article 501, 503, 504, 505, 506, 507 and 508)
- Torture (Article 500)
- Religious Persecution (Articles 209 and 210)

The statute of limitations set forth in the 1956 Penal Code shall be extended for an additional 30 years for the crimes enumerated above, which are within the jurisdiction of the Extraordinary Chambers.

The penalty under Articles 209, 500, 506 and 507 of the 1956 Penal Code shall be limited to a maximum of life imprisonment, in accordance with Article 32 of the Constitution of the Kingdom of Cambodia, and as further stipulated in Articles 38 and 39 of this Law.

Article 4

The Extraordinary Chambers shall have the power to bring to trial all Suspects who committed the crimes of genocide as defined in the Convention on the Prevention and Punishment of the Crime of Genocide of 1948, and which were committed during the period from 17 April 1975 to 6 January 1979.

The acts of genocide, which have no statute of limitations, mean any acts committed with the intent to destroy, in whole or in part, a national, ethnical, racial or religious group, such as:

- killing members of the group;

- causing serious bodily or mental harm to members of the group;
- deliberately inflicting on the group conditions of life calculated to bring about its physical destruction in whole or in part;
- imposing measures intended to prevent births within the group;
- forcibly transferring children from one group to another group.

The following acts shall be punishable under this Article:

- attempts to commit acts of genocide;
- conspiracy to commit acts of genocide;
- participation in acts of genocide.

Article 5

The Extraordinary Chambers shall have the power to bring to trial all Suspects who committed crimes against humanity during the period 17 April 1975 to 6 January 1979.

Crimes against humanity, which have no statute of limitations, are any acts committed as part of a widespread or systematic attack directed against any civilian population, on national, political, ethnical, racial or religious grounds, such as:

- murder;
- extermination;
- enslavement;
- deportation;
- imprisonment;
- torture;
- rape;
- persecutions on political, racial, and religious grounds;
- other inhumane acts.

Article 6

The Extraordinary Chambers shall have the power to bring to trial all

Suspects who committed or ordered the commission of grave breaches of the Geneva Conventions of 12 August 1949, such as the following acts against persons or property protected under provisions of these Conventions, and which were committed during the period 17 April 1975 to 6 January 1979:

- wilful killing;
- torture or inhumane treatment;
- wilfully causing great suffering or serious injury to body or health;
- destruction and serious damage to property, not justified by military necessity and carried out unlawfully and wantonly;
- compelling a prisoner of war or a civilian to serve in the forces of a hostile power;
- wilfully depriving a prisoner of war or civilian the rights of fair and regular trial;
- unlawful deportation or transfer or unlawful confinement of a civilian;
- taking civilians as hostages.

Article 7

The Extraordinary Chambers shall have the power to bring to trial all Suspects most responsible for the destruction of cultural property during armed conflict pursuant to the 1954 Hague Convention for Protection of Cultural Property in the Event of Armed Conflict, and which were committed during the period from 17 April 1975 to 6 January 1979.

Article 8

The Extraordinary Chambers shall have the power to bring to trial all Suspects most responsible for crimes against internationally protected persons pursuant to the Vienna Convention of 1961 on Diplomatic Relations, and which were committed during the period from 17 April 1975 to 6 January 1979.

CHAPTER III
COMPOSITION OF THE EXTRAORDINARY CHAMBERS

Article 9 new

The Trial Chamber shall be an Extraordinary Chamber composed of five professional judges, of whom three are Cambodian judges with one as president, and two foreign judges; and before which the Co-Prosecutors shall present their cases. The president shall appoint one or more clerks of the court to participate.

The Supreme Court Chamber, which shall serve as both appellate chamber and final instance, shall be an Extraordinary Chamber composed of seven judges, of whom four are Cambodian judges with one as president, and three foreign judges; and before which the Co-Prosecutors shall present their cases. The president shall appoint one or more clerks of the court to participate.

CHAPTER IV
APPOINTMENT OF JUDGES

Article 10 new

The judges of the Extraordinary Chambers shall be appointed from among the currently practicing judges or are additionally appointed in accordance with the existing procedures for appointment of judges; all of whom shall have high moral character, a spirit of impartiality and integrity, and experience, particularly in criminal law or international law, including international humanitarian law and human rights law.

Judges shall be independent in the performance of their functions, and shall not accept or seek any instructions from any government or any other source.

Article 11 new

The Supreme Council of the Magistracy shall appoint at least seven Cambodian judges to act as judges of the Extraordinary Chambers, and shall appoint reserve judges as needed, and shall also appoint the President of each of the Extraordinary Chambers from the above Cambodian judges so appointed, in accordance with the existing procedures for appointment of judges.

The reserve Cambodian judges shall replace the appointed Cambodian judges in case of their absence. These reserve judges may continue to perform their regular duties in their respective courts.

The Supreme Council of the Magistracy shall appoint at least five individuals of foreign nationality to act as foreign judges of the Extraordinary Chambers upon nomination by the Secretary-General of the United Nations.

The Secretary-General of the United Nations shall submit a list of not less than seven candidates for foreign judges to the Royal Government of Cambodia, from which the Supreme Council of the Magistracy shall appoint five sitting judges and at least two reserve judges. In addition to the foreign judges sitting in the Extraordinary Chambers and present at every stage of the proceedings, the President of each Chamber may, on a case-by-case basis, designate one or more reserve foreign judges already appointed by the Supreme Council of the Magistracy to be present at each stage of the trial, and to replace a foreign judge if that judge is unable to continue sitting.

Article 12

All judges under this law shall enjoy equal status and conditions of service according to each level of the Extraordinary Chambers.

Each judge under this law shall be appointed for the period of these proceedings.

Article 13

Judges shall be assisted by Cambodian and international staff as needed in their offices.

In choosing staff to serve as assistants and law clerks, the Director of the Office of Administration shall interview if necessary and, with the approval of the Cambodian judges by majority vote, hire staff who shall be appointed by the Royal Government of Cambodia. The Deputy Director of the Office of Administration shall be responsible for the recruitment and administration of all international staff. The number of assistants and law clerks shall be chosen in proportion to the Cambodian judges and foreign judges.

Cambodian staff shall be selected from Cambodian civil servants or other qualified nationals of Cambodia, if necessary.

CHAPTER V
DECISIONS OF THE EXTRAORDINARY CHAMBERS

Article 14 new

1. The judges shall attempt to achieve unanimity in their decisions. If this is not possible, the following shall apply:

a. a decision by the Extraordinary Chamber of the trial court shall require the affirmative vote of at least four judges;

b. a decision by the Extraordinary Chamber of the Supreme Court shall require the affirmative vote of at least five judges.

2. When there is no unanimity, the decision of the Extraordinary Chambers shall contain the opinions of the majority and the minority.

Article 15

The Presidents shall convene the appointed judges at the appropriate time to proceed with the work of the Extraordinary Chambers.

CHAPTER VI
CO-PROSECUTORS

Article 16

All indictments in the Extraordinary Chambers shall be the responsibility of two prosecutors, one Cambodian and another foreign, hereinafter referred to as Co- Prosecutors, who shall work together to prepare indictments against the Suspects in the Extraordinary Chambers.

Article 17 new

The Co-Prosecutors in the Trial Chamber shall have the right to appeal the verdict of the Extraordinary Chamber of the trial court.

Article 18 new

The Supreme Council of the Magistracy shall appoint Cambodian prosecutors and Cambodian reserve prosecutors as necessary from among the Cambodian professional judges.

The reserve prosecutors shall replace the appointed prosecutors in case of their absence. These reserve prosecutors may continue to perform their regular duties in their respective courts.

One foreign prosecutor with the competence to appear in both Extraordinary Chambers shall be appointed by the Supreme Council of the Magistracy upon nomination by the Secretary-General of the United Nations.

The Secretary-General of the United Nations shall submit a list of at least two candidates for foreign Co-Prosecutor to the Royal Government of Cambodia, from which the Supreme Council of the Magistracy shall appoint one prosecutor and one reserve prosecutor.

Article 19

The Co-Prosecutors shall be appointed from among those individuals who are appointed in accordance with the existing procedures for selection of prosecutors who have high moral character and integrity and who are experienced in the conduct of investigations and prosecutions of criminal cases.

The Co-Prosecutors shall be independent in the performance of their functions and shall not accept or seek instructions from any government or any other source.

Article 20 new

The Co-Prosecutors shall prosecute in accordance with existing procedures in force. If these existing procedures do not deal with a particular matter, or if there is uncertainty regarding their interpretation or application or if there is a question regarding their consistency with international standards, the Co-Prosecutors may seek guidance in procedural rules established at the international level.

In the event of disagreement between the Co-Prosecutors the following shall apply:

The prosecution shall proceed unless the Co-Prosecutors or one of them requests within thirty days that the difference shall be settled in accordance with the following provisions;

The Co-Prosecutors shall submit written statements of facts and the reasons for their different positions to the Director of the Office of Administration.

The difference shall be settled forthwith by a Pre-Trial Chamber of five judges, three Cambodian judges appointed by the Supreme Council of the Magistracy, one of whom shall be President, and two foreign judges appointed by the Supreme Council of the Magistracy upon nomination by the Secretary-General of the United Nations. The appointment of the above judges shall follow the provisions of Article 10 of this Law.

Upon receipt of the statements referred to in the third paragraph, the Director of the Office of Administration shall immediately convene the Pre-Trial Chamber and communicate the statements to its members.

A decision of the Pre-Trial Chamber, against which there is no appeal, requires the affirmative vote of at least four judges. The decision shall be communicated to the Director of the Office of Administration, who shall publish it and communicate it to the Co-Prosecutors. They shall immediately proceed in accordance with the decision of the Chamber. If there is no majority as required for a decision, the prosecution shall proceed.

In carrying out the prosecution, the Co-Prosecutors may seek the assistance of the Royal Government of Cambodia if such assistance would be useful to the prosecution, and such assistance shall be provided.

Article 21 new

The Co-Prosecutors under this law shall enjoy equal status and conditions of service according to each level of the Extraordinary Chambers.

Each Co-Prosecutor shall be appointed for the period of these proceedings.

In the event of the absence of the foreign Co-Prosecutor, he or she shall be replaced by the reserve foreign Co-Prosecutor.

Article 22 new

Each Co-Prosecutor shall have the right to choose one or more deputy prosecutors to assist him or her with prosecution before the chambers. Deputy foreign prosecutors shall be appointed by the foreign Co-Prosecutor from a list provided by the Secretary- General.

The Co-prosecutors shall be assisted by Cambodian and international staff as needed in their offices. In choosing staff to serve as assistants, the Director of the Office of Administration shall interview, if necessary, and with the approval of the Cambodian Co-Prosecutor, hire staff who shall be appointed by the Royal Government of Cambodia. The Deputy Director of the Office of Administration shall be responsible for the recruitment and administration of all foreign staff. The number of assistants shall be chosen in proportion to the Cambodian prosecutors and foreign prosecutors.

Cambodian staff shall be selected from Cambodian civil servants and, if necessary, other qualified nationals of Cambodia.

CHAPTER VII
INVESTIGATIONS

Article 23 new

All investigations shall be the joint responsibility of two investigating judges, one Cambodian and another foreign, hereinafter referred to as Co-Investigating Judges, and shall follow existing procedures in force. If these existing procedures do not deal with a particular matter, or if there is uncertainty regarding their interpretation or application or if there is a question regarding their consistency with international standards, the Co-Investigating Judges may seek guidance in procedural rules established at the international level.

In the event of disagreement between the Co-Investigating Judges the following shall apply:

The investigation shall proceed unless the Co-Investigating Judges or one of them requests within thirty days that the difference shall be settled in accordance with the following provisions.

The Co-Investigating Judges shall submit written statements of facts and the reasons for their different positions to the Director of the Office of Administration.

The difference shall be settled forthwith by the Pre-Trial Chamber referred to in Article 20.

Upon receipt of the statements referred to in the third paragraph, the Director of the Office of Administration shall immediately convene the Pre-Trial Chamber and communicate the statements to its members.

A decision of the Pre-Trial Chamber, against which there is no appeal, requires the affirmative vote of at least four judges. The decision shall be communicated to the Director of the Office of Administration, who shall publish it and communicate it to the Co-Investigating Judges. They shall immediately proceed in accordance with the decision of the Pre-Trial Chamber. If there is no majority as required for a decision, the investigation shall proceed.

The Co-Investigating Judges shall conduct investigations on the basis of information obtained from any institution, including the Government, United Nations organs, or non-governmental organizations.

The Co-Investigating Judges shall have the power to question suspects and victims, to hear witnesses, and to collect evidence, in accordance with existing procedures in force. In the event the Co-Investigating Judges consider it necessary to do so, they may issue an order requesting the Co-Prosecutors also to interrogate the witnesses.

In carrying out the investigations, the Co-Investigating Judges may seek the assistance of the Royal Government of Cambodia, if such assistance would be useful to the investigation, and such assistance shall be provided.

Article 24 new

During the investigation, Suspects shall be unconditionally entitled to assistance of counsel of their own choosing, and to have legal assistance assigned to them free of charge if they cannot afford it, as well as the right to interpretation, as necessary, into and from a language they speak and understand.

Article 25

The Co-Investigating Judges shall be appointed from among the currently practicing judges or are additionally appointed in accordance with the existing procedures for appointment of judges; all of whom shall have high moral character, a spirit of impartiality and integrity, and experience. They shall be independent in the performance of their functions and shall not accept or seek instructions from any government or any other source.

Article 26

The Cambodian Co-Investigating Judge and the reserve Investigating Judges shall be appointed by the Supreme Council of the Magistracy from among the Cambodian professional judges.

The reserve Investigating Judges shall replace the appointed Investigating Judges in case of their absence. These Investigating Judges may continue to perform their regular duties in their respective courts.

The Supreme Council of the Magistracy shall appoint the foreign Co-Investigating Judge for the period of the investigation, upon nomination by the Secretary-General of the United Nations.

The Secretary-General of the United Nations shall submit a list of at least two candidates for foreign Co-Investigating Judge to the Royal Government of Cambodia, from which the Supreme Council of the Magistracy shall appoint one Investigating Judge and one reserve Investigating Judge.

Article 27 new

All Investigating Judges under this law shall enjoy equal status and conditions of service.

Each Investigating Judge shall be appointed for the period of the investigation.

In the event of the absence of the foreign Co-Investigating Judge, he or she shall be replaced by the reserve foreign Co-Investigating Judge.

Article 28

The Co-Investigating Judges shall be assisted by Cambodian and international staff as needed in their offices.

In choosing staff to serve as assistants, the Co-Investigating Judges shall comply with the spirit of the provisions set forth in Article 13 of this law.

CHAPTER VIII
INDIVIDUAL RESPONSIBILITY

Article 29

Any Suspect who planned, instigated, ordered, aided and abetted, or committed the crimes referred to in article 3 new, 4, 5, 6, 7 and 8 of this law shall be individually responsible for the crime.

The position or rank of any Suspect shall not relieve such person of criminal responsibility or mitigate punishment.

The fact that any of the acts referred to in Articles 3 new, 4, 5, 6, 7 and 8 of this law were committed by a subordinate does not relieve the superior of personal criminal responsibility if the superior had effective command and control or authority and control over the subordinate, and the superior knew or had reason to know that the subordinate was about to commit such acts or had done so and the superior failed to take the necessary and reasonable measures to prevent such acts or to punish the perpetrators.

The fact that a Suspect acted pursuant to an order of the Government of Democratic Kampuchea or of a superior shall not relieve the Suspect of individual criminal responsibility.

CHAPTER IX
OFFICE OF ADMINISTRATION

Article 30

The staff of the judges, the investigating judges and prosecutors of the Extraordinary Chambers shall be supervised by an Office of Administration.

This Office shall have a Cambodian Director, a foreign Deputy Director and such other staff as necessary.

Article 31 new

The Director of the Office of Administration shall be appointed by the Royal Government of Cambodia for a two-year term and shall be eligible for reappointment.

The Director of the Office of Administration shall be responsible for the overall management of the Office of Administration, except in matters that are subject to United Nations rules and procedures.

The Director of the Office of Administration shall be appointed from among those with significant experience in court administration and fluency in one of the foreign languages used in the Extraordinary Chambers, and shall be a person of high moral character and integrity.

The foreign Deputy Director shall be appointed by the Secretary-General of the United Nations and assigned by the Royal Government of Cambodia, and shall be responsible for the recruitment and administration of all international staff, as required by the foreign components of the Extraordinary Chambers, the Co-Investigating Judges, the Co-Prosecutors' Office, and the Office of Administration. The Deputy Director shall administer the resources provided through the United Nations Trust Fund.

The Office of Administration shall be assisted by Cambodian and international staff as necessary. All Cambodian staff of the Office of Administration shall be appointed by the Royal Government of Cambodia at the request of the Director. Foreign staff shall be appointed by the Deputy Director.

Cambodian staff shall be selected from Cambodian civil servants and, if necessary, other qualified nationals of Cambodia.

Article 32

All staff assigned to the judges, Co-Investigating Judges, Co-Prosecutors, and Office of Administration shall enjoy the same working conditions according to each level of the Extraordinary Chambers.

CHAPTER X
TRIAL PROCEEDINGS OF THE EXTRAORDINARY CHAMBERS

Article 33 new

The Extraordinary Chambers of the trial court shall ensure that trials are fair and expeditious and are conducted in accordance with existing procedures in force, with full respect for the rights of the accused and for the protection of victims and witnesses. If these existing procedure do not deal with a particular matter, or if there is uncertainty regarding their interpretation or application or if there is a question regarding their consistency with international standard, guidance may be sought in procedural rules established at the international level.

The Extraordinary Chambers of the trial court shall exercise their jurisdiction in accordance with international standards of justice, fairness and due process of law, as set out in Articles 14 and 15 of the 1966 International Covenant on Civil and Political Rights.

Suspects who have been indicted and arrested shall be brought to the Trial Chamber according to existing procedures in force. The Royal Government of Cambodia shall guarantee the security of the Suspects who appear before the court, and is responsible for taking measures for the arrest of the Suspects prosecuted under this law. Justice police shall be assisted by other law enforcement elements of the Royal Government of Cambodia, including the armed forces, in order to ensure that accused persons are brought into custody immediately.

Conditions for the arrest and the custody of the accused shall conform to existing law in force.

The Court shall provide for the protection of victims and witnesses. Such protection measures shall include, but not be limited to, the conduct of in camera proceedings and the protection of the victim's identity.

Article 34 new

Trials shall be public and open to representatives of foreign States, of the Secretary-General of the United Nations, of the media and of national and international non-government organizations unless in exceptional circumstances the Extraordinary Chambers decide to close the proceedings for good cause in accordance with existing procedures in force where publicity would prejudice the interests of justice.

Article 35 new

The accused shall be presumed innocent as long as the court has not given its definitive judgment.

In determining charges against the accused, the accused shall be equally entitled to the following minimum guarantees, in accordance with Article 14 of the International Covenant on Civil and Political Rights.

a. to be informed promptly and in detail in a language that they understand of the nature and cause of the charge against them;

b. to have adequate time and facilities for the preparation of their defence and to communicate with counsel of their own choosing;

c. to be tried without delay;

d. to be tried in their own presence and to defend themselves in person or with the assistance of counsel of their own choosing, to be informed of this right and to have legal assistance assigned to them free of charge if they do not have sufficient means to pay for it ;

e. to examine evidence against them and obtain the presentation and examination of evidence on their behalf under the same conditions as evidence against them;

f. to have the free assistance of an interpreter if the accused cannot understand or does not speak the language used in the court;

g. not to be compelled to testify against themselves or to confess guilt.

Article 36 new

The Extraordinary Chamber of the Supreme Court shall decide appeals made by the accused, the victims, or the Co-Prosecutors against the decision of the Extraordinary Chamber of the trial court. In this case, the Supreme Court Chamber shall make final decisions on both issues of law and fact, and shall not return the case to the Extraordinary Chamber of the trial court.

Article 37 new

The provision of Article 33, 34 and 35 shall apply mutatis mutandis in respect of proceedings before the Extraordinary Chambers of the Supreme Court.

CHAPTER XI
PENALTIES

Article 38

All penalties shall be limited to imprisonment.

Article 39

Those who have committed any crime as provided in Articles 3 new, 4, 5, 6, 7 and 8 shall be sentenced to a prison term from five years to life imprisonment.

In addition to imprisonment, the Extraordinary Chamber of the trial court may order the confiscation of personal property, money, and real property acquired unlawfully or by criminal conduct.

The confiscated property shall be returned to the State.

CHAPTER XII
AMNESTY AND PARDONS

Article 40 new

The Royal Government of Cambodia shall not request an amnesty or pardon for any persons who may be investigated for or convicted of crimes referred to in Articles 3, 4, 5, 6, 7 and 8 of this law. The scope of any amnesty or pardon that may have been granted prior to the enactment of this Law is a matter to be decided by the Extraordinary Chambers.

CHAPTER XIII
STATUS, RIGHTS, PRIVILEGES AND IMMUNITIES

Article 41

The foreign judges, the foreign Co-Investigating Judge, the foreign Co-Prosecutor and the Deputy Director of the Office of Administration, together with their families forming part of their household, shall enjoy all of the privileges and immunities, exemptions and facilities accorded to diplomatic agents in accordance with the 1961 Vienna Convention on Diplomatic Relations. Such officials shall enjoy exemption from taxation in Cambodia on their salaries, emoluments and allowances.

Article 42 new

1. Cambodian judges, the Co-Investigating Judge, the Co-Prosecutor, the Director of the Office of Administration and personnel shall be accorded immunity from legal process in respect of words spoken or written and all acts performed by them in their official capacity. Such immunity shall continue to be accorded after termination of employment with the Extraordinary Chambers, the Pre-Trial Chamber and the Office of Administration.

2. International personnel shall be accorded in addition:

a. immunity from legal process in respect of words spoken or written and all acts performed by them in their official capacity. Such immunity shall continue to be accorded after termination of employment with the co-investigating judges, the co-prosecutors, the Extraordinary Chambers, the Pre-Trial Chamber and the Office of Administration;

b. immunity from taxation on salaries, allowances and emoluments paid to them by the United Nations;

c. immunity from immigration restriction;

d. the right to import free of duties and taxes, except for payment for

services, their furniture and effects at the time of first taking up their official duties in Cambodia.

3. The counsel of a suspect or an accused who has been admitted as such by the Extraordinary Chambers shall not be subjected by the Government to any measure that may affect the free and independent exercise of his or her functions under the Law on the Establishment of the Extraordinary Chambers.

In particular, the counsel shall be accorded:

a. immunity from personal arrest or detention and from seizure of personal baggage relating to his or her functions in the proceedings;

b. inviolability of all documents relating to the exercise of his or her functions as a counsel of a suspect or accused;

c. immunity from criminal or civil jurisdiction in respect of words spoken or written and acts performed in his or her capacity as counsel. Such immunity shall continue to be accorded after termination of their function as counsel of a suspect or accused.

4. The archives of the co-investigating judges, the co-prosecutors, the Extraordinary Chambers, the Pre-Trial Chamber and the Office of Administration and in general all documents and materials made available to, belonging to, or used by them, wherever located in the Kingdom of Cambodia and by whomsoever held, shall be inviolable for the duration of the proceedings.

CHAPTER XIV
LOCATION OF THE EXTRAORDINARY CHAMBERS

Article 43 new

The Extraordinary Chambers established in the trial court and the Supreme Court Chamber shall be located in Phnom Penh.

CHAPTER XV
EXPENSES

Article 44 new

The expenses and salaries of the Extraordinary Chambers shall be as follows:

1. The expenses and salaries of the Cambodian administrative officials and staff, the Cambodian judges and reserve judges, investigating judges and reserve investigating judges, and prosecutors and reserve prosecutors shall be borne by the Cambodian national budget;

2. The expenses of the foreign administrative officials and staff, the foreign judges, Co-investigating judge and Co-prosecutor sent by the Secretary- General of the United Nations shall be borne by the United Nations;

3. The defence counsel may receive fees for mounting the defence;

4. The Extraordinary Chambers may receive additional assistance for their expenses from other voluntary funds contributed by foreign governments, international institutions, non-governmental organizations, and other persons wishing to assist the proceedings.

CHAPTER XVI
WORKING LANGUAGES

Article 45 new

The official working languages of the Extraordinary Chambers shall be Khmer, English and French.

CHAPTER XVII
ABSENCE OF FOREIGN JUDGES, INVESTIGATING JUDGES OR PROSECUTORS

Article 46 new

In order to ensure timely and smooth implementation of this law, in the event any foreign judges or foreign investigating judges or foreign prosecutors fail or refuse to participate in the Extraordinary Chambers, the Supreme Council of the Magistracy shall appoint other judges or investigating judges or prosecutors to fill any vacancies from the lists of foreign candidates provided for in Article 11, Article 18, and Article 26. In the event those lists are exhausted, and the Secretary-General of the United Nations does not supplement the lists with new candidates, or in the event that the United Nations withdraws its support from the Extraordinary Chambers, any such vacancies shall be filled by the Supreme Council of the Magistracy from candidates recommended by the Governments of Member States of the United Nations or from among other foreign legal personalities.

If, following such procedures, there are still no foreign judges or foreign investigating judges or foreign prosecutors participating in the work of the Extraordinary Chambers and no foreign candidates have been identified to occupy the vacant positions, then the Supreme Council of the Magistracy may choose replacement Cambodian judges, investigating judges or prosecutors.

CHAPTER XVIII
EXISTENCE OF THE COURT

Article 47

The Extraordinary Chambers in the courts of Cambodia shall automatically dissolve following the definitive conclusion of these proceedings.

CHAPTER XIX
AGREEMENT BETWEEN THE UNITED NATIONS AND CAMBODIA

Article 47 bis new

Following its ratification in accordance with the relevant provisions of the law of Kingdom of Cambodia regarding competence to conclude treaties, the Agreement between the United Nations and the Royal Government of Cambodia Concerning the Prosecution under Cambodian Law of Crime Committed during the period of Democratic Kampuchea, done at Phnom Penh on 6 June 2003, shall apply as law within the Kingdom of Cambodia.

FINAL PROVISION

Article 48

This law shall be proclaimed as urgent.

민주 캄푸치아 기간 동안 발생한 범죄의 기소를 위한 캄보디아 법원 특별재판부의 설치에 관한 법률

제1장
일반규정

제1조

이 법률의 목적은 민주 캄푸치아의 고위지도자들과 1975년 4월 17일부터 1979년 1월 6일까지의 기간 동안 발생한 캄보디아 형법, 국제인도법, 국제관습, 그리고 캄보디아가 승인한 국제협약에 관한 범죄들과 중대한 위반에 대하여 가장 책임 있는 자들을 재판에 넘기는 것이다.

제2장
권한

제2조

특별재판부는 민주 캄푸치아의 고위지도자들과 1975년 4월 17일부터 1979년 1월 6일까지의 기간 동안 발생한 캄보디아 형법, 국제인도법, 국제관습, 그리고 캄보디아가 승인한 국제협약에 관한 범죄들과 중대한 위반에 대하여 가장 책임 있는 자들을 재판에 넘기기 위하여 기존의 법원조직 즉, 1심 법원과 대법원에 설치된다.

민주 캄푸치아의 고위지도자들과 위의 행위들에 대하여 가장 책임 있는 자들은 이하 "피의자"라 한다.

제3조 new

특별재판부는 1956년 형법에 규정된 범죄들 중 1975년 4월 17일부터 1979년 1월

6일까지의 기간 동안 발생한 범죄를 저지른 모든 피의자들을 재판에 넘길 수 있는 권한을 가진다.

- 살인(제501조, 503조, 504조, 505조, 506조, 507조 그리고 508조)
- 고문(제500조)
- 종교적 박해(제209조와 210조)

1956년 형법에 규정된 공소시효는 특별재판부의 관할에 해당하는 위의 범죄에 대하여 30년 동안 연장된다. 1956년 형법 제209조, 500조, 506조 그리고 507조에 대한 형벌은 캄보디아 왕국 헌법 제32조와 이 법률 제38조와 39조에 따라 최대 종신형으로 제한된다.

제4조

특별재판부는 1956년 형법에 규정된 범죄들 중 1975년 4월 17일부터 1979년 1월 6일까지의 기간 동안 발생한 1948년에 체결된 집단살해죄의 예방과 처벌에 관한 협약에서 정의된 제노사이드 범죄를 저지른 모든 피의자들을 재판에 넘길 수 있는 권한을 가진다.

공소시효가 없는 제노사이드 행위란 국적, 민족, 인종, 혹은 종교적 집단의 전체 혹은 일부를 파괴하려는 의도를 가지고 실행되는 아래의 행위들과 같은 일체의 행위들을 의미한다.

- 집단구성원의 살해
- 집단구성원에게 가하는 심각한 신체적, 정신적 위해
- 전체 혹은 일부의 물리적 파괴를 목적으로 계산된 생활조건을 집단에게 의도적으로 부과
- 집단 내에서 출산을 억제하기 위한 조치의 부과
- 한 집단의 아동들에 대한 타 집단으로의 강제이주

본 조항 하에서 아래의 행위는 처벌된다.

- 제노사이드 행위의 미수
- 제노사이드 행위의 음모
- 제노사이드 행위의 참가

제5조

특별재판부는 1956년 형법에 규정된 범죄들 중 1975년 4월 17일부터 1979년 1월 6일까지의 기간 동안 발생한 인도에 반하는 죄를 저지른 모든 피의자들을 재판에 넘길 수 있는 권한을 가진다.

공소시효가 없는 인도에 반하는 죄는 국적, 정치적, 민족적, 인종적 혹은 종교적 이유로 어떤 민간인에 대하여 직접적으로 행해진 광범위한 혹은 체계적인 공격의 일부로 실행된 일체의 행위로서 다음의 행위:

- 살인;
- 절멸;
- 노예화;
- 추방;
- 강제구금;
- 고문;
- 강간;
- 정치적, 인종적, 종교적 근거에 따른 박해;
- 다른 비인도적 행위들.

제6조

특별재판부는 1956년 형법에 규정된 범죄들 중 1975년 4월 17일부터 1979년 1월 6일까지의 기간 동안 발생한 1949년 8월 12일에 체결된 제네바 협약들에 대한 중대한 위반 행위를 실행하거나 혹은 지시한 모든 피의자들을 재판에 넘길 권한을 가지며, 이들 협약의 조항에 따라 보호되는 인원 혹은 재산에 대한 다음의 행위들로서 중대한 위반 행위는:

- 고의적 살인;
- 고문 혹은 비인도적 처우;
- 신체 혹은 건강상 심각한 고통이나 부상의 의도적 야기;
- 필요에 따른 것이 아닌, 불법적이고 무분별하게 실행된 재산에 대한 심각한 손상이나 파괴;
- 전쟁포로 혹은 민간인에 대한 적 군대에 복무 강요;
- 전쟁포로 혹은 민간인에 대한 공정한 정식 재판을 받을 권리의 의도적 박탈;

- 민간인에 대한 불법적 추방, 이송, 혹은 불법적 감금;
- 민간인에 대한 인질행위이다.

제7조

특별재판부는 무력충돌 시 문화재 보호를 위한 1954년 헤이그 협약에 따라 1975년 4월 17일부터 1979년 1월 6일까지의 기간 동안 발생한 무력충돌 기간 동안의 문화재의 파괴에 가장 책임 있는 모든 피의자들을 재판에 넘길 수 있는 권한을 가진다.

제8조

특별재판부는 1975년 4월 17일부터 1979년 1월 6일까지의 기간 동안 발생한 1961년 체결된 외교관계에 관한 비엔나협약에 따라 국제적으로 보호되는 인물들에 대한 범죄에 가장 책임 있는 모든 피의자들을 재판에 넘길 권한을 가진다.

제3장
특별재판부의 구성

제9조 new

1심 재판부는 1명의 재판장을 포함하는 3명의 캄보디아인 재판관들과 2명의 외국인 재판관들로 이루어진 5명의 재판관들로 구성되는 특별재판부이며, 공동검사가 1심 재판부가 심리하는 사건에 출석한다. 재판장은 재판에 참여하는 1명 혹은 그 이상의 법원서기를 임명한다.

항소심과 최종심으로 기능하는 상소심 재판부는 1명의 재판장을 포함하는 4명의 캄보디아인 재판관들과 3명의 외국인 재판관들로 이루어진 7명의 재판관들로 구성되는 특별재판부이며, 공동검사가 상소심 재판부가 심리하는 사건에 출석한다. 재판장은 재판에 참여하는 1명 혹은 그 이상의 법원서기를 임명한다.

제4장
재판관의 임명

제10조 new

특별재판부의 재판관은 현재 활동중인 재판관들 중 혹은 재판관 임명에 관한 현행 절차에 따라 추가적으로 임명한다. 또한 임명되는 모든 재판관들은 높은 도덕성, 중립성과 진실성을 가지며, 특별히 형법 혹은 국제인도법과 인권법을 포함한 국제법에 관한 경험을 가져야 한다.

재판관들은 그들의 직무를 수행함에 있어서 독립적이어야 하며, 어떠한 정부 혹은 어떠한 다른 출처로부터도 지침을 구하거나 수용하지 않는다.

제11조 new

최고사법위원회는 재판관 임명에 관한 현행 절차에 따라 특별재판부의 재판관으로 근무할 최소 7명의 캄보디아인 재판관을 임명하며, 필요에 따라 예비재판관을 임명하고, 또한 위의 임명된 캄보디아인 재판관들 중에서 각 특별재판부의 재판장을 임명한다.

캄보디아인 예비재판관은 캄보디아인 재판관의 공석 발생시 캄보디아인 재판관을 대신한다. 이들 예비재판관은 각자의 재판부에서 정규업무를 계속 수행할 수 있다.

최고사법위원회는 유엔사무총장의 지명에 의해 특별재판부의 외국인 재판관으로 근무할 최소 5명의 외국국적자를 임명한다.

유엔사무총장은 최소 7명의 외국인 재판관 후보자들의 명단을 캄보디아 정부에 제출하고, 최고사법위원회는 여기서 5명의 현직재판관들과 최소 2명의 예비재판관들을 임명한다. 특별재판부에서의 외국인 재판관들의 재임과 모든 절차에서의 배석 이외에도, 각 재판부의 재판장은 상황에 따라 최고사법위원회에 의해 임명된 1명 혹은 그 이상의 외국인 예비재판관을 재판의 모든 단계에 배석하도록 할 수 있으며, 외국인 재판관이 계속 재임할 수 없는 경우 그 재판관을 대신하게 할 수 있다.

제12조

이 법률 아래서 모든 재판관들은 특별재판부의 각 심급에 따라 동일한 지위와 근무조건을 가진다.

각각의 재판관은 이들 절차 기간 중 임명된다.

제13조

재판관들은 그들의 사무실에서의 필요에 따라 캄보디아인과 외국인 직원의 지원을 받는다.

보조원와 법률서기로 근무할 직원을 선발함에 있어서, 행정실장은 필요에 따라 면접을 실시하며, 캄보디아인 재판관들의 다수결에 따른 승인으로 캄보디아 정부에 의해 임명된 직원을 채용한다. 부행정실장은 모든 국제직원의 채용과 행정에 대한 책임을 가진다. 보조원과 법률서기의 숫자는 캄보디아인 재판관들과 외국인 재판관들의 비례에 따라 결정한다.

캄보디아인 직원은 캄보디아 공무원 혹은 필요에 따라 다른 자격을 가진 캄보디아 국적자 중에서 선발한다.

제5장
재판부의 의사결정

제14조 new

1. 재판관들은 결정을 내림에 있어서 만장일치에 이르도록 노력해야 한다. 만약 그것이 불가능할 경우, 다음에 따른다.

   a. 1심 재판부의 판결은 최소한 재판관 4명의 찬성투표에 따른다.

   b. 상소심 재판부의 판결은 최소한 재판관 5명의 찬성투표에 따른다.

2. 만장일치에 이르지 않은 경우, 재판부의 판결은 다수의견과 소수의견을 포함해

야 한다.

제15조

재판장은 재판부의 업무를 진행함에 있어서 적절한 시간에 임명된 재판관들을 소집한다.

제6장
공동검사

제16조

특별재판부에서의 모든 기소는 1명의 캄보디아인과 다른 1명의 외국인, 이하 공동검사로 기술되는 2명의 공동검사의 책임이며, 특별재판부에서의 피의자에 대한 기소를 공동으로 준비한다.

제17조 new

1심 재판부에서의 공동검사는 1심 재판부의 평결에 대하여 불복할 권리를 갖는다.

제18조 new

최고사법위원회는 전문성을 지닌 캄보디아인 재판관들 중에서 필요에 따라 캄보디아인 검사와 캄보디아인 예비검사를 임명한다.

예비검사는 검사의 공석이 발생한 경우 해당 검사를 대신한다. 이들 예비검사는 각각의 법정에서 정규업무를 계속 수행할 수 있다.

양 특별재판부에 출석할 권한을 가진 1명의 외국인 검사는 유엔사무총장의 지명에 따라 최고사법위원회에 의해 임명된다.

유엔사무총장은 최소 2명의 외국인 검사 후보자들의 명단을 캄보디아 정부에 제출하고, 최고사법위원회는 여기서 1명의 검사와 1명의 예비검사를 임명한다.

제19조

공동검사는 높은 도덕성과 진실성 그리고 형사사건의 수사와 기소에 관한 경험을 가진 검사의 임명을 위한 현행 절차에 따라 임명되는 개인들 중에서 임명된다.

공동검사는 그들의 직무를 수행함에 있어서 독립적이어야 하며, 어떠한 정부 혹은 어떠한 다른 출처로부터도 지침을 구하거나 수용하지 않는다.

제20조 new

공동검사는 현재 실효적으로 적용되는 절차에 따라 기소한다. 이들 현행 절차가 특정한 문제에 관하여 규정하고 있지 않은 경우, 혹은 그 해석이나 적용에 관하여 불명확한 경우 혹은 국제적 기준에 부합하는지 여부에 대하여 의문이 있는 경우, 공동검사는 국제적 단위에서 성립된 절차규정에서 지침을 구할 수 있다.

공동검사 간에 의견의 불일치가 있는 경우 다음에 따른다:

공동검사 양자 혹은 어느 일방의 공동검사가 30일 이내에 다음의 규정에 따라 이견의 해결을 청구하지 않는 경우 기소는 그대로 진행된다;

공동검사는 각자의 이견에 대한 사실과 이유를 서면으로 행정실장에게 제출한다.

이견은 최고사법위원회가 임명한 3명의 캄보디아 재판관들과 유엔사무총장의 지명에 따라 최고사법위원회에 의해 임명된 2명의 외국인 재판관들의 5명의 재판관들로 구성된 전심재판부에서 해결된다. 위 재판관들의 임명은 이 법률 제10조의 규정에 따른다.

3번째 단락에서 언급된 서면의 접수에 따라 행정실장은 즉시 전심재판부를 소집하고 각 재판관들에게 서면을 전달한다.

불복이 허용되지 않는 전심재판부의 결정은 최소한 재판관 4명의 찬성투표에 따른다. 결정은 행정실장에게 전달되며, 행정실장은 이를 공개하고 공동검사에게 전달한다. 공동검사는 재판부의 결정에 따라 즉시 사안을 처리한다.

기소를 수행함에 있어서, 어떤 지원이 기소에 유용한 경우, 공동검사는 캄보디아 정부에 해당 지원을 요청할 수 있고, 그러한 지원은 제공되어야 한다.

제21조 new

이 법률 아래서, 공동검사는 특별재판부의 각 심급에 따라 동일한 지위와 근무조건을 가진다.

각 공동검사는 이들 절차 기간 중 임명된다.

외국인 공동검사의 공석이 발생한 경우, 해당 공동검사는 외국인 예비공동검사에 의해 대체된다.

제22조 new

각 공동검사는 재판부 앞에서 공동검사의 기소를 지원할 1명 혹은 그 이상의 부검사를 선발할 권리를 가진다. 외국인 부검사는 사무총장이 제공한 명단에서 외국인 공동검사가 임명한다.

공동검사는 그들의 사무실에서의 필요에 따라 캄보디아인과 외국인 직원의 지원을 받는다. 보조원으로 근무할 직원의 선발에 있어서, 행정실장은 필요에 따라 면접을 실시하며, 캄보디아인 공동검사의 승인에 따라 캄보디아 정부에 의해 임명된 직원을 채용한다. 부행정실장은 모든 외국인 직원의 채용과 행정에 대한 책임을 가진다. 보조원의 숫자는 캄보디아인 검사들과 외국인 검사들의 비례에 따라 결정한다.

캄보디아인 직원은 캄보디아 공무원 혹은 필요에 따라 다른 자격을 가진 캄보디아 국적자 중에서 선발한다.

제7장
수사

제23조 new

모든 수사는 1명의 캄보디아인과 다른 1명의 외국인, 이하 공동수사판사로 지칭되는 2명의 공동수사판사의 공동책임이며, 현재 실효적으로 적용되는 절차에 따른다. 이들 현행 절차가 특정한 문제에 관하여 규정하고 있지 않은 경우, 혹은 그 해석이나 적용에 관하여 불명확한 경우 혹은 국제적 기준에 부합하는지 여부에 대하여 의문이 있는 경우, 공동수사판사는 국제적 단위에서 성립된 절차규정에서 지침을 구할 수 있다.

공동수사판사 간에 의견의 불일치가 있는 경우 다음에 따른다:

공동수사판사 양자 혹은 어느 일방의 공동수사판사가 30일 이내에 다음의 규정에 따라 이견의 해결을 청구하지 않는 경우 수사는 그대로 진행된다.

공동수사판사는 각자의 이견에 대한 사실과 이유를 서면으로 행정실장에게 제출한다. 이견은 제20조에서 언급된 전심재판부에 의해 위와 같이 해결된다.

3번째 단락에서 언급된 서면의 접수에 따라 행정실장은 즉시 전심재판부를 소집하고 각 재판관들에게 서면을 전달한다.

불복이 허용되지 않는 전심재판부의 결정은 최소한 재판관 4명의 찬성투표에 따른다. 결정은 행정실장에게 전달되며, 행정실장은 이를 공개하고 공동수사판사에게 전달한다. 공동수사판사는 재판부의 결정에 따라 즉시 사안을 처리한다. 만약 결정에 필요한 다수결에 이르지 못한 경우, 수사는 그대로 진행된다.

공동수사판사는 정부, 유엔 조직, 혹은 비정부기구를 포함한 모든 기관으로부터 수집된 정보를 바탕으로 수사를 진행한다.

공동수사판사는 현재 실효적으로 적용되는 규정에 따라 피의자와 피해자를 신문할 수 있는 권한, 증인의 진술을 청취할 수 있는 권한, 증거를 수집할 수 있는 권한을 가진다. 공동수사판사가 이러한 활동을 함에 있어서 필요하다고 판단하는 경우, 공동수사판사는 공동검사에도 증인신문을 할 것 요청하는 명령을 내릴 수 있다.

수사를 수행함에 있어서 공동수사판사는 어떤 지원이 수사에 유용한 경우, 공동수사판사는 캄보디아 정부에 해당 지원을 요청할 수 있고, 그러한 지원은 제공되어야 한다.

제24조 new
수사가 진행되는 동안 피의자는 그 자신이 선임한 변호인으로부터 조력을 받을 무조건적인 권리를 가지며, 만약 변호인을 선임할 수 없는 경우, 무료로 그들에게 배정된 변호인의 조력을 받을 권리를 가지고, 또한 필요에 따라 그들이 이해할 수 있는 언어의 통역을 제공받을 권리를 가진다.

제25조

공동수사판사는 현재 활동중인 재판관들 중 혹은 재판관 임명에 관한 현행 절차에 따라 추가적으로 임명한다. 또한 임명되는 모든 공동수사판사들은 높은 도덕성, 중립성과 진실성을 가진다. 공동수사판사는 그들의 직무를 수행함에 있어서 독립적이어야 하며, 어떠한 정부 혹은 어떠한 다른 출처로부터도 지침을 구하거나 수용하지 않는다.

제26조

캄보디아인 공동수사판사와 예비수사판사는 전문성을 가진 캄보디아인 재판관들 중에서 최고사법위원회에 의해 임명된다.

예비수사판사는 수사판사의 공석이 발생한 경우 해당 수사판사를 대신한다. 이들 수사판사는 각각의 법정에서 정규업무를 계속 수행할 수 있다.

최고사법위원회는 유엔사무총장의 지명에 따라 수사기간 동안 외국인 공동수사판사를 임명한다.

유엔사무총장은 최소 2명의 외국인 외국인 공동수사판사 후보자들의 명단을 캄보디아 정부에 제출하고, 최고사법위원회는 여기서 1명의 수사판사와 1명의 예비수사판사를 임명한다.

제27조 new

이 법률 아래서 모든 공동수사판사는 동일한 지위와 근무조건을 가진다.

각 수사판사는 수사기간 동안 임명된다.

외국인 공동수사판사의 공석이 발생한 경우, 해당 공동수사판사는 외국인 예비공동수사판사에 의해 대체된다.

제28조

공동수사판사는 그들의 사무실에서의 필요에 따라 캄보디아인과 외국인 직원들의
지원을 받는다.

보조원으로서 근무할 직원의 선발에 있어서, 공동수사판사는 이 법률 제13조에서
규정된 취지에 따른다.

제8장
개인적 책임

제29조

이 법률 제3조 new, 4조, 5조, 6조, 7조와 8조에서 규정된 범죄를 계획, 착수, 지
시, 지원, 그리고 교사하거나 범한 어떠한 피의자도 개별적으로 범죄에 대한 책임을
가진다.

어떠한 피의자의 지위 혹은 계급은 해당 인물의 형사책임을 경감하거나 형을 감경
시키지 않는다.

만약 상급자가 하급자에 대하여 효과적인 명령과 통제 혹은 권한과 통제를 가진 경
우, 그리고 하급자가 그러한 행위를 범할 것이라는 점 혹은 그러한 행위를 범하였다
는 점을 상급자가 알았거나 알고 있었다는 근거가 있는 경우 그리고 상급자가 그러
한 행위를 막기 위해 필요하고 합리적인 조치를 취하는데 실패하거나 혹은 가해자
를 처벌하는데 실패한 경우 이 법률 제3조 new, 4조, 5조, 6조, 7조와 8조에서 규
정된 어떤 행위가 하급자에 의해 범해졌다는 사실이 상급자의 범죄책임을 경감하
지 않는다.

피의자가 민주 캄푸치아 정부 혹은 상급자의 명령에 따라 행동하였다는 사실이 피
의자 개인의 형사책임을 경감하지 않는다.

제9장
행정실

제30조

특별재판부의 재판관, 수사판사, 그리고 검사의 직원들은 행정실의 감독을 받는다.

이 부서는 캄보디아인 실장, 외국인 부실장 그리고 필요에 따른 그 밖의 직원들을 보유한다.

제31조 new

행정실장은 2년 임기로 캄보디아 정부에 의해 임명되며, 재임명이 가능하다.

행정실장은 유엔의 규정과 절차의 적용을 받는 사안을 제외하고 행정실의 전반적인 관리에 대하여 책임을 가진다.

행정실장은 법원행정에 상당한 경험을 가지고 특별재판부에서 사용되는 외국어 중 하나에 유창한 인물들 중에서 임명하며, 높은 도덕성과 진실성을 가진다.

외국인 부실장은 유엔사무총장에 의해 임명되고 캄보디아 정부에 의해 배정되며, 특별재판부, 공동수사판사, 공동검사실과 행정실의 외국인 구성에서 요구되는 모든 국제직원의 채용과 행정에 대하여 책임을 가진다. 부행정실장은 유엔신탁기금을 통해 제공되는 재원을 운영한다.

행정실은 필요에 따라 캄보디아인과 외국인 직원의 지원을 받는다. 행정실의 모든 캄보디아인 직원은 실장의 요청에 의해 캄보디아 정부에 의해 임명된다. 외국인 직원은 부실장에 의해 임명된다.

캄보디아인 직원은 캄보디아 공무원 혹은 필요에 따라 다른 자격을 가진 캄보디아 국적자 중에서 선발한다.

제32조

재판관, 공동수사판사, 공동검사, 그리고 행정실에 배치된 모든 직원은 특별재판부의 각 심급에 따라 동일한 근무조건을 향유한다.

제10장
특별재판부의 재판절차

제33조 new

1심 특별재판부는 피고인의 권리 그리고 피해자와 증인의 보호를 완전히 존중하며 재판이 공정하고 신속하게 그리고, 현재 실효적으로 적용되는 절차에 따라 재판이 진행되도록 해야 한다. 이들 현행 절차가 특정한 문제에 관하여 규정하고 있지 않은 경우, 혹은 그 해석이나 적용에 관하여 불명확한 경우 혹은 국제적 기준에 부합하는지 여부에 대하여 의문이 있는 경우, 국제적 단위에서 성립된 절차규정에서 지침을 구할 수 있다.

1심 특별재판부는 1966년 시민적 정치적 권리에 관한 국제규약 제14조와 제15조에서 규정된 대로, 국제적 기준의 정의, 공정성 그리고 적법절차에 따라 그 관할권을 행사한다.

기소 혹은 체포된 피의자는 현재 실효적으로 적용되는 절차에 따라 1심 재판부에 넘겨진다. 캄보디아 정부는 법정에 출석하는 피의자의 안전을 보장하며, 이 법률 아래서 기소되는 피의자를 체포하기 위한 조치를 취할 책임을 가진다. 사법경찰은 피고인이 즉시 구금되도록 무장력을 포함한 캄보디아 정부의 다른 법 집행 집단의 지원을 받는다.

피고인의 체포와 구금의 조건은 현재 실효적으로 적용되는 법률에 따른다.

재판소는 피해자와 증인에 대하여 보호를 제공한다. 그러한 보호조치는 비공개 절차의 진행과 피해자의 신원 보호를 포함하나, 여기에 국한되지 않는다.

제34조 new

예외적인 경우 언론에의 공개가 사법적 이해에 악영향을 줄 수 있는 경우 특별재판부가 현재 실효적으로 적용되는 절차에 따라 정당한 이유로 절차를 비공개로 진행하기로 결정하지 않는 한, 재판은 대중에 공개되고 외국대표, 유엔사무총장의 대리인, 언론의 대표, 국내외의 비정구기구의 대리인에게 개방된다.

제35조 new

피고인은 재판소가 확정판결을 내리지 않는 한 무죄로 추정된다.

피고인에 대한 혐의를 확정함에 있어서, 시민적 정치적 권리에 관한 국제규약 제14조에 따라 피고인은 동일하게 다음과 같은 최소한의 권리를 가진다.

   a. 그들에게 적용된 혐의의 성격과 이유를 그들이 이해할 수 있는 언어도 즉시, 상세하게 고지 받을 권리

   b. 자신의 방어를 준비하기 위해 적절한 시간과 편의를 가지고 그 자신이 선임한 변호인과 의사소통을 할 권리

   c. 지연 없이 재판 받을 권리

   d. 직접 출석한 상태에서 재판을 받고, 직접 방어하거나 혹은 자신이 선임한 변호인의 조력을 받아 방어할 권리 그리고 변호인을 선임할 경제적 여유가 없는 경우 무료로 지정된 법률조력자를 가지며 그러한 권리를 고지 받을 권리

   e. 피고인에게 불리한 증거를 조사하고 피고인에 대하여 불리한 증거에 대하여 동일한 조건에서 피고인을 대리하여 증거를 제출 받고 조사할 권리

   f. 만약 피고인이 법정에서 사용되는 언어를 이해하지 못하거나 말할 수 없는 경우, 무료로 통역인의 도움을 제공받을 권리

   g. 자신에게 불리한 진술이나 혹은 유죄의 자백을 강요당하지 않을 권리

제36조 new

상소심 특별재판부는 1심 특별재판부의 판결에 대한 피고인, 피해자, 혹은 공동검사의 상소를 판단한다. 이 경우, 상소심 재판부는 법률과 사실에 대한 쟁점에 대한 최종적 결론을 내리며, 사건을 1심 특별재판부로 환송하지 않는다.

제37조 new

제33조, 34조, 그리고 35조의 규정은 상소심 특별재판부에서의 절차에 관하여 필요한 변경을 가하여 적용한다.

제11장
처벌

제38조

모든 처벌은 구금형으로 제한된다.

제39조

제3조 new, 4조, 5조, 6조, 7조 그리고 8조에서 규정된 범죄를 저지른 자들은 5년에서 종신형까지 선고한다.

구금형에 더하여, 1심 특별재판부는 불법적으로 혹은 범죄행위를 통해 얻은 개인재산, 현금, 그리고 부동산의 몰수를 명령할 수 있다.

몰수된 재산은 국가로 귀속된다.

제12장
사면

제40조 new

캄보디아 정부는 이 법률 제3조, 4조, 5조, 6조, 7조 그리고 8조에서 규정된 범죄들에 대하여 수사 혹은 유죄판결을 받은 어떤 인물에 대하여도 사면을 요청하지 않는다. 이 법률의 발효에 앞서 부여된 어떤 사면의 범위는 특별재판부의 판단대상이다.

제13장
지위, 권리, 특권과 면제

제41조

외국인 재판관, 외국인 공동수사판사, 외국인 공동검사 그리고 부행정실장은 그들의 가정을 구성하는 가족들과 함께 1961년 체결된 외교관계에 관한 비엔나협약에 따라 외교사절에게 부여되는 특권, 면제, 부담면제, 편의를 향유한다. 그러한 관리들은 그들의 급여, 보수, 수당에 대한 캄보디아에서의 과세에 대하여 면제를 향유한다.

제42조 new

1. 캄보디아인 재판관, 공동수사판사, 공동검사, 행정실장 그리고 직원들은 그들의 공식적 권한으로 행한 구두 혹은 서면 진술과 모든 행위들에 관하여 법적 절차로부터 면제를 부여 받는다. 그러한 면제는 특별재판부, 전심재판부와 행정실에서의 고용관계가 종료된 이후에도 계속 유지된다.

2. 국제직원은 또한:

   a. 그들의 공식적 권한으로 행한 구두 혹은 서면 진술과 모든 행위들에 관하여 법적 절차로부터 면제를 부여 받는다. 그러한 면책은 공동수사판사, 공동검사, 특별재판부, 전심재판부와 행정실에서의 고용관계가 종료된 이후에도 계속 유지된다;

   b. 유엔이 지급한 급여, 수당, 그리고 보수에 대한 과세에 대하여 면제를 부여 받는다;

   c. 이민 규제로부터의 면제를 부여 받는다;

   d. 캄보디아에서 최초로 그들의 공식적 직무를 수행하는 시점에 용역에 대한 지불을 제외하고 관세와 세금을 면제받아 그들의 가구와 물품을 수입할 권리를 부여 받는다.

3. 특별재판부에 의해 공인된 피의자 혹은 피고인의 변호인은 특별재판부의 설치에 관한 법률 아래에서 자유롭고 독립적인 변호인 직무의 수행에 영향을 줄 수 있는 캄보디아 정부에 의한 어떤 조치의 대상이 되지 않는다.

특별히, 변호인은:

a. 절차에 있어서 그 직무와 관련하여 개인적 체포 혹은 구금과 수하물에 대한 면제를 부여 받는다;

b. 피의자 혹은 피고인의 변호인으로서 그의 직무수행과 관련된 모든 문서에 대한 불가침성을 부여 받는다;

c. 변호인으로서 공식적 권한으로 행한 구두 혹은 서면 진술과 모든 행위들에 관하여 형사 혹은 민사 관할로부터의 면제를 부여 받는다. 그러한 면제는 피의자 혹은 피고인의 변호인으로서 그 직무가 종료된 이후에도 계속 유지된다.

4. 공동수사판사, 공동검사, 특별재판부, 전심재판부와 행정실의 문서, 그리고 일반적으로 위 기관들이 사용할 수 있도록 제공되거나, 위 기관들에 속해있거나, 혹은 위 기관들이 사용한 기록들이나 자료들은 그것이 캄보디아 국내 어디에 있던지, 그리고 누가 점유하고 있는지 여부와 무관하게 절차 기간 동안 불가침성을 가진다.

제14장
특별재판부의 위치

제43조 new
1심 법원과 대법원에 설치된 특별재판부는 프놈펜에 위치한다.

제15장
비용

제44조 new

특별재판부의 비용과 급여는 다음과 같이:

1. 캄보디아인 행정관료와 직원, 캄보디아인 재판관과 예비재판관, 수사판사와 예비수사판사, 그리고 검사와 예비검사의 비용과 급여는 캄보디아 국내예산으로 부담한다.

2. 유엔사무총장에 의해 파견된 외국인 행정관료와 직원, 외국인 재판관, 공동수사판사 그리고 공동검사의 비용은 유엔이 부담한다.

3. 변호인은 피고인을 위한 방어에 소요된 비용을 받을 수 있다.

4. 특별재판부는 절차를 지원하고자 하는 외국정부, 국제기구, 비정부기구, 그리고 다른 개인들이 기여한 다른 임의적 기금에서 추가적인 비용의 지원을 받을 수 있다.

제16장
실무언어

제45조 new

특별재판부의 공식실무언어는 캄보디아어, 영어 그리고 프랑스어이다.

제17장
외국인 재판관, 수사판사 혹은 검사의 부재

제46조 new

이 법률의 시의 적절하고 순조로운 이행을 보장하기 위해, 외국인 재판관 혹은 외국인 수사판사 혹은 외국인 검사가 특별재판부에 참여하지 못하거나 거부하는 경우, 최고사법위원회는 제11조, 18조, 그리고 26조에서 규정된 외국인 후보자 명단에서 해당 공석을 채우기 위하여 다른 재판관 혹은 수사판사 혹은 검사를 임명한다. 해당 명단이 모든 소진되고 유엔사무총장이 새로운 후보자로 명단을 보충하지 않는 경우, 혹은 유엔이 특별재판부에 대한 지원은 끊은 경우, 해당 공석은 유엔회원국 정부 혹은 다른 외국의 법인격들이 추천한 후보자들 중에서 최고사법위원회가 채운다.

그러한 절차에 따를 때, 특별재판부에서의 업무에 참가할 외국인 재판관 혹은 외국인 수사판사 혹은 외국인 검사가 여전히 없을 경우 그리고 해당 공석을 채울 외국인 후보자가 물색되지 않은 경우, 최고사법위원회는 캄보디아인 재판관, 수사판사혹은 검사로 대체할 수 있다.

제18장
재판소의 존속

제47조

캄보디아 법원 특별재판부는 이들 절차의 최종적 결론이 나온 이후 자동적으로 해산된다.

제19장
유엔과 캄보디아간 협정

제47조 bis new

협정을 체결할 수 있는 권한에 관한 캄보디아 왕국의 관련 법률에 따른 비준이 이뤄진 이후, 2003년 6월 6일에 프놈펜에서 체결된 민주 캄푸치아 기간 중 발생한 캄보디아 법률상 범죄의 기소에 관한 유엔과 캄보디아 정부간 협정은 캄보디아 왕국 내에서 법률로서 적용된다.

최종규정

제48조

이 법률은 시급하게 공포된다.

ECCC 피해자 지위 신청서 서식

PART A
PERSONAL INFORMATION ABOUT THE VICTIM

1. Name and first name:	
1.1. Name and first name in Khmer alphabet:	
2. All other name(s) ever used:	
2.1. All other name(s) ever used in Khmer alphabet:	

3. Sex: ☐ Male ☐ Female	4. Place of Birth:
5. Age/Date of Birth (dd/mm/yyyy): ☐ *Please tick if date of birth is different from ID document*	6. Marital Status ☐ Single ☐ Married ☐ Divorced ☐ Widow/Widower ☐ Other:
7. Nationality:	8. Occupation:
9. Father's or Tutor's Name:	9.1. Name in Khmer alphabet:
10. Mother's Name:	10.1. Name in Khmer alphabet:

11. How many dependants do you have? *Please write number.*
12. Have you ever had any disability or disabilities?   ☐ Yes   ☐ No *If yes, please specify:*
13. Which of the following proof of identity do you have? *Please indicate the number and attach a photocopy.*

Type of proof of identity	Number or other reference
☐ Identity card(also student or employee card)	
☐ Voting card	
☐ Letter from Local Authority	
☐ Driver's licence	
☐ Passport	
☐ Camp registration card	
☐ Card from humanitarian agency(such as UNHCR, WFP)	
☐ Other:	
☐ None	

14. Personal address.

14.1. Permanent address.   *If you do not have a specific address, please provide your last residence.*

Number/Plot:	Street:
Group/Village:	Commune:
District:	Province/City:
Country:	

14.2. Present address.   *If this is the same as your permanent address; please do not fill in here after.*

Number/Plot:	Street:
Group/Village:	Commune:
District:	Province/City:
Country:	

14.3. Contact telephone number:

☐ yourself or ☐ other *(Please provide a name if other than your own number):*

14.4. Personal e-mail address:

15. Means of contact. *Please tick as appropriate.*

I would like to be contacted at the address mentioned in question 14.1. ☐ or at the address mentioned in 14.2. ☐

OR I would like to be contacted through a(n):

☐ Intermediary organisation:

☐ Victims Association:

☐ Individual acting on my behalf:

☐ Lawyer(s):

Cambodian: Foreign:

15.1. Address.

Number/Plot:	Street:
Group/Village:	Commune:
District:	Province/City:

Country:

Telephone number:

Fax number:

E-mail address:

16. Have you already submitted a complaint or a Civil Party application to the ECCC?

☐ Yes   ☐ No

If yes, please indicate the Victims Support Section registration number, the form of your participation, the place and date of the submission; and indicate the reasons why you are now filling in a new Victim Information Form.

Registration number (if any):

Form of participation:

Place: Day   Month   Year

Reasons for filling in a new form:

PART B

INFORMATION ABOUT THE ALLEGED CRIME(S)

Please attach answers to this section on a separate sheet of paper if necessary.

1. Please provide details of crime(s), along with any reasons why you believe they took place.
Location *(village, commune, district, province):*
Date (dd/mm/yyyy):
Description of Crime(s) *(what crimes occurred and how they occurred):*
2. Who do you believe is responsible for these crime(s) and why you believe this? *Please answer to the extent possible.*
3. Were you a victim of these crime(s)? ☐ Yes ☐ No
3.1. Do you know any other victim(s) to these crime(s)? ☐ Yes ☐ No
If yes, please give if possible their names and addresses (if living), unless you know that they wish to remain anonymous, or it would put you or anyone else at risk:
Please also give any other details that help to identify those persons, such as including current age (if deceased, age at death), nationalities, ethnicity, religion and occupation:
3.2. Do you have any relationship with these victims (are they family members, neighbours, friends, etc.)? ☐ Yes ☐ No *(If yes, please indicate):*
4. Were you a witness to these crime(s)? ☐ Yes ☐ No
4.1. Do you know any other witness(es) to these crime(s)? ☐ Yes ☐ No
If yes, please give if possible their names and addresses (if living), unless you know that they wish to remain anonymous, or it would put you or anyone else at risk:
Please also give any other details that help to identify those persons, such as including current age (if deceased, age at death), nationalities, ethnicity, religion and occupation:
4.2. Do you have any relationship with these witnesses (are they family members, neighbours, friends, etc.)? ☐ Yes ☐ No *(If yes, please indicate):*
5. **Your safety**: Do you fear any specific negative consequences for yourself or for anyone named in this form as a result of filling it in and sending it to the ECCC? ☐ Yes ☐ No *If so, please explain exactly what your fears are:*

<u>**PART C**</u>

APPLICATION TO BE JOINED AS A CIVIL PARTY

You should only complete this Part if you wish to be joined as a Civil Party to a judicial investigation
In order for the Court to accept you as a Civil Party, the injury you suffered must be: a) physical, material or psychological; b) the direct consequence of the offence, personal and have actually come into being. If your claim does not prove your identity and provide sufficient detail on the harm you suffered, it may be rejected by the Court's judges. For information on the connection between this harm and the crimes being investigated by the ECCC that needs to be shown, please contact the Victims Support Section.
1. Please indicate the proceedings to which you wish to be joined: Case File No:
2. Please state the injury, loss or harm you have suffered, and give a brief description (such as physical injury, mental pain and anguish, loss of or damage to property):
3. Were you examined by a doctor after the event or events occurred? ☐ Yes   ☐ No
4. Did you receive any medical or psychological treatment? ☐ Yes   ☐ No
5. If yes, do you have any records regarding any medical or psychological treatment?   ☐ Yes   ☐ No *If yes, please tick as appropriate and provide a photocopy, if available.* Medical report from doctor, hospital or health centre   ☐ X-rays ☐ Prescriptions/Invoices for medicines ☐ Other. *Please specify:*   ☐ None
6. Does your condition persist today?   Yes   No *If yes, please give details:*
7. In respect of material or property loss, please provide any further details or physical records that help identify the extent of loss suffered:
8. Do you have any preference as to the form of collective or moral reparation that you would like to obtain? ☐ Yes   ☐ No *If yes, please give details:*

PART D
SIGNATURES

1. SIGNATURE OF THE VICTIM
Please sign or add your thumbprint and date this Form, whether or not someone is acting on your behalf or assisting you in filling in this Form.
I hereby declare that:
- To the best of my knowledge and belief, the information I have given in the present Form is correct, otherwise I will be liable under the applicable law.
- I wish to participate in the proceedings before the ECCC by submitting this complaint.
In addition to submitting this complaint I also wish to be joined as a Civil Party.
If you apply for Civil Party participation, please tick the box above and ensure that you have filled in Part C of the form.

Location: Day: Month: Year:

Witnessed by/   Signature or
Signature or Thumbprint   Thumbprint of victim

---

2. SIGNATURE OF THE PERSON ACTING ON BEHALF OF THE VICTIM AND CONSENT OF THE VICTIM
Consent of the victim
I , ...*(Print name of the victim)*
consent to ....*(Print name of the person acting on behalf of the victim),*
....*(Capacity of the person acting on behalf),*
to act on my behalf in submitting this Victim Information Form.

Location: Day: Month: Year:

Signature or Thumbprint   of Signature or
person acting on behalf   Thumbprint of victim

Before submitting this Application Form, please review it and tick the following as appropriate:

□ I have attached the following documents in support of this Form:

1.

2.

3.

□ I have signed or added my thumbprint on every page of this Form as well as any other documents accompanying it.

Please indicate total number of pages of this Form including additional pages and photocopies of documentation:

Victim:	Person acting on behalf:
□ I have provided a photocopy of proof of identity in response to Question 13 of Part A. □ I have provided contact information in response to Questions 14 and 15 of Part A. □ I have signed or added my thumbprint on the first box in Part D.	□ I have signed or added my thumbprint on the second box in Part D.

유엔캄보디아특별재판부 연구
캄보디아의 전환기 정의와 한반도 통일

발 행 2016년 9월 1일(초판 1쇄)

저 자 강경모
펴낸이 김미영
펴낸곳 전환기정의연구원(TJM)

등록 2015년 6월 17일 제530-60-00029호
주소 서울시 종로구 사직로 96, 202호
전화 02-3157-5251 팩스 02-594-2829
전자우편 tjmissionkorea@gmail.com
홈페이지 http://tjmission.org/

ISBN 979-11-958780-1-7 93360

책값 22,000원